816

Antologia della poesia italiana

Duecento
Trecento
Quattrocento
Cinquecento

In preparazione:
Seicento
Settecento
Ottocento
Novecento

Antologia della poesia italiana

Diretta da Cesare Segre e Carlo Ossola

Cinquecento

Einaudi

© Einaudi-Gallimard, Torino 1997

© 2001 Giulio Einaudi editore s.p.a., Torino

Prima edizione «Biblioteca della Pléiade» 1997

www.einaudi.it

ISBN 88-06-15766-3

PREMESSA

Che cosa può antologizzare un'antologia della poesia italiana? Già delimitare il significato di poesia non è semplice (ci può essere poesia in un brano di prosa, in una pittura, ecc.). Si potrebbe scegliere un criterio puramente formale, guardando all'uso del verso; però quest'uso è dilagato in ambiti lontanissimi non diciamo dalla poesia, ma dalla letteratura; e d'altra parte la poesia moderna rinuncia spesso alla prosodia e alla metrica tradizionali. Lasciando a sedi più adatte questo raffinato dibattito, ci siamo attenuti anche noi al criterio formale, ma facendoci guidare dalla storia del gusto, e dal nostro stesso gusto, nell'accogliere come poetico un testo. A scombussolare qualunque sforzo tassonomico, va ricordato che la poesia italiana raggiunge i vertici in opere come la Commedia, il Furioso, la Liberata, non accoglibili nella loro interezza, perché supererebbero da sole lo spazio pur consistente che abbiamo a disposizione; e non esemplificabili con poche centinaia di versi, che, oltre a spezzarne la linea concettuale e narrativa, ne darebbero meschini assaggi; opere infine, a nostro sollievo, così generalmente note e diffuse da godere già di una soddisfacente ricezione. Generalizzando il ragionamento, abbiamo escluso dall'antologia tutti i poemi (comunque siano designati), anche se meno popolari di quelli appena ri-

cordati: essi hanno già trovato canali di diffusione piú
agevoli di una scelta parzialissima.

Non sarebbe stato d'altro canto giudizioso limitarsi al-
la lirica, dato che la poesia esclusivamente lirica (dedica-
ta al monologo rivolto dal poeta a se stesso) costituisce
solo una parte dell'attività poetica complessiva. Siamo
abbastanza cresciuti (culturalmente) per non richiedere
al poeta che la pura, disinteressata espressione della sua
interiorità. La poesia ha saputo affrontare ardui problemi
del pensiero e della vita: tutto questo va documentato
senza fare questioni di genere letterario. Di qui la nostra
decisione: accogliere testi poetici brevi, purché espressio-
ne di un notevole impegno formale, e documentare an-
che, parzialmente, testi di maggiore ampiezza, comunque
lontani dalle misure d'un poema, quando essi siano es-
senziali per la rappresentazione di un periodo letterario.
Il vantaggio di questa decisione è di avere sott'occhio
tutte le principali manifestazioni della nostra poesia,
poemi esclusi, nei luoghi, negli ambienti e nei tempi in
cui essa si manifestò.

Ogni antologia propone, lo voglia o no, un canone: tra
l'assieme degli autori ed entro la produzione di ogni sin-
golo autore. Noi abbiamo lasciato liberi i collaboratori,
che sono specialisti delle epoche e degli autori antologiz-
zati, di proporre scelte, di autori e di testi, diverse da
quelle vulgate, e pertanto di mettere in forse le gerarchie
di valutazione affermate; li abbiamo però anche esortati
a non togliere ogni possibilità d'orientamento a chi sia
avvezzo a queste gerarchie. Quanto poi al Novecento,
che offre sempre l'esca per le polemiche, lo spazio che gli
ha lasciato la distribuzione per secoli, qualitativamente
giusto ma insufficiente per un'adeguata campionatura
dell'attività poetica a noi piú vicina, ci ha indotti a rin-
viare le prese di posizione eventualmente innovatrici a un
volume o a volumi appositi, che potrebbero venire poi.
Per ora ci siamo attenuti ai poeti d'inizio secolo ormai
promossi a classici, o a quelli, piú recenti, che si siano co-
munque conquistato un riconoscimento generale. Inol-

tre, proprio per non incorrere in crudeli spareggi, abbia-mo escluso i poeti nati dopo il 1930, quasi tutti ancora in attività.

Se antologia *non significa piú, oggi, scelta in base al-l'eccellenza estetica; se è la storia che motiva il successo e la diffusione dei testi, cosí come i nostri eventuali interventi correttori e propositivi, si deve chiarire subito la nostra prospettiva di storicizzazione. Diremo intanto che abbiamo evitato un impianto espositivo decisamente storico-letterario: sarebbe distorto un impegno storiografico rivolto solo a una parte, anche se fondamentale, dell'attività letteraria, tanto piú che proprio nei testi in prosa, di solito, vengono piú estesamente rivelate le motivazioni ideologiche e di poetica. Non solo, ma ci è parso che una rigida periodizzazione avrebbe imposto incasellamenti non adeguatamente motivabili in un'antologia che vuol lasciare ai testi lo spazio maggiore. L'antologia è dunque ritmata da sezioni dedicate agli autori maggiori e da altre contenenti gruppi di autori collegati, oltre che dalla contemporaneità, da vicinanza stilistica e/o contenutistica.*

La voluta neutralità delle etichette è poi abbandonata all'interno delle introduzioni specifiche, nelle quali ogni elemento storico utile viene esibito, ogni affinità o parentela culturale è messa in luce, e collegata con ambienti e movimenti del contesto. La storia viene insomma ricostruita in direzione centrifuga: dai testi, con i loro commenti, che illustrano sempre i tipi metrici e i rapporti intertestuali, alle introduzioni, e infine a questa premessa generale, che sintetizza le grandi linee percorse dalla nostra poesia.

L'antologia presenta i testi secondo le edizioni piú autorevoli, spesso con interventi migliorativi, dando notizia, nelle Note filologiche *finali, dei codici e delle stampe che li hanno trasmessi, del valore delle edizioni moderne, e naturalmente dei ritocchi operati dai rispettivi curatori. Si è insomma mirato a rappresentare lo stato ultimo delle ricerche. Segnaliamo solo che, per i testi piú antichi, si è preferito rinunciare al diverso allineamento*

VIII   *Premessa*

dei versi in caso di anisosillabismo (settenari-ottonari, decasillabi-endecasillabi, ecc.), mentre naturalmente si è mantenuto il diverso allineamento per serie di versi dello stesso tipo, combinate con serie di versi di tipo differente. Sempre nelle Note *finali s'informa sulla bibliografia principale relativa agli autori e alle opere presenti nell'antologia, cosí da aiutare il lettore ad estendere eventualmente la sua ricerca. Quanto ai commenti, essi ambiscono a offrire tutti i dati sostanziali alla comprensione: descrizione metrica e indicazione degli argomenti e dell'occasione di stesura all'inizio, poi esplicazione e illustrazione di parole, espressioni e riferimenti extratestuali, e soprattutto sottolineatura dell'intertestualità esterna (fonti e affinità culturali) e interna (continuità e approfondimenti di temi o figure entro l'opera del poeta); in non pochi casi si giunge cosí a veri apporti interpretativi.*

CESARE SEGRE e CARLO OSSOLA.

INTRODUZIONE

Il panorama del primo Cinquecento è dominato da
Pietro Bembo e Ludovico Ariosto. Non che Bembo sia
un vero innovatore, però riuscí a imprimere alle cose del-
la poesia una spinta determinante. Le sue Prose della
volgar lingua, capolavoro di analisi dello stile e della
lingua, in particolare di Petrarca e Boccaccio, rimotiva-
no e consacrano in modo definitivo il progressivo acco-
glimento del toscano come lingua nazionale, quasi chiu-
dendo una parabola iniziata dal De vulgari eloquentia
di Dante, rimasto però sconosciuto sino a questi anni.
Allo stesso tempo, Bembo impone alla poesia il modello
petrarchesco quasi con efficacia di legge: un modello che
non è solo stilistico e metrico, ma anche romanzesco
(imitare, oltre che lo stile del Petrarca, la vicenda adom-
brata nel Canzoniere). E infatti le Rime composte da
Bembo applicando i suoi principî diventano il prototipo
della poesia petrarchista, e mettono in ombra tutte le
imitazioni del Petrarca registrate sino allora. Bembo ope-
ra secondo una strategia ad ampio raggio: studia e anno-
ta il Canzoniere petrarchesco nell'originale, e lo pubbli-
ca; inoltre dà l'avvio al lavoro esegetico intorno a Pe-
trarca, che si concreterà in una serie considerevole di
commenti.

Quasi tutti i lirici contemporanei o successivi a Bem-
bo sono petrarchisti, anche se i migliori riescono in vario

modo a non subire, ma a utilizzare soltanto il modello. Il petrarchismo, colorato quasi sempre di neoplatonismo, è fiancheggiato da trattati d'amore come quelli di Mario Equicola e di Leone Ebreo. Tra gl'innumerevoli seguaci, rivelano in vario modo la propria originalità l'incisivo Galeazzo di Tarsia e, con toni drammatici, Michelangelo; ma soprattutto Giovanni Della Casa. L'autore del Galateo *idea, pur con materiali petrarcheschi, un suo stile che infrange con gli* enjambements *l'unità del verso creando poi, su piú ampia gittata, nuovi potenti equilibri nei quali si afferma, nei momenti migliori, un gusto quasi parnassiano. Segno dell'autorità dell'archetipo e della sua imitabilità è anche il fiorire di poetesse, Veronica Gambara e Gaspara Stampa e Isabella de Morra; oltre alla rigorosa Vittoria Colonna.*

*Del Petrarca risentono pure i poeti che (connettendosi con le tradizioni comiche o parodistiche risalenti sino al Duecento), ne capovolgono i paradigmi o sviluppano in forma narrativa tematiche quotidiane e realistiche. Cosí Francesco Berni, che, specialmente con i suoi spassosi capitoli, crea un vero e proprio sottogenere letterario, e allo stesso tempo rifà l'*Orlando innamorato *del Boiardo rinnovandone la comicità, ma portando la sua lingua tosco-emiliana alla regolarità canonizzata dalle teorie bembesche e dal conseguente petrarchismo.*

Anche Ludovico Ariosto entra nel discorso del petrarchismo per piú motivi. Poeta lirico, in latino da giovane, in volgare sempre, tiene anch'egli presente il modello del Canzoniere, *nello stile e nella lingua, persino nell'assetto progettato per la raccolta poi tralasciata delle poesie. Lo tiene presente con libertà, dato che nelle sue rime, in cui tra l'altro echeggia testi di altre e precedenti tradizioni, fa spazio a temi e atteggiamenti non previsti, soprattutto a una sensualità sottopelle, che talora si afferma con schiettezza, specie nei capitoli in terzine (estranei al modello petrarchesco). Ma anche nel* Furioso *la progressione fra le tre redazioni (1516, 1521 e 1532) è nello stesso tempo progressione linguistica, sempre meno padana e* *piú italiana, e progressione verso un'armonia di tipo petrarchesco – pure qui con interessanti e consapevoli eccezioni. La sintassi petrarchesca è anzi uno dei principali elementi innovativi rispetto all'*Innamorato.

L'*Orlando furioso è uno dei culmini della letteratura rinascimentale. Qui non viene naturalmente esemplificato, a differenza delle* Satire, *che rappresentano l'esposizione piú originale e moderna della moralità ariostesca in atto. Nuove come genere (sino allora scarsamente documentato), nuove per la preferenza data all'Orazio delle* Epistole *invece che al Giovenale sino allora piú accreditato, nuove appunto per l'impiego epistolare, le* Satire *sono una novità assoluta nella prevalenza dell'elemento autobiografico, tra rimembranza e autoconfessione, e nella naturalissima dialogicità tra il poeta e gl'interlocutori cui dà voce. Dato poi che l'Ariosto discorre sui suoi rapporti con Ippolito e Alfonso d'Este, con i papi Leone X e Clemente VII, le* Satire *sono anche un efficace spaccato dell'ambiente cortigiano e pontificio. Da notare poi che le punte dell'espressività caustica o sarcastica coincidono molto spesso con l'accorta utilizzazione di reminiscenze dantesche.*

E dantesche sono ancora certe punte stilistiche tanto del Bembo (l'«anima forsennata», il «disvorrà» acuto del sonetto Sí levemente in ramo alpino fronda*) che del Casa («torna a Cocito, a i lagrimosi e tristi | campi d'inferno...»), sino all'«amaro | mondo» di Michelangelo; ma è indubbio che il Cinquecento è secolo del petrarchismo come variazione sopra un canone, scrittura di scrittura che produce come primo effetto il crescere della coscienza di autonomia della letteratura, piú precisamente della poesia. Essa stabilisce sul Petrarca il proprio lessico, i propri rimari (Alunno, 1539; L. A. Ridolfi, 1551), sino al* monumentum *dell'edizione in 4 tomi (Venezia, P. Pietrasanta, 1554) che si esibisce come* Il Petrarca [commento di G. Ruscelli]. *Con un pieno vocabolario, et con uno utilissimo rimario di L. Parmegiano; aggiunta la Vita del Petrarca, descritta da A. Vellutello. I rimari, piú volte ristampati, trasmettono* *una trama memoriale che finisce per far riconoscere proprio nella lirica, e in specie nel sonetto, la «via facile» di accesso alla composizione letteraria. Che si tratti del primo costituirsi di un* corpus *significativo di scrittura femminile (Vittoria Colonna, 1538; Tullia d'Aragona, 1547; Isabella de Morra, 1552; Gaspara Stampa, 1554; Veronica Gambara, 1554; Veronica Franco, 1575; Lucrezia Marinelli, 1595; ecc.), quale conferma la precoce antologia di Ludovico Domenichi,* Rime diverse d'alcune nobilissime e virtuosissime Donne *(Lucca, Busdrago, 1559); o che si enunci un primo tentativo di pedagogia cattolico-tridentina attraverso la poesia: «ho pensato di poter dare alla gioventú cristiana una poesia, nella qual si potesse imparare e la buona e regolata maniera del parlar toscano» (G. Fiamma,* Rime spirituali, *1570), sempre il Petrarca appare quale modello incipitario di ogni «conserva di tutte le rime» – come dirà un'edizione veneziana del 1573 – tanto che si dovrà ben presto registrare il controcanto faceto e arguto di Niccolò Franco,* Il Petrarchista, *Venezia 1539. D'altra parte, proprio il prodigioso dispiegarsi, lungo tutto il Cinquecento – e al di là delle etichette storiografiche: che si voglia rubricare quest'esegesi sotto il sigillo del Classicismo o poi del Manierismo – dei commenti al Petrarca che rapidamente sostituirono l'umanistico modello di Francesco Filelfo (1476), in una ininterrotta serie che va da Alessandro Vellutello, 1525 (riedito piú di venti volte per il solo Cinquecento), a Giovanni Andrea Gesualdo, 1533, da Bernardino Daniello, 1541, ad Antonio Brucioli, 1548, da Giulio Camillo, 1554, al ricchissimo e ricapitolativo commento di Ludovico Castelvetro, Basilea 1582 (fondamentale punto di riferimento per la lirica italiana sino al Settecento e ben oltre, sí che ancora lo evocherà per la propria poesia Giuseppe Ungaretti); insomma tutta questa attività di riflessione sulla tradizione, di citazione sulla citazione, creerà un genere che, mettendo in rapporto stilistica e poetica del testo, renderà propizia quella «collaborazione imitativa» tra lettura e scrittura che ha trasmesso la compagine petrarchesca co-*

me organismo sempre vivo e mai spento della tradizione poetica italiana, fissando per sempre una lingua, un repertorio figurale, un canone topico, inalterati sino al Novecento.

Piú ancora, la sostanziale continuità iterativa del petrarchismo italiano ha non solo fissato una lingua a impulso elativo (dalla lirica al melodramma) che ha varcato i secoli e le rivoluzioni, resistendo a ogni addensamento o frizione espressionista, a ogni esperimento di mescidanza, a ogni iato introspettivo; ma ha altresí permesso che questa «trasparenza» del canone consegnasse al lettore del secolo XX una lingua poetica nitidamente coesa, e in ciò letteralmente «dicibile», dal XIV secolo al Novecento, dal Petrarca a Saba, Ungaretti, Sereni, ecc. Ma, piú che alla lingua poetica – certo esposta maggiormente all'abuso e all'ovvio del cliché –, il petrarchismo del Cinquecento ha ulteriormente contribuito agli istituti autoriflessivi del dettato poetico: facendo definitivamente prevalere, dopo l'ultimo ardito tentativo poematico della Gerusalemme tassiana, la lirica sull'epica, ha fissato per la letteratura italiana il primato della forma (metrica, ritmica) sull'istanza enunciativa, o istoriale, o rappresentativa. Non avremo – dopo il Tasso del Mondo creato, fecondo modello al Milton – né Blake, né Hölderlin, né Baudelaire né Eliot. E tuttavia la lirica italiana, nel suo chiuso dire un «per sempre» definito dalla memoria del Petrarca, ha dato alla letteratura europea la piú continua evidenza della gratuità autosufficiente della letteratura, della scrittura deposta in altra scrittura, referente di se stessa: «Venite, hendecasyllabi, venite | lepidi versi, e voi soavi accenti» (Camillo Scroffa, 1562); «Ciò che scrissi e dettai pensoso e lento» (Torquato Tasso, Al conte Matteo di Paleno che raccoglieva le sue rime); sino alle variazioni virtuosistiche del Barocco: «Muti maestri miei, voi m'insegnate» (Giuseppe Battista, Ai suoi libri); «De' tuoi furti mi vivo, e s'io non pèro, | [...] tutto è sol tua mercé, caro pensiero» (Giambattista Marino, Al pensiero), o alle estreme estenuazioni romantiche: «Bruno compagno mio, quando son tristo | e vo pensoso per la via men trita, | io t'ho so-

*vente nella man, provvisto | di fogliolini bianchi e di ma-
tita»* (Giovanni Prati, Taccuino), *o all'ultima celebra-
zione elevata dal Carducci: «Breve e amplissimo carme, o
lievemente | co 'l pensier volto a mondi altri migliori»*
(Al sonetto).

Certo quest'impulso autoreferenziale sembra sovente
esaurirsi, in quella che è stata definita la lirica manierista
di fine secolo XVI, in un vano formulario che già il Gar-
zoni cosí bollava: *«E piú ragionevolmente fanno i poe-
tucci moderni, che attendono solamente a sfodrar fuori
un lor "sovente", un "dogliose note", un "verdi piagge
amene", un "lieti boschi", un "ritrosetto amore", un "par-
goletti accorti", un "bei crin d'oro" un "felice soggiorno",
dove non dan molestia ad altri che alle dive loro»*, ridu-
cendo drasticamente il valore sociale della poesia: De'
poeti in generale, e de' formatori d'epitaffi e pasqui-
nate in particolare (*in* La Piazza universale di tutte le
professioni del mondo, *1589*). E tuttavia nello stesso
Discorso CLIV dedicato ai poeti, il Garzoni richiama
un ulteriore carattere della poesia, che sin da Platone le
è riconosciuto come originario: *«E nel* Cratilo *vuole che
i poeti soli siano gli impositori de' veri nomi, come che
essi ne' ratti loro acquistino la vera notizia di tutte le co-
se»*. Riaffiora insomma il valore di condensazione cono-
scitiva proprio della poesia, di potere di rappresentazione
di mondi possibili che lo stesso Garzoni fa risalire al Pe-
trarca: *«Null'al mondo è che non possano i versi»*
(CCXXXIX, 28) *e compendia, per il proprio secolo, nel-
la poesia ispirata di Vittoria Colonna, nella quale si con-
ciliano filosofia e teologia, fonti e sigilli primari di ogni
dire poetico: «E se il poeta non fosse teologo perfetto,
quel Dio dell'universo che gli Ebrei chiamano* Ensoph,
*cioè infinità incomprensibile, Orfeo, teologo e poeta,
non l'avrebbe chiamato "notte", a quella guisa che Dio-
nisio Areopagita lo chiama "caligine", della quale intese
altamente, come in tutti i sacri e mirabili componimenti
suoi, la illustrissima signora Vittoria Colonna in quel so-
netto: "Signor che in quella inaccessibil luce | Quasi in
alta caligine t'ascondi"»*.

E insieme, accanto al «volo» del rapimento, della piú eletta poesia d'amore e di contemplazione, rimane, feconda, la coscienza dell'universale analogia del creato e delle sue forme; sí che l'imitatio poetica partecipa di quel principio di interno «legamento» e di concatenata similitudine degli esseri che «in infinito sale» (Gabriele Fiamma). Il Tasso potrà cosí compendiare l'esperienza lirica di tre secoli di poesia che – da San Francesco al Petrarca, a Michelangelo – mai aveva rinunciato al trascendimento dell'oggetto, in un unico, araldico, incipit: «Oltre ogni estimazione bellissima fu quella impresa de la scala platonica, cioè de' quattro elementi e de gli otto cieli, co 'l verso del Petrarca D'una in altra sembianza» (Il Conte overo de l'imprese).

CESARE SEGRE e CARLO OSSOLA.

ELENCO DELLE ABBREVIAZIONI

Si forniscono qui di seguito le sigle e le abbreviazioni cui si è fatto generalmente ricorso nell'ambito del volume.

Tutte le abbreviazioni a carattere bibliografico non comprese in questi elenchi fanno riferimento alle «schede bibliografiche» dettagliate che compaiono a partire da p. 491.

A. Manoscritti:

Barb.	Barberiniano
Chig.	Chigiano
Esc.	Escorialense
Laur.	Laurenziano
Magl.	Magliabechiano
Pal.	Palatino
Ricc.	Riccardiano
Vat. lat.	Vaticano latino

Bibl. Naz.	Biblioteca Nazionale
Bibl. Com.	Biblioteca Comunale

B. Testi latini e italiani:

Acad.	Cicerone, *Academices Questiones*
Ach.	Stazio, *Achilleis*
Ad Att.	Cicerone, *Ad Atticum*
Aen.	Virgilio, *Eneide*
AL	Matteo Maria Boiardo, *Amorum libri tres*
Am.	Ovidio, *Amores*
Ant. Jud.	Giuseppe Flavio, *Antiquitates judaicae*
Apoc.	Seneca, *Apocolocynthósis divi Claudii*

Ars am.	Ovidio, *Ars amatoria*
Ars poet.	Orazio, *Ars poetica*
Astrom.	Manilio, *Astronomica*
Aul.	Plauto, *Aulularia*
Aur.	Frontone, *Epistulae ad M. Aurelium*
Bella civ.	Appiano, *Guerre civili*
Buc.	Virgilio, *Bucoliche*
Buc. carm.	Petrarca, *Bucolicum carmen*
Carm.	Orazio, *Carmen Saeculare*
Catil.	Sallustio, *Bellum Catilinae*
Cist.	Plauto, *Cistellaria*
Conf.	Agostino, *Confessioni*
Cons. Phil.	Boezio, *De consolatione philosophiae*
Conv.	Dante, *Convivio*
Crat.	Platone, *Cratilo*
De am.	Cicerone, *De amicitia*
De an.	Aristotele, *De anima*
De brev. vitae	Seneca, *De brevitate vitae*
Dec.	Boccaccio, *Decameron*
De civ. Dei	Agostino, *De civitate Dei*
De nat. deor.	Cicerone, *De natura deorum*
De off.	Cicerone, *De officiis*
De rer. nat.	Lucrezio, *De rerum natura*
De tranq. an.	Seneca, *De tranquillitate animi*
De Trin.	Agostino, *De Trinitate*
Div.	Cicerone, *De divinatione*
DVE	Dante, *De vulgari eloquentia*
Ecl.	Nemesiano, *Eclogae*
En. Ps.	Agostino, *Enarrationes in Psalmos*
Ep.	Orazio, *Epodi*
Epig.	Marziale, *Epigrammi*
Epig. lat.	Poliziano, *Epigrammata latina*
Epist.	Orazio, *Epistulae*
Epist. mor.	Seneca, *Epistulae morales*
Epit.	Floro, *Epitome*
Etym.	Isidoro di Siviglia, *Etymologiae*
Eun.	Terenzio, *Eunuchus*
Fam.	Petrarca, lettere *Familiares*
Fast.	Ovidio, *Fasti*
Fed.	Platone, *Fedone*
Fedr.	Platone, *Fedro*
Georg.	Virgilio, *Georgiche*
Heaut.	Terenzio, *Heautontimoroumenos*
Hend.	Pontano, *Hendecasyllabi*
Her.	Ovidio, *Eroidi*
Herc. fur.	Seneca, *Hercules furens*
Herm.	Panormita, *Hermaphroditus*
Hom. in Gen.	Origene, *Homilia in Genesim*

Hymn. nat.	Marullo, *Inni naturali*
Il.	Omero, *Iliade*
Inf.	Dante, *Inferno*
Inst.	Quintiliano, *Institutio oratoria*
Lael.	Cicerone, *Laelius*
Laud. Ser.	Claudiano, *De Laudibus Serenae Reginae*
Leg.	Platone, *Leggi*
Lib.	T. Tasso, *Gerusalemme liberata*
Lib. Am.	Ficino, *El libro dell'Amore*
Met.	Ovidio, *Metamorfosi*
Mil.	Cicerone, *Pro Milone*
Mos.	Ausonio, *Mosella*
Nat. Hist.	Plinio, *Naturalis Historia*
Nat. quaest.	Seneca, *Naturales quaestiones*
Od.	Omero, *Odissea*
Orat.	Cicerone, *Orator ad Brutum*
Orl. fur.	Ariosto, *Orlando furioso*
Orl. inn.	Matteo Maria Boiardo, *Orlando innamorato*
Par.	Dante, *Paradiso*
Part. an.	Aristotele, *Parti degli animali*
Parth.	Pontano, *Parthenopeus*
Phars.	Lucano, *Pharsalia*
Phil.	Cicerone, *Philippicae orationes*
PL	*Patrologia Latina*
Polit.	Platone, *Politica*
Pont.	Ovidio, *Epistulae ex Ponto*
Prot.	Platone, *Protagora*
Purg.	Dante, *Purgatorio*
Rapt.	Claudiano, *De raptu Proserpinae*
Rem. am.	Ovidio, *Remedia amoris*
Rep.	Cicerone, *De re publica*
Repub.	Platone, *Repubblica*
RVF	Petrarca, *Rerum vulgarium fragmenta*
Sat.	Giovenale, *Saturae*
Sat.	Orazio, *Saturae*
Sel. in Gen.	Origene, *Selecta in Genesim*
Sest.	Cicerone, *Pro Sestio*
Silv.	Stazio, *Silvae*
Simp.	Platone, *Simposio*
Summa c. Gent.	Tommaso d'Aquino, *Summa contra Gentiles*
Teog.	Esiodo, *Teogonia*
Theb.	Stazio, *Tebaide*
Theol. plat.	Ficino, *Theologia platonica*
Tim.	Platone, *Timeo*
Tr. Cup.	Petrarca, *Triumphus Cupidinis*
Tr. Et.	Petrarca, *Triumphus Eternitatis*
Tr. Fam.	Petrarca, *Triumphus Fame*
Trist.	Ovidio, *Tristia*

Tr. Mor.   Petrarca, *Triumphus Mortis*
Tr. Pud.   Petrarca, *Triumphus Pudicitie*
Tr. Tem.   Petrarca, *Triumphus Temporis*
Tum.   Pontano, *De tumulis*
Tusc.   Cicerone, *Tusculanae disputationes*
VN   Dante, *Vita Nuova*

C. Testi biblici:

Ab   Abacuc
Abd   Abdia
Ag   Aggeo
Am   Amos
Ap   Apocalisse di Giovanni
At   Atti degli Apostoli
Br   Baruc
Col   Lettera ai Colossesi
1 Cor   Prima lettera ai Corinzi
2 Cor   Seconda lettera ai Corinzi
1 Cr   Cronache (I libro) = 1 Paralipomeni
2 Cr   Cronache (II libro) = 2 Paralipomeni
Ct   Cantico dei Cantici
Dn   Daniele
Dt   Deuteronomio
Eb   Lettera agli Ebrei
Eccle   Ecclesiaste
Eccli   Ecclesiastico
Ef   Lettera agli Efesini
Es   Esodo
Esd   Esdra
Est   Ester
Ez   Ezechiele
Fil   Lettera ai Filippesi
Flm   Filemone
Gal   Lettera ai Galati
Gb   Giobbe
Gc   Giacomo
Gd   Giuda
Gdc   Giudici
Gdt   Giuditta
Ger   Geremia
Gio   Giona
Gl   Gioele
Gn   Genesi
Gs   Giosuè
Gv   Vangelo di Giovanni

1 *Gv*	Prima lettera di Giovanni
2 *Gv*	Seconda lettera di Giovanni
3 *Gv*	Terza lettera di Giovanni
Is	Isaia
Lam	Lamentazioni
Lc	Vangelo di Luca
Lv	Levitico
1 *Mac*	Maccabei (I libro)
2 *Mac*	Maccabei (II libro)
Mc	Vangelo di Marco
Mic	Michea
Ml	Malachia
Mt	Vangelo di Matteo
Nm	Numeri
Os	Osea
Prv	Proverbi
1 *Pt*	Prima lettera di Pietro
2 *Pt*	Seconda lettera di Pietro
1 *Re*	Re (I libro) = 3 Re
2 *Re*	Re (II libro) = 4 Re
Rm	Lettera ai Romani
Rt	Rut
Sal	Salmi
1 *Sam*	Samuele (I libro) = 1 Re
2 *Sam*	Samuele (II libro) = 2 Re
Sap	Sapienza
Sof	Sofonia
Tb	Tobia
1 *Tm*	Prima lettera di Timoteo
2 *Tm*	Seconda lettera di Timoteo
1 *Ts*	Prima lettera ai Tessalonicesi
2 *Ts*	Seconda lettera ai Tessalonicesi
Tt	Tito
Zc	Zaccaria

D. Riviste e opere di consultazione:

«AAColombaria»	«Atti dell'Accademia Toscana di Scienze e Lettere "Colombaria"».
«AALM»	«Atti dell'Accademia Nazionale dei Lincei. Memorie».
«AALR»	«Atti dell'Accademia Nazionale dei Lincei. Rendiconti. Classe di scienze morali, storiche e filologiche».
AAT	Atti dell'Accademia delle Scienze di Torino. Classe di Scienze morali, storiche e filologiche.
AFLN	Annali della Facoltà di Lettere e filosofia dell'Università di Napoli.

«AGI»   «Archivio glottologico italiano».

«ASNS»   «Annali della Scuola Normale Superiore di Pisa».

«BCSFLS»   «Bollettino del Centro di studi filologici e linguistici si-
            ciliani».

BESSI   R. Bessi, Aggiornamento bibliografico in V. Rossi, *Il Quat-
            trocento*, reprint dell'ed. 1933, Padova-Milano 1992.

«BiblHR»   «Bibliothèque d'Humanisme et Renaissance».

«BRAB»   «Boletín de la Real Academia de Buenas Letras de Bar-
            celona».

CLPIO   *Concordanze della lingua poetica delle origini*, a cura di
            D'A. S. Avalle, Milano-Napoli 1992.

«CN»   «Cultura Neolatina».

DBI   *Dizionario biografico degli italiani*, Roma.

DCLI   *Dizionario Critico della Letteratura Italiana*, a cura di V. Bran-
            ca, Torino 1986².

DEI   C. Battisti e G. Alessio, *Dizionario etimologico italiano*,
            Firenze 1950-57.

DEUMM   *Dizionario Enciclopedico Universale della Musica e dei Mu-
            sicisti*, a cura di A. Basso, Torino 1983-90.

«FC»   «Filologia e Critica».

GDLI   *Grande dizionario della lingua italiana*, a cura di S. Batta-
            glia, Torino 1961-.

GRLM   *Grundriss der romanischen Literaturen des Mittelalters*,
            a cura di H. R. Jauss e E. Köhler, Heidelberg 1968-.

«GSLI»   «Giornale storico della letteratura italiana».

«IMU»   «Italia medioevale e umanistica».

«LI»   «Lettere italiane».

LIE   *Letteratura italiana*, diretta da A. Asor Rosa, Torino 1982-99.

LIL   *La letteratura italiana. Storia e testi*, diretta da C. Muscetta,
            10 voll., Bari 1970-80.

LIO   G. Contini, *Letteratura italiana delle origini*, Firenze 1970.

LIQ   G. Contini, *Letteratura italiana del Quattrocento*, Firen-
            ze 1976.

«LN»   «Lingua nostra».

LTQ   *Lirici toscani del Quattrocento*, a cura di A. Lanza, 2 voll.,
            Roma 1973-75.

MALATO   *Storia della letteratura italiana*, diretta da E. Malato, Ro-
            ma 1995-.

MLI   F. Brioschi e C. Di Girolamo, *Manuale di letteratura ita-
            liana. Storia per generi e problemi*, Torino 1993-96.

«MR»   «Medioevo romanzo».

PD   G. Contini, *Poeti del Duecento*, Milano-Napoli 1960.

PMT   *Poeti minori del Trecento*, a cura di N. Sapegno, Milano-Napoli 1952.

PS   *Poesia del Seicento*, a cura di C. Muscetta e P. P. Ferrante, in «Parnaso Italiano», VII, Torino 1964.

PSt   *Poesia del Settecento*, a cura di C. Muscetta e M. R. Massei, in «Parnaso italiano», VIII, Torino 1967.

«R»   «Romania».

RAAN   Rendiconti dell'Accademia di Archeologia, Lettere e Belle Arti di Napoli.

«R[B]LI»   «Rassegna [bibliografica] della letteratura italiana».

RC   A. Poliziano, *Le Stanze, l'Orfeo e le Rime*, a cura di G. Carducci, Bologna 1912 (rispetti continuati).

«RFR»   «Rivista di filologia romanza».

«RiLI»   «Rivista di letteratura italiana».

RS   G. Raynaud e H. Spanke, *Bibliographie des altfranzösischen Liedes*, neu bearbeitet und ergänzt, I, Leiden 1955.

RSQ   *Rispetti e strambotti del Quattrocento*, a cura di R. Spongano, Bologna 1971.

«SC»   «Strumenti critici».

SCLI   *Storia della civiltà letteraria italiana*, a cura di G. Bàrberi Squarotti, Torino 1990-94.

«SFI»   «Studi di filologia italiana».

«SFR»   «Studi di filologia romanza».

«SLI»   «Studi linguistici italiani».

SLIG   *Storia della letteratura italiana*, a cura di E. Cecchi e N. Sapegno, Milano 1965-69, 1987^2.

«SPCT»   «Studi e problemi di critica testuale».

«SR»   «Studj Romanzi».

E. Abbreviazioni varie:

afr.   antico francese
agg.   aggettivo
avv.   avverbio
cong.   congiuntivo
fr.   francese
ger.   gerundio
imp.   imperativo
ind.   indicativo
inf.   infinito
intr.   introduzione
lat.   latino
par./parr.   paragrafo/i
part.   participio
plur.   plurale

pref.	prefazione
prep.	preposizione
prol.	prologo
prov.	provenzale
sing.	singolare
sogg.	soggetto
sost.	sostantivo

Cinquecento

JACOPO SANNAZARO

Le ragioni dello stile, nel S., costituiscono il tratto comune di una produzione poetica altrimenti nettamente risolta nella disgiunzione tra un versante volgare ed uno latino (bipartizione ben rispecchiata nella vicenda biografica del poeta); in entrambi i settori, ad essa arrise una fortuna straordinaria, particolare che rende il S. figura fondamentale di collegamento tra il mondo umanistico e quello del maturo Rinascimento. Il continuo *labor limae* esercitato dal S. – che gli valse da parte del Pontano, a dire del Giraldi del *De poetis*, la scherzosa attribuzione del detto di Apelle riferito a Protogene «eum manum de tabula tollere nescire» («non riesce a togliere la penna dal foglio») – conduce peraltro, nonostante ciò che può sembrare ad una prima impressione, ad esiti in larga misura coerenti. In ambito volgare assistiamo, sia per le *Rime* che per l'*Arcadia*, ad un processo di controllo dei regimi stilistici che tende, sul piano tematico, a depurare il dettato narrativo dalle intrusioni realistico-cronachistiche, mentre su quello della lingua tiene a distanza le complementari tentazioni del latinismo e del regionalismo: ne emerge un autobiografismo piú astratto, centrato non su ragioni esterne, come nella lirica cortigiana quattrocentesca, ma sulla stessa sostanza espressiva, dunque di efficace esemplarità (da qui la fortuna).

Il S. trova in definitiva una propria «via al Petrarca» distinta da quella, poi prevalente, del Bembo: il 1530 è l'anno di uscita delle *Rime* di entrambi gli autori; anche se occorre dire che di opera postuma si tratta nel caso del napoletano, estremamente diffidente – da buon umanista – nei confronti della «testualità perentoria» imposta dalla stampa, e tutto dedito sin dall'epoca del rientro dalla Francia, come s'è detto, alla produzione latina. Molto meno rigida rispetto al Bembo ad

ogni modo, e con esiti che anticipano secondo Mengaldo una
linea di sviluppo barocca, è la trama lirica del S., che attra-
verso l'espansione ipotattica ed un uso sapiente di iperbato ed
enjambement tende a superare la forma chiusa in un movi-
mento sintattico-ritmico avvolgente, sempre alla ricerca della
variatio. Nella strutturazione bipartita, benché fortemente
sbilanciata, del canzoniere sannazariano (trentadue componi-
menti nella prima parte, sessantasei nella seconda) non è dato
rintracciare – nonostante l'apparente sistemazione petrarche-
sca – un ordinamento cronologico o tematico preciso; questo
vale soprattutto per la prima parte, che costituisce, come be-
ne ha mostrato Dionisotti, un blocco a sé stante, fuori dal rag-
gio d'azione della dedicatoria a Cassandra Marchese. Nella se-
conda parte la vicenda amorosa ha momenti scanditi con piú
nettezza (a LXXVI, 11, è ricordato l'undicesimo anno del suo
svolgimento; a LXXXIX, 2, il quattordicesimo; a XCVIII, 1,
il sedicesimo): in esordio viene soprattutto annunciato l'innal-
zamento ad un «piú raro stile» (XXXIII, 29) che sostituisca il
«rozzo stil» (XXXV, 6) della poesia pastorale dell'*Arcadia*. E
quello stile, ammodernato già dalla fulminea edizione del Bla-
do di quello stesso 1530, decretò il grande successo della rac-
colta – trentotto edizioni nel Cinquecento – a dispetto del ca-
rattere anacronistico (già al momento della sua uscita) delle te-
matiche politiche ivi contenute e dell'aristocratico distacco
dell'autore verso le sue «vane e giovanili fatiche», come reci-
ta la dedicatoria, manifestato molto probabilmente già a par-
tire dal 1505.

Di un passaggio di consegne dallo stile bucolico a quello li-
rico è peraltro testimonianza anche l'*Ecl.* IX (vv. 139-151)
dell'*Arcadia*; pure quest'opera presenta un singolare contrasto
tra una clamorosa fortuna editoriale – quasi settanta edizioni
nel corso del secolo XVI solo in Italia – e la mancata sopravvi-
venza di soluzioni linguistiche (in particolare i latinismi) e me-
triche (l'ecloga sdrucciola); la vitalità del testo è in realtà ga-
rantita dal suo impianto strutturale, e dalla possibilità di let-
tura simbolica che esso consente, soprattutto in direzione or-
fica (Tateo, Villani). Anche in questo caso il S. si rivela figura
di collegamento per eccellenza nella storia letteraria: difficil-
mente avrebbe infatti potuto esistere l'«invenzione» del
dramma pastorale del Giraldi, del Tasso, del Guarini senza il
laboratorio dell'*Arcadia*. La struttura dell'opera prevede due
momenti fondamentali: fino all'*Ecl.* VI la sospensione del
tempo è assoluta, e realizzata in funzione del canto amoroso
dei pastori per le loro amate: Ergasto (*Ecl.* I), Montano e Ura-
nio (*Ecl.* II), Galicio (*Ecl.* III), Logisto ed Elpino (*Ecl.* IV). Il
tema funebre – le esequie del pastore Androgeo – della prosa
ed *Ecl.* V introducono una svolta fondamentale: nella prosa
VI Sincero (proiezione della figura autoriale) dice per la prima

volta «io», e da questo momento il tema autobiografico risulterà dominante, passando per la celebrazione dell'Età dell'oro di Opico (*Ecl.* VI), tutta piena di amarezza per il presente; il lamento di Sincero (*Ecl.* VII); la rievocazione delle terre campane di Selvaggio (*Ecl.* X); gli onori funebri tributati a Massilia (prosa X, prosa ed *Ecl.* XI), dietro cui si cela probabilmente la figura della madre di S., Masella; infine l'avventurosa «catabasi» che permette il ritorno di S. alla sua terra, episodio ancora rattristato dal lutto (prosa ed *Ecl.* XII). E, già dall'*Ecl.* VII, la sperimentazione polimetrica si attenua sensibilmente, di pari passo con la già segnalata presa di distanza dell'autore rispetto al genere bucolico.

Se ora ci rivolgiamo al cospicuo drappello delle opere latine (il *De partu Virginis*, le cinque *Eclogae piscatoriae*, il poemetto *Salices*, le *Elegiae* e gli *Epigrammata*, per menzionare solo le più importanti), troviamo una situazione per molti versi analoga a quella delle opere volgari. Il S., come si è detto, si dedicò completamente alla produzione in latino, affidando ad essa la propria consacrazione poetica. Il tardo Umanesimo – basti per tutti il nome del Poliziano – aveva peraltro messo a disposizione strumenti filologici ed eruditi la cui applicazione andava di pari passo con l'affinamento del gusto (ma anche la restrizione del pubblico) nell'ambito della poesia latina: si tratta di repertori lessicografici, metrici, tematici, ecc. il cui uso finiva per subordinare fatalmente l'*inventio* e l'*elocutio* ad un canone di *auctores*: canone che, proprio nel primo trentennio del Cinquecento, tende via via a restringersi in uno schema nettamente bipartito: Virgilio per la poesia, Cicerone per la prosa. In questa attività di studio e sistemazione dei materiali della classicità si distinse anche il S., che nel suo soggiorno in Francia fu, si è detto, sagace scopritore di codici: sono oggi conservati alla Staatsbibliothek di Vienna due zibaldoni (il 3503 e 9477) che, oltre a contenere esercizi di traduzione dal greco, presentano la fisionomia di veri e propri strumenti di lavoro dell'officina poetica sannazariana. È importante sottolineare che questa sublimazione a livello di selettività stilistica nella pratica della composizione latina contribuí ad approfondire il divario con il volgare, secondo modalità che, ancora una volta, si appaiano al progetto del Bembo: nel 1527, come ha segnalato Dionisotti, Aldo pubblica il *De partu Virginis* assieme al *Benacus*, il poemetto che può considerarsi il più impegnativo cimento del letterato veneziano su questo versante; proprio sul campo della restrizione dello stile ad alcuni modelli «aurei», questione che entra a far parte della generale *querelle* sull'imitazione, si gioca poi il divorzio con l'Umanesimo d'oltralpe: nel 1528 esce a stampa infatti il *Ciceronianus* di Erasmo, opera che riserva ai «poeti-grammatici» ironie feroci. Ora, della vera e propria devozione del S. per Virgilio vi sono svariate testimonianze (tra cui fondamentali sono le lettere pubblicate da Fantazzi e da Perosa nella loro edizione del *De partu Virginis*); ma piú delle dichiarazioni teoriche vale una prassi compositiva che ha nell'intarsio di tessere virgiliane il proprio caratteristico *modus operandi*, e che, ad esempio, come ha rilevato il Traina, non esita ad avvalersi di una *iunctura* utilizzata dal poeta mantovano nella narrazione della scabrosa vicenda di Pasifae (*Ecl*. VI, 53: *latus fultus*) per descrivere i primi momenti di vita del Cristo (*De partu Virginis*, 367, vedi *infra*, alla nota relativa). Ciò non significa affatto che non siano presenti anche altri modelli alla memoria poetica del S.: basterebbe ricordare l'importanza strutturale di un poeta tardo come Claudiano per il *De partu Virginis*, o di Ausonio, o di Rutilio Namaziano, da cui egli deriva una sensibilità per la caducità delle cose che tanta parte ha negli *Epigrammata* e soprattutto nelle *Elegiae*.

L'opera a cui il S. aveva maggiormente affidato la sua fortuna è senza dubbio il *De partu Virginis*, uscito a stampa nel 1526; si tratta di un tentativo ambizioso, nel quale il S. era stato in parte preceduto, con esiti ben piú arcaici, da Battista Mantovano nella *Parthenice mariana*. L'opera è divisa in tre libri: nel primo vengono narrati gli episodi dell'Annunciazione e, attraverso la voce di Davide, le tappe fondamentali della vita di Cristo; nel secondo la visita ad Elisabetta, il trasferimento della Sacra Famiglia a Betlemme ed il concepimento; nel terzo la visita dei pastori alla capanna (tra cui anche Licida, trasparente proiezione autoriale), che rievoca l'atmosfera bucolica dell'*Arcadia* nella celebrazione di una nuova Età dell'oro; la processione celeste in onore del fanciullo divino; infine un discorso del fiume Giordano – che riporta quanto annunciato da Proteo – sugli effetti miracolosi della nascita di Cristo. Chiude l'opera una nuova, commossa rievocazione della villa di Mergellina.

Nel 1527 uscirono alle stampe le cinque *Eclogae piscatoriae*, adattamento della poesia bucolica ad un'ambientazione marina (un'operazione che viene orgogliosamente presentata in *Ecl*. IV, 17-20 e *De partu Virginis*, III, 194); i *Salices*, la *Lamentatio de morte Christi*, quattro elegie – sulle ventiquattro dell'ed. aldina del 1535 – ed undici epigrammi – su centocinquantuno. Il carattere della produzione epigrammatica è piuttosto uniforme, e si accorda bene con l'ispirazione evasivamente malinconica del S. e con i dati biografici in nostro possesso: una volta tornato dalla Francia, egli vive in sdegnoso isolamento, senza aver prodotto attorno a sé una vera e propria scuola poetica (i giudizi sugli autori a lui contemporanei ricavabili dalle lettere sono perlopiú improntati ad un aperto disprezzo); una volta morto il vecchio maestro Pontano e cacciata per sempre la dinastia aragonese, la produzione poetica

del S. dal 1505 al 1530 non può che confermare la sua voca-
zione alla rievocazione nostalgica. Una conferma a quanto si
va dicendo può essere offerta da una breve analisi degli *Epi-
grammata*, genere aperto, piú di ogni altro, alla rapsodicità del-
le occasioni compositive; ebbene, la raccolta del S. è pervasa
da un'atmosfera che non si può non chiamare «elegiaca», pre-
sentando una percentuale elevata (ventisei epigrammi) di com-
ponimenti a puro sfondo mitologico, a cui si aggiungono i «tu-
muli» e le commosse rievocazioni di amici scomparsi; pochi,
in rapporto alla tradizione del genere, gli epigrammi di sog-
getto erotico. Quanto al tema politico, se si eccettuano alcune
composizioni in lode del duca d'Atri, Andrea Matteo d'Ac-
quaviva, campeggiano come protagonisti assoluti ancora gli
Aragonesi: Federico (*Epigr.*, I, 1, 5, 8, 12, 33; II, 1; III, 5);
Alfonso II (I, 9, 37, 45); Ferrante (II, 9) e Ferrandino (I, 19 e
II, 47); mentre i toni piú risentiti (e polemicamente efficaci)
sono destinati a coloro che causarono la loro rovina, i Borgia
ed Alessandro VI (anch'egli scomparso nel 1503): ma va detto
che la poesia del S. non ha in sé una vera vocazione all'invet-
tiva.

Se c'è una traccia capace di unificare l'intera produzione del
S., questa è costituita da una percezione acuta della fragilità
della condizione umana; sentimento che lo spinge a porre al
centro della propria riflessione poetica il tema del rapido flui-
re del tempo e, di conseguenza, della presenza incombente
della morte: morte delle città, delle persone care, disfacimen-
to universale a cui tenta porre riparo la parola poetica. Nel-
l'*Arcadia*, oltre alle sezioni dedicate al compianto di Androgeo
e Massilia, il desiderio di morte incornicia il viaggio di ritorno
di Sincero alla sua terra: «varie e strane condizioni di morte
andai examinando» (prosa VII, 15); «io mi trovai in punto sí
desideroso di morire che di qualsivoglia maniera di morte mi
sarei contentato» (prosa XII, 44). Nelle *Rime* il tema ha una
ricorrenza ossessiva: può essere il *topos* della morte prematura
(XXV, 10; XLI, 87-89; LIV, 14; LX, 12-14; LXXV, 79-80;
LXXXIV, 14; C, 150) o l'imporsi di un desiderio di eterna
quiete (XVII, 14; XXVI, 12; LII, 9; LXV, 13-14; LXVI, 2;
LXXIV, 10-11; LXXXIII, 10-11). Come per i «tumuli» lati-
ni, e sulla base di una tradizione consacrata dall'*Anthologia
palatina*, emblema di questa poesia è il sepolcro: «che un fred-
do marmo almen chiuda quest'ossa!» (XXIII, 14); «... un
marmo poi serra | la carne ignuda e frale» (LIII, 33-34); «po-
ca polvere et ossa | in una breve fossa | si chiuderanno...»
(LIII, 74-76); ecc. Nelle *Elegiae*, I, 10 (a Giovanni Sangro) e
III, 2 (a Cassandra Marchese) ritorna il motivo della contem-
plazione della propria morte; abbiamo già ricordato l'alta fre-
quenza di epicedi negli *Epigrammata*, tra cui spiccano quelli
per i fanciulli (soprattutto l'I, 43, dedicato ad Ibla, la figlia di

Marullo); nelle *Eclogae piscatoriae* va menzionata per intero la
prima, con il compianto di Licida per la morte di Fillide, o,
nella seconda, il desiderio di Licone di portare con sé nella
tomba l'amore disperato per Galatea (II, 72). Tale moderna
sensibilità doveva condurre il S. a rinnovare altresí il *topos*
della contemplazione delle rovine, che da Poggio al Piccolo-
mini al Landino attraversa un settore tanto cospicuo della let-
teratura umanistica: si va dall'elegia II, 9, *Ad ruinas Cumarum*
all'epigramma II, XLI, *In theatrum campanum* al passo sulle
vestigia di Cartagine di *De partu Virginis*, II, 214-221. Sono
accenti che, non a caso, colpiranno profondamente l'immagi-
nazione di autori come il Tasso, il Leopardi e non meno il Pa-
scoli; temi nei quali consiste, pur all'interno di un gusto ales-
sandrino della *variatio*, forse il fascino piú durevole di questa
poesia.

                                                              S. P.

DALL'*ARCADIA*

I

Selvaggio et Ergasto

SELVAGGIO

Ergasto mio, perché solingo e tacito
pensar ti veggio? Ohimè, che mal si lassano
le pecorelle andare a lor ben placito!
Vedi quelle che 'l rio varcando passano;
5   vedi quei duo monton che 'nsieme correno,
come in un tempo per urtar s'abbassano.
Vedi ch'al vincitor tutte soccorreno
e vannogli da tergo, e 'l vitto scacciano
e con sembianti schivi ognor l'aborreno.
10 E sai ben tu che i lupi, ancor che tacciano,
fan le gran prede; e i can dormendo stannosi
però che i lor pastor non vi s'impacciano.
Già per li boschi i vaghi ucelli fannosi
i dolci nidi, e d'alti monti cascano
15 le nevi, che pel sol tutte disfannosi.
E par che i fiori per le valli nascano,
e ogni ramo abbia le foglia tenere,
e i puri agnelli per l'erbette pascano.

METRO: vv. 1-57 e 91-106 terzine di endecasillabi sdruccioli; vv. 58-60
endecasillabo piano incorniciato da due sdruccioli; vv. 61-90 frottola di
endecasillabi piani con accenti di quarta e decima e rimalmezzo, schema
AaBbCcDd.

1. *solingo e tacito*: Calpurnio Siculo, *Bucolicum carmen*, IV, 1-3: «Quid
tacitus, Corydon, [...] sedes?». 2. *mal si lassano*: non è bene abbando-
nare. 6. *per urtar s'abbassano*: preparandosi allo scontro, cfr. Petrar-
ca, *Tr. Fam.*, III, 94; le battaglie fra i montoni peraltro sono un ele-
mento caratteristico del paesaggio bucolico: cfr. Virgilio, *Georg.*, I, 525-
526 e Longo Sofista, *Dafni e Cloe*, I, XXV, 3.   7. *soccorreno*: corro-
no intorno.   8. *vitto*: «vinto».   9. *l'aborreno*: «lo disprezzano evi-
tandolo».   11-15. Rime in *stannosi : vannosi : fannosi* in F. de' Buo-
ninsegni, *Bucolica*, V, 291 (in *Bucoliche elegantissimamente composte*,
Antonio Bartolomeo Miscomini, Firenze 1481).   *però ... s'impacciano*:
perché i pastori loro padroni non vigilano.   *e d'alti monti ... disfanno-
si*: si sciolgono le nevi; cfr. Orazio, *Carm.*, I, 4, 1-2.

L'arco ripiglia il fanciullin di Venere,
20   che di ferir non è mai stanco, o sazïo
di far de le medolle arida cenere.
Progne ritorna a noi per tanto spazïo
con la sorella sua dolce Cecropïa,
a lamentarsi de l'antico strazïo.
25   A dire il vero, oggi è tanta l'inopïa
di pastor che cantando all'ombra seggiano,
che par che stiamo in Scizïa o in Etiopïa.
Or, poi che o nulli o pochi ti pareggiano
a cantar versi sí leggiadri e frottole,
30   deh canta omai, che par che i tempi il cheggiano.

ERGASTO

Selvaggio mio, per queste oscure grottole
Filomena né Progne vi si vedono,
ma meste strigi et importune nottole.
Primavera e suoi dí per me non riedono,
35   né truovo erbe o fioretti che mi giovèno,
ma solo pruni e stecchi che 'l cor ledono.
Nubbi mai da quest'aria non si movèno,
e veggio, quando i dí son chiari e tepidi,
notti di verno che tonando piovèno.

19. *il fanciullin di Venere*: Cupido; la coincidenza dell'arrivo della pri-
mavera, annunciato dalla rondine (cfr. i vv. 22-24), e la stagione dell'a-
more è in Calpurnio Siculo, *Bucolicum carmen*, V, 16-23.   21. *arida
cenere*: sia il riferimento al «fanciullin di Venere» che quello alla «cene-
re» si trovano in *Alfanio e Cicaro*, 16-18 (egloga attribuita dalla Corti al
De Jennaro, e da G. Velli al Sannazaro stesso; pubblicata in appendice
all'ed. Mayr del 1503).   22-24. *Progne ... strazio*: il mito, reso celebre
in particolare da Ovidio, *Met.*, VI, 424-674, narra la trasformazione in
rondine di Progne, che aveva dato in pasto al marito Tereo, re dei Tra-
ci, il figlioletto Iti per vendicarsi della violenza che egli aveva eserci-
tato sulla sorella della moglie, Filomena (chiamata al v. 23 *Cecropia*,
cioè Ateniese, dal nome di Cecrope, mitico fondatore della città); que-
st'ultima si trasformerà poi in usignolo (cfr. *Ecloga*, XI, 45-54).
27. *Scizia o in Etiopia*: luoghi remoti e selvaggi per antonomasia.   29-
33. Stesse parole in rima di F. Arsocchi, *Carmen bucolicum*, I, 26-30,
in *Bucoliche elegantissimamente composte* cit.; F. Gallo, *A Lilia*, 110-114
(ed. a cura di M. A. Grignani, Firenze 1973²; P. I. De Jennaro, *Eclo-
ghe: Giennaro e Colendio*, 59-63 (ed. in J. Sannazaro, *Arcadia*, a cura di
M. Scherillo, Torino 1888); le frottole sono componimenti di origine
popolare di struttura strofica irregolare, generalmente impostati su mi-
sure brevi: *gliuommeri* si dicono quelli di area napoletana, in cui lo stes-
so S. si cimentò.   *il cheggiano*: «lo richiedono».   *grottole*: «grotte».
strigi: uccelli notturni rapaci, che sia Ovidio (*Fast.*, VI, 131 sgg.), sia Pli-
nio (*Nat. Hist.*, XI, 39) descrivono come creature mostruose avide di
sangue infantile. *nottole*: civette.   34. *Primavera ... riedono*: RVF,

40 Perisca il mondo e non pensar ch'io trepidi,
   ma attendo sua rüina e già considero
   che 'l cor s'adempia di pensier piú lepidi;
   caggian baleni e tuon quanti ne videro
   i fier Giganti in Flegra, e poi sommergasi
45 la terra e 'l ciel, ch'io già per me il desidero.
   Come vuoi che 'l prostrato mio cor ergasi
   a poner cura in gregge umile e povero
   ch'io spero che fra' lupi anzi dispergasi?
   Non truovo tra gli affanni altro ricovero
50 che di sedermi solo appiè d'un acero,
   d'un faggio, d'un abete o ver d'un sovero;
   ché pensando a colei che 'l cor m'ha lacero
   divento un ghiaccio e di null'altra curomi,
   né sento il duol ond'io mi struggo e macero.

SELVAGGIO

55 Per maraviglia piú che un sasso induromi
   udendoti parlar sí malinconico,
   e 'n dimandarti alquanto rassicuromi.
   Qual è colei c'ha 'l petto tanto erronico
   che t'ha fatto cangiar volto e costume?
60 Dimel, che con altrui mai nol commonico.

ERGASTO

Menando un giorno gli agni presso un fiume,
vidi un bel lume,   in mezzo di quell'onde,
che con due bionde   trecce allor mi strinse,
e mi dipinse   un volto in mezzo al core

IX, 14: «Primavera per me pur non è mai».   40. *trepidi*: abbia pau-
ra.   41. *attendo sua ruina*: Pontano, *Eclogae*, II, 166: «infelix coelo
exitium ruat».   42. *che ... lepidi*: che il cuore si riempia (cfr. *RVF*,
CCCLXVI, 114) di pensieri piú belli (perché la fine del mondo farà ces-
sare il suo dolore).   44. *i fier Giganti*: Rustico Romano, *Ecloga*, 28
(nel quadro del medesimo riferimento apocalittico); ed. in *Compendio di
sonecti ... intitolato lo Perleone*, Aiolfo da Cantono da Milano, Napoli
1492) e P. J. De Jennaro, *Pastorale*, XI, 131; il modello è Petrarca, *Tr.
Mor.*, I, 33.   *Flegra*: valle della Tessaglia in cui si svolse la rivolta dei
Giganti contro gli dèi.   45. S. ricava le tre rime ancora da F. Gallo,
A Safira, ed. Grignani cit., 284-288.   46. *ergasi*: si sollevi.   51. *so-
vero*: sughero (a VI, 62 la forma «soberi»); la rima con *ricovero* si ritro-
va in *Alfanio e Cicaro*, 52-54 (il modello è Mosco, V, 11-12).   58.
petto ... erronico: «cuore volubile»; la rima *malinconico : erronico* in F.
Gallo, *A Lilia*, 32-36.   60. *con altrui ... commonico*: «non lo rivelerò
a nessuno».   62. *un bel lume*: la donna amata.   63. *con due ...
strinse*: la bellezza dell'amata che tiene in tal modo prigioniero il poeta
è motivo petrarchesco: *RVF*, CXCVI, 12-14.   64. *mi dipinse ... core*:

⁶⁵ che di colore   avanza latte e rose;
poi si nascose   in modo dentro all'alma,
che d'altra salma   non mi aggrava il peso.
Cosí fui preso;   onde ho tal giogo al collo,
ch'il pruovo e sollo   piú ch'uom mai di carne,
⁷⁰ tal che a pensarne   è vinta ogni altra stima.
Io vidi prima   l'uno e poi l'altro occhio;
fin al ginocchio   alzata, al parer mio,
in mezzo al rio   si stava, al caldo cielo;
lavava un velo,   in voce alta cantando.
⁷⁵ Ohimè, che quando   ella mi vide, in fretta
la canzonetta   sua spezzando, tacque,
e mi dispiacque   che, per piú mie' affanni,
si scinse i panni   e tutta si coverse;
poi si sommerse   ivi entro insino al cinto,
⁸⁰ tal che per vinto   io caddi in terra smorto.
E per conforto   darmi, ella già corse,
e mi soccorse,   sí piangendo a gridi,
ch'a li suo' stridi   corsero i pastori
che eran di fuori   intorno a le contrade,
⁸⁵ e per pietade   ritentâr mill'arti.
Ma i spirti sparti   al fin mi ritornaro
e fen riparo   a la dubbiosa vita.
Ella, pentita,   poi ch'io mi riscossi
allor tornossi   indietro (e 'l cor piú m'arse)
⁹⁰ sol per mostrarse   in un pietosa e fella.
La pastorella mia spietata e rigida,
che notte e giorno al mio soccorso chiamola,
e sta soperba e piú che ghiaccio frigida,
ben sanno questi boschi quanto io amola;
⁹⁵ sannolo fiumi, monti, fiere et omini,
ch'ognor piangendo e sospirando bramola.
Sallo, quante fíate il dí la nomini,
il gregge mio, che già a tutt'ore ascoltami,
o ch'egli in selva pasca o in mandra romini.

RVF, XCVI, 5-6.   65. *avanza*: «vince».   67. *che d'altra ... peso*:
«che qualsiasi altro peso mi pare sopportabile».   69. *sollo*: «lo so, lo
conosco».   71. *alzata*: s'intende «la veste».   74. *lavava un velo*:
situazione simile in *RVF*, LII.   76. *spezzando*: interrompendo.
86. *i spirti sparti*: i sensi smarriti (paronomasia).   90. *in un*: «nello
stesso tempo».   91-93. Rima *rigida : frigida* in F. Gallo, *A Safira*,
368-370.   95. *fiumi, monti, ...* : movenza petrarchesca; cfr. *RVF*,
CCLXXXVIII, 9-14.   99. *in mandra*: «nell'ovile».

100 Eco rimbomba, e spesso indietro voltami
le voci che sí dolci in aria sonano,
e nell'orecchie il bel nome risoltami.
Quest'alberi di lei sempre ragionano
e ne le scorze scritta la dimostrano,
105 ch'a pianger spesso et a cantar mi spronano.
Per lei li tori e gli arïeti giostrano.

100. *rimbomba*: «riecheggia le voci»; Poliziano, *Stanze*, I, 91, 1. *voltami*: mi rimanda; Virgilio, *Aen.*, I, 725. 102. *risoltami*: «mi risuona». 104. *ne le scorze scritta*: Virgilio, *Buc.*, X, 53-54 e Properzio, I, 18, 22. 105. *pianger ... cantar*: RVF, CCLIX, 8.

DALLE *RIME*

I

Se quel soave stil che da' prim'anni
infuse Apollo a le mie rime nove,
non fusse per dolor rivolto altrove
a parlar di sospir sempre e d'affanni,
⁵   io sarei forse in loco ove gl'inganni
del cieco mondo perderian lor prove,
né l'ira di Vulcan né i tuon di Giove
mi farebbon temer ruina o danni.
Ché se le statue e i sassi il tempo frange,
¹⁰ e de' sepolcri è incerta e breve gloria,
col canto sol potea levarmi a vuolo;
onde con fama et immortal memoria,
fuggendo di qua giú libero e solo,
avrei spinto il mio nome oltra Indo e Gange.

METRO: sonetto a schema ABBA, ABBA; CDE, DEC.

1. *Se ... anni*: l'incipit in periodo ipotetico con apodosi nel primo verso
della seconda quartina e stacco causale nella prima terzina figura già in
RVF, XXIV (ricordo che anche il canzoniere del Cariteo si apre con una
ipotetica). 2. *rime nove*: *RVF*, LX, 10. 3. *per dolor*: intende le
sofferenze amorose, che impediscono al poeta di raggiungere la «fama»
letteraria (v. 12); nel sonetto l'inevitabilità di tale ostacolo è sottolinea-
ta dal passaggio dal condizionale presente (*sarei*, v. 5) al passato (*avrei
spinto*, v. 14). 6. *perderian ... prove*: sarebbero impossibilitati a nuo-
cere; cfr. *RVF*, CXXVII, 78. 9. *sassi ... frange*: il rilievo, nella for-
ma topica della goccia che scava la pietra di Lucrezio (*De rer. nat.*, I,
313, IV, 1286-1287) e Ovidio (*Ars am.*, I, 474 e *Pont.*, II, 7, 39-40), si
ritrova, oltre che in Petrarca (*RVF*, CCLXV, 11) nel De Petruciis, *Ri-
me*, LXIII, 8-11 (ed. in E. Perito, *La congiura dei baroni e il conte di Po-
licastro. Con l'ed. completa e critica dei sonetti di G. A. De Petruciis*, Bari
1926); cfr. anche il sonetto L. 10. *de' sepolcri*: dell'onore mondano;
per questi temi, cari alla poesia latina di epoca bassoimperiale, (cfr. so-
prattutto Rutilio Namaziano, *De reditu suo*, 409-414), cfr. *Elegiae*, II,
9. 11. *levarmi a vuolo*: spiccare il volo, cioè raggiungere la vera glo-
ria per mezzo della poesia; è sintagma petrarchesco (*RVF*, CLXIX, 6;
CCXXXIV, 11; CCLXXXVII, 4). Cfr. anche Sannazaro, *Rime*, LIII,
63. 14. *oltra Indo e Gange*: oltre i limiti delle terre conosciute.

XI

O fra tante procelle invitta e chiara
anima gloriosa, a cui Fortuna
dopo sí lunghe offese alfin si rende,
e benché da le fasce e da la cuna
⁵ tarda venisse a te sempre et avara
né corra ancor quanto il dever si stende,
pur fra se stessa danna oggi e riprende
la ingiusta guerra e del su' error si pente,
quasi già d'esser cieca or si vergogni;
¹⁰ onde, perché tardando non si agogni
tra speranze dubbiose, inferme e lente,
benigna ti consente
la terra e 'l mar con salda e lunga pace,
ché raro alta virtú sepolta giace.

¹⁵ Ecco che 'l gran Nettuno e le compagne
de la bella Anfitrite e 'l vecchio Glauco
sotto al tuo braccio omai quïeti stanno;
e con un suon soavemente rauco
per le spumose e liquide campagne
²⁰ sovra a pesci frenati ignudi vanno
ringraziando natura, il giorno e l'anno

METRO: canzone a schema ABCBAC CDEEFfGG e congedo
WXYYXxZZ, secondo il modello petrarchesco di *RVF*, LIII.

2. *anima gloriosa*: si tratta di Ferrandino duca di Calabria, re di Napoli
dal 1495 al '96; la canzone è composta in occasione del suo rientro trion-
fale a Napoli dopo l'occupazione francese di Carlo VIII il 7 luglio 1495.
3. *si rende*: si concede vinta (*RVF*, CCCXXXI, 7-8).   4. *da le fasce e
da la cuna*: *RVF*, LXXII, 52-54.   6. *quanto ... si stende*: «quanto do-
vrebbe».   9-10. *si vergogni ... si agogni*: medesime parole in rima nella
canzone LIII del Petrarca, 9-10.   11. *inferme e lente*: *RVF*, CCXII, 8.
12. *ti consente*: il verbo qui ha valore transitivo e significa «affidare,
consegnare».   14. *ché ... giace*: l'ultimo verso della stanza riepiloga in
tono sentenzioso (cfr. Cicerone, *Tusc.*, I, 45, 109) un periodo scandito
da coppie sinonimiche ed iperbati.   15-16. *le compagne ... Anfitrite*: le
Nereidi; Esiodo, *Teog.*, 240-254.   *Glauco*: Ovidio, *Met.*, XIII, 920 sgg.
La rassegna delle divinità marine è giustificata dalla particolare ambien-
tazione; si tenga conto poi che a Glauco, cosí come a Proteo, erano at-
tribuite, per autorità soprattutto virgiliana (*Aen.*, VI, 36) doti profeti-
che.   17. *sotto al tuo braccio*: cioè di Ferrandino (*RVF*, LIII, 18-20).
18. *suon ... rauco*: l'allitterazione prepara il successivo ossimoro.
19. *spumose ... campagne*: il traslato è virgiliano: *Georg.*, IV, 394-395
(passo ripreso dal S. nell'ecloga *Mopso*, 62, in cui Proteo, accompagnato
da Glauco e dalle Nereidi, è «pastor liquidi maris»).   20. *frenati*: im-

che a sí raro destino alzaron l'onde;
tal che Protèo, ben che si pòsi o dorma,
piú non si cangia di sua propria forma,
²⁵ ma in su gli scogli assiso, ove ei s'asconde,
chiaramente risponde
a chi il dimanda, senza laccio o nodo,
e de' tuoi fati parla in cotal modo:
    – Questi che qui dal ciel per grazia venne
³⁰ sotto umana figura a far il mondo
di sue virtuti e di sua vista lieto,
empierà di sua fama a tondo a tondo
l'immensa terra, e di sé mille penne
lascerà stanche e tutto il sacro ceto;
³⁵ sí che Parnaso mai nel suo laureto
non sentí risonar sí chiaro nome
né far d'uom vivo mai tanta memoria,
né con tal pregio, onor, trïonfo e gloria,
dopo vittorïose e ricche some,
⁴⁰ vide mai cinger chiome
di verde fronda, come il dí ch'io parlo,
ché 'l cielo a tanto ben volse servarlo.

    Ben provide a' dí nostri il Re superno,
quando a tanto valor tanta beltade,
⁴⁵ per adornarne il mondo, insieme aggiunse.
Felice, altera e glorïosa etade,
degna di fama e di preconio eterno,
che di nostra aspra sorte il ciel compunse,

---

brigliati.   23. *Protèo ... dorma*: nell'*Odissea* (IV, 388-424) Eidotea
suggerisce a Menelao di immobilizzare nel sonno il dio Proteo per farsi
vaticinare la rotta del ritorno (cfr. *Georg.*, IV, 387-414): situazione a cui
fanno riferimento i vv. 23 e 27.   28. *tuoi*: di Ferrandino.   *fati*: «de-
stino» (latinismo).   *parla*: l'artifizio di far celebrare al dio marino le glo-
rie della casa d'Aragona caratterizza anche l'ecloga *Proteo*, composta do-
po l'esilio di Federico re; nel *De partu Virginis* (III, 335-485) Proteo ad-
dirittura preannuncia i miracoli di Cristo.   32-33. *empierà ... terra*: De
Jennaro, *Rime*, LV, 68-70 (ed. a cura di M. Corti, Bologna 1956).   *a
tondo a tondo*: «tutt'intorno»: Dante, *Inf.*, VI, 112.   33-34. *mille ...
stanche*: *RVF*, XXIII, 11-12.   *ceto*: l'adunanza dei poeti (latinismo).
36. *chiaro nome*: *RVF*, CCLXVIII, 49.   39. *ricche some*: ancora un
esito petrarchesco: *Tr. Fam.*, II, 117; «care some» in FN⁴.   40-41.
cinger ... fronda: *RVF*, XXVIII, 80-81.   44. *beltade*: S. aveva già lo-
dato la bellezza di Ferrandino nella canzone LXXXIX, 115; cfr. anche
Cariteo, *Rime*, canzone VII, 81 (ed a cura di E. Pèrcopo, Napoli 1892).
46. *altera*: nel significato positivo di «sublime»: cfr. *RVF*, LXVII, 3.
47. *preconio*: «encomio, lode» (latinismo).   48. *che ... compunse*:
«per cui il cielo ebbe misericordia del nostro sventurato destino»: *Arca-*

e per cui sola il vizio si disgiunse
50 da' petti umani, e sola virtú regna,
riposta già nel proprio seggio antico,
onde gran tempo quello suo nemico
la tenne in bando, e ruppe ogni sua insegna!
Or, onorata e degna,
55 dimostra ben, che se in esilio visse,
le leggi di là su son certe e fisse.

Chi potrà dir, fra tante aperte prove
e fra sí manifesti e veri esempi,
che de le cose umane il ciel non cure?
60 Ma il viver corto e 'l varïar de' tempi,
e le stelle, qui tarde e preste altrove,
fan che la mente mai non si assecure
a questo, e le speranze e le paure
(sí come ognun del suo veder si inganna)
65 tiran il cor, che da se stesso è ingordo,
a creder quel che 'l voler cieco e sordo
piú li consiglia e piú gli occhi li appanna;
e poi fra sé condanna,
no 'l proprio error, ma il cielo e l'alte stelle,
70 che sol per nostro ben son chiare e belle.

Oh qual letizia fia per gli alti monti,
se a' Fauni mai tra le spelunche e i boschi
arriva il grido di sí fatti onori!
Usciran di suoi nidi ombrosi e foschi
75 le vaghe Ninfe, e per le rive e i fonti
spargeran di sue man divini odori;
in tutti i tronchi, in tutte l'erbe e i fiori

---

dia, X, 21.   52. *quello suo nemico*: il vizio.   56. *le leggi ... fisse*:
RVF, CLXXXVII, 8.   57-59. *Chi ... cure?*: i temi astrologici sono un
motivo prediletto della poesia napoletana a cavallo tra Quattro e Cin-
quecento: si ricordi l'*Urania* del Pontano. Anche il Cariteo poi, *Rime*,
canzone VI, 277-278, aveva associato al benigno corso degli astri l'atti-
vità politica e militare di Ferrandino; cfr. infine i sonetti I e LXXIX del
De Petruciis sul tema dell'immutabilità del fato.   *cure*: il presente cong.
in -e della prima coniugazione (cfr. i vv. 62, 90, 91 e 95) si ritrova anche
nell'*Arcadia*.   60. *il viver corto*: *RVF*, XV, 6.   62. *assecure*: la rima
cure-assecure anche in *RVF*, LIII, ai vv. 43 e 47.   65. *che ... ingordo*:
«che già di per sé è incline alla credulità».   66. *voler cieco e sordo*: sta-
volta è *RVF*, CXXXV, 41-42 ad offrire la rima dei vv. 65-66.   67-70.
li appanna ... chiare e belle: tutte le parole in rima da *RVF*, LXX, 34-37,
mentre la rima *belle* : *stelle* anche in Cariteo, *Rime*, canzone XIX, 77-78.
71. *alti monti*: *RVF*, CXXIX, 4.   74. *suoi nidi*: «loro rifugi».   *om-
brosi e foschi*: *RVF*, CCLXXXI, 6.

scriveran gli atti e l'opre alte e leggiadre,
che 'l faran vivo oltra mille anni in terra;
80 e se in antiveder l'occhio non erra,
tosto fia lieta questa antica madre
d'un tal marito e padre
piú che Roma non fu de' buoni Augusti,
ché 'l ciel non è mai tardo a' preghi giusti.
85   Benigni fati, che a sí lieto fine
scorgete il mondo e i miseri mortali
e li degnate di piú ricco stame,
se mitigar cercate i nostri mali
e risaldar li danni e le ruine,
90 acciò che piú ciascun vi pregi et ame,
fate, prego, che 'l cielo a sé non chiame,
fin che natura sia già vinta e stanca,
questi che è de virtú qui solo esempio;
ma di sue lodi in terra un sacro tempio
95 lasce poi ne la età matura e bianca;
ché, se la carne manca,
rimanga il nome. - E cosí detto, tacque,
e lieve e presto si gettò ne l'acque.
    Su l'onde salse, fra' beati scogli
100 andrai, canzon; ché 'l tuo signore e mio
ivi del nostro ben pensoso siede.
Bascia la terra e l'uno e l'altro piede,
e vergognosa escusa il gran desio
che mi ha spronato, onde io

---

78. *l'opre alte e leggiadre*: *RVF*, CLIV, 5.   79. *che 'l faran ... terra*: *RVF*, CIII, 12-14.   80. *e se in antiveder ... erra*: Dante, *Purg.* XXIII, 109.   81. *questa antica madre*: sin da Virgilio (*Aen.*, III, 96; ma vedianche *RVF*, XXVIII, 73) è l'Italia; tuttavia qui si intende «Napoli». 83. *Roma ... Augusti*: identica rievocazione in *RVF*, XXVIII, 80-82. 86. *scorgete*: nel significato di «accompagnare», «guidare» in *RVF*, XIII, 13.   87. *e li degnate ... stame*: cioè «concedete loro una vita piú lunga e onorata».   89. *risaldar*: *RVF*, CV, 87 e CLXXIV, 8 (FN⁴: «risarcir»).   92. *fin che ... stanca*: «fino al momento cioè che la vecchiaia sia giunta al suo termine estremo»: cosa che non avvenne, poiché Ferrandino morí il 7 ottobre 1496 (simile augurio di longevità aveva rivolto anche Cariteo, *Rime*, canzone VII, 140); «vinta e stanca» è di nuovo opzione petrarchesca (*RVF*, CCXXVIII, 4) preferita a «lassa e stanca» di FN⁴.   95. *matura e bianca*: stavolta S. sembra essersi allontanato da un dittico troppo scopertamente petrarchesco (*RVF*, XVI, 1): «canuta e bianca» (FN⁴).   98. *e lieve e presto*: *RVF*, XXXII, 3: «veloce et leve» (FN⁴: «e presto e lieto»).   99. *l'onde salse*: *RVF*, XXVIII, 32. 102. *Bascia ... piede*: *RVF*, CCVIII, 12; la stampa Sultzbach ha toscanizzato la forma «basa» di FN⁴.   103-104. *il gran desio ... spronato*:

¹⁰⁵ di dimostrar il core ardo e sfavillo
al mio gran Scipïone, al mio Camillo.

XXVII

O gelosia, d'amanti orribil freno,
che in un punto mi volgi e tien sí forte,
o sorella de l'empia amara morte,
che con tua vista turbi il ciel sereno;
5   o serpente nascosto in dolce seno
di lieti fior, che mie speranze hai morte,
tra prosperi successi avversea sòrte,
tra soavi vivande aspro veneno;
da qual valle infernal dal mondo uscisti,
¹⁰ o crudel mostro, o pèste de' mortali,
che fai li giorni miei sí oscuri e tristi?
Tornati giú, non raddoppiar miei mali!
Infelice paura, a che venisti?
Or non bastava Amor con li suoi strali?

RVF, CLI, 4.   105. *ardo e sfavillo*: *RVF*, CXXVII, 65.   106. *gran Scipïone*: *RVF*, LIII, 37; per il paragone Ferrandino-Scipione cfr. Cariteo, *Rime*, canzone XIX, 69.   *Camillo*: Marco Furio Camillo, prima condannato all'esilio, poi salvatore di Roma dall'assedio dei Galli e secondo *pater patriae*, qui scelto per l'affinità con la vicenda umana e politica di Ferrandino.

METRO: sonetto a schema ABBA, ABBA; CDC, DCD.

1. *O gelosia*: il vocativo seguito da nesso relativo in *RVF*, CXXVII, 1-2: «O Invidia, nimica di vertute, | ch'a bei princípi volentier contrasti»; ma è Lorenzo il Magnifico a fornire la suggestione dell'ambientazione ctonia della Gelosia: *Stanze*, I, ottave 40-48 (cfr. I, 48, 1: «o venenoso mostro al ciel dispetto»); cfr. anche Cariteo, *Rime*, sonetto XXIV, 9-14. 2. *mi volgi e tien*: *RVF*, CLXI, 10: «gli sproni e 'l fren ond'el mi punge e volve».   3. *empia amara*: la redaz. propria della stampa Sultzbach corregge petrarchescamente (*RVF*, CCX, 12) la lezione «empia e cruda» di MA¹).   5-6. *o serpente ... fior*: *RVF*, XCIX, 5-6; cfr. De Jennaro, *Rime*, XIV, 40-42.   9. *valle*: MA¹: «cava».   11. *oscuri e tristi*: *RVF*, CCXLII, 5; MA¹: «sí crudi e tristi».   12. *Tornati giú*: il timbro iussivo del verso è marcato da una perentoria cesura; cfr. *RVF*, CCXLII, 5: «torna tu in là» (ma vedi l'invocazione a Giove di Lorenzo, *Stanze*, I, 48, 7: «Rimetti la infelice al foco eterno»).   *non raddoppiar miei mali*: *RVF*, CCXVI, 3 (MA¹: «non aumentar»).   13. *paura*: statutariamente connessa alla gelosia sulla base di *RVF*, CCVI, 6-7: «et dal mio lato sia | Paura e Gelosia»; cfr. Cariteo, *Rime*, sonetto XXXV, 8 e De Jennaro, *Rime*, XVII, 11.

DALLE *ELEGIAE*

II, 9

AD RUINAS CUMARUM, URBIS VETUSTISSIMAE

Hic, ubi Cumaeae surgebant inclyta famae
   moenia, Tyrrheni gloria prima maris,
longinquis quo saepe hospes properabat ab oris,
   visurus tripodas, Delie magne, tuos
5 et vagus antiquos intrabat navita portus,
   quaerens Dedaleae conscia signa fugae,
(credere quis quondam potuit, dum fata manebant?)
   nunc sylva agrestes occulit alta feras.
Atque ubi fatidicae latuere arcana Sibyllae,
10   nunc claudit saturas vespere pastor oves.

METRO: distici elegiaci.
Il componimento si fonda tematicamente su una calcolata antitesi ri-
spetto al modello virgiliano di *Aen.*, VIII, 337 sgg. (seguito poi da Pro-
perzio, IV, 1; Tibullo, II, 5, 23 sgg.; Ovidio, *Fast.*, I, 243 sgg. e V, 93
sgg.) del contrasto fra il presente splendore di Roma ed il suo primitivo
aspetto selvaggio.

TRADUZIONE. «Alle rovine di Cuma, città antichissima». Qui, dove si le-
vavano le mura leggendarie della celebre Cuma, prima gloria del mar
Tirreno, che accoglieva spesso lo straniero giunto da paesi lontani per
visitare, o grande Apollo, i tuoi tripodi; qui a Cuma, dove il navigante
entrava nell'antico porto (5) ansioso di trovare segni che testimoniasse-
ro la fuga di Dedalo, ora – chi avrebbe mai potuto crederlo un tempo,
quando ancora la fortuna le arrideva? – una profonda foresta fa da na-
scondiglio alle fiere; e qui, dove erano custoditi i misteri della profetica
sibilla, ora il pastore, la sera, chiude le pecore ben sazie. (10) Quell'au-

1. *Hic ubi* ...: Ovidio, *Fast.*, I, 243 e V, 93-94.   *Cumaeae*: Cuma, pres-
so Napoli, fu la piú antica colonia greca fondata in Italia.   3. *prope-
rabat ab oris*: Silio Italico, *Punica*, VI, 493.   4. *tripodas ... tuos*: a Cu-
ma, presso il tempio di Apollo (nato a Delo: *Delie*), profetava la Sibilla.
6. *quaerens ... fugae*: il riferimento è ad *Aen.*, VI, 14 sgg.: Virgilio, ri-
prendendo una leggenda già nota a Sallustio, narra della fuga, per mez-
zo di ali di cera, di Dedalo con il figlio Icaro dal labirinto che il primo
di essi aveva costruito su ordine di Minosse; dopo la tragica morte di
Icaro, egli atterra a Cuma (secondo altre fonti in Sicilia), scolpendo sul-
le porte del tempio di Apollo le sue avventure.   7. *credere ... mane-
bant?*: Ovidio, *Fast.*, IV, 857-858.   8. *nunc ... feras*: cfr. Rutilio Na-
maziano, *De reditu suo*, 624-630 (vedi anche il v. 20); il S. aveva tratto
copia dell'opera (ora alla Bibl. Naz. di Vienna, cod. 277) da un codice
dell'abbazia di Bobbio; cfr. Vecce, *I. Sannazaro in Francia* cit., pp. 65
sgg.   9. *fatidicae*: è lo stesso attributo della Sibilla in Virgilio, *Aen.*,

Quaeque prius sanctos cogebat curia patres,
  serpentum facta est alituumque domus;
plenaque tot passim generosis atria ceris,
  ipsa sua tandem subruta mole iacent.
15 Calcanturque olim sacris onerata trophaeis
  limina diffractos et tegit herba deos.
Tot decora artificumque manus, tot nota sepulchra,
  totque pios cineres una ruina premit.
Et iam, intra solasque domos disiectaque passim.
20 culmina, setigeros advena figit apros.
Nec tamen hoc Graiis cecinit deus ipse carinis,
  praevia nec lato missa columba mari.
Et querimur, cito si nostrae data tempora vitae
  diffugiunt? urbes mors violenta rapit.

la, che prima riuniva i venerabili senatori, è divenuta ricettacolo di ser-
penti e uccelli; e gli atrî, disseminati di busti in cera di illustri antenati,
giacciono ora in rovina, vinti dal loro stesso peso. Vengono calpestate le
soglie, un tempo cariche di sacri trofei; (15) l'erba copre i frammenti
delle statue degli dèi. Tanto lustro, fatica d'artisti, tanti celebri sepol-
cri, tante spoglie venerande sono oppresse da una comune rovina. E or-
mai, tra le case deserte dai tetti qua e là crollati, lo straniero caccia il se-
toloso cinghiale. (20) Ma non questo aveva predetto il dio alle greche
navi, non questo la colomba inviata loro per guida nelle vastità marine.
E ci lamentiamo, se il tempo concesso alla nostra vita fugge via rapido?
Persino le città sono trascinate in rovina dalla violenza della morte. An-

VIII, 340.   13. *generosis ... ceris*: i busti degli antenati (Ovidio, *Fast.*,
I, 591).   14. *ipsa ... iacent*: cfr. Rutilio Namaziano, *De reditu suo*,
411-412.   16. *diffractos ... Deos*: Properzio, II, 6, 36 (la tradizione a
stampa ha *distractos*).   22. *nec lato*: il ms Vat. lat. 3361 ha *nec haec
lato*, ma il testo delle stampe è preferibile per coerenza metrica. *mis-
sa columba*: leggenda riportata da Velleio Patercolo (*Historiae*, I, 4, 1),
secondo cui le navi dei primi coloni furono guidate a Cuma da una co-
lomba.   23-24. *Et querimur ... rapit*: si tratta di un tema caratteristi-
co della poesia tardoimperiale, introdotto in un primo tempo da Seneca
(*Nat. quaest.*, VI, 1, 14) e Marco Aurelio (*Ricordi*, IV, 48): cfr. soprat-
tutto Ausonio, *Epithaphia*, 31, 9-10 («miremur perisse homines? Mo-
numenta fatiscunt: | mors etiam saxis nominibusque venit» [«e ci me-
ravigliamo se gli uomini periscono? Persino i monumenti vanno in ro-
vina: | la morte arriva anche per le pietre e i nomi»]) e Rutilio Nama-
ziano, *De reditu suo*, 413-414 («Non indignemur mortalia corpora solvi:
| cernimus exemplis oppida posse mori» [«non ci sdegnamo che i corpi
si dissolvano: | vediamo chiaramente che anche le città possono mori-
re»]); il *De partu Virginis* (II, 220-221) presenta una variazione sullo
stesso motivo: «et querimur genus infelix humana labare | membra ae-
vo, cum regna palam moriantur et urbes!» («e ci lamentiamo, infelici,
che i corpi umani si corrompano col tempo, quando persino i regni e le
città muoiono sotto i nosri occhi!»). Anche i *carmina* di Ausonio face-
vano parte delle opere ricopiate dal S. nel suo soggiorno in Francia.

^{25} Atque (utinam mea me fallant oracula vatem,
    vanus et a longa posteritate ferar!),
nec tu semper eris, quae septem amplecteris arces,
    nec tu, quae mediis aemula surgis aquis.
Et te (quis putet hoc?), altrix mea, durus arator
^{30} vertet et: – Urbs – dicet – haec quoque clara
                                    [fuit. –
Fata trahunt homines; fatis urgentibus, urbes
    et quodcumque vides auferet ipsa dies.

zi – voglia il cielo che le mie profezie non si avverino, (25) e che io sia
chiamato bugiardo dai posteri che per lunghi anni si succederanno –
neppure tu, che cingi con un abbraccio i sette colli, vivrai per sempre né
tu, che sorgi, rivaleggiando con Roma in bellezza, sulle acque. Ed anche
tu (chi lo crederebbe?), patria mia, sarai rivoltata dall'aratro del rude
contadino, che potrà dire: «Anche questa fu una città famosa». (30) È
il fato che trascina gli uomini dove vuole; e sotto il suo incalzare le città
e tutto quanto tu vedi verrà rapito dal tempo.

27. *quae ... arces*: allude a Roma con i suoi sette colli: e qui il mito del-
l'immortalità di Roma viene dissolto.   28. *quae ... aquis*: Venezia.
29. *durus arator*: Virgilio, *Georg*, IV, 512; ma cfr. ancora Rutilio Na-
maziano, *De reditu suo*, 74.   31. *Fata trahunt*: cfr. Seneca, *Epist.
mor.*, 107, 11: «Ducunt volentem fata, nolentem trahunt» («il destino
conduce chi lo asseconda e trascina chi gli resiste»).   32. *quodcum-
que vides*: Properzio, IV, 1, 1 (ma vedi le osservazioni iniziali).   *aufe-
ret ... dies*: Properzio, II, 11, 3-4: «omnia, crede mihi, tecum uno mu-
nera lecto | auferet extremi funeris atra dies» («Credimi, l'oscuro gior-
no dell'estremo trapasso ti porterà via tutti i doni nel tuo giaciglio d'in-
fermità»).

DAL *DE PARTU VIRGINIS*

LIBRO II

Tempus erat, quo nox tardis invecta quadrigis
310 nondum stelliferi mediam pervenit Olympi
ad metam et tacito scintillant sidera motu,
cum silvaeque urbesque silent, cum fessa labore
accipiunt placidos mortalia pectora somnos;
non fera, non volucris, non picto corpore serpens
315 dat sonitum, iamque in cineres consederat ignis
ultimus et sera perfusus membra quiete
scruposo senior caput acclinaverat antro:
ecce autem nitor ex alto novus emicat omnemque
exuperat veniens atrae caliginis umbram
320 auditique chori superum et coelestia curvas
agmina pulsantum citharas ac voce canentum.
Agnovit sonitum partusque instare propinquos
haud dubiis virgo sensit laetissima signis.
Protinus erigitur stratis coeloque nitentes
325 attollit venerans oculos ac talia fatur:

TRADUZIONE. Era il momento nel quale la pigra quadriga della notte non aveva ancor raggiunto la metà del suo viaggio nella volta celeste, e le stelle ardevano nel loro moto silenzioso (310); tacciono le selve e le città, e i petti stanchi dei mortali accolgono il sonno ristoratore; non si ode la presenza delle belve, né di uccelli, né di serpente dalle variopinte scaglie, e ormai le ultime fiamme di fuoco si estenuano tra la cenere, mentre il vecchio, abbandonate le membra ad un tardo sonno, (315) aveva reclinato il capo sulla scabra parete della grotta; quand'ecco, un insolito bagliore riluce dall'alto e scaccia con la sua presenza le ombre della notte; si odono i cori celesti ed i suoni armoniosi delle cetre che li accompagnano. (320) Maria riconosce il segno, e senza esitazione avverte, piena di gioia, che la nascita del Figlio è vicina. Subito si leva in piedi, e rivolge con devozione lo sguardo commosso al cielo, dicendo: «Padre onnipotente, che reggi con un solo cenno il cielo, (325) la terra

309. *Tempus ... quadrigis*: i vv. 309-317 appaiono una contaminazione di Virgilio, *Aen.*, IV, 522-528 e *Sap*, XVIII, 14-15.   317. *senior*: Giuseppe.   318. *Ecce ... omnemque*: è l'unica occorrenza sannazariana di esametro ipermetro, indotta da Virgilio, *Aen.*, VIII, 228 (Traina, *Imitatio «virgiliana»*, p. 230).   320. *auditique ... superum*: Virgilio, *Aen.*, IX, 110-114: una «nova lux» e una «vox horrenda» segnalano nel testo virgiliano l'intervento di Venere a difesa delle navi troiane minacciate da Turno.   322-323. *Agnovit ... signis*: Lc, II, 6.

«Omnipotens genitor, magno qui sidera nutu
aëreosque regis tractus terrasque fretumque,
ecquid adest tempus, quo se sine labe serenam
efferat in lucem soboles tua? quo mihi tellus
³³⁰rideat et teneris depingat floribus arva?
En tibi maturos fructus, en reddimus ingens
depositum: tu, nequa pio iactura pudori
obrepat, summo defende et consule coelo.
Ergo ego te gremio reptantem et nota petentem
³³⁵hubera, care puer, molli studiosa fovebo
amplexu; tu blanda tuae dabis oscula matri
arridens colloque manum et puerilia nectes
brachia et optatam capies per membra quietem».
Sic memorat fruiturque deo comitumque micanti
³⁴⁰agmine divinisque animum concentibus explet.
Atque olli interea, revoluto sidere, felix
hora propinquabat. Quis me rapit? Accipe vatem,
diva, tuum; rege, diva, tuum: feror arduus altas
in nubes, video totum descendere coelum
³⁴⁵spectandi excitum studio; da pandere factum
mirum, indictum, insuetum, ingens: absistite, curae

e il mare, è forse giunto il momento in cui, salva la mia purezza, tuo fi-
glio venga alla luce? che la terra mi sorrida e si mostri al mio sguardo
variopinta di fiori delicati? Ecco il tuo frutto ormai maturo, ecco che ti
rendo il tuo gran (330) pegno: tu, Padre, provvedi e disponi che non sia
offeso il mio casto pudore. Dunque io ti accoglierò con tenero abbrac-
cio, amato fanciullo, mentre incerto ti arrampichi sul mio grembo, e cer-
chi il seno omai consueto? Tu darai alla madre, ridendo, delicati baci
(335) e, intrecciate le braccia al suo collo, assaporerai il desiderato ri-
poso?». Cosí dice, e gioisce per la presenza di Dio e della schiera lu-
cente degli angeli, incantata dalla musica celeste. Intanto il felice even-
to, col volgere dei pianeti, (340) si avvicinava. Chi mi dà l'ardimento di
affrontare un soggetto tanto elevato? O Dea, sostieni e guida il tuo poe-
ta; raggiungo in volo le piú alte nubi, e vedo che tutto il cielo discende
rapido a terra per assistere alla nascita. Dammi la capacità di narrare
questo fatto miracoloso, mai descritto da alcuno, straordinario; lontani
da me ora, pensieri caduchi, (345) mentre mi accingo a cantare argo-

326. *omnipotens genitor*: Virgilio, *Aen.*, X, 668.   329. *soboles: suboles*,
la prole a cui è destinata una missione particolare (Orazio, *Carm.*, 17; Ovi-
dio, *Met.*, I, 251-252).   331-332. *ingens | depositum*: in Stazio (*Ach.*,
385) sono le parole con cui Teti chiama il figlio Achille.   334. *reptan-
tem*: Stazio, *Silv.*, II, 1, 98: «reptantem pectore».   338. *optatam ...
quietem*: Properzio, I, 14, 9 (dove tuttavia l'espressione indica la sospira-
ta notte d'amore con l'amata); *per membra quietem* in clausola in Virgilio,
Aen., I, 691 e VIII, 30.   341. *olli*: arcaismo per *illi*.   345. *pandere
factum*: Stazio, *Silv.*, V, 3, 235.   346. *mirum ... ingens*: la triplice

degeneres, dum sacra cano. Iam laeta laborum,
iam non tacta metu saecli regina futuri
stabat adhuc, nihil ipsa suo cum corde caducum,
350 nil mortale putans; illam natusque paterque
quique prius quam sol coelo, quam luna niteret,
spiritus obscuras ibat super igneus undas,
stant circum et magnis permulcent pectora curis.
Praeterea redeunt animo quaecumque verendus
355 dixerat interpres, acti sine pondere menses
servatusque pudor, clausa cum protinus alvo
(o noctem superis laetam et mortalibus aegris!),
sicut erat foliis stipulaque innixa rigenti,
divinum, spectante polo spectantibus astris,
360 edit onus: qualis rorem cum vere tepenti
per tacitum matutinus desudat Eous
et passim teretes lucent per gramina guttae;
terra madet, madet aspersa sub veste viator
horridus et pluviae vim non sensisse cadentis
365 admirans gelidas hudo pede proterit herbas.

menti sacri. Ormai, serena di fronte alla prova, senza nutrire alcun ti-
more, la Regina delle età future attendeva il momento, e il suo cuore era
sgombro da ogni preoccupazione e vanità terrena: il Figlio, il Padre e
quello Spirito che aleggiava fiammeggiante sulle acque oscure prima an-
cora che brillassero in cielo il sole e la luna (350) la circondano e placa-
no il suo animo. Le tornano alla memoria le parole del venerabile mes-
saggiero, i mesi trascorsi senza alcun segno di gravidanza, (355)
quand'ecco che, dal suo grembo virginale – o notte felice agli spiriti ce-
lesti e agli uomini afflitti! –, sulle foglie e sulle dure stoppie diede alla
luce, al cospetto degli astri e di tutto il firmamento, il suo divino Figlio.
Come in un mattino di primavera (360) si diffonde silenziosa la rugiada
e fa brillare in gocciole l'erba qua e là; ne è impregnata la terra, e il vian-
dante intirizzito sotto la veste si sente bagnato, cammina sul terreno
freddo e molle e si meraviglia, poiché non ha sentito piovere; (365) mi-

sinalefe è riproduzione metrica (ribaltata di segno) del celebre «mon-
strum orrendum, informe, ingens» di *Aen.*, III, 658 (Traina, *Imitatio
«virgiliana»*, p. 226).   347. *sacra cano*: Ovidio, *Fast.*, II, 7 e VI, 8.
laeta laborum: Virgilio, *Aen.*, XI, 73 (riferito a Didone, che aveva do-
nato a Enea due preziose vesti).   352. *spiritus ... undas*: *Gn*, I, 2.
355. *interpres*: l'arcangelo Gabriele.   356. *protinus alvo*: in Stazio
(*Silv.*, II, 1, 78), sempre riferito al momento del parto.   357. *morta-
libus aegris*: sintagma lucreziano (*De rer. nat.*, VI, 1), poi virgiliano
(*Georg.*, I, 237 ed *Aen.*, II, 268; X, 274 e XII, 850).   360. *vere te-
penti*: in clausola in Ovidio, *Ars am.*, III, 185.   361. *Eous*: Lucifero,
la stella del mattino (*Georg.*, I, 288).   362. *lucent ... guttae*: Calpur-
nio Siculo, V, 55: «et matutine lucent in gramine guttae»; l'immagine
di una pioggia silenziosa («rore silente») per rappresentare il miracolo
del parto virginale era tuttavia già in Paolino da Nola, *Carmi-*

Mira fides! puer aethereas iam lucis in auras
prodierat foenoque latus male fultus agresti
impulerat primis resonum vagitibus antrum.
Alma parens nullos intra praecordia motus
370 aut incursantes devexi ponderis ictus
senserat; haerebant immotis viscera claustris:
haud aliter quam cum purum specularia solem
admittunt; lux ipsa quidem pertransit et omnes
irrumpens laxat tenebras et discutit umbras;
375 illa manent inlaesa, haud ulli pervia vento,
non hyemi, radiis sed tantum obnoxia Phoebi.
Tunc puerum tepido genitrix involvit amictu
exceptumque sinu blandeque ad pectora pressum
detulit in praesepe. Hic illum mitia anhelo
380 ore fovent iumenta. O rerum occulta potestas!

rabile portento! il bimbo già nato, adagiato sul rozzo fieno, fa risuona-
re la grotta dei suoi primi vagiti. Né la Vergine aveva avvertito alcuno
spasmo di partoriente o movimento nel grembo; (370) esso era rimasto
fermo ed intatto: proprio come una vetrata, che riceve i raggi del sole e
permette che la luce si diffonda e disperda le tenebre, ma rimane inte-
gra, senza offrire varchi al vento (375) e al freddo invernale, conceden-
do l'ingresso soltanto al sole. La madre avvolse allora il bimbo in un cal-
do panno e, dopo averlo stretto dolcemente al seno, lo pose nella grep-
pia, dove il bue e l'asinello lo riscaldarono col fiato. O misteriosa po-
tenza degli eventi! (380).

na, XXV, 155-158.   366. *Mira fides!*: esclamazione tipicamente sta-
ziana (*Ach.*, I, 880; *Silv.*, III, 3, 21, IV, 4, 81 e V, 1, 33).   367. *latus
... fultus*: è sintagma che connota, in Virgilio (*Buc.*, VI, 53), la comoda
giacitura del toro di Pasifae: «ille, latus niveum molli fultus hyacinto»;
i teneri giacinti si trasformano quindi, per ben altro ospite, in rozzo fie-
no (Traina, *Imitatio «virgiliana»*, p. 225).   369. *Alma parens*: attribu-
to di Venere; cfr. Virgilio, *Aen.*, II, 664 e X, 252.   *praecordia motus*: in
clausola in Ovidio, *Rem. am.*, 79.   372-373. *specularia ... admittunt*:
la similitudine sembra ricavata da Marziale, VIII, 14, 3-4: «hibernis
obiecta notis specularia puros | admittunt soles et sine faece diem» («ve-
trate a riparo dei venti invernali lasciano filtrare i puri raggi del sole e la
luce piú chiara»).   377. *puerum ... amictu*: *Lc*, II, 7.

LUDOVICO ARIOSTO

La strada del poema cavalleresco è stata sempre considerata, dall'A. stesso, quella centrale nella sua carriera poetica. Incominciato l'*Orlando furioso* prima del 1507, egli condusse avanti il suo capolavoro attraverso tre edizioni (1516, 1521, 1532) e un ampliamento poi rifiutato, i *Cinque canti*, sino alla morte, quando ancora stava vagheggiando una quarta edizione. Le altre opere costituiscono esercizi letterari anteriori alla scelta epica (cosí la lirica latina) o ad essa precedenti e laterali, come le rime; solo le commedie e le *Satire* hanno mantenuto una posizione di rilievo, le prime, almeno in parte, come componenti di una partecipazione vivace alla vita di corte, le seconde come espressione diretta dell'*ethos* del poeta. Da queste constatazioni derivano le rispettive misure, nella scelta qui presentata, delle sezioni dedicate a *Lirica latina*, *Rime* e *Satire*.

La *Lirica latina* ci presenta un poeta alle prime prove (qualche testo risale al 1493-94), già avvertito delle necessità cortigiane – celebrazione degli Estensi e di altre famiglie illustri e amiche – ma anche memore, e nostalgico, degli incontri e affetti e paesaggi piú stimolanti della sua adolescenza. Oltre ai parenti e amici cari, scrittori e artisti che gli saranno sempre vicini fanno in queste liriche la prima apparizione. Alcune, specie le epigrammatiche, hanno una grazia lieve, illuminata dal sorriso; e nel complesso si avverte la veloce conquista di una notevole tenuta formale. Ma l'insieme dei testi costituisce un vero diagramma della familiarizzazione del poeta con i principali modelli latini (Virgilio, Ovidio, Catullo, Tibullo, Properzio), quelli che lavoreranno, anche, nel profondo dello stile dell'*Orlando furioso*.

Commozione e galanteria, arguzia e concettosità si manifestano sempre piú spesso fra queste composizioni presto abbandonate. Il nostro giudizio critico è di progressiva, talora netta, adesione. Anche se, sul piano storico, pare di poter tranquillamente conchiudere rilevando la sostanziale estraneità dell'A. al movimento umanistico, di cui pure si rivela ben informato. Il dominio della lingua non diventa libertà creativa nell'uso del latino, esercitazioni anche ammirevoli non cessano di essere esercitazioni. L'A. dev'essersi fatto sempre piú consapevole che la sua perizia stilistica non poteva avere un avvenire che nell'àmbito del volgare.

Le *Rime* hanno trattenuto piú a lungo l'attenzione dell'A., che anzi deve aver incominciato a prepararne, nei suoi ultimi anni, un'edizione a mo' di canzoniere (Bozzetti). Ed è naturale che questa sua attività si svolga sotto il segno del Petrarca, come tutta la poesia cinquecentesca e come, specie nell'ultima redazione, lo stesso *Furioso*. Tuttavia colpiscono le differenze rispetto alle scelte metriche e tematiche del Petrarca, ed anche del Bembo, che pure fu mentore dello sviluppo stilistico dell'A. Si direbbe persino che l'A. si sia progressivamente svincolato dal petrarchismo, che aveva accettato a tutta prima come paradigma. Basti notare la frequenza dei capitoli, forma metrica non coltivata dal Petrarca lirico, e forma invece comune nei lirici del secondo Quattrocento (Tebaldeo, Panfilo Sasso, Niccolò da Correggio), e particolarmente congeniale all'A., che la usò per composizioni tra le sue piú belle. I critici hanno anche notato la presenza, nelle rime ariostesche, di modi e schemi quattrocenteschi, recuperati in esplicita violazione dell'indirizzo bembesco. Insomma, l'A. si sottrae a un inquadramento incondizionato nella categoria del petrarchismo; si potrebbe parlare per lui di petrarchismo dislocato.

Questa scelta vuol documentare l'A. piú scioltamente e felicemente lirico. Oltre a un esempio delle poche canzoni (esempio di prammatica, trattandosi di un testo dedicato all'innamoramento per l'Alessandra che gli fu, dal 1513, ispiratrice; ma anche documento di esercitazione formale, oltre che in buona parte convenzionale), si presentano sonetti e madrigali, nell'ordine per generi istituito dal sinora unico editore critico, il Fatini. Facile la caratterizzazione di queste composizioni, che prendendo le mosse da Petrarca o Bembo, svelano però atteggiamenti ben lontani dai modelli: contemplazione sensuale della bellezza muliebre e del paesaggio, abbandoni a uno schietto erotismo, e un dinamismo energico che fa breccia tra i sintagmi petrarchisti e le simmetrie verbali. Sotto i modelli della tradizione lavorano, innovando nettamente, i suggerimenti dei poeti latini (come Catullo) e umanisti (come Pontano). E c'è un interesse immediato per le «occasioni», che si rivelano stimolo all'elaborazione fantastica.

La terzina dantesca dei capitoli si estende per un'ampia gamma di possibilità, dal lamento funebre al poema cavalleresco (l'*Obizzeide*, appena iniziata, che forse risale al 1500-1504); non a caso il cap. XIII fu inglobato, con le necessarie modifiche anche metriche, nel canto XLIV del terzo *Furioso* (61-66). Ma il tema che prevale è l'amore, che ho voluto documentare con due capitoli tra i piú belli. Uno risale a un viaggio in Garfagnana, probabilmente nel periodo del Commissariato, e non solo per questo richiama le *Satire*, cui si avvicina nelle allusioni al luogo inospitale. Ma qui la mossa viene dal rimorso per l'abbandono temporaneo della donna; e le avversità della natura, descritte coloritamente, diventano metafore dei pensieri, dei ricordi, della nostalgia che assalgono il poeta, sommando tempesta a tempesta. Un'elegia di Properzio, e forse due poesie latine di Tito Vespasiano Strozzi e di Ercole Strozzi, nutrono l'invenzione dello splendido cap. VIII, in cui la notte, la luce delle stelle, la porta apertasi sommessamente, la mano della donna che conduce il poeta, i ripetuti abbracci, la bocca e la lingua che avviano al piacere, il letto in cui questo piacere fu lungamente gustato, sono elencati col compiacimento di un ricordo che rinnova la voluttà, insieme con la lucerna che permise di possedere anche con gli occhi ogni parte del corpo della donna, soddisfacendo ora un senso, ora l'altro.

Le *Satire* utilizzano la terza rima dei capitoli, cui talora si avvicinano. I precedenti sono pochi (Giovenale tradotto da Giorgio Sommariva; le satire di Antonio Vinciguerra) e con poche affinità nell'ispirazione. L'A. è quasi il fondatore del genere, e avrà infatti subito molti imitatori. Suo modello, per il tono colloquiale e la predominanza dell'*io*, è l'Orazio dei *Sermones* piú ancora che quello delle *Satire*, comunque poco diffuse allora; si verifica anzi, con le attiguità ad Orazio, «l'unico caso nell'A. di identificazione totale con la tematica e l'ideologia di un altro autore» (Tissoni Benvenuti).

Quasi sempre databili con buona approssimazione, le satire si succedono in un lasso di tempo che va dal 1517 al 1524. Appartengono dunque alla zona centrale della vita dell'A.: terminata, con l'abbandono del cardinale Ippolito, la fase avventurosa delle ambascerie e dei viaggi, si avvicina, ma ancora includendo la dura esperienza di commissario della Garfagnana, quella della tranquillità ferrarese, con gl'incarichi di corte affidati al poeta famoso. Ogni satira porta il nome del destinatario, cui fu evidentemente inviata a mo' di epistola; noi però conosciamo le sette rimaste solo da un apografo corretto e ricorretto dall'autore sino ai suoi ultimi anni. Non risulta, e non è forse molto probabile, l'intenzione di pubblicare la raccolta, che contiene giudizi troppo schietti per i tempi su persone e comportamenti.

Lo stimolo è sempre un fatto immediato (l'ira del cardinale Ippolito per un'insubordinazione del poeta, viaggi a Roma per ottenere dal Papa un beneficio, notizie sul Commissariato dell'A. in Garfagnana, consigli a un cugino che sta per sposarsi, richiesta al Bembo di suggerimenti per l'educazione classica del figlio, rifiuto di un posto di ambasciatore in Vaticano); l'A. appare da un lato immerso nell'azione, dall'altro reattivo a parole e decisioni altrui. La falsariga autobiografica è, specie all'inizio dei testi, imprescindibile; e ne è conseguenza l'elemento narrativo, talora vivacissimo. Ma poi l'A. prende le sue posizioni; e per spiegarle a sé e agli interlocutori mette in atto una sottile autoanalisi, gettando luce su ogni piega del proprio carattere, rispondendo a immaginarie obiezioni, difendendosi e giustificandosi. Sicché le *Satire* si pongono sempre alla svolta fra gli eventi della vita e le decisioni che essi costringono il poeta (come chiunque) a prendere. Anche nelle lettere l'A. si scopre un poco, ma solo nell'emergenza, solo in momenti di rabbia. Si potrebbe invece vedere nelle sempre apertissime enunciazioni delle *Satire* il contrappeso al poema: quelle governate dall'*io*, questo dalla terza persona; quelle impegnate sui labirinti dell'interiorità, questo in movimento lungo i percorsi della trama. Ma ci sono nel *Furioso*, a fare da *trait-d'union*, gli esordi dei canti, che in modo certo meno spontaneo si aprono, come le *Satire*, sui sentimenti e sulle riflessioni dell'autore.

L'uso del *tu* e la puntualità dei riferimenti situazionali sono un aiuto per sfuggire alla genericità di un *io* esemplare e magistrale, come quello che pontifica in alcuni predecessori dell'A. Il contenuto pedagogico delle satire risulta, nell'intenzione del poeta, da contrasti effettuali e da opposizione di idee. Il *tu* rivolto dall'A. ai destinatari o a personaggi da lui evocati, e quello rivolto all'A. dai destinatari o da anonimi obiettori, appartenendo ovviamente allo spazio esclusivo dell'invenzione letteraria, istituiscono una dialogità mobilissima, che guida con le sue alternanze il vivace ritmo delle satire. In realtà, l'A. dialoga con se stesso: l'esistenza di interlocutori virtuali scatena in lui un atteggiamento dialettico, che moltiplica le attualizzazioni del Contraddittore, sostanzialmente unico.

La presa della parola da parte dell'autore o dei contraddittori governa anche l'alternanza dei registri (polemico, apologetico, confidenziale, nostalgico, sapienziale). In genere, si può dire che gl'interventi dialogici si muovono tra due tipi estremi di funzioni: la prima strutturale, la seconda affettiva. Hanno funzione prevalentemente strutturale le battute che scandiscono i momenti dell'argomentare, in rapporto con l'impianto apologetico di quasi tutte le satire; hanno piuttosto una funzione affettiva le apostrofi con cui l'A. sembra voler controllare l'attenzione dei destinatari, implicandoli sentimentalmente nella materia del suo discorso.

I contenuti espositivi di base si possono raccogliere sotto poche categorie: autodefinizioni; narrazioni; apologie; generalizzazioni morali. Le prime tre, che del resto prevalgono nettamente sulla quarta, necessitano la presenza continua di *io*, impegnato a chiarire i termini del suo comportamento, giustificare le sue azioni, narrare le sue vicende. Questi fatti privati, queste abitudini personali anche se dignitose, questa difesa di decisioni rilevanti esclusivamente per chi scrive, sembrano poter trovare un'udienza complice e affettuosa solo nella cerchia dei parenti e degli amici. Ed è solo in questa cerchia che l'A. può continuare a dire *io* senza far periclitare la sua discrezione.

Diversa la prospettiva del discorso in quelle che ho chiamato generalizzazioni morali, quarto dei contenuti espositivi individuati. Qui le considerazioni non si allineano lungo il segmento emittente-destinatario, ma percorrono quello che collega immediatamente gli oggetti (personaggi contemporanei) col soggetto che, dall'alto, li osserva e li giudica. Giudizi e sentimenti sono enunciati in prima persona, rafforzati da un confronto-contrasto. Perché quella dell'A. è una moralità tutta umana, che raggiunge la sua autonomia quando è abbastanza lontana dai fatti per liberarsi dello sdegno, ma non tanto da non poterne trarre – ché da altro non potrebbe – la sua validità. Cosí la rimembranza è la condizione piú fertile perché il moralismo ariostesco possa organizzare i propri motivi: l'essenza autobiografica è una sola cosa con l'essenza etica delle *Satire*.

Il giudizio morale si esprime attraverso contrapposizioni: alle debolezze, confessate, dell'A. si confrontano quelle dei personaggi reali o fantastici piú o meno corposamente evocati. Giudici di questo confronto sono i destinatari delle satire, mentre il volgo (l'opinione pubblica) appare complice, o almeno indulgente, anche verso i peggiori crimini. Queste contrapposizioni non potevano avvenire tra positivo e negativo, tra un A. virtuoso e gli altri viziosi: ciò contrasterebbe con l'indole del poeta, e piú ancora con la strategia giustificativa e apologetica delle satire. Al contrario, le contrapposizioni sono quantitative: le stravaganze o i peccati dell'A. appaiono, proprio grazie alla confessione, molto meno gravi di quelli delle persone evocate.

In queste parti si afferma la rappresentazione, diversa da quella, piú abbandonata o avventurosa, del ricordo autobiografico; anche per questo lo stile vi si fa incisivo, risentito, mosso da una robusta indignazione. Del resto, il dislivello prospettico tra l'autore e i personaggi negativi si allarga su una visuale cosí vasta da permettere un'ampia analisi della corruzione politica e amministrativa ai tempi dell'A., cui la riservatezza personale non distoglie, anzi acuisce lo sguardo.

Per contro, nelle favole, famose (l'asino e il topo, la gazza nella siccità, gli uomini che volevano la luna, il veneziano a cavallo, il pittore e il diavolo, la zucca e il pero), la funzione di apologo, persino di dimostrazione sceneggiata, non attenua la liricità, piuttosto rappresenta, della meditazione, il limite piú disinteressato, disancorato dalle vicende. Né l'esservi al centro una spinta morale può menomare in qualche modo la qualità dell'espressione, la bellezza del sogno. Cosí l'autobiografia, già svolta secondo il ritmo poetico del ricordo, si sporge verso la favola, nella distanza che compete al mito.

Col solito garbo, l'A. introduce queste favole senza alcuno stacco che non sia tonale: è alla fine che ne trae una morale, o conseguenze pedagogiche che in qualche caso rimangono implicite. Comunque, è solo all'interno di questi piccoli miti che la persona del poeta resta assente: e ciò pone le favole al margine opposto a quello della soggettività spesso occupato dalle satire.

Le *Satire*, col loro andamento dialogico, formano quasi un ponte fra le commedie in prosa (che sono loro anteriori) e quelle in versi (che sono invece successive); esenti però dalla ruggine sintattica delle prime, come dalla monotonia e dagli sdruccioli delle seconde. Liberato, in piú, dagli obblighi di trame tradizionali e tradizionalmente inverosimili, l'A., nel contesto confidenziale e autoanalitico delle *Satire*, è riuscito a condensare meglio in forma di dialogo le parole sue e di altri personaggi storici ed immaginari: perché questo dialogo deriva efficacia icastica dall'immediatezza del rapporto con una meditazione a fondo sulla realtà contemporanea sperimentata di persona. Condensati verbali della memoria o dell'immaginazione, i dialoghi delle *Satire* hanno la vitalità e la precisione del giudizio acuto del poeta. Le *Satire*: una piccola *comédie humaine* fondata sull'autobiografia, nutrita di moralità e sfociata, a momenti, in invenzioni favolistiche.

C. S.

DALLA *LIRICA LATINA*

II

AD PANDULPHUM

Dum tu prompte animatus, ut
se res cumque feret, principe sub tuo,
    Pandulphe, omnia perpeti,
quaeris qui dominae crinibus aureis
5   Fortunae iniicias manus;
nos grati nemoris, rauca sonantium
    lympharum strepitus prope,
umbrosas vacui quaerimus ilices
    canna non sine dispari,
10 quae flavae Glyceres reddat amoribus
    cantatis teneros modos,
queis Panum invideat capripedum genus;
    nos longum genio diem
sacramus, penitus quid face postera

METRO: distici asclepiadei (asclepiadeo + gliconio).
Pare scritta in occasione della discesa di Carlo VIII, ma un po' dopo, se
il «Siculus ... rex» dei vv. 30-31 è veramente Alfonso II d'Aragona, che
regnò dall'8 maggio 1494 al 23 gennaio 1495. Identificazione che però
non mi convince molto, dato che l'A. può avere pensato solo al Dionigi
siracusano della sua fonte ciceroniana. Il destinatario è Pandolfo Ariosto,
cugino e amico d'infanzia del poeta, che gli dedicò pure la Lirica VI e al-
la sua morte scrisse un bel sonetto (XXXVII), ricordandolo poi accorata-
mente nelle *Sat.*, VI, 217-224. Lo spunto, e l'ispirazione della parte fina-
le, è nell'aneddoto della spada di Damocle, in Cicerone, *Tusc.*, V, 21.

TRADUZIONE. «A Pandolfo». Mentre, o Pandolfo, tu, ben risoluto a cor-
rere ogni rischio sotto il tuo principe, comunque le cose possano anda-
re, cerchi come prendere per le auree chiome la Fortuna signora (5); noi
spensierati presso il sordo murmure d'acque sonanti, cerchiamo le elci
ombrose d'un piacevole bosco, non senza l'impari flauto, che faccia udi-
re soave melodia col canto degli amori della bionda Glicera (10), degna
di essere invidiata dalla stirpe capripeda dei Pani; noi consacriamo al ge-
nio il giorno, quant'è lungo, senza pensare a ciò che all'indomani ap-

1. *animatus*: cfr. Plauto, *Truc.*, 966, 1-2: «siquis animatust facere».
1-2. *ut | se ... feret*: cfr. Orazio, *Carm.*, I, 7, 25: «quo nos cumque fe-
ret».   3. *omnia perpeti* è in Orazio, *Carm.*, I, 3, 25. Pandolfo era ai
servigi di Ercole I.   12. *Panum ... capripedum*: i «Panes capride-
des» sono di Properzio, III, 17, 34.   14-16. *quid ... securi*: cfr.
Orazio, *Carm.*, I, 26, 5-6: «quid Tiridaten terreat unice securus».

¹⁵ mater Memnonis afferat
secure, roseis humida curribus.
   Qui certantia purpurae
dum vina in tenero gramine ducimus,
   vincti tempora pampino,
²⁰ aut serto ex hedera, sanguinea aut rosa,
   quod vel candida nexuit
Phyllis vel nivea Philiroe manu,
   tum praedivitis haud movent
me vel regna Asiae, vel ferus Adria
²⁵   quicquid puppe vehit gravi,
quare saepe minas aequoris horream.
   Ut me fictilia, in quibus
ulnis Philiroe candidulis mihi
   lac formosa coegerit,
³⁰ delectant potius quam Siculi dapes
   regis, quas teneat nitens
aurum; sede licet collocer aurea,
   quem circum pueri integri
adsint, ut veteris pocula Massici
³⁵   propinent! Docilis tulit
fontis quae rigui lympha, bibentibus
   inter laeta rosaria

porterà la rugiadosa madre di Memnone (15) colla rosea biga. Ché, men-
tre noi beviamo sulla tenera erbetta vini rossi come la porpora, corona-
ti le tempie di pampini, o di un serto d'edera (20), o di rose sanguigne
che ha intrecciato la candida Fillide, o con le sue nivee mani Filiroe, al-
lora non m'importano i regni della opulenta Asia, né quante ricchezze il
tempestoso Adriatico fa passare nelle pesanti navi (25), onde io spesso
tema le minacce del mare. Come le crete, in cui Filiroe bella con candi-
dette braccia per me abbia accolto il latte, piú mi sono gradite che le im-
bandigioni del re della Sicilia (30), servite in oro risplendente, anche se
fossi posto in un seggio dorato, e se mi circondassero venusti paggi per
versarmi coppe di vecchio Massico! È piú facile (35) che triste affanno
assalga le tempie madide di profumi di Siria, che coloro che bevono tra

mater Memnonis: è l'Aurora.   16. *roseis ... curribus*: cfr. Virgilio,
Aen., VII, 26: «Aurora in roseis fulgebat lutea bigis»; e cfr. Lirica LIV,
13.   17-18. *certantia ... vina*: cfr. Orazio, *Ep.*, II, 20: «certantem et
uvam purpurae».   18. *in tenero gramine* è in Orazio, *Carm.*, IV, 12,
9.   19. *vincti tempora pampino*: cfr. Orazio, *Carm.*, III, 25, 20: «cin-
gentem viridi tempora pampino».   30-31. *Siculi ... Regis*: si allude
forse ad Alfonso II; cfr. Orazio, *Carm.*, III, 1, 17 sgg.: «destrictus en-
sis, cui super impia | cervice pendet, non *Siculae dapes* | dulcem elabo-
rabunt saporem».   32. *sede ... aurea*: cfr. Cicerone, *Tusc.*, V, 21, 61:
«collocari iussit ... in aureo lecto».   33-35. *quem circum ... propinent*:
cfr. Cicerone, ivi: «ad mensam eximia forma pueros delectos iussit con-
sistere, eosque ... diligenter ministrare»; e per il v. 34, Orazio, *Carm.*,

tristis cura magis tempora Syrio
   unguento madida insilit
⁴⁰ et saevit penitus, si furor, Alpibus
      saevo flaminis impetu
iam spretis, quatiat Celticus Ausones.
   Hic est qui super impiam
cervicem gladius pendulus imminet.

VI

AD PANDULPHUM AREOSTUM

Ibis ad umbrosas corylos, Pandulphe, Copari,
   murmure somnifero quas levis aura movet.
Me sine sub denso meditabere tegmine carmen,
   dum strepet Aeolio pectine pulsa chelis.
⁵ Illic silvicolae laudabunt carmina Fauni,
   si forte heroum fortia facta canes;
sin fidibus iuvenum mandabis furta sonoris,
   non ciet arbitrio fistula rauca lyram.

i giocondi roseti che ha nutriti la docile onda di fontana irrigua; e piú
profondo infuria se la rabbia dei Celti, disprezzate (40) l'Alpi, con im-
peto di violenta tempesta venga a tormentar gli Ausoni. Questa è la spa-
da che di sopra all'empia cervice pende minacciando.

I, 1, 19: «veteris pocula Massici».   38-39. *tempora ... madida*: «ade-
rant unguenta», Cicerone, *Tusc.*, V, 21, 62; ma per la forma cfr. Ora-
zio, *Carm.*, II, 11, 16-17: «assyriaque nardo potamus uncti» e II, VII, 6-
8: «diem mero fregi coronatus nitentes malobathro Syrio capillos».
43-44. *Hic est ... imminet*: cfr. Cicerone, ivi: «fulgentem gladium et la-
cunari saeta equina aptum demitti iussit, ut impenderet illius beati cer-
vicibus»; ma cfr. pure nota ai versi 30-31.

METRO: distici elegiaci.
Carme difficilmente databile; per il Fatini è anteriore, con ogni proba-
bilità, al 1500. Per Pandolfo, cfr. *supra* la Lirica II.

TRADUZIONE. «A Pandolfo Ariosto». Tu te n'andrai, Pandolfo, a Cop-
paro, all'omba dei nocciuoli, che lieve brezza muove conciliando col
mormorio i sonni. Senza me comporrai sotto le folte fronde i tuoi ver-
si, mentre la lira vibrerà al tocco del plettro eolio. Là i selvaggi Fauni
loderanno i tuoi carmi (5), se avvenga che tu canti gloriose imprese di
eroi; se invece affiderai alle canore corde furtivi amori di fanciulli, la
stridula zampogna non vorrà come arbitra la lira. Ti udirà da un viren-

3. *sub denso ... tegmine*: cfr. Virgilio, *Buc.*, I, I: «patulae ... sub tegmine
fagi».   8. *non ciet ... lyram*: cfr. Virgilio, *Georg.*, I, 109-110: «Illa ca-
dens raucum per levia murmur, | saxa ciet»; Properzio, III, 10, 23: «ti-

Audiet a viridi Dryadum lasciva rubeto,
10   et bibet amotis crinibus aure melos;
cuntanti venient suspiria quanta labello,
    et latebras cupiet prodere tecta suas!
O quid si nimio cantu defessa sopori
    te dare gramineo membra videbit humo?
15 Exiliens taciturna, pedem per gramina tollet,
    optata et propius cernat ut ora petet.
Inde procax tereti timide suspensa lacerto,
    rara tibi furtim suavia rapta dabit;
vel leviter patula decerpet ab arbore ramos,
20   lacteolae ut moveat flamina grata viae.
Fortunate puer, qui inter tua iugera cessas,
    et nemora et saltus liber ab urbe colis!
Me miserum imperium dominae, non moenia,
                                    [claudit
    quo nequeam comitis visere grata mei.
25 Vincior, ah, gracili formosae crine puellae,
    purpurea en vinctum compede servat Amor!
Luce meae tota dominae vestigia lustro;
    dein queror ad tacitas, iudice nocte, fores.
Expers ipse tamen rides mala nostra; caveto

te roveto qualche Driade lascivetta, e suggerà coll'orecchio, scostando-
ne le chiome, il tuo canto (10); e quanti sospiri verranno al dolce suo
labbro, esitante, e, nascosta, vorrà svelarti il suo nascondiglio. E se ti
vedrà abbandonare al sonno sull'erba le membra stanche dal troppo
canto? Balzando fuori pian piano, muoverà il piede sull'erba (15) e
verrà verso il bramato volto per contemplarlo piú da presso. E poi, ti-
midamente procace, reggendosi sul suo bel braccio ti darà, rapita, pochi
baci furtivi; o strapperà cheta cheta da un ampio albero rami, per farti
aria, dolcemente, al petto colla sua bianca mano (20). Giovane fortuna-
to, che riposi fra i tuoi campi, e dimori tra boschi e valli ombrose, lun-
gi dalla città. Me, infelice, racchiudono non mura, ma il volere della mia
donna, sí che non mi è dato di visitare i luoghi cari al mio amico. Sono
legato, ahimè, dalle sottili chiome d'una bella fanciulla (25): mi tiene
avvinto Amore con legami di porpora. Tutto il giorno io seguo le orme
della mia donna e poi, testimone la notte, mi lamento alla sua soglia si-
lente. E tu ridi, tu che non li hai provati, dei miei mali: ma guardati da
Nemesi, che molte volte ha castigato la presuntuosa superbia (30).

bia ... rauca». 10. *bibet ... aure*: l'espressione è in Orazio, *Carm.* II,
13, 32. 20. *lacteolae ... viae*: verso probabilmente guasto; un gesto
rassomigliante in Boiardo, *Orl. inn.*, I, 3, 41. 21. *Fortunate ... cessas*:
reminiscenze di Virgilio, *Buc.*, I, 46 e 51: «Fortunate senex», «hic in-
ter flumina nota». 25. *Vincior ... puellae*: cfr. Tibullo, I, 1, 55: «Me
retinent formosae vincla puellae». 29-30. *Expers ... graves*: cfr. Ti-
bullo, I, 2, 87-88: «At tu, qui laetus rides mala nostra, caveto | mox ti-
bi: non uni saeviet usque deus».

30 sed Nemesim; est fastus saepius ulta graves.
 Tempus erit cum te nimium miseratus amantem,
   an iusta haec fuerit nostra querela scies.
 Nunc quoniam haud nosti Venerem nec vulnera
                                              [nati,
   ferre putas omni libera colla iugo;
35 sed mora, quae nostrae rigidum te tradere turbae
   nititur, in longos non feret illa dies.
 Nuper quae aligerum cecinit mihi passer amorum,
   dum Paphies humili culmine iussa monet
 – texere Naiades Veneri nova vincla sub undis –,
40 quem cupiant taceo; si sapis ipse, cave.
 Interea optati sine me cape gaudia ruris
   continue, et felix vive memorque mei.

Giorno verrà che lamentandoti tu del tuo troppo amore, apprenderai se furono giusti questi miei lamenti. Ora, poiché ancora tu non conosci Venere, e ignori le ferite di suo figlio, credi portare libero il collo da ogni giogo; ma il tempo, che si sforza di consegnare te, indomabile, alla nostra schiera (35), non lo permetterà tanto a lungo. Quel che or ora ha cantato a me un passero d'alati amori mentre dall'umile tetto bandiva i voleri della diva di Pafo – che le Naiadi intreccino sotto le onde nuovi lacci per Venere –, a chi li destinino non dico: se tu sei saggio, guàrdati (40). Intanto senza me di continuo goditi le delizie della campagna amata; e vivi felice e memore di me.

IX

AD ALBERTUM PIUM

Alberte, proles inclyta Caesarum,
utraque nam tu gente propagini
   ostendis Augustos fuisse
      nobile principium tuorum,
5 hac luce mecum laetitiam cape,
sed quae sit omni libera compede;
   ne sit mero frontem severam
      exhilarare pudor Falerno;
nimirum amamus si genio diem
10 sacrare, cum sint digna licentia
   exuberantis gaudii atque
      immodico petulandis oris
quae mane nobis nuntius attulit,
fidelitatis nuntius integrae,
15   a Gallico qui nuper orbe
      principibus rediit Latinis.
Vidisse dixit Lugdunii meum
Gregorium, illum cui per Apollinem

METRO: ode alcaica.
Alberto Pio da Carpi, a cui è pure rivolto il carme XIV, fu filologo e bi-
bliofilo, celebrato dall'Ariosto nell'*Orl. fur.*, XLVI, 17; condiscepolo del-
l'A., come appare da questa lirica, sotto la guida di Gregorio da Spoleto.
Il maestro stava dunque per partire da Lione, dove invece poco dopo
morí: dopo il 1499, e il non conoscere piú esattamente la data della sua
morte rende vaghi i termini cronologici di questa lirica. Gregorio da Spo-
leto, agostiniano, fu istitutore di Giovanni de' Medici, poi, a Ferrara,
dei figli di Rinaldo d'Este, infine di Francesco Sforza, che accompagnò
in Francia, ove morí. L'A. lo commemora nella *Sat.*, VI, 166 sgg. (*infra*).
Lo schema del carme deriva dal IX di Catullo, specialmente per i vv. 29-
40, con quei futuri esclamativi («Visam te incolumem, audiamque...»).

TRADUZIONE. «Ad Alberto Pio». O Alberto, nobile discendente dei Ce-
sari, ché alla tua discendenza puoi mostrare che da tutti e due i rami so-
no Cesari i nobili avi dei tuoi, rallègrati oggi con me (5), ma di una gioia
libera d'ogni freno; non sia vergogna rasserenare la severa fronte con Fa-
lerno puro; se è giusto che si ami consacrare questo giorno al genio, per-
ché è degno degli eccessi (10) di gioia esuberante e di parole smodata-
mente vivaci ciò che stamane ci ha annunciato un messo diligente e ve-
race, da poco ritornato dalle terre di Gallia (15) ai principi latini. Disse
di aver visto a Lione il mio Gregorio, quegli a cui dobbiamo tanto per gli

2. *utraque ... gente*: i conti di Carpi per il ramo paterno, quelli della Mi-
randola per quello materno.

uterque nostrum debet ample,
       quamvis ego magis, et magis te.

20   quamvis ego magis, et magis te.
Tu literae quod multum Echioniae
calles, tenentur primi aditus viro
huic; ast ego plus debeo, nam est
siquid inest mihi clari ab illo.
25 Parantem aiebat quam citius pote
transferre se ad nos, cui timui, miser!
vale ultimum dixisse, cum olim
ad gelidas veheretur Alpes.
– Io! redibit qui penitus rude
30 lignum dolavit me, et ab inutili
pigraque mole gratiorem
in speciem hanc, Pie, me redegit!
– Io! videbo qui tribuit magis
ipso parente, ut qui dedit optime
35   mihi esse, cum tantum alter esse
in populo dederit frequenti!
– Virum, boni dî, rursus amabilem
amplectar! An quid me esse beatius
potest beatum, o mi beate
40   nuntie, qui me hodie beasti?

studi d'Apollo, tu e io, sebbene piú io, e piú di te (20). Tu, se sei tanto
dotto nelle lettere greche, devi a quello di avertici avviato; ma io gli
debbo di piú: ché se qualcosa c'è in me di buono, da lui mi viene. Dice-
va il messo che si accinge a venire al piú presto (25) qua da noi, egli a cui
temetti, misero, d'avere dato l'estremo addio quel giorno che partí ver-
so le gelide Alpi. Viva! Ritornerà colui che mi rendette liscio e lucido
(30), mentre prima io ero simile a un rozzo legno, e da materia vana e
inerte mi ridusse, o Pio, a questo aspetto piú aggraziato. Viva! Vedrò co-
lui che mi diede piú che il mio padre stesso, perché mi insegnò a vivere
nobilmente, mentre quello solo mi insegnò a vivere (35) tra le genti mor-
tali. O buoni dèi, di nuovo abbraccerò il caro uomo! Che cosa beata può
essere piú beata di me, o beato messo che oggi mi beasti? (40)

21. *Echioniae*: greca, ma propriamente tebana: Echione fu uno dei fon-
datori della città.   38-40. *An quid ... beasti*: cfr. Catullo, IX, 10-11:
«O quantum est hominum beatiorum, | quid me laetius est beatiusve?»;
e IX, 5: «O mihi nuntii beati!».

XXIV

[SINE INSCRIPTIONE]

Istos, quaeso, oculos operi, dum caetera lustrem
  spectator formae, Lydia bella, tuae;
namque meos hebetant sensus prohibentque tueri
  quam sit digna oculis pars tua quaeque tuis.

XXXIV

AD PUELLAM VENDENTEM ROSAS

Vendere velle rosas, inquis, cum sis rosa: quaero
  tene, rosasne velis, virgo, an utrumque dare.

METRO: distici elegiaci.
Questa lirica è di incerta data; secondo il Fatini anteriore al 1503.

TRADUZIONE: « [Senza titolo]». Chiudi codesti occhi, te ne prego, sin
ch'io contempli il tuo corpo, attento alle tue grazie, Lidia bella: perché
essi indeboliscono i miei sensi, né lasciano che veda quanto sia degna
dei tuoi occhi ogni parte di te.

METRO: distici.
L'affine XXXIII recava lo stesso titolo; entrambi sviluppano un con-
fronto già nell'*Anthologia Palatina*, V, 142.

TRADUZIONE. «A una fanciulla che vende rose». Dici di voler vender ro-
se, e tu sei rosa: dimmi, di grazia, o fanciulla, se son le rose o te che tu
vuoi vendere, o le une e l'altra insieme.

LIV
[DE DIVERSIS AMORIBUS]

Est mea nunc Glycere, mea nunc est cura Lycoris,
    Lyda modo meus est, est modo Phyllis amor.
Primas Glaura faces renovat, movet Hybla recentes,
    mox cessura igni Glaura vel Hybla novo.
5 Nec mihi, diverso nec eodem tempore, saepe
    centum vesano sunt in amore satis.
Ut sum si placeo, me, me sic utere, virgo,
    seu grata es, seu iam grata futura mihi.
Hoc olim ingenio vitales hausimus auras,
10   multa cito ut placeant, displicitura brevi.
Non in amore modo mens haec, sed in omnibus
                             [impar;
    ipsa sibi longa non retinenda mora.
Saepe eadem Aurorae rosea surgente quadriga
    non est, quae fuerat sole cadente mihi.
15 O quot tentatas illa est versata per artes
    festivum impatiens rettulit unde pedem!
Cum primum longos posui de more capillos
    estque mihi primum tradita pura toga;

METRO: distici elegiaci.
Scritta nel 1503, è di carattere spiccatamente autobiografico, come la satira VI, anche se per l'espressione molto deve a un'elegia di Ovidio, *Trist.*, IV, 10; l'incostanza ariostesca è pure ricordata nelle *Sat.*, II, 121-123.

TRADUZIONE. «Le varie passioni». Mi è ora a cuore Glicera, ora Licori; ora è Lida, ora è Fillide il mio amore. Glaura mi rinnova i primi ardori, Ibla ne suscita di nuovi; e presto cederanno, e Glaura ed Ibla, a una nuova fiamma. Né mi bastano, o in diverso tempo o nel medesimo (5), cento ragazze pel mio pazzo amore. Ma come sono, se ti piaccio, prendimi, o fanciulla che mi sei cara, o potrai esserlo in futuro. Con questa indole io trassi il mio primo respiro, che molte cose súbito mi piacciano, per dispiacermi presto (10). Non in amore solo la mia natura è tale, ma essa è instabile in tutto; ché non può trattenersi in lungo indugio. Spesso non è piú la stessa, quando sorge la quadriga rosata dell'Aurora, ch'essa era stata al tramonto del sole. Oh, a quante arti essa tentò di volgersi (15), per trarne poi impaziente il suo giocoso piede! Non appena, secondo il costume, lasciai i miei lunghi capelli, e mi fu data per la

1. *Est ... Lycoris*: cfr. con la Lirica XXXII.   9. *vitales ... auras*: cfr. Virgilio, *Aen.*, I, 387-388: «auras | vitalis carpis».   13. *Aurorae ... quadriga*: cfr. Lirica II, 16.   18. *estque ... toga*: cfr. Catullo, LXVIII, 15: «Tempore quo primum vestis mihi tradita pura est»; Ludovico

haec me verbosas suasit perdiscere leges,
20   amplaque clamosi quaerere lucra fori;
atque eadem optatam sperantem attingere metam
      non ultra passa est improba ferre pedem;
meque ad Permessum vocat Aoniamque
                                      [Aganippem,
      aptaque virgineis mollia prata choris;
25 meque iubet docto vitam producere cantu,
      per nemora illa, avidis non adeunda viris.
Iamque acies, iam facta ducum, iam fortia Martis
      concipit aeterna bella canenda tuba.
Ecce iterum. – Male sana, inquit, quid inutile tento
30   hoc studium? Vati praemia nulla manent. –
Meque aulae cogit dominam tentare potentem
      fortunam obsequio servitioque gravi.
Mox ubi pertaesum est male grati principis, illa
      non tulit hic resides longius ire moras.
35 Laudat et aeratis ut eam spectabilis armis,

prima volta la toga virile, essa mi indusse a imparare le loquaci leggi, ed a cercare i grandi lucri del verboso Foro (20); ma quando già speravo toccar la meta ambita, non permise, maligna, che io mettessi ancora innanzi il piede; e mi chiama a Permesso, e all'aonia Aganippe, e ai molli prati atti ai cori delle fanciulle; e mi comanda di condurre la vita tra i dotti canti (25), per boschi inaccessibili agli uomini avidi. E di già essa disegna di cantare con tromba immortale e le schiere, e le imprese dei duci, e le battaglie intrepide di Marte. Ma ecco, di nuovo: – O pazza, – dice – perché io tento questo inutile studio? Non vi è premio pronto per il poeta – (30). E mi spinge a cercare la Fortuna, signora potente delle corti, coll'obbedienza e con duri servigi. E presto, quando mi venne a noia il mio ingrato principe, non mi permise che vi prolungassi ancora l'inerte indugio. Loda ch'io vada, attirando gli sguardi con le armi

compí quindici anni il 7 settembre 1489; e fu iscritto alla facoltà di legge fino al 1494. Non di sua iniziativa però, come dice qui, ma costretto dal padre: cfr. *infra*, sat. VI, 154-159.   19. *verbosas ... leges*: cfr. Ovidio, *Am.*, I, 15, 5: «verbosas leges ediscere».   20. *clamosi ... fori*: cfr. Ovidio, *Trist.*, IV, 10, 18: «verbosi ... fori», e Marziale, X, 53, 1: «clamosi ... circi».   23. *Permessum ... Aganippem*: la fonte Aganippe, sull'Elicona, *Aonia*, cioè della Beozia, era sacra alle Muse, al pari del fiume Permesso che essa, secondo alcuni, alimentava; «Aonie Aganippe» è in Virgilio, *Buc.*, X, 12.   27-28. *Iamque ... tuba*: allusione a primi tentativi epici, forse sul tipo del frammento dell'*Obizzeide* (cap. II).   29-30. *Male sana ... manent*: cfr. Ovidio, *Trist.*, IV, 10, 21-22: «Studium quid inutile temptas? | Maeonides nullas ipse reliquit opes».   31-34. *Meque ... moras*: allusione alla servitú cortigiana sotto Ercole I, notoriamente avaro; durò dal 1497 al 1501.   35-36. *Laudat ... equo*: l'A. fu capitano della rocca di Canossa dal 1501 al

et meream forti conspiciendus equo.
Et mihi sunt aptae vires, patiensque laborum
   corpus, et has possunt tela decere manus.
Nec mora; bellator sonipes, et cuncta parantur
40   instrumenta acri commoda militiae;
iuratusque pio celebri sub principe miles,
   expecto horrisonae martia signa tubae.
Iam neque castra placent, rursus nec classica
                                                    [nobis;
   ite procul, Getici tela cruenta dei.
45 Humanone trucem foedabo sanguine dextram,
   ut meus assiduo sub bove crescat ager?
Et breve mortis iter sternam mihi, ut horridus
                                                    [umbram
   horreat immitem portitor ipse meam?
Atque aliquis, placida aspiciens a sede piorum
50   me procul Eumenidum verbera saeva pati,
 – En qui Musarum liquit grata otia, dicat,
   anxius ut raperet munere Martis opes –;
manibus et sociis narret me digna subisse
   supplicia, haud ulla diminuenda die?
55 Antra mihi placeant potius, montesque supini

di bronzo (35), e militi ammirato sopra un forte destriero. E ho bene le
forze adatte, e il corpo che resiste alle fatiche, e queste mani possono
addirsi alle armi. Né attesi: si prepara un ferrato destriero, ed ogni ar-
nese atto al duro servizio delle armi (40); e poi, giurata fede come sol-
dato al principe famoso e pio, attendo i segni guerreschi della tromba
dal temibile suono. Ma già gli accampamenti non mi piacciono, e nean-
che lo squillo delle trombe: allontanatevi, dardi cruenti del dio dei Ge-
ti. Di sangue umano insozzerò la mia destra crudele (45), perché si
estenda il mio campo arato dal bove operoso? E dovrò aprirmi breve
strada alla morte, perché pure l'orrendo nocchiero dimostri orrore alla
mia ombra truce? E alcuno, dalla serena sede dei beati, vedendomi da
lungi sopportare le crudeli percosse delle Furie (50): – Ecco – dirà – chi
abbandonò i grati ozi delle Muse, ansioso di fare rapine coll'opera di
Marte; e alle ombre compagne narrerà che io sopporto meritato suppli-
zio, che mai non avrà tregua. Meglio mi piaccian gli antri, e i monti

1503.   *aeratis ... armis*: cfr. Tibullo, I, 10, 25: «aerata ... tela».   37-
38. *patiensque ... corpus*: a differenza di Ovidio, *Trist.*, IV, 10, 37: «nec
patiens corpus ... labori».   39. *bellator sonipes*: sono due vocaboli
virgiliani: *Georg.*, II, 145; *Aen.*, XI, 600.   44. *Getici ... dei*: Marte,
il cui culto era fiorente tra i Geti.   47. *Et ... mihi*: cfr. Tibullo, I, 10,
4: «tum brevior dirae mortis aperta via est»; all'*horridus portitor*, si cfr.
il «Portitor... horrendus» di Virgilio, *Aen.*, VI, 298, che è, come qui, Ca-
ronte.   55-57. *Antra ... puellas*: pare che si alluda al soggiorno nella

vividaque irriguis gramina semper aquis;
et Satyros inter celebres, Dryadasque puellas
plectra mihi digitos, fistula labra terat.
Dum vaga mens aliud poscat, procul este, Catones;
60 este quibus parili vita tenore fluit,
quos labor angat, iter cupientes limite certo,
ire sub instabili cuncta novante polo.
Me mea mobilitas senio deducat inerti,
dum studia haud desint quae variata iuvent.
65 Me miserum! quod in hoc non sum mutabilis uno,
quando me assidua compede vincit Amor:
et nunc Hybla licet, nunc sit mea cura Lycoris,
et te, Phylli, modo, te modo, Lyda, velim;
aut Glauram aut Glyceren, aut unam aut saepe
                                        [ducentas
70 depeream; igne tamen perpete semper amo.

sublimi (55), e i prati sempre vividi d'acque irrigue; e tra i satiri in fol-
la e le fanciulle Driadi stanchi io le dita alla cetra, le labbra alla zampo-
gna. Fino che la mia mente instabile non chieda altro, state lontani, o
Catoni, voi cui la vita trascorre con ritmo uniforme (60), voi cui affan-
na lo sforzo di mantenere la via dritta sotto il mutevole cielo che tutto
rinnova. Me l'incostanza sottragga a una inerte vecchiezza, finché non
mi vengano meno le voglie le quali variando mi dànno diletto. Me infe-
lice, che in questo soltanto non sono mutevole (65): che con continua
catena mi lega Amore; e ora può essermi a cuore Ibla, ora Licori, e te
voglio ora, Filli, e te ora, Lida; per Glicera o per Glaura possa io strug-
germi, e ora per una, ora spesso per duecento: tuttavia sempre io amo
con perpetuo fuoco (70).

villa dei Malaguzzi; per cui cfr. *infra*, sat. IV, 118.   58. *fistula ... te-
rat*: cfr. Virgilio, *Buc*., II, 34: «calamo trivisse labellum».   63-64. *Me
mea ... iuvent*: cfr. per lo schema identico, Tibullo, I, 10, 5-6: «Me mea
paupertas vita traducat inerti, | dum meus adsiduo luceat igne focus».

DALLE *RIME*

Non so s'io potrò ben chiudere in rima
quel che in parole sciolte
fatica avrei di ricontarvi a pieno:
come perdei mia libertà, che prima,
⁵ Madonna, tante volte
difesi, acciò non avesse altri il freno;
tenterò nondimeno
farne il poter, poi che cosí vi agrada,
con desir che ne vada
¹⁰ la fama, e a molti secoli dimostri
le chiare palme e i gran trionfi vostri.

    Le sue vittorie ha fatto illustri alcuno,
e con gli eterni scritti
ha tratto fuor del tenebroso oblio;
¹⁵ ma li perduti esserciti nessuno,
e gli adversi conflitti,
ebbe ancor mai di celebrar disio;
sol celebrar voglio io
il dí ch'andai prigion ferito a morte:
²⁰ ché contra man sí forte,
ben ch'io perdei, per l'aver preso assalto,
piú che mill'altri vincere mi essalto.

    Dico che 'l giorno che di voi m'accesi

METRO: canzone. Schema AbCAbCcDdEE; commiato AaBbCC (ende-
casillabi e settenari).
Rievocazione dell'innamoramento per Alessandra Benucci, che doveva
poi divenire moglie del poeta. Alessandra fu dunque incontrata a Fi-
renze il 24 giugno 1513, in occasione delle feste per il Battista.

1. *Non so ... rima*: cfr. *RVF*, XCV, 1: «Cosí potess'io ben chiudere in
versi», e, meglio, XXIX, 50-52: «So io ben ch'a voler *chiuder in versi* |
suo' laudi, *fora stanco* | chi piú degna la mano a scriver porse»; Petrar-
ca, *Tr. Pud.*, 127-128: «I' non *poria ... chiudere in rima*».   8. *farne il
poter*: «di fare quanto sarò capace». Dal séguito del verso s'apprende
che fu l'Alessandra a pregare il poeta di scrivere la canzone.   11.
chiare palme: è in Petrarca, *Tr. Pud.*, 96.   12. *Le sue vittorie*: le pro-
prie vittorie. Il soggetto è *alcuno*.   16. *gli adversi conflitti*: le battaglie
sfortunate.   22. *essalto*: «vanto».   23-26. *Dico ... cortesi*: infatti

non fu il primo che 'l viso
²⁵ pien di dolcezza e li real costumi
vostri mirassi affabili e cortesi,
né che mi fossi aviso
che meglio unqua mirar non potea lumi;
ma selve, monti e fiumi
³⁰ sempre dipinsi inanzi al mio desire,
per levarli l'ardire
d'entrar in via, dove per guida porse
io vedea la speranza star in forse.

Quinci lo tenni e mesi ed anni escluso,
³⁵ e dove piú sicura
strada pensai, lo volsi ad altro corso;
credendo poi che piú potesse l'uso
che 'l destin, di lui cura
non ebbi; ed ei, tosto che senza morso
⁴⁰ sentissi, ebbe ricorso
dove era il natural suo primo instinto;
ed io nel labirinto
prima lo vidi, ove ha da far sua vita,
che pensar tempo avessi a darli aita.

⁴⁵ Né il dí, né l'anno tacerò, né il loco
dove io fui preso, e insieme
dirò gli altri trofei ch'allora aveste,
tal che apo loro il vincer me fu poco.
Dico, da che 'l suo seme
⁵⁰ mandò nel chiuso ventre il Re celeste,
avean le ruote preste
de l'omicida lucido d'Achille
rifatto il giorno mille
e cinquecento tredeci fiate,
⁵⁵ sacro al Battista, in mezo de la estate.

l'Alessandra, col marito Tito Strozzi, amico del poeta, abitava a Ferrara dove l'A. dovette conoscerla e frequentarla.   25. *pien ... costumi*, cfr. *RVF*, CCXLVIII, 10: «ogni *bellezza*, ogni *real costume*».   27. *mi fossi aviso*: «ritenessi».   28. *meglio ... lumi*: occhi piú belli.   30. *dipinsi*: «immaginai».   35-36. *piú sicura | strada*: allusione ad altro amore, forse per l'Orsolina, madre di Virginio.   37. *l'uso*: l'abitudine (della lontananza).   40. *ebbe ricorso*: «ritornò».   45. *Né il dí ... loco*: cfr. *RVF*, LXI, 1-3: «Benedetto sia 'l giorno e 'l mese e l'anno ... e 'l loco ov'io fui giunto».   48. *apo*: «in confronto a».   49-55. *da che ... estate*: «dal giorno dell'incarnazione di Dio le ruote veloci del Sole (identificato con Apollo, uccisore di Achille; *lucido*: «luminoso», cfr. cap. I, 39) avevano riportato 1513 volte il giorno di san Giovanni Bat-

Ne la tósca città, che questo giorno
piú riverente onora,
la fama avea a spettacoli solenni
fatto raccor, non che i vicini intorno,
⁶⁰ ma li lontani ancora;
ancor io, vago di mirar, vi venni.
D'altro ch'io vidi tenni
poco ricordo, e poco me ne cale;
sol mi restò immortale
⁶⁵ memoria, ch'io non vidi, in tutta quella
bella città, di voi cosa piú bella.
   Voi quivi, dove la paterna chiara
origine traete,
da preghi vinta e liberali inviti
⁷⁰ di vostra gente, con onesta e cara
compagnia, a far piú liete
le feste, a far piú splendidi i conviti,
con li doni infiniti
in ch'ad ogn'altra il Ciel v'ha posto inanzi,
⁷⁵ venuta erate dianzi,
lasciato avendo lamentar indarno
il re de' fiumi, ed invidiarvi ad Arno.
   Porte, finestre, vie, templi, teatri
vidi piene di donne
⁸⁰ a giuochi, a pompe, a sacrifici intente,
e mature ed acerbe, e figlie e matri
ornate in varie gonne;
altre star a conviti, altre agilmente
danzare; e finalmente
⁸⁵ non vidi, né sentii ch'altri vedesse,
che di beltà potesse,
d'onestà, cortesia, d'alti sembianti
voi pareggiar, non che passarvi inanti.
   Trovò gran pregio ancor, dopo il bel volto,
⁹⁰ l'artificio discreto,
ch'in aurei nodi il biondo e spesso crine

---

tista, il 24 giugno».   61. *ancor io*: «anch'io».   67-68. *dove … traete*: di cui siete originaria per parte del padre Francesco Benucci, fiorentino trasferitosi a Barletta.   77. *il re de' fiumi*: il Po, «fluviorum rex» (Virgilio, *Georg.*, I, 482).   78. *Porte … teatri*: tutta la stanza è da confrontare con *Orl. fur.*, XVII, 20-21.   89. *Trovò gran pregio*: meritò l'ammirazione.   91. *in aurei … crine*: cfr. *RVF*, CCCLIX, 56: «i ca-

in rara e sotil rete avea raccolto;
soave ombra dirieto
rendea al collo e dinanzi alle confine
95 de le guance divine,
e discendea fin all'avorio bianco
del destro omero e manco.
Con queste reti insidïosi Amori
preson quel giorno piú di mille cori.
100   Non fu senza sue lode il puro e schietto
serico abito nero,
che, come il sol luce minor confonde,
fece ivi ogn'altro rimaner negletto.
Deh! se lece il pensiero
105 vostro spiar, de l'implicate fronde
de le due viti, d'onde
il leggiadro vestir tutto era ombroso,
ditemi il senso ascoso.
Sí ben con aco dotta man le finse,
110 che le porpore e l'oro il nero vinse.
     Senza misterio non fu già trapunto
il drappo nero, come
non senza ancor fu quel gemmato alloro
tra la serena fronte e il calle assunto,
115 che de le ricche chiome
in parti ugual va dividendo l'oro.
Senza fine io lavoro,
se quanto avrei da dir vuo' porr'in carte,
e la centesma parte
120 mi par ch'io ne potrò dir a fatica,
quando tutta mia età d'altro non dica.
     Tanto valor, tanta beltà non m'era
peregrina né nuova,
sí che dal fulgurar d'accesi rai,
125 che facean gli occhi e la virtute altiera,

pei *biondi* e l'*aureo nodo*».   97. *del destro ... e manco*: cfr. *RVF*,
CXCVIII, 11: «or su l'omero destro et or sul manco».   103. *fece ...
negletto*: «fece sí che non si porgesse attenzione agli altri abiti».
105. *implicate*: «intrecciate»; viene qui descritta un'«impresa», di cui
era di moda cercar di interpretare il significato.   109. *aco*: «ago».
110. *le porpore ... vinse*: l'abito nero di Alessandra vinse in bellezza tut-
ti gli altri di porpora e d'oro: cfr. *Orl. fur.*, XLII, 93.   111. *misterio*:
simbolo misterioso.   114-116. *il calle ... oro*: la scriminatura che di-
vide in due la chioma d'oro.   121. *tutta ... dica*: «non parli d'altro

già stato essendo in pruova,
ben mi credea d'esser sicur ormai.
Quando men mi guardai,
quei pargoletti, che ne l'auree crespe
130 chiome attendean, qual vespe
a chi le attizza, al cor mi s'aventaro,
e nei capelli vostri lo legaro.
    E lo legaro in cosí stretti nodi,
che piú saldi un tenace
135 canape mai non strinse né catene;
e chi possa venir chi me ne snodi,
d'imaginar capace
non son, s'a snodar Morte non lo viene.
Deh! dite come aviene
140 che d'ogni libertà m'avete privo
e menato captivo,
né piú mi dolgo ch'altri si dorria,
sciolto da lunga servitute e ria.
    Mi dolgo ben che de' soavi ceppi
145 l'inefabil dolcezza
e quanto è meglio esser di voi prigione
che d'altri re, non piú per tempo seppi.
La libertate apprezza
fin che perduta ancor non l'ha, il falcone;
150 preso che sia, depone
del gir errando sí l'antiqua voglia,
che, sempre che si scioglia,
al suo signor a render con veloci
ale s'andrà, dove udirà le voci.
155   La mia donna, Canzon, sola ti legga,

per tutta la mia vita». 126. *stato ... pruova*: avendo già saputo reggere loro, com'è detto ai vv. 43 sg. 128. *Quando ... guardai*: cfr. *RVF*, III, 3: «quando i' fui preso, e non me ne guardai». 129. *quei pargoletti*: sono i «pargoletti Amori» di *Orl. fur.*, VI, 75. 130. *qual vespe*: la similitudine è ispirata da una metafora petrarchesca (*RVF*, CCXXVII, 5-6). 133-135. *E lo legaro ... catene*: cfr. *Orl. fur.*, XXI, I; il cuore legato dai capelli della donna è in *RVF*, CXCVIII, 4, che si fanno catene; *RVF*, CCLXVI, 11; l'immagine, al pari della celebrazione dell'aureo crine, è motivo centrale in queste rime. 136-138. *chi possa ... viene*: cfr. *RVF*, CXCVI, 13-14: «e strinse 'l cor d'un laccio sí possente | che morte sola fia ch'indi lo snodi». Il secondo *chi* del v. 136 vale «che». 141. *captivo*: «prigioniero». 142-143. *né piú ... ria*: invece che dolermene me ne rallegro come un altro gioirebbe di aver riconquistato la libertà: cfr. Petrarca, *Tr. Mor.*, I, 136-137: «Nessun di servitú già mai si dolse | né di morte quant'io di libertate».

sí ch'altri non ti vegga,
e pianamente a lei di' chi ti manda;
e, s'ella ti comanda
che ti lasci veder, non star occulta,
160 se ben molto non sei bella, né culta.

SONETTO III

O sicuro, secreto e fidel porto,
dove, fuor di gran pelago, due stelle,
le piú chiare del cielo e le piú belle,
dopo una lunga e cieca via m'han scorto;
5   ora io perdono al vento e al mar il torto
che m'hanno con gravissime procelle
fatto sin qui, poi che se non per quelle
io non potea fruir tanto conforto.
O caro albergo, o cameretta cara,
10 ch'in queste dolci tenebre mi servi
a goder d'ogni sol notte piú chiara!
Scorda ora i torti e i sdegni acri e protervi:
ché tal mercé, cor mio, ti si prepara,
che appagarà quantunque servi e servi.

SONETTO IX

La rete fu di queste fila d'oro
in che 'l mio pensier vago intricò l'ale,
e queste ciglia l'arco, i sguardi il strale,
il feritor questi begli occhi fòro.
5   Io son ferito, io son prigion per loro,

METRO: sonetto a schema ABBA, ABBA; CDC, DCD.
L'avvio e l'ispirazione da *RVF*, CCXXXIV: «O cameretta, che già fosti un porto | a le gravi tempeste mie diurne...».

2. *stelle*: per occhi, comunissimo nel Petrarca.   4. *scorto*: guidato.
11. *d'ogni sol ... chiara*: cfr. *RVF*, CCXV, 13: «pò far chiara la notte, oscuro il giorno».   14. *quantunque servi*: tutto quanto hai meritato col tuo servizio amoroso. Nella *princeps* «quant'hai servito e servi».

METRO: sonetto a schema ABBA, ABBA; CDC, CDC.

2. *'l mio pensier vago*: è petrarchesco (*RVF*, LXII, 13).   5. *prigion*: anche questo è concetto petrarchesco.

la piaga in mezo 'l core aspra e mortale,
la prigion forte; e pur in tanto male,
e chi ferimmi e chi mi prese adoro.
     Per la dolce cagion del languir mio
¹⁰ o del morir, se potrà tanto 'l duolo,
languendo godo, e di morir disio;
     pur ch'ella, non sappiendo il piacer ch'io
del languir m'abbia o del morir, d'un solo
sospir mi degni o d'altro affetto pio.

SONETTO XIII

Aventuroso carcere soave,
dove né per furor né per dispetto,
ma per amor e per pietà distretto
la bella e dolce mia nemica m'àve;
⁵   gli altri prigioni al volger de la chiave
s'attristano, io m'allegro: ché diletto
e non martír, vita e non morte aspetto,
né giudice sever né legge grave,
     ma benigne accoglienze, ma complessi
¹⁰ licenzïosi, ma parole sciolte
da ogni fren, ma risi, vezzi e giochi;
     ma dolci baci, dolcemente impressi
ben mille e mille e mille e mille volte;
e, se potran contarsi, anche fien pochi.

6. *la piaga ... mortale*: cfr. *RVF*, CCXLI, 5: «'l primo colpo aspro e
mortale».   7. *forte*: «dura».   11. *di morir disio*: cfr. *RVF*, LXXIII,
44: «a morte disiando corro».

METRO: sonetto a schema ABBA, ABBA; CDC, CDC.
La prigione d'amore (*carcere soave*), tema già svolto nel precedente so-
netto, questa volta diventa luogo di voluttà, espressa in termini catul-
liani e properziani. Tra i vv. 5 e 8 una serie di contrapposizioni, mosse
dai frequenti *enjambements* (Fedi), che preparano il trionfo nella serie di
ma (9, 10, 11, 12).

3. *distretto*: «rinchiuso».   9-10. *complessi | licenzïosi*: «abbracci sen-
za freni».   13. *ben mille ... volte*: cfr. Catullo, 7 sgg.: «Da mi basia
mille, deinde centum, | dein mille altera», ecc.   14. *e, se ... pochi*:
cfr. Properzio, II, 15, 50: «omnia si dederis oscula, pauca dabis».

SONETTO XVI

Deh! voless'io quel che voler devrei,
deh! serviss'io quant'è il servir accetto,
deh! Madonna, l'andar fuss'interdetto,
dove non va la speme, ai desir miei;
5   io son ben certo che non languirei
di quel colpo mortal ch'in mezzo 'l petto,
non mi guardando, Amor mi diede, e stretto
da le catene sue già non serei.
So quel ch'io posso e so quel che far deggio,
10 ma piú che giusta elezïone, il mio
fiero destino ho da imputar, s'io fallo.
Ben vi vuo' raccordar ch'ogni cavallo
non corre sempre per spronar, e veggio,
per punger troppo, alcun farsi restio.

SONETTO XX

Chiuso era il sol da un tenebroso velo
che si stendea fin all'estreme sponde
de l'orizonte, e murmurar le fronde
e tuoni andar s'udian scorrendo il cielo;
5   di pioggia in dubbio o tempestoso gelo,
stav'io per ire oltra le torbid'onde

METRO: sonetto a schema ABBA, ABBA; CDE, EDC, con sirma di ti-
po arcaico e non petrarchesco (Fedi). Gioco di modalità (volere, dove-
re, potere), di ottativi (*voless[e]*, *serviss[e]*, *fuss[e]*) e cond. (*devrei, langui-
rei*), a esprimere il contrasto fra destino amoroso e giudizio razionale.

3. *interdetto*: «vietato»   10. *elezione*: «scelta».   13. *per spronar*:
«perché lo si sproni».   14. *per punger ... restio*: cfr. *RVF*, XLVIII,
14: «e per troppo spronar la fuga è tarda».

METRO: sonetto a schema ABBA, ABBA; CDE, EDC.
Scritto probabilmente per l'Alessandra, che si trovava in una villa degli
Strozzi oltre il Po: forse quella di Raccano. Rassomiglia, superandolo, al
sonetto LXXXVII del Bembo.

1. *Chiuso era il sol*: per questa e la successiva quartina cfr. *Orl. fur.*,
XVIII, 142.   5. *di pioggia in dubbio*: «col timore che piovesse».
6. *torbid'onde*: cfr. canzone I, 1, delle dubbie.

del fiume altier che 'l gran sepolcro asconde
del figlio audace del signor di Delo;
     quando apparir su l'altra ripa il lume
¹⁰ de' bei vostri occhi vidi, e udii parole
che Leandro potean farmi quel giorno.
     E tutto a un tempo i nuvoli d'intorno
si dileguaro e si scoperse il sole;
tacquero i venti e tranquillossi il fiume.

SONETTO XXVIII

     Qual avorio di Gange, o qual di Paro
candido marmo, o qual ebano oscuro,
qual fin argento, qual oro sí puro,
qual lucid'ambra, o qual cristal sí chiaro;
⁵   qual scultor, qual artefice sí raro
faranno un vaso alle chiome che furo
de la mia donna, ove riposte, il duro
separarsi da lei lor non sia amaro?
     Ché, ripensando all'alta fronte, a quelle
¹⁰ vermiglie guance, alli occhi, alle divine
rosate labra e all'altre parti belle,
     non potrian, se ben fusson, come il crine
di Beronice, assunto fra le stelle,
riconsolarsi, e porre al duol mai fine.

7-8. *del fiume ... Delo*: del Po, nel cui letto giacque Fetonte, figlio del
Sole (identificato con Apollo, signore di Delo).   11. *che Leandro ...
giorno*: che avrebbero potuto indurmi a passare il Po a nuoto, come
Leandro passava l'Ellesponto per raggiungere Ero.

METRO: sonetto a schema ABBA, ABBA; CDC, DCD.
Scritto, come i sonetti XXVII, XXIX e XXX, e il madrigale I, in oc-
casione di una malattia dell'Alessandra, in seguito alla quale le si do-
vettero tagliare le chiome bionde. Nessuna fra le materie piú preziose e
nessun artefice potranno offrire un vaso degno di contenere le chiome
della donna; né il bel corpo potrebbe consolarsi, neppure se le chiome
fossero assunte al cielo come quelle di Beronice.

1-2. *avorio ... marmo*: fin dall'epoca classica l'avorio indiano e il marmo
di Paro, nell'Egeo, erano particolarmente rinomati.   12. *se ben*: «an-
che se».   13. *Beronice*: la chioma offerta da Berenice agli dèi perché
il marito tornasse incolume fu trasformata in costellazione.

MADRIGALE VIII

La bella donna mia d'un sí bel fuoco,
e di sí bella neve ha il viso adorno,
ch'Amor, mirando intorno
qual di lor sia piú bel, si prende giuoco.
5   Tal è proprio a veder quell'amorosa
fiamma che nel bel viso
si sparge, ond'ella con soave riso
si va di sue bellezze inamorando;
qual è a veder, qualor vermiglia rosa
10 scuopra il bel paradiso
de le sue foglie, allor che 'l sol diviso
da l'orïente sorge il giorno alzando.
E bianca è sí come n'appare, quando
nel bel seren piú limpido la luna
15 sovra l'onda tranquilla
coi bei tremanti suoi raggi scintilla.
Sí bella è la beltade che in quest'una
mia donna hai posto, Amor, e in sí bel loco,
che l'altro bel di tutto il mondo è poco.

MADRIGALE XII

Quando ogni ben de la mia vita ride,
i dolci baci niega;
se piange, allor al mio voler si piega:
cosí suo mal mi giova e 'l ben m'accide.
5   Chi non sa come stia fra il dolce il fèle

METRO: madrigale ABbACdDEEFgGFHH.

1-2. *fuoco ... neve*: modo convenzionale di indicare il rosso delle labbra
e il bianco della pelle.   4. *si prende giuoco*: «si diletta».   8. *si va ...
inamorando*: cfr. *RVF*, CCCXIX, 11: «di sue bellezze ogni or piú m'in-
namora».

METRO: madrigale AbBACddECddEFF. Imita leggiadramente il Ponta-
no, *Hend.*, I, xv.

1-3. *Quando ... piega*: cfr. Pontano, *Hend.*, I, xv, 1-2: «Cum rides, mihi
basium negasti, | cum ploras, mihi basium dedisti»; *ogni ben* è natural-
mente la donna.   4. *cosí ... accide*: cfr. Pontano cit., 5-6: «Nata est

provi, come provo io,
questo ardente disio,
che mi fa lieto viver e scontento.
Cosí nasce per me di amaro il mèle,
¹⁰ dolor del riso pio
che 'l bel volto giulío
lieto m'apporta sol per mio tormento.
Miseri amanti, senza piú contesa,
temete insieme e sperate ogni impresa.

CAPITOLO V

Meritamente ora punir mi veggio
del grave error che a dipartirmi feci
da la mia donna, e degno son di peggio;
    ben saggio poco fui, ch'all'altrui preci,
⁵ a cui deve' e potei chiuder l'orecchi,
piú ch'al mio desir proprio satisfeci.
    S'esser può mai che contra lei piú pecchi,
tal pena sopra me subito cada
che nel mio essempio ogni amator si specchi.
¹⁰ Deh! che spero io, che per sí iniqua strada,
sí rabbiosa procella d'acque e venti,
possa esser degno che a trovar si vada?
    Arroge il pensar poi da chi m'absenti,
che travaglio non è, non è periglio

---

de lacrimis mihi voluptas, | de risu dolor». 9. *nasce ... mèle*: cfr.
RVF, CCXV, 13-14: «Po' far [...] 'l mel amaro». 13-14. *Miseri ...
impresa*: cfr. Pontano cit., 6-7: «O miselli amantes, | sperate simul om-
nia e timete». *senza piú contesa*: «senza piú difendervi».

METRO: capitolo.
Scritto mentre l'A. si allontana da Ferrara e dall'Alessandra per una
lunga assenza. Si deve riferire perciò (col Fatini e contro il Catalano),
non ad un breve viaggio in Garfagnana del 1509, ma proprio al periodo
del Commissariato (1522), anche per la maturità linguistica e artistica.

4. *all'altrui preci*: l'A. aveva pregato il Duca di dargli un incarico abba-
stanza redditizio (sat. IV, 184-195), ma fu il Duca evidentemente a pre-
gare l'A. che accettasse quel Commissariato, e non altro. 8-9. *tal pe-
na ... specchi*: «cada su di me una tale pena, che ogni innamorato, visto
il mio esempio, si ritragga dal compotarsi come me». 13. *Arroge*:
«aggiungi».

¹⁵ che piú mi stanchi o che piú mi spaventi.
 Pentomi, e col pentir mi meraviglio
com'io potessi uscir sí di me stesso,
ch'io m'appigliasse a questo mal consiglio.
 Tornar a dietro ormai non m'è concesso,
²⁰ né mirar se mi giova o se mi offende;
licito fòra piú quel ch'ho promesso.
 Mentre ch'io parlo, il turbid'austro prende
maggior possanza, e cresce il verno, e sciolto
da ruinosi balzi il liquor scende;
²⁵ di sotto il fango, e quinci e quindi il folto
bosco mi tarda; e in tanto l'aspra pioggia
acuta piú che stral mi fere il volto.
 So che qui appresso non è casa o loggia
che mi ricopra, e pria ch'a tetto giunga,
³⁰ per lungo tratto il monte or scende or poggia.
 Né piú affrettar, perch'io lo sferzi o punga,
posso il caval, ché lo sgomenta l'ira
del ciel, e stanca la via alpestre e lunga.
 Tutta questa acqua e ciò ch'intorno spira
³⁵ venga in me sol, che non può premer tanto
ch'uguagli al duol che dentro mi martira;
 ché, se a Madonna io m'appressassi quanto
me ne dilungo, e fusse speme al fine
del rio camin poi rispirarle a canto;
⁴⁰ e le man bianche piú che fresche brine
baciarle, e insieme questi avidi lumi
pascer de le bellezze alme e divine,
 poco il mal tempo, e loti e sassi e fiumi
mi darian noia, e mi parrebbon piani,
⁴⁵ e piú che prati molli, erte e cacumi.
 Ma quando avien che sí me ne allontani,
l'amene Tempe e del re Alcinoo li orti

21. *licito ... promesso*: «mi è ormai solo lecito mantener la parola data al Duca». 23. *sciolto*: «abbondante». 31. *perch'io ... punga*: «per quanto io lo sferzi o lo sproni». 34. *ciò ch'intorno spira*: «il vento che soffia tutt'intorno». 35. *premer*: «opprimere, affliggere». 36. *uguagli*: con valore riflessivo, non raro. 38. *fusse speme*: «avessi la speranza». 40. *piú che fresche brine*: cfr. *RVF*, CCXX, 3-4: «le brine | tenere e fresche». 42. *pascer ... divine*: cfr. *RVF*, CXCIII, 1: «Pasco la mente d'un sí nobil cibo»; CCXX, 7: «tante bellezze, et sí divine» e CCVII, 15: «de le divine lor alte bellezze». 43. *loti*: «fango». 45. *piú ... cacumi*: costruisci: «piú molli che prati ecc.». *cacumi*: cime. 47. *l'amene ... orto*: i luoghi piú beati; cfr. la prima ver-

che puon, se non parermi orridi e strani?
  Li altri in le lor fatiche hanno conforti
⁵⁰ di riposarsi dopo, e questa spene
li fa a patir le aversità piú forti.
  Non piú tranquille già né piú serene
ore attender poss'io, ma 'l fin di queste
pene e travagli, altri travagli e pene.
⁵⁵ Altre piogge al coperto, altre tempeste
di sospiri e di lacrime mi aspetto,
che mi sien piú continue e piú moleste.
  Duro serammi piú che il sasso il letto,
e 'l cor tornar per tutta questa via
⁶⁰ mille volte ogni dí sarà costretto.
  Languido il resto de la vita mia
si struggerà di stimolosi affanni,
percosso ognor da penitenzia ria.
  E' mesi, l'ore e i giorni a parer anni
⁶⁵ cominceranno, e diverrà sí tardo
che parrà, il tempo, aver tarpato i vanni;
  che già, godendo del soave sguardo,
de la invitta beltà, de l'immortale
valor, de' bei sembianti, onde tutt'ardo,
⁷⁰ vedea fuggir piú che da corda strale.

---

sione della sat. IV, 133-134: «ma né di Alcinoo gli orti, né di Admeto | le fresche rive» e il verso corrispondente nella versione attuale. Tempe era una bella valle della Tessaglia, e famosi erano i giardini di Alcinoo a Creta (cfr. Cicerone, *Ad Att.*, IV, 15, 5; Stazio, *Silv.*, I, 3, 81). 48. *strani*: «sgradevoli».   55-56. *Altre piogge ... di lacrime*: cfr. *RVF*, CLXXXIX, 9: «pioggia di lagrimar, nebbia di sdegni».   59. *tornar*: Bozzetti segnala con favore la correzione *frettar* (prima *torrtar*) «affrettare» nel codice Vaticano Rossiniano.   62. *stimolosi*: «tormentosi». 66. *che parrà ... vanni*: «che parrà che il tempo abbia le ali troncate». 70. *vedea ... strale*: cfr. Dante, *Inf.*, XVII, 136: «si dileguò come da corda cocca».

CAPITOLO VIII

O piú che 'l giorno a me lucida e chiara,
dolce, gioconda, aventurosa notte,
quanto men ti sperai tanto piú cara!
    Stelle a furti d'amor soccorrer dotte,
5 che minuisti il lume, né per vui
mi fur l'amiche tenebre interrotte!
    Sonno propizio, che lasciando dui
vigili amanti soli, cosí oppresso
avevi ogn'altro, che invisibil fui!
10   Benigna porta, che con sí sommesso
e con sí basso suon mi fusti aperta,
ch'a pena ti sentí chi t'era presso!
    O mente ancor di non sognar incerta,
quando abbracciar da la mia dea mi vidi,
15 e fu la mia con la sua bocca inserta!
    O benedetta man, ch'indi mi guidi;
o cheti passi, che m'andate inanti;
o camera, che poi cosí m'affidi!
    O complessi iterati, che con tanti
20 nodi cingete i fianchi, il petto, il collo,
che non ne fan piú l'edere o li acanti!
    Bocca, ove ambrosia libo, né satollo
mai ne ritorno; o dolce lingua, o umore
per cui l'arso mio cor bagno e rimollo!
25   Fiato, che spiri assai piú grato odore
che non porta da l'Indi o da' Sabei
fenice al rogo in che s'incende e more!

METRO: capitolo.
Composto secondo il Salza verso il 1513, s'ispira nella forma all'elegia
II, 15 di Properzio (cfr. pure I, 10 e II, 14); meno probabili i raffronti
con un episodio del *De duobus amantibus* del Piccolomini, e con due car-
mi di Tito Vespasiano Strozzi (*Eroticon*, I, 6) e di Ercole Strozzi.

1-2. *O piú ... notte*: cfr. Properzio, II, 15, 1: «O me felicem! o nox
mihi candida». 4. *furti d'amor*: amori furtivi; espressione latineg-
giante. 5. *minuisti*: diminuiste. 15. *e fu ... inserta*: cfr. E. Stroz-
zi, *Amica tandem*: «implicitis interavimus oscula linguis»; Boiardo, *Orl.
inn.*, I, 19, 61; e cfr. *Orl. fur.*, VII, 29. 19. *complessi iterati*: «ab-
bracci ripetuti»; cfr. Dante, *Purg.*, VII, 2. 20-21. *cingete ... acanti*:
cfr. Orazio, *Ep.*, XV, 5-6; *Orl. fur.*, VII, 29; XXV, 69. 26-27. *por-
ta ... more*: l'araba fenice si brucia in preziosi unguenti (indiani e arabi)

O letto, testimon de' piacer miei;
letto, cagion ch'una dolcezza io gusti,
30 che non invidio il lor nèttare ai dèi!
   O letto, donator de' premi giusti,
letto, che spesso in l'amoroso assalto
mosso, distratto ed agitato fusti!
   Voi tutti ad un ad un, ch'ebbi de l'alto
35 piacer ministri, avrò in memoria eterna,
e quanto è il mio poter, sempre vi essalto.
   Né piú debb'io tacer di te, lucerna,
che con noi vigilando, il ben ch'io sento
vuoi che con gli occhi ancor tutto discerna.
40 Per te fu dupplicato il mio contento;
né veramente si può dir perfetto
uno amoroso gaudio a lume spento.
   Quanto piú giova in sí suave effetto
pascer la vista or de li occhi divini,
45 or de la fronte, or de l'eburneo petto;
   mirar le ciglia e l'aurei crespi crini,
mirar le rose in su le labra sparse,
porvi la bocca e non temer de' spini;
   mirar le membra, a cui non può uguagliarse
50 altro candor, e giudicar mirando
che le grazie del Ciel non vi fur scarse,
   e quando a un senso satisfar, e quando
all'altro, e sí che ne fruiscan tutti,
e pur un sol non ne lasciar in bando!
55 Deh! perché son d'amor sí rari i frutti?
deh! perché del gioir sí brieve il tempo?
perché sí lunghi e senza fine i lutti?
   Perché lasciasti, oimè! cosí per tempo,
invida Aurora, il tuo Titone antico,
60 e del partir m'accelerasti il tempo?
   Ti potess'io, come ti son nemico,

---

per poi risorgere dalla sua cenere.   28. *O letto ... miei*: cfr. Properzio
cit., v, 2: «lectule deliciis facte beate meis».   33. *distratto*: «sposta-
to».   37. *lucerna*: anche questa è in Properzio, vv. 3-4: «Quam mul-
ta adposita narramus verba lucerna | quantaque sublato lumine rixa
fuit!».   41-42. *né veramente ... spento*: cfr. Properzio cit., vv. 11-12:
«Non iuvat in caeco Venerem corrumpere motu: | si nescis, oculi sunt
in amore duces».   51. *grazie del Ciel*: cfr. *RVF*, CCXIII, 1: «Gratie
ch'a pochi il ciel largo destina».   58-59. *Perché lasciasti ... antico*: im-
magine comune nell'*Orl. fur.*, XXXII, 13; XXXIV, 61; XL, 14; ecc.

nocer cosí! Se 'l tuo vecchio t'annoia,
ché non ti cerchi un piú giovene amico?
e vivi, e lascia altrui viver in gioia!

DALLE *SATIRE*

I

A MESSER ALESSANDRO ARIOSTO,
ET A MESSER LUDOVICO DA BAGNO

Io desidero intendere da voi,
Alessandro fratel, compar mio Bagno,
s'in corte è ricordanza piú di noi;
  se piú il signor me accusa; se compagno
5 per me si lieva e dice la cagione
per che, partendo gli altri, io qui rimagno;
  o, tutti dotti ne la adulazione
(l'arte che piú tra noi si studia e cole),
l'aiutate a biasmarme oltra ragione.
10   Pazzo chi al suo signor contradir vole,
se ben dicesse c'ha veduto il giorno
pieno di stelle e a mezzanotte il sole.
  O ch'egli lodi, o voglia altrui far scorno,
di varie voci subito un concento
15 s'ode accordar di quanti n'ha dintorno;
  e chi non ha per umiltà ardimento
la bocca aprir, con tutto il viso applaude
e par che voglia dir: – anch'io consento. –
  Ma se in altro biasmarme, almen dar laude
20 dovete che, volendo io rimanere

METRO: capitolo.
La satira è certo posteriore all'8 settembre 1517, e anteriore alla II, del
novembre-dicembre; dev'essere stata scritta negli ultimi giorni prima
della partenza del Cardinale Ippolito per Eger (Agria) in Ungheria, do-
ve doveva stabilirsi, o forse dopo il suo trasferimento; l'A. rifiutò di ac-
compagnarlo e fu minacciato della perdita di benefici e beni secolari. La
situazione è analoga a quella dell'*Epist.*, I, 7, 1-36 di Orazio, con cui vi
sono rapporti diretti, specialmente per l'apologo finale.

TITOLO. Alessandro, il piú giovane dei fratelli dell'A., seguí Ippolito
d'Este (*il signor* del v. 4) in Ungheria, come pure Ludovico da Bagno,
nobile mantovano, amico e parente dell'A., segretario del Cardinale.
3. *corte*: la corte aveva sede in Agria, che è la moderna Eger.   8. *co-
le*: «coltiva» (lat.).   11. *se ben dicesse*: «anche se dicesse».   14. *con-
cento*: «concerto»; cfr. *RVF*, CLVI, 10; CCCXXIII, 44.

lo dissi a viso aperto e non con fraude.

Dissi molte ragioni, e tutte vere
de le quali per sé sola ciascuna
esser mi dovea degna di tenere.

25   Prima la vita, a cui poche o nessuna
cosa ho da preferir, che far piú breve
non voglio che 'l ciel voglia o la Fortuna.

Ogni alterazione, ancor che leve
ch'avesse il mal ch'io sento, o ne morei,

30   o il Valentino e il Postumo errar deve.

Oltra che 'l dicano essi, io meglio i miei
casi de ogni altro intendo; e quai compensi
mi siano utili so, so quai son rei.

So mia natura come mal conviensi

35   co' freddi verni; e costà sotto il polo
gli avete voi piú che in Italia intensi.

E non mi nocerebbe il freddo solo;
ma il caldo de le stuffe, c'ho sí infesto,
che piú che da la peste me gli involo.

40   Né il verno altrove s'abita in cotesto
paese: vi si mangia, giuoca e bee,
e vi si dorme e vi si fa anco il resto.

Che quindi vien, come sorbir si dee
l'aria che tien sempre in travaglio il fiato

45   de le montagne prossime Rifee?

---

21. *a viso aperto*: espressione dantesca (*Inf.*, X, 93).   23-24. *de le quali … tenere*: ciascuna delle ragioni addotte era sufficiente per tratte-nermi; cfr. cap. X, 24: «m'avesse avuto di tener balia».   28. *altera-zione*: «peggioramento».   29. *il mal*: cfr. v. 155.   30. *o il Valenti-no … deve*: «se la diagnosi del Valentino e del Postumo è stata giusta, anche un lieve peggioramento mi ucciderebbe». Il Valentino è Giovan-ni Andrea Valentino da Modena, medico e familiare di Ippolito, che se-guí in Ungheria. Di Guido Silvestri detto il Postumo, poeta latino e vol-gare, medico della corte di Ippolito, l'Ariosto fa l'elogio nell'*Orl. fur.*, XLII, 89.   32. *compensi*: «rimedi»: cfr. sat. V, 88.   34. *mal con-viensi*: «non si adatta».   38. *stuffe*: «stufe», ma col valore di «came-re riscaldate». Come nota Capra, «il "fastidio delle stufe" è un topos preletterario ben stabilito nella conversazione cortigiana estense, da Pandolfo Collenuccio ad Antonio Costabili».   39. *me gli involo*: «mi ci sottraggo».   43. *Che*: «chi», come altrove nell'Ariosto: sat. II, 270; III, 268 (*infra*); V, 53, 154; VII, 76.   *quindi*: dalle stufe.   44-45. Qui, come nell'espressione *costà sotto il polo* (v. 35), v'è forse una reminiscenza dei versi: «Talis Hyperboreo septem subiecta trioni | gens effrena virum Riphaeo tunditur Euro», Virgilio, *Georg.*, III, 381. I La-tini chiamavano *Riphaei* dei monti non ben determinati in Scizia. Le «montagne Rife» sono citate per il loro gelo in *Purg.*, XXVI, 43, e co-

Dal vapor che, dal stomaco elevato,
fa catarro alla testa e cala al petto,
mi rimarei una notte soffocato.
      E il vin fumoso, a me vie piú interdetto
50 che 'l tòsco, costí a inviti si tracanna
e sacrilegio è non ber molto e schietto.
      Tutti li cibi son con pepe e canna
di amomo e d'altri aròmati, che tutti
come nocivi il medico mi danna.
55   Qui mi potreste dir ch'io avrei ridutti,
dove sotto il camin sedria al foco,
né piei, né ascelle odorerei, né rutti,
      e le vivande condiriemi il cuoco
come io volessi, et inacquarmi il vino
60 potre' a mia posta, e nulla berne o poco.
      Dunque voi altri insieme, io dal matino
alla sera starei solo alla cella,
solo alla mensa come un certosino?
      Bisognerieno pentole e vasella
65 da cucina e da camera, e dotarme
di masserizie qual sposa novella.
      Se separatamente cucinarme
vorà mastro Pasino una o due volte,
quattro e sei mi farà il viso da l'arme.
70   S'io vorò de le cose ch'avrà tolte
Francesco di Siver per la famiglia,
potrò matina e sera averne molte.
      S'io dirò: – Spenditor, questo mi piglia,
che l'umido cervel poco notrisce;
75 questo no, che 'l catar troppo assottiglia –

me luogo di provenienza degli ippogrifi in *Orl. fur.*, IV, 18, 7.   46.
dal stomaco elevato: cfr. nota al v. 74.   49. *vin fumoso*: cosí, cioè
«forte», chiamava Tibullo (II, 1, 27) il «falerno», che laggiú si beve «a
inviti» (cfr. Della Casa, *Galateo*, XXIX: «Lo invitare a bere, la qual
usanza, siccome non nostra, noi nominiamo con vocabolo forestiero,
cioè *far brindisi*»); esso gli sarebbe peggio che veleno (*tòsco*).   52-53.
canna | di amomo: «zenzero»; cfr. *Orl. fur.*, XXXIV, 46, 4.   54. *dan-
na*: «proibisce».   55. *ridutti*: «luoghi appartati».   68. *mastro Pasi-
no*: cuoco del cardinale Ippolito ricordato piú volte nei registri di spese.
70-71. *S'io vorò ... famiglia*: l'A. avrà la possibilità di scegliere tutti i ci-
bi che preferisca ... tra quelli comperati per il seguito (la *famiglia*, col va-
lore latino). Francesco di Siviero era lo «spenditore» incaricato di fare
gli acquisti per la famiglia cardinalizia.   74. *che ... notrisce*: secondo
la vecchia teoria umorale, le affezioni bronchiali erano conseguenza di
eccesso di flemma nel cervello; occorreva evitare i cibi piccanti e i vini,

per una volta o due che me ubidisce,
quattro e sei mi si scorda, o, perché teme
che non gli sia accettato, non ardisce.

Io mi riduco al pane; e quindi freme
80 la colera; cagion che alli dui motti
gli amici et io siamo a contesa insieme.

Mi potreste anco dir: – De li tuoi scotti
fa che 'l tuo fante comprator ti sia;
mangia i tuoi polli alli tua alari cotti. –

85 Io, per la mala servitude mia,
non ho dal Cardinale ancora tanto
ch'io possa fare in corte l'osteria.

Apollo, tua mercé, tua mercé, santo
collegio de le Muse, io non possiedo
90 tanto per voi, ch'io possa farmi un manto.

– Oh! il signor t'ha dato... – io ve 'l concedo,
tanto che fatto m'ho piú d'un mantello;
ma che m'abbia per voi dato non credo.

Egli l'ha detto: io dirlo a questo e a quello
95 voglio anco, e i versi miei posso a mia posta
mandare al Culiseo per lo sugello.

Non vuol che laude sua da me composta
per opra degna di mercé si pona;
di mercé degno è l'ir correndo in posta.

che lo favorivano (cfr. sat. II, 53-54). 78. *non ... accettato*: «il suo
acquisto non venga approvato». 79-81. *Io mi riduco ... insieme*: ri-
dotto a vivere di pane e acqua, diventerei cosí iracondo da venire a lite
con gli amici ogni momento. *alli dui motti*: «ogni due parole». 82.
De li tuoi scotti: l'A. immagina che qualcuno degli amici gli consigli di
acquistarsi i cibi a sue spese. Lo scotto era il prezzo di un pasto consu-
mato all'osteria: viene anticipata qui l'immagine dei vv. 86-87. 84.
tua: «tuoi», cfr. *Orl. fur.*, XIX, 102, 4 (AB *tuoi*). 87. *Fare l'osteria*
significa allestire cibi per venderli ad altri; qui invece l'A. i cibi li avreb-
be procurati a se stesso. Ma purtroppo il suo disgraziato servizio di cor-
tigiano (*la mala servitude*) non gli rendeva abbastanza per poterlo fare: il
suo stipendio annuale era di lire 240. 89. *collegio*: «corporazione»
(lat.). 91. *Oh! ... dato*: son parole di Apollo e delle Muse; l'A. in-
terrompe il loro discorso: è inutile che gli ricordino i doni e gli emolu-
menti del Cardinale, perché non è in premio dei suoi lavori di poesia
(*per voi*) che egli li ha ricevuti. 96. *Culiseo*: il bisticcio sul nome del
Colosseo, di cui era diffusa la forma *Culiseo*, è tutt'altro che nuovo: si
trova nel Burchiello, nel Pistoia, nel Berni; cfr. Ariosto, *Commedie*, p.
1030. 97-99. *Non vuol ... posta*: il Cardinale non vuole che si consi-
derino come degne di premio le lodi poetiche rivoltegli dall'A.; consi-
dera piú meritevole un lungo viaggio compiuto a gran velocità (*correndo
in posta*, cioè cambiando i cavalli ad ogni posta; cfr. v. 112); «di mercé

¹⁰⁰ A chi nel Barco e in villa il segue, dona,
a chi lo veste e spoglia, o pona i fiaschi
nel pozzo per la sera in fresco a nona;
      vegghi la notte, in sin che i Bergamaschi
se levino a far chiodi, sí che spesso
¹⁰⁵ col torchio in mano addormentato caschi.
      S'io l'ho con laude ne' miei versi messo,
dice ch'io l'ho fatto a piacere e in ocio;
piú grato fòra essergli stato appresso.
      E se in cancellaria m'ha fatto socio
¹¹⁰ a Melan del Constabil, sí c'ho il terzo
di quel ch'al notaio vien d'ogni negocio,
      gli è perché alcuna volta io sprono e sferzo
mutando bestie e guide, e corro in fretta
per monti e balze, e con la morte scherzo.
¹¹⁵ Fa a mio senno, Maron: tuoi versi getta
con la lira in un cesso, e una arte impara,
se beneficii vuoi, che sia piú accetta.
      Ma tosto che n'hai, pensa che la cara
tua libertà non meno abbi perduta

---

degno» è in *RVF*, XXIII, 102.   100. *Barco*: parco, di cui si hanno
molti esempi. Qui si allude alle «spaziose praterie e campagne tra il Po
di Lombardia e le mura di Ferrara a settentrione. A' tempi del Poeta
erano luoghi deliziosissimi di Casa d'Este» (Barotti). Cfr. *Orl. fur.*, III,
46, 6.   102. *a nona*: «a mezzogiorno».   103-104. *vegghi ... chiodi*:
vegli sino al far del giorno, quando i fabbri ferrai, per antonomasia Ber-
gamaschi, si mettono all'opera. Per la rima con *caschi* cfr. *Inf.*, XX, 71-
73.   105. *torchio*: «torcia a mano»; cfr. *Cassaria*, VR., 2132; *Negro-
mante*, II, 1215.   109-110. *in cancellaria ... Constabil*: allude al bene-
ficio della Cancelleria arcivescovile di Milano, donato dal Cardinale al
poeta il 1° ottobre 1516 (cfr. vv. 238-240), di cui l'A. era socio con An-
tonio Costabili e con Benedetto Fantino; solo col Costabili dopo il 9
agosto 1517, quando permutò il beneficio ferrarese colla parte (1/6) del
Fantino.   112-114. Ricordo dei pericoli corsi per i suoi signori nel
dicembre del 1509, andando a Roma tra difficoltà d'ogni genere (fu un
inverno orribile) per sollecitare gli aiuti del papa, cfr. lettera 1; nel 1510
affrontando l'ira del Pontefice che lo voleva far buttare in mare (cfr. v.
153); nel 1512, per quei tre lunghi mesi dell'affannosa fuga da Roma in-
sieme col Duca: cfr. la lettera 13. L'espressione *con la morte scherzo* è
tratta dal Petrarca, con rime *scherza : sferza : terza* (*RVF*, CXXVIII, 67).
Da notare che questi versi derivano dall'*Orl. fur.*, XLII, 69, 3-4, essen-
dovi già nella prima edizione.   115. *Maron*: il poeta bresciano An-
drea Marone, vecchio familiare d'Ippolito, che aveva invano sollecitato,
in competizione con Celio Calcagnini, l'onore di accompagnarlo in Un-
gheria; i due poeti sono ricordati in *Orl. fur.*, XLVI, 13-14 e altrove. I
beneficii sono, naturalmente, quelli ecclesiastici.

¹²⁰ che se giocata te l'avessi a zara;
    e che mai piú, se ben alla canuta
età vivi e viva egli di Nestorre,
questa condizïon non ti si muta.

    E se disegni mai tal nodo sciorre,
¹²⁵ buon patto avrai, se con amore e pace
quel che t'ha dato si vorà ritorre.

    A me, per esser stato contumace
di non voler Agria veder né Buda,
che si ritoglia il suo sí non mi spiace
¹³⁰   (se ben le miglior penne che avea in muda
rimesse, e tutte, mi tarpasse), come
che da l'amor e grazia sua mi escluda,
    che senza fede e senza amor mi nome,
e che dimostri con parole e cenni
¹³⁵ che in odio e che in dispetto abbia il mio nome.

    E questo fu cagion ch'io me ritenni
di non gli comparire inanzi mai,
dal dí che indarno ad escusar mi vienni.

    Ruggier, se alla progenie tua mi fai
¹⁴⁰ sí poco grato, e nulla mi prevaglio
che li alti gesti e tuo valor cantai,
    che debbio far io qui, poi ch'io non vaglio
smembrar su la forcina in aria starne,

---

120. *a zara*: «ai dadi» La rima *impara : zara* è pure in *Purg.*, VI, 1-3.
121-122. *alla canuta ... Nestorre*: dunque fino ai «Nestoris annos» di
Seneca, *Apoc.*, IV, 1. Nestore, il saggio vegliardo omerico, era vissuto
tre secoli (Properzio, II, 13, 46), e per questo la sua vecchiezza era
proverbiale (cfr. Tibullo, III, 7, 112); cfr. *Liriche latine*, XXV, 2.
125. *buon patto avrai*: «ti potrai dire fortunato»; cfr. sat. II, 263.
127-128. *per esser ... Buda*: per essermi ostinato a non seguire il Cardi-
nale che, nel soggiorno in Ungheria, alternava la residenza di Agria con
quella di Buda.   130-131. Gli uccelli da rapina, che si usavano nelle
cacce, venivano tenuti in un luogo chiuso all'epoca della muda, cioè del
cambiamento delle penne. Qui le penne sono, figuratamente, i benefici
e i beni secolari donati dal Cardinale all'A. Tutti i commentatori pen-
sano a doni effettivamente ritolti dal Cardinale all'A.; ma forse si allu-
de solo a una minaccia: basta che il *se ben* signifighi, come spesso nel-
l'A. (cfr. v. 11), «anche se».   133. *nome*: «chiami».   138. *vienni*:
«venni».   140-141. *e nulla ... cantai*: se non mi viene alcun vantaggio
(*mi prevaglio*) dall'averti celebrato, nel *Furioso*, come progenitore della
Casa d'Este.   142. *non vaglio*: «non sono capace di» ecc.: allude al-
l'ufficio di scalco (cfr. sat. II, 262) e a quelli di falconiere e di canattie-
re, molto importanti nella società rinascimentale. Il Tortoli rileva che
gli scalchi, per mostrare la loro valentia, trinciavano le vivande tenen-
dole col forchettone levate in aria.

né so a sparvier, né a can metter guinzaglio?
¹⁴⁵ Non feci mai tai cose e non so farne:
alli usatti, alli spron, perch'io son grande,
non mi posso adattar per porne o trarne.

Io non ho molto gusto di vivande,
che scalco io sia; fui degno essere al mondo
¹⁵⁰ quando viveano gli uomini di giande.

Non vo' il conto di man tòrre a Gismondo;
andar piú a Roma in posta non accade
a placar la grande ira di Secondo;

e quando accadesse anco, in questa etade,
¹⁵⁵ col mal ch'ebbe principio allora forse,
non si convien piú correr per le strade.

Se far cotai servigi e raro tòrse
di sua presenza de' chi d'oro ha sete,
e stargli come Artofilace all'Orse;
¹⁶⁰ piú tosto che arricchir voglio quïete:
piú tosto che occuparmi in altra cura,
sí che inondar lasci il mio studio a Lete.

Il qual, se al corpo non può dar pastura,
lo dà alla mente con sí nobil ésca

146-147. *perch'io ... trarne*: poiché sono ormai adulto (*grande*: e certo l'A. gioca sui vari significati della parola, tra cui «alto», e perciò poco adatto a chinarsi; il significato base è comunque quello di «adulto», dato che il v. 145 era, nella prima stesura, «Fanciul tal cosa impari, che vuol farne»), non posso acconciarmi a mettere e togliere stivali (*usatti*) e sproni al signore.   149. *che scalco io sia*: «cosí da essere adatto al ruolo di scalco».   150. *giande*: «ghiande», come *infra*, sat. VI, 74. Durante l'età dell'oro gli uomini viveano di ghiande: Ovidio, *Met.*, I, 106; *Purg.*, XXII, 148-150.   151. *Gismondo*: Sigismondo Cestarelli, già fattore di Alfonso, poi amministratore nella corte del fratello. 152. *accade*: «occorre». Per l'espressione *in posta* cfr. v. 99.   153. Nell'agosto del 1510 l'A. si recò a Roma per scusare presso Giulio II (*Secondo*) il cardinale Ippolito di non aver obbedito all'ingiunzione di recarsi a Roma senza salvacondotto (il 9 agosto il Cardinale era stato scomunicato dal papa). Giulio II, adirato, ordinò di dare l'A. in pasto ai pesci.   154-155. *in questa ... forse*: a questa età di quarantatre anni, e coi miei disturbi di stomaco.   159. *stargli ... Orse*: «stargli vicino», come la costellazione di Artofilace, ossia Boote, sta vicino all'Orsa minore. Nei vecchi atlanti Boote è rappresentato come un uomo che, tenendo dei cani al guinzaglio (i «canes venantes»), insegue l'Orsa minore; cfr. Cicerone, *De nat. deor.*, II, 42: «Arctophylax, vulgo qui dicitur esse Bootes, quod quasi temone adiunctam prae se quatit Arctum» (da Arato, 91-93).   161. *cura*: «occupazione».   162. *sí che ... Lete*: «cosí da dover abbandonare i miei studi»: Lete è il fiume dell'oblio.   163. *Il qual*: lo studio.   *pastura*: «cibo» (cfr. *Purg.*, XIV, 42).   164. *ésca*:

¹⁶⁵ che merta di non star senza cultura.

    Fa che la povertà meno m'incresca,
e fa che la ricchezza sí non ami
che di mia libertà per suo amor esca;

    quel ch'io non spero aver, fa ch'io non brami,
¹⁷⁰ che né sdegno né invidia me consumi
perché Marone o Celio il signor chiami;

    ch'io non aspetto a mezza estade i lumi
per esser col signor veduto a cena,
ch'io non lascio accecarmi in questi fumi;

¹⁷⁵ ch'io vado solo e a piedi ove mi mena
il mio bisogno, e quando io vo a cavallo,
le bisaccie gli attacco su la schiena.

    E credo che sia questo minor fallo
che di farmi pagar, s'io raccomando
¹⁸⁰ al principe la causa d'un vasallo;

    o mover liti in benefici, quando
ragion non v'abbia, e facciami i pievani
ad offerir pension venir pregando.

    Anco fa che al ciel levo ambe le mani,
¹⁸⁵ ch'abito in casa mia commodamente,
voglia tra cittadini o tra villani;

«cibo», come sovente nell'A., cfr. sat., V, 240.   165. *di non ... cultu-*
ra: «di esser coltivato».   171. *perché ... chiami*: cfr. v. 115 e nota.
174. *fumi*: sono gli onori e la vanagloria che ne derivano. Cfr. *Cassaria*,
VR., 546-548: «fuor che titoli, | e vanti e fumi, ostentazioni e favole, |
ci so veder poc'altro di magnifico»; *Orl. fur.*, XXXIV, 78, 6-8: «i fumi
dei principi e i favori | che danno un tempo ai ganimedi suoi». Cfr.:
«Roma fumosa» (sat. II, 164) e i «titoli e fumi» della sat. V, 119.
175. Pareva vergogna ai gran signori andare in giro senza una frotta di
accompagnatori: cfr. sat. II, 188.   176-177. *quando ... schiena*: cfr.
Orazio, *Sat.*, I, 6, 104-106: «Nunc mihi curto | ire licet mulo, vel, si li-
bet, usque Tarentum, | mantica cui lumbos onere ulceret atque eques ar-
mos». Il Caporali nella *Vita di Mecenate* si diverte a rappresentare Pan-
sa che cavalca con le bisaccie sul cavallo (III, 182).   181. *mover ...*
benefici: «intentar cause vantando diritti su benefici altrui».   182.
pievani: «cosí i lombardi chiamano i parochi, e questi talvolta per isfug-
gire le spese del foro ecclesiastico offrono pensioni a quelli che contra
loro muovono lite sopra il preteso mal acquistato titolo della parochia o
di qualch'altro beneficio» (Rolli). Per *pensione* come «rata, tributo»,
cfr. *Suppositi*, PR., I, 1, 35; VR., 87, 91; Machiavelli, *Principe*, V, 1.
184. *al ciel ... mani*: atto di chi ringrazia; cfr. *RVF*, XXV, 6-7: «col cor
levando al cielo ambe le mani | ringrazio lui». Amenta, *Della lingua ita-*
liana, II, 202, precisa: «*Levar le mani a Dio* per "ringraziare", non per
"pregar Dio"». Anche nell'*Orl. fur.*, V, 91: «levò le mani a Dio, che
d'un aiuto | come era quel, gli avea sí ben provisto», e cfr. XVI, 32. Si-

che nei ben paterni il rimanente
del viver mio, senza imparar nova arte,
posso, e senza rossor, far, di mia gente.

190 Ma perché cinque soldi da pagarte,
tu che noti, non ho, rimetter voglio
la mia favola al loco onde si parte.

Aver cagion di non venir mi doglio:
detto ho la prima, e s'io vuo' l'altre dire,
195 né questo basterà né un altro foglio.

Pur ne dirò anco un'altra: che patire
non debbo che, levato ogni sostegno,
casa nostra in ruina abbia a venire.

De cinque che noi siàn, Carlo è nel regno
200 onde cacciaro i Turchi il mio Cleandro,
e di starvi alcun tempo fa disegno;

Galasso vuol ne la città di Evandro
por la camicia sopra la guarnaccia;
e tu sei col signore ito, Alessandro.

205 Ecci Gabriel; ma che vuoi tu ch'ei faccia?
che da fanciullo la sua mala sorte
lo impedí de li piedi e de le braccia.

Egli non fu né in piazza mai, né in corte,
et a chi vuol ben reggere una casa
210 questo si può comprendere che importe.

gnifica invece «pregare» nel cap. XVII, 45.   189. *far*: «trascorrere»,
cfr. *Orl. fur.*, XIV, 88, 7-8: «fe' ne le scuole assai de la sua vita | al tem-
po di Pitagora e d'Archita».   190-191. *perché ... non ho*: «A chi ave-
va cominciato alcun ragionamento, poi entrato in un altro, non si ricor-
dava piú di tornare a bomba, e fornire il primo, pagava già (secondoché
testimonia il Burchiello, p. 2, sonetto 19) un grosso; il qual grosso non
valeva per avventura in quel tempo piú che quei cinque soldi che si pa-
gano oggi» (Varchi, *Ercolano*, Firenze 1570, p. 104).   199. *cinque*:
cinque maschi, perché poi c'erano anche cinque femmine.   199-200.
nel regno ... Cleandro: Carlo commerciava in frumento e bestiame a Na-
poli, il cui reame è indicato con una perifrasi che ricorda il personaggio
Cleandro dei *Suppositi*, PR., I, II, 51-52 («Io uscii di Otranto, che è la
patria mia, quando fu preso da' Turchi, in giubbone»). Per tutto il bra-
no cfr. *infra*, sat. VI, 208-209.   202-203. *Galasso ... guarnaccia*: Ga-
lasso, ecclesiastico ai servizi del cardinale Cybo, era a Roma (*la città di
Evandro*, cfr. Virgilio, *Aen.*, XI, 26: «Evandri... urbem»), ove cercava
di porre il rocchetto sopra la veste talare, cioè ottenere qualche prela-
tura o canonicato. L'espressione scherzosa *por la camicia* ecc. c'è anche
nel Folengo, *Baldus*, XVIII, 248-250: «Non, ut se iactat, Caesar, rex,
papa, vel omnis | qui ferat in Roma camisottum supra gonellam».
204. Come s'è visto nella nota alla dedica, Alessandro aveva seguito il
cardinale Ippolito in Ungheria.   205. Il fratello Gabriele era parali-
tico, tuttavia si occupava, e abilmente, delle faccende familiari.

   Alla quinta sorella che rimasa
n'era, bisogna apparecchiar la dote,
che le siàn debitori, or che se accasa.

   L'età di nostra matre mi percuote
215 di pietà il core; che da tutti un tratto
senza infamia lasciata esser non puote.

   Io son de dieci il primo, e vecchio fatto
di quarantaquattro anni, e il capo calvo
da un tempo in qua sotto il cuffiotto appiatto.

220   La vita che mi avanza me la salvo
meglio ch'io so: ma tu che diciotto anni
dopo me t'indugiasti a uscir de l'alvo,

   gli Ongari a veder torna e gli Alemanni,
per freddo e caldo segui il signor nostro,
225 servi per amendua, rifà i miei danni.

   Il qual se vuol di calamo et inchiostro
di me servirsi, e non mi tòr da bomba,
digli: – Signore, il mio fratello è vostro. –

   Io, stando qui, farò con chiara tromba
230 il suo nome sonar forse tanto alto
che tanto mai non si levò colomba.

   A Filo, a Cento, in Arïano, a Calto
arriverei, ma non sin al Danubbio,
ch'io non ho piei gagliardi a sí gran salto.

235   Ma se a voglier di novo avessi al subbio

211-213. Delle sorelle dell'A., una era morta da tempo; un'altra aveva
preso il velo; due s'erano sposate. L'unica rimasta in casa, la Taddea, era
vicina alle nozze. Cfr. *infra*, sat. VI, 202-204.   214. *nostra matre*: Daria
Malaguzzi era nata nel 1453; era rimasta vedova nel 1500; morí dopo il
settembre 1519.   215. *un tratto*: «insieme, contemporaneamente».
218. L'8 settembre 1517 l'A. aveva compiuto quarantatre anni. Secondo
l'uso del tempo, essendo entrato nei quarantaquattro, poteva dire di aver-
ne quarantaquattro.   218-219. *il capo calvo … appiatto*: cfr. *Cassaria*,
VR.: «altri il calvizio | sotto il cuffiotto appiatta» (vv. 105-106).   221-
222. *ma tu … l'alvo*: «tu che sei nato diciott'anni dopo di me»; per *alvo*
«seno» cfr. *Purg.*, XXVII, 25 (: *salvo* : *calvo*).   223. Alessandro era già
stato col Cardinale in Ungheria nel 1512-13.   225. *rifà i miei danni*:
«rimedia al danno del mio rifiuto».   226-227. *Il qual … servirsi*: l'A. è
a disposizione del Cardinale, se questi, lasciandolo tranquillo a Ferrara, si
accontenterà della sua opera di poeta.   227. *bomba*: è il punto centrale
a cui si doveva giungere in un gioco infantile (cfr. «tornare a bomba»).
229. Cfr. *RVF*, CLXXXVII, 3-4: «O fortunato, che sí chiara tromba |
trovasti, et chi di te sí alto scrisse!» (: *colomba* : *rimbomba*).   232.
«Luoghi del Ferrarese, che ne designano i quattro lati, a mezzodí, a po-
nente, a levante, a settentrione» (Barotti). *Filo* è pure nei *Cinque canti*, V,
59, 1.   235. La vita è una tela, che via via ordiamo ed avvolgiamo in-

li quindici anni che in servirlo ho spesi,
passar la Tana ancor non starei in dubbio.

    Se avermi dato onde ogni quattro mesi
ho venticinque scudi, né si fermi
²³⁹⁴⁰ che molte volte non mi sien contesi,

    mi debbe incatenar, schiavo tenermi,
ubligarmi ch'io sudi e tremi senza
rispetto alcun, ch'io moia o ch'io me 'nfermi,

    ²⁴⁵ non gli lasciate aver questa credenza;
ditegli che piú tosto ch'esser servo
torrò la povertade in pazïenza.

    Uno asino fu già, ch'ogni osso e nervo
mostrava di magrezza, e entrò, pel rotto
del muro, ove di grano era uno acervo;

    ²⁵⁰ e tanto ne mangiò, che l'epa sotto
si fece piú d'una gran botte grossa,
fin che fu sazio, e non però di botto.

    Temendo poi che gli sien péste l'ossa,
si sforza di tornar dove entrato era,
²⁵⁵ ma par che 'l buco piú capir nol possa.

    Mentre s'affanna, e uscire indarno spera,
gli disse un topolino – Se vuoi quinci
uscir, tràtti, compar, quella panciera:

    a vomitar bisogna che cominci
²⁶⁰ ciò c'hai nel corpo, e che ritorni macro,

---

torno al *subbio*. Cosí il Petrarca (*RVF*, CCLXIV, 130): «ò volto al sub-
bio (: *dubbio*) | gran parte omai de la mia tela breve». L'A., se avesse
quindici anni di meno, quelli che ha speso in servizio di Ippolito, non
esiterebbe a passare addirittura il Don (*Tana*). Sarebbe pronto cioè a fa-
re ben piú lungo viaggio che non sia l'andare in Ungheria; cfr. Orazio,
Epist., I, 7, 25-28. Per la *Tana*, cfr. *Cinque canti*, I, 45, 2.   238-239.
Cfr. vv. 109-111.   240. Allude alle minacce del Cardinale di rito-
gliergli i benefici.   247-261. È il noto apologo oraziano della *vulpe-
cula* e della *mustela* (*Epist.*, I, 7, 29-33). Ma Ludovico non è una *vulpe-
cula*; se mai, un asino.   248-249. *pel rotto | del muro*: «per angu-
stam... rimam», Orazio, *Epist.*, I, 7, 29 (la rima *rotto : sotto : di botto* è
anche in *Inf.*, XXII, 128-32 e *infra*, sat. III, 5-9).   *acervo*: «mucchio»
(lat.).   250. *epa*: «pancia» (cfr. *Inf.*, XXX, 102, 119).   253. *Te-
mendo ... l'ossa*: «temendo di prendersi un sacco di bastonate».   258.
Il topolino chiama scherzosamente *panciera* (parte dell'armatura che di-
fendeva la pancia) il recente rigonfiamento del ventre dell'asino, e lo in-
vita a togliersela, cioè, come aggiunge subito, a vomitare il suo lauto pa-
sto.   260. Cfr. «macra cavum repetes artum», Orazio, *Epist.*, I, 7,
33; ma le rime *macro : sacro : acro* in *Purg.*, XXXI, 1-3 e *Par.*, XXV, 1-
3 (cfr. ancora *Inf.*, XXVII, 89-93 e *Purg.*, IX, 134-138).

altrimenti quel buco mai non vinci. –
Or, conchiudendo, dico che, se 'l sacro
Cardinal comperato avermi stima
con li suoi doni, non mi è acerbo et acro
265 renderli, e tòr la libertà mia prima.

III

A MESSER ANNIBALE MALAGUCIO

Poi che, Annibale, intendere vuoi come
la fo col duca Alfonso, e s'io mi sento
piú grave o men de le mutate some;
perché, s'anco di questo mi lamento,
5 tu mi dirai c'ho il guidalesco rotto,
o ch'io son di natura un rozzon lento:
senza molto pensar, dirò di botto
che un peso e l'altro ugualmente mi spiace,
e fòra meglio a nessuno esser sotto.
10 Dimmi or c'ho rotto il dosso e, se 'l ti piace,
dimmi ch'io sia una rózza, e dimmi peggio:
insomma esser non so se non verace.
Che s'al mio genitor, tosto che a Reggio

METRO: capitolo.
Non piú ottenuto il perdono di Ippolito (cfr. *supra*, sat. I), l'A. dovette
cercarsi un altro signore. Fu Alfonso; procurarono al Poeta la nuova si-
stemazione Bonaventura Pistofilo e il cugino Annibale, e l'A. entrò nel-
la lista dei salariati ducali il 23 aprile 1518. La satira deve essere di po-
co posteriore al 13 aprile 1518, quando il Bibbiena, che si occupò di si-
stemare la faccenda del beneficio di Sant'Agata, partí da Roma diretto
in Francia; dunque, probabilmente, del maggio. Annibale Malaguzzi,
cugino del Poeta, che gli dedicò, oltre a questa, anche la quinta satira,
e lo cita in *Orl. fur.*, XLVI, 18, 5, nacque nel 1482 ed ebbe importanti
cariche pubbliche a Reggio. Evidentemente Annibale aveva chiesto al-
l'A. se fosse soddisfatto d'esser passato dal servizio del cardinale Ippo-
lito a quello di Alfonso (aprile 1518).

3. *mutate some*: cfr. *Orl. fur.*, XXX, 55, 8: «dolente ancor de le mutate
some», e anche *Orl. fur.*, XX, 20, 7-8. La rima *come* : *some* è in *Purg.*,
XIX, 103-105.   5-6. *tu mi dirai ... rozzon lento*: il cugino potrebbe,
con un paragone frequente nella poesia burlesca, dargli del cavallo di
mala razza (*rozzon lento*), o, tenendosi allo stesso paragone, affermare
che la vecchiaia e le fatiche gli hanno aperto delle piaghe ove strisciano
i finimenti (*c'ho il guidalesco rotto*).   9. *fòra*: «sarebbe».   13-
15. Ludovico, primogenito di Niccolò e di Daria Malaguzzi, avrebbe
dovuto, per godere dei beni paterni, rimanere figlio unico. Saturno

Daria mi partorí, facevo il giuoco
15 che fe' Saturno al suo ne l'alto seggio,
    sí che di me sol fosse questo poco
ne lo qual dieci tra frati e serocchie
è bisognato che tutti abbian luoco,
    la pazzia non avrei de le ranocchie
20 fatta già mai, d'ir procacciando a cui
scoprirmi il capo e piegar le ginocchie.

Ma poi che figliolo unico non fui,
né mai fu troppo a' miei Mercurio amico,
e viver son sforzato a spese altrui;
25   meglio è s'appresso il Duca mi nutrico,
che andare a questo e a quel de l'umil volgo
accattandomi il pan come mendico.

So ben che dal parer dei piú mi tolgo,
che 'l stare in corte stimano grandezza,
30 ch'io pel contrario a servitú rivolgo.

Stiaci volentier dunque chi la apprezza;
fuor n'uscirò ben io, s'un dí il figliuolo
di Maia vorrà usarmi gentilezza.

Non si adatta una sella o un basto solo
35 ad ogni dosso; ad un non par che l'abbia,
all'altro stringe e preme e gli dà duolo.

Mal può durar il rosignuolo in gabbia,
piú vi sta il gardelino, e piú il fanello;
la rondine in un dí vi mor di rabbia.
40   Chi brama onor di sprone o di capello,
serva re, duca, cardinale o papa;
io no, che poco curo questo e quello.

In casa mia mi sa meglio una rapa

---

evirò il padre Cielo. *Alto seggio* è in *Inf.*, I, 128; XXVII, 111.   19-
21. *la pazzia ... ginocchie*: se avesse avuto a disposizione il pur modesto
peculio paterno, non si sarebbe messo al servizio di alcuno. Allude al
noto apologo esopiano (I, II). La rima *ginocchia : sirocchia* è in *Purg.*, IV,
107-11.   23. *Mercurio*: Dio della ricchezza.   25. *nutrico*: «nutro»;
è vocabolo dantesco (*Purg.*, XVI, 78).   28. *mi tolgo*: «mi allontano».
30. *a servitú rivolgo*: «considero servitú».   32-33. *fuor n'uscirò ...
gentilezza*: se un giorno il figlio di Maia (Mercurio, come in Virgilio,
Aen., I, 297, e cfr. v. 23) mi sarà piú favorevole, rendendomi ricco, su-
bito uscirò di servitú; cfr. Orazio, *Sat.*, II, 6, 4-5: «nihil amplius oro, |
Maia nate, nisi ut propria haec mihi munera faxis».   34-35. Il moti-
vo svolto qui di seguito è oraziano: *Carm.*, I, 1.   38. *gardelino*: «car-
dellino»; per la similitudine, cfr. *infra*, sat. IV, 17-21.   40. *sprone ...
capello*: dignità cavalleresche o ecclesiastiche.   43-47. *In casa mia ...*

ch'io cuoca, e cotta s'un stecco me inforco,
45 e mondo, e spargo poi di acetto e sapa,
 che all'altrui mensa tordo, starna o porco
selvaggio; e cosí sotto una vil coltre
come di seta o d'oro, ben mi corco.

 E piú mi piace di posar le poltre
50 membra, che di vantarle che alli Sciti
sien state, agli Indi, alli Etiopi, et oltre.

 Degli uomini son varii li appetiti:
a chi piace la chierca, a chi la spada,
a chi la patria, a chi li strani liti.

55 Chi vuole andare a torno, a torno vada:
vegga Inghelterra, Ongheria, Francia e Spagna;
a me piace abitar la mia contrada.

 Visto ho Toscana, Lombardia, Romagna,
quel monte che divide e quel che serra
60 Italia, e un mare e l'altro che la bagna.

 Questo mi basta; il resto de la terra,
senza mai pagar l'oste, andrò cercando
con Ptolomeo, sia il mondo in pace o in guerra;

 e tutto il mar, senza far voti quando
65 lampeggi il ciel, sicuro in su le carte
verrò, piú che sui legni, volteggiando.

 Il servigio del Duca, da ogni parte
che ci sia buona, piú mi piace in questa:
che dal nido natio raro si parte.

selvaggio: meglio cibi semplici a casa propria, che manicaretti di cui do-
ver essere grati ad altri (cfr. [*supra*], sat. I, 148; II, 27; e Orazio, *Sat.*, I,
6, 114-115: «inde domum me | ad porri et ciceris refero laganique cati-
num»). L'*acetto* è «aceto»; la *sapa* «mosto cotto», usato come salsa. Cfr.
Pistoia, sonetto XXXI, che elenca, con le stesse rime, gli stessi cibi.
49-51. *E piú ... et oltre*: preferisco riposare le mie pigre (*poltre*, come
Dante, *Purg.*, XXIV, 135, pure in rima con *oltre*; in *Inf.*, XXIV, 44-48,
con *coltre* e *oltre* rima *spoltre*) membra che vantarmi d'essere stato nelle
piú lontane regioni del mondo. Cfr. «Indo o Etiopo» in *Purg.*, XXVI,
21. 52. *Degli ... appetiti*: cfr. Orazio, *Epist.*, 2, 5-8. 54. *strani li-
ti*, con *strani* «stranieri» è in *RVF*, CCLX, 6. 59-60. Le Alpi e gli
Appennini. Cfr. *RVF*, CXLVI, 13-14: «il bel paese | ch'Appenin parte
e 'l mar circonda e l'Alpe»; *Inf.*, IX, 113-114: «ch'Italia chiude, e suoi
termini bagna». 61-66. *Questo ... volteggiando*: per il mondo girerò
con la fantasia, leggendo i geografi (*con Ptolomeo*); cosí non avrò nep-
pure da temere le tempeste, e raccomandarmi al Cielo. Per *volteggiare*
«aggirarsi», cfr. *Orl. fur.*, XV, 12, 1; XXI, 38, 2. 67-69. *Il servi-
gio ... si parte*: il maggior vantaggio che presenti l'essere al servizio di
Alfonso, è che raramente occorre allontanarsi da Ferrara, di dove è im-
possibile allontanarsi del tutto dato che vi abita l'amata Alessandra Be-

70   Per questo i studi miei poco molesta,
    né mi toglie onde mai tutto partire
    non posso, perché il cor sempre ci resta.

        Parmi vederti qui ridere e dire
    che non amor di patria né de studi,
75 ma di donna è cagion che non voglio ire.

        Liberamente te 'l confesso: or chiudi
    la bocca, che a difender la bugia
    non volli prender mai spada né scudi.

        Del mio star qui qual la cagion si sia,
80 io ci sto volentier; ora nessuno
    abbia a cor piú di me la cura mia.

        S'io fossi andato a Roma, dirà alcuno,
    a farmi uccellator de benefici,
    preso alla rete n'avrei già piú d'uno;
85   tanto piú ch'ero degli antiqui amici
    del papa, inanzi che virtude o sorte
    lo sublimasse al sommo degli uffici;

        e prima che gli aprissero le porte
    i Fiorentini, quando il suo Giuliano
90 si riparò ne la feltresca corte,

        ove col formator del cortigiano
    col Bembo e gli altri sacri al divo Appollo,
    facea l'essilio suo men duro e strano;

        e dopo ancor, quando levaro il collo

---

nucci, ormai in possesso del cuore del poeta (*onde mai tutto partire | non posso, perché il cor sempre ci resta*).   76. *liberamente tel confesso*: cfr. *infra*, sat. IV, 27.   79. *Del mio ... si sia*: qualunque sia la cagione della mia permanenza a Ferrara.   85-86. Allusione all'antica amicizia col cardinale Giovanni de' Medici, sia durante l'esilio (i Medici furono cacciati da Firenze nel 1494), sia dopo il loro ritorno in Firenze (1512), quando, alla caduta della Repubblica, il gonfaloniere Pier Soderini fuggí dal palazzo della Signoria (*il Gonfalone, | fuggendo del Palazzo, ebbe il gran crollo*, 95-96). Cfr. v. 158 e sat. VII, 7-12.   87. *lo sublimasse*: cfr. *Par.*, XXVI, 87 e *Orl. fur.*, IV, 12, 3; XLI, 3, 7.   89. *il suo Giuliano*: Giuliano di Nemours, fratello minore del futuro papa, ricordato nella sat. VII, 97, e compianto nella canzone IV, s'era rifugiato presso la corte di Urbino dal 1504, ospite di Guidubaldo da Montefeltro, al cui seguito brillavano, tra altri letterati, il Bembo e il Castiglione. L'attributo dato a quest'ultimo di *formator del cortigiano* (come poi in *Orl. fur.*, XXXVII, 8, 3-4: «chi, qual lui | vediamo, ha tali i cortigian formati») è ispirato dal Castiglione stesso: «si elegesse uno della compagnia, ed a questo si desse carico di *formar con parole* un perfetto cortigiano» (*Cortegiano*, I, XII; e cfr. I, XVI, ecc.).   93. *strano*: «desolato». I vv. 91-93, nella redazione di M, alludono a Lorenzo de' Medici, duca di Urbino, su cui cfr. *infra*, sat. IV, nota 32.   94. *levaro il collo*: «presero il

⁹⁵ Medici ne la patria, e il Gonfalone,
   fuggendo del Palazzo, ebbe il gran crollo;
      e fin che a Roma se andò a far Leone
   io gli fui grato sempre, e in apparenza
   mostrò amar piú di me poche persone;
¹⁰⁰   e piú volte, e Legato et in Fiorenza,
   mi disse che al bisogno mai non era
   per far da me al fratel suo differenza.

      Per questo parrà altrui cosa leggiera
   che, stando io a Roma, già m'avesse posta
¹⁰⁵ la cresta dentro verde e di fuor nera.

      A chi parrà cosí farò risposta
   con uno essempio: leggilo, che meno
   leggerlo a te, che a me scriverlo, costa.

      Una stagion fu già, che sí il terreno
¹¹⁰ arse, che 'l Sol di nuovo a Faetonte
   de' suoi corsier parea aver dato il freno;
      secco ogni pozzo, secca era ogni fonte;
   li rivi e i stagni e i fiumi piú famosi
   tutti passar si potean senza ponte.

¹¹⁵   In quel tempo, d'armenti e de lanosi
   greggi io non so s'i' dico ricco o grave,
   era un pastor fra gli altri bisognosi,
      che poi che l'acqua per tutte le cave
   cercò indarno, si volse a quel Signore
¹²⁰ che mai non suol fraudar chi in lui fede have;
      et ebbe lume e inspirazion di core,
   ch'indi lontano troveria, nel fondo
   di certa valle, il desiato umore.

      Con moglie e figli e con ciò ch'avea al mondo
¹²⁵ là si condusse, e con gli ordegni suoi
   l'acqua trovò, né molto andò profondo.

---

potere». 97. Giovanni de' Medici fu fatto papa, col nome di Leone
X, nel 1513. 100-102. Il cardinale Giovanni fu Legato pontificio a
Bologna nel 1511; a Firenze l'A. era stato nell'ottobre del 1512 e dalla
fine del '12 al febbraio del '13; in questi incontri il Cardinale gli aveva
promesso che l'avrebbe trattato sempre come un fratello. 103. *leg-
giera*: «facile». 104-105. *m'avesse posta ... nera*: «mi avesse fatto ve-
scovo»; cfr. sat. II, 178-179. 109-111. Allude al noto episodio di
Fetonte, che si fece affidare dal padre Sole il cocchio, e per imperizia si
avvicinò tanto alla terra da coprirla di incendi e rovine, fin che Giove
lo colpí col fulmine (Ovidio, *Met.*, II, 1-400). 116. *grave*: «oppres-
so», perché non sapeva come dissetarlo e temeva di perderlo. 118.
cave: fossati e pozzi. 123. *umore*: «liquido» (lat.).

E non avendo con che attinger poi,
se non un vase picciolo et angusto,
disse: – Che mio sia il primo non ve annoi;
130   di mógliema il secondo; e 'l terzo è giusto
che sia de' figli, e il quarto, e fin che cessi
l'ardente sete onde è ciascuno adusto:

li altri vo' ad un ad un che sien concessi,
secondo le fatiche, alli famigli
135   che meco in opra a far il pozzo messi.

Poi su ciascuna bestia si consigli,
che di quelle che a perderle è piú danno
inanzi all'altre la cura si pigli. –

Con questa legge un dopo l'altro vanno
140   a bere; e per non essere i sezzai,
tutti piú grandi i lor meriti fanno.

Questo una gazza, che già amata assai
fu dal padrone et in delizie avuta,
vedendo et ascoltando, gridò: – Guai!
145   Io non gli son parente, né venuta
a fare il pozzo, né di piú guadagno
gli son per esser mai ch'io gli sia suta;

veggio che dietro alli altri mi rimagno:
morò di sete, quando non procacci
150   di trovar per mio scampo altro rigagno. –

Cugin, con questo essempio vuo' che spacci
quei che credon che 'l Papa porre inanti
mi debba a Neri, a Vanni, a Lotti e a Bacci.

Li nepoti e i parenti, che son tanti,

---

129. *non ve annoi*: «non vi dispiaccia». Il discorso coincide all'inizio
con quello del leone in Fedro I, v: «Ego primam tollo, nominor quo-
niam leo...».   130. *mógliema*: «mia moglie». L'enclisi del pronome
possessivo, ancor viva nei dialetti meridionali, è, nell'A. (che la usa an-
che altrove: *Supposti*, vr., 1066; *Lena*, 1094; e «mammata», *Negro-
mante*, II, 773), un'affettazione toscaneggiante, e in particolare boccac-
ciana.   132. *adusto*: «arso».   140. *sezzai*: «ultimi»; dantesco:
Par., XVIII, 93.   143. *in delizie avuta*: «tenuta cara»: espressione la-
tina e in particolare ciceroniana.   146-147. *né di piú ... gli sia suta*: né
potrò in futuro essergli piú utile di quanto gli sia stata sinora.
150. *rigagno*: «rigagnolo» (cfr. *Inf.*, XIV, 121).   151. *spacci*: dài ri-
sposta con aria definitiva.   153. *Neri ... Bacci*: son nomi e cognomi
fiorentini, con un'allusione al gran numero di fiorentini a cui la consa-
crazione del papa mediceo aprí la corte e gli uffici romani.   154. *Li
nepoti e i parenti*: Lorenzo, che ebbe il ducato di Urbino, tolto ai Della
Rovere (1516); Giovanni Salviati, Niccolò Ridolfi, Innocenzo Cybo,
che furono fatti cardinali, il fratello Giuliano, nominato capitano del-

[155] prima hanno a ber; poi quei che lo aiutaro
a vestirsi il piú bel de tutti i manti.

Bevuto ch'abbian questi, gli fia caro
che beano quei che contra il Soderino
per tornarlo in Firenze si levaro.

[160] L'un dice: – Io fui con Pietro in Casentino,
e d'esser preso e morto a risco venni. –
– Io gli prestai danar –, grida Brandino.

Dice un altro: – A mie spese il frate tenni
uno anno, e lo rimessi in veste e in arme,
[165] di cavallo e d'argento gli sovenni. –

Se, fin che tutti beano, aspetto a trarme
la voluntà di bere, o me di sete,
o secco il pozzo d'acqua veder parme.

Meglio è star ne la solita quïete,
[170] che provar se gli è ver che qualunque erge
Fortuna in alto, il tuffa prima in Lete.

Ma sia ver, se ben li altri vi sommerge,
che costui sol non accostasse al rivo
che del passato ogni memoria absterge.

[175] Testimonio sono io di quel ch'io scrivo:
ch'io non l'ho ritrovato, quando il piede
gli baciai prima, di memoria privo.

Piegossi a me da la beata sede;
la mano e poi le gote ambe mi prese,
[180] e il santo bacio in amendue mi diede.

l'esercito papale, e cosí via.   155-156. *quei che ... manti*: tra coloro
che favorirono la sua elezione a pontefice, il principale è il Bibbiena, su-
bito fatto cardinale.   158-159. Cfr. nota ai vv. 85-86.   160-
165. È il coro di quelli che si vantano di aver aiutato, nei momenti dif-
ficili, la famiglia medicea. Dal Casentino la fazione medicea aveva ten-
tato piú volte di penetrare in Firenze. Brandino, sarto a Venezia quan-
do vi si rifugiò Giovanni de' Medici, prestò denari, lo sappiamo dal Sa-
nudo, all'esule ridotto in povertà. Per riconoscenza, Leone lo fece Ca-
valiere di Rodi e se lo tenne in palazzo. Quello che mantenne a sue spe-
se *il frate*, cioè il fratello Giuliano, pare sia Francesco Maria della Ro-
vere, che nel 1506 l'aveva ospitato, insieme collo zio Guidubaldo, ad
Urbino. Effettivamente egli ebbe, all'inizio del papato, qualche favore
da Leone X, che però presto lo privò persino del suo ducato.   170-
171. Se è vero che la Fortuna, prima di innalzare qualcuno a grandi
onori, lo immerge nel Lete, il fiume dell'oblio.   172-177. *Ma sia
ver ... privo*: l'A. è pronto ad ammettere che, a differenza degli altri,
Leone non abbia dimenticato i vecchi amici, e scherzosamente ne dà le
prove: ma da esse risulta che, se a parole il Papa gli si è mostrato anco-
ra amico, venendo ai fatti, non si sarebbe ricordato delle vecchie pro-
messe. Per il brano va tenuta presente la lettera 14; e si cfr. sat. VII, 55

Di mezzo quella bolla anco cortese
mi fu, de la quale ora il mio Bibiena
espedito m'ha il resto alle mie spese.

Indi col seno e con la falda piena
185   di speme, ma di pioggia molle e brutto,
la notte andai sin al Montone a cena.

Or sia vero che 'l Papa attenga tutto
ciò che già offerse, e voglia di quel seme
che già tanti anni i' sparsi, or darmi il frutto;

190   sie ver che tante mitre e dïademe
mi doni, quante Iona di Cappella
alla messa papal non vede insieme;

sia ver che d'oro m'empia la scarsella,
e le maniche e il grembio, e, se non basta,
195   m'empia la gola, il ventre e le budella;

serà per questo piena quella vasta
ingordigia d'aver? rimarrà sazia
per ciò la sitibonda mia cerasta?

Dal Marocco al Catai, dal Nilo in Dazia,
200   non che a Roma, anderò, se di potervi
saziare i desiderii impetro grazia;

ma quando cardinale, o de li servi
io sia il gran Servo, e non ritrovino anco
termine i desiderii miei protervi,

sgg.   181-183. Pieno di speranze nel presentarsi al vecchio amico,
l'A. non ottenne che il condono di una parte delle tasse riguardanti il
beneficio di Sant'Agata (che Annibale conosceva assai bene, essendo
stato il presentatore della rinuncia del Fusari, che ne era titolare: cfr.
sat. II, 99 sgg.); per il resto, delle spese di registrazione dovette poi oc-
cuparsi il Bibbiena, cardinale di Santa Maria in Portico e molto amico
dell'A., che sbrigò la pratica, ma a carico dell'A. Cfr. sat. VII, 40-42,
98-99. Naturalmente diverso il giudizio sul Bibbiena nella canzone V,
163 e nell'*Orl. fur.*, XXVI, 48, 5-8.   185. *di pioggia ... brutto*: inzup-
pato di pioggia e sporco di fango. Cfr.: «del proprio sangue tutto molle
e brutto», *Orl. fur.*, XLI, 95, 2 e XIV, 51, 2; 120, 1; XVIII, 65, 4;
XIX, 42, 4.   186. *al Montone*: oggi Albergo del Sole di fronte al
Pantheon.   187. *attenga*: «mantenga» (cfr. *Inf.*, XXVII, 110).
190. *mitre e diademe*: cariche di vescovo e cardinale; *dïademe* è femmi-
nile, come nel Pulci e in altri.   191-192. *quante Iona ... insieme*:
quante sono le mitre e i diademi che la figura di Giona, pitturata da Mi-
chelangelo in capo alla volta della Cappella Sistina, vede alla messa pa-
pale.   193. *scarsella*: «tasca».   198. *la ... cerasta*: «la mia avidità
naturale». La cerasta, velenoso serpente africano, è presa come simbolo
dell'ingordigia che infatti «come serpe annoda» (canzone V, 159).
199. Cfr. «da India, dal Cataio, Marrocco e Spagna» (Petrarca, *Tr.
Mor.*, I, 76).   202-203. *de li servi ... Servo*: il papa si sottoscrive *ser-*

²⁰⁵   in ch'util mi risulta essermi stanco
in salir tanti gradi? meglio fòra
starmi in riposo o affaticarmi manco.

Nel tempo ch'era nuovo il mondo ancora
e che inesperta era la gente prima
²¹⁰ e non eran l'astuzie che sono ora,

a piè d'un alto monte, la cui cima
parea toccassi il cielo, un popul, quale
non so mostrar, vivea ne la val ima;

che piú volte osservando la inequale
²¹⁵ luna, or con corna or senza, or piena or scema,
girar il cielo al corso naturale;

e credendo poter da la suprema
parte del monte giungervi, e vederla
come si accresca e come in sé si prema;

²²⁰   chi con canestro e chi con sacco per la
montagna cominciar correr in su,
ingordi tutti a gara di volerla.

Vedendo poi non esser giunti piú
vicini a lei, cadeano a terra lassi,
²²⁵ bramando in van d'esser rimasi giú.

Quei ch'alti li vedean dai poggi bassi,
credendo che toccassero la luna,
dietro venian con frettolosi passi.

Questo monte è la ruota di Fortuna,
²³⁰ ne la cui cima il volgo ignaro pensa
ch'ogni quïete sia, né ve n'è alcuna.

Se ne l'onor si trova o ne la immensa
ricchezza il contentarsi, i' loderei
non aver, se non qui, la voglia intensa;
²³⁵ ma se vediamo i papi e i re, che dèi
stimiamo in terra, star sempre in travaglio,
che sia contento in lor dir non potrei.

---

vus servorum Dei; cfr. *Inf.*, XV, 112.   205. *stanco*: «stancato».
206. *fòra*: «sarebbe».   208-228. Questa fiaba, narrata pure nel proe-
mio al libro VII delle *Intercenali* di L. B. Alberti, deriva da una compa-
razione del *Tristan en prose*: cfr. C. Segre, *Fuori del mondo*, Torino
1990, pp. 115-19.   212. *un popul*: nell'Alberti sono *fauni et satyri*,
nel *Tristan en prose* un *fox*, uno stolto.   213. *ne la val ima*: «in fondo
alla valle» (cfr. *RVF*, CXLV, 10).   219. *come ... prema*: «come si re-
stringa».   222. *ingordi ... volerla*: cfr. *Inf.*, XVIII, 118-119: «sí gor-
do [vulg.: sí 'ngordo] | di riguardar».   234. *intensa*: «rivolta» (cfr. «le
voglie intense» in *RVF*, XLVIII, 8, ma sintatticamente diverso).

Se di ricchezze al Turco, e s'io me agguaglio
di dignitate al Papa, et ancor brami
240 salir piú in alto, mal me ne prevaglio.

Convenevole è ben ch'i' ordisca e trami
di non patire alla vita disagio,
che piú di quanto ho al mondo è ragion ch'io
[ami.

Ma se l'uomo è sí ricco che sta ad agio
245 di quel che la natura contentarse
dovria, se fren pone al desir malvagio;

che non digiuni quando vorria trarse
l'ingorda fame, et abbia fuoco e tetto
se dal freddo o dal sol vuol ripararse;

250 né gli convenga andare a piè, se astretto
è di mutar paese; et abbia in casa
chi la mensa apparecchi e acconci il letto,

che mi può dare o mezza o tutta rasa
la testa piú di questo? ci è misura
255 di quanto puon capir tutte le vasa.

Convenevole è ancor che s'abbia cura
de l'onor suo; ma tal che non divenga
ambizïone e passi ogni misura.

Il vero onore è ch'uom da ben te tenga
260 ciascuno, e che tu sia; che, non essendo,
forza è che la bugia tosto si spenga.

Che cavalliero o conte o reverendo
il populo te chiami, io non te onoro,
se meglio in te che 'l titol non comprendo.

265 Che gloria ti è vestir di seta e d'oro,
e, quando in piazza appari o ne la chiesa,
ti si lievi il capuccio il popul soro;

poi dica dietro: – Ecco che diede presa

240. *mal me ne prevaglio*: «difficilmente ne trarrò vantaggio»; cfr. *supra*, sat. I, 140.   250. *astretto*: «costretto»; cfr. *Orl. fur.*, XII, 44, 2.
253-254. *che mi può dare ... la testa*: «che cosa avrei di piú se anche fossi sultano o papa?».   254-255. *ci è misura ... vasa*: «è posto un limite alla capienza di ogni recipiente».   264. *se ... comprendo*: «se non vedo in te nulla di buono, oltre al titolo». Per *comprendere* «vedere», cfr. *Orl. fur.*, XVI, 80, 3.   267. *il popul soro*: «il popolo inesperto»: cfr. *Orl. fur.*, XXX, 41, 5 e *Negromante*, II, 744.   268-270. *che diede ... difesa*. L'allusione era a quel tempo trasparentissima. Il pavese Bernardino da Corte, cui Ludovico il Moro aveva affidato la difesa del Castello Sforzesco (chiamato di Porta Giove, o Giovia, dal nome di una delle porte della città), lo consegnò per denaro ai France-

per danari a' Francesi Porta Giove
²⁷⁰ che il suo signor gli avea data in difesa – ?
     Quante collane, quante cappe nuove
per dignità si comprano, che sono
publici vituperii in Roma e altrove!
     Vestir di romagnuolo et esser bono,
²⁷⁵ al vestir d'oro et aver nota o macchia
di baro o traditor sempre prepono.
     Diverso al mio parere il Bomba gracchia,
e dice: – Abb'io pur roba, e sia l'acquisto
o venuto pel dado o per la macchia:
²⁸⁰ sempre ricchezze riverire ho visto
piú che virtú; poco il mal dir mi nòce:
se riniega anco e si biastemia Cristo. –
     Pian piano, Bomba; non alzar la voce:
biastemian Cristo li uomini ribaldi,
²⁸⁵ peggior di quei che lo chiavaro in croce;
     ma li onesti e li buoni dicon mal di
te, e dicon ver; che carte false e dadi
ti dànno i beni c'hai, mobili e saldi.
     E tu dài lor da dirlo, perché radi
²⁹⁰ piú di te in questa terra straccian tele
d'oro e broccati e veluti e zendadi.
     Quel che devresti ascondere, rivele:
a' furti tuoi, che star dovrian di piatto,
per mostrar meglio, allumi le candele:
²⁹⁵ e dài materia ch'ogni savio e matto
intender vuol come ville e palazzi
dentro e di fuor in sí pochi anni hai fatto,
     e come cosí vesti e cosí sguazzi;

---

si. Il suo nome divenne sinonimo di traditore. L'A. lo ricorda anche in
Orl. fur., XXXIII, 36, 3-4. *Che* vale «chi», cfr. *supra*, sat. I, 43 e nota.
271. *collane … cappe*: titoli cavallereschi e cardinalizi; cfr. v. 40.
274. *romagnuolo*: panno tradizionalmente indicato come il piú rozzo ed
economico; cfr. Boccaccio, *Dec.*, VII, 8, 46.   275. *nota*: «taccia».
277. *il Bomba*: personaggio non individuato.   279. *pel dado o per la
macchia*: «coi dadi o con le carte segnate».   280-281: cfr. Orazio,
Epist., I, 33-34.   288. *mobili e saldi*: «mobili e immobili».   289-
291. *perché radi … zendadi*: «ci son pochi al mondo che facciano piú
spreco di te»; gli *zendadi* erano tele finissime di origine orientale.
292-294. *Quel che … candele*: «invece di nascondere i tuoi furti, tu
ostenti le ricchezze che ti hanno procurato».   *star … di piatto*: «star na-
scosti»: cfr. *Orl. fur.*, XXX, 86, 6; XXXII, 79, 4; XXXVI, 55, 4; *allu-
mare* «accendere», anche in *Orl. fur.*, XXXII, 110, 6.   297. *dentro e*

e rispondere è forza, e a te è avviso
300 esser grande uomo, e dentro ne gavazzi.

Pur che non se lo veggia dire in viso,
non stima il Borna che sia biasmo, s'ode
mormorar dietro che abbia il frate ucciso.

Se bene è stato in bando un pezzo, or gode
305 l'ereditate in pace, e chi gli agogna
mal, freme indarno e indarno se ne rode.

Quello altro va se stesso a porre in gogna
facendosi veder con quella aguzza
mitra acquistata con tanta vergogna.

310 Non avendo piú pel d'una cuccuzza,
ha meritato con brutti servigi
la dignitate e 'l titolo che puzza
a' spirti umani, alli celesti e a' stigi.

IV

A MESSER SISMONDO MALEGUCIO

Il vigesimo giorno di febraio
chiude oggi l'anno che da questi monti,

---

di fuor: «in città e in campagna».   *299. a te è avviso*: «ti pare».
300. gavazzi: «giubili».   *303. frate*: «fratello».   *305. agogna*: «au-
gura»; anche per la rima con *vergogna*, cfr. *Inf.*, XXVI, 5-9.   *309.* La
mitra era il cappello cardinalizio, ma anche un copricapo che in segno di
ludibrio si metteva ai malfattori posti alla gogna; l'A. ne fa una cosa so-
la, sarcasticamente; cfr. sonetto XXXIX, 17; *Cassaria*, PR., II, 1, 191 e
nota.   *310. Non ... cuccuzza*: non avendo piú peli di una zucca: dun-
que, calvo e ignorante.

METRO: capitolo.
Il 7 febbraio 1522 l'A. accettò di essere inviato come Commissario du-
cale in Garfagnana. La guerra di Leone X contro Alfonso aveva com-
promesso le finanze del ducato, e il poeta riceveva ormai lo stipendio
con molta irregolarità e talora non affatto, mentre i proventi del bene-
ficio milanese erano altrettanto aleatori. L'A., dunque, accettò, e giun-
se a Castelnuovo il 20 febbraio di quell'anno. Nel primo anniversario
del suo arrivo scrisse la satira, come dichiara egli stesso.

1-2. *Il vigesimo ... monti*: oggi 20 febbraio 1523 si compie un anno pre-
ciso da quando... ecc. L'A., per giungere a Castelnuovo, scese dagli Ap-
pennini (*questi monti*, ecc.) attraverso il valico di San Pellegrino. A Ca-
stelnuovo, situata ai piedi degli Appennini, mescolano le loro acque il
Serchio e la Túrrita (v. 6), proprio ai piedi dello sperone su cui s'ergeva
e s'erge la Rocca Ariostea. I monti della Garfagnana sono a nord della

che dànno a' Toschi il vento di rovaio,
    qui scesi, dove da diversi fonti
⁵ con eterno rumor confondon l'acque
    la Túrrita col Serchio fra duo ponti;
        per custodir, come al signor mio piacque,
    il gregge grafagnin, che a lui ricorso
    ebbe, tosto che a Roma il Leon giacque;
¹⁰   che spaventato e messo in fuga e morso
    gli l'avea dianzi, e l'avria mal condotto
    se non venia dal ciel iusto soccorso.

    E questo in tanto tempo è il primo motto
    ch'io fo alle dee che guardano la pianta
¹⁵ de le cui frondi io fui già cosí giotto.

    La novità del loco è stata tanta,
    c'ho fatto come augel che muta gabbia,
    che molti giorni resta che non canta.

    Maleguzzo cugin, che tacciuto abbia
²⁰ non ti maravigliar, ma maraviglia
    abbi che morto io non sia ormai di rabbia
        vedendomi lontan cento e piú miglia,
    e da neve, alpe, selve e fiumi escluso
    da chi tien del mio cor sola la briglia.
²⁵   Con altre cause e piú degne mi escuso
    con gli altri amici, a dirti il ver; ma teco
    liberamente il mio peccato accuso.

    Altri a chi lo dicessi, un occhio bieco

Toscana, e da essi dunque vi giunge la tramontana (*rovaio*).   8. *il gregge grafagnin*: il popolo della Garfagnana che, poco dopo la morte di Leone X (1° dicembre 1521), era tornato sotto il dominio del duca di Ferrara, a cui Leone l'aveva sottratto, per mezzo di Giulio de' Medici. La forma *grafagnin* (e cosí, v. 187, *grafagnini*) era frequente al tempo dell'A., ed è la piú usata da lui.   13-15. *È questo ... giotto*: è la prima volta, dalla mia venuta a Castelnuovo, che rivolgo la parola (*motto*) alle Muse, custodi dell'alloro, di cui in altri tempi fui cosí avido (*giotto* «ghiotto»; cfr. sat. V, 20): è la prima volta, cioè, che scrivo versi.   16. *La novità del loco*: il luogo tanto diverso dalla corte di Ferrara.   20-21. Cfr. *supra*, sat. III, 37 sgg.; la rassomiglianza dei due brani si fa particolarmente stretta ai vv. 20-21 (*ma maraviglia ... rabbia*) che ci ricorda la rondine la quale, messa in gabbia, «in un dí vi mor di rabbia» (sat. III, 39).   23. Cfr. *RVF*, XXXV, 9-10: «monti et piagge | et fiumi et selve».   24. *chi ... briglia*: l'Alessandra Benucci, per cui cfr. sat. II, 115-117; nata a Barletta, essa era stata condotta a Ferrara nel 1498 dal marito Tito Strozzi, di cui era rimasta vedova nell'ottobre 1515. La lontananza da lei è descritta con simile accoramento e simili espressioni nel sonetto XXXV.   28. *occhio bieco*: cfr. «con l'occhio

mi volgerebbe a dosso, e un muso stretto:
30 – Guata poco cervel! – poi diria seco
    – degno uom da chi esser debbia un popul retto,
uom che poco lontan da cinquanta anni
vaneggi nei pensier di giovinetto! –
    E direbbe il Vangel di san Giovanni;
35 che, se ben erro, pur non son sí losco
che 'l mio error non conosca e ch'io nol danni.
    Ma che giova s'io 'l danno e s'io 'l conosco,
se non ci posso riparar, né truovi
rimedio alcun che spenga questo tòsco?
40 Tu forte e saggio, che a tua posta muovi
questi affetti da te, che in noi, nascendo,
natura affige con sí saldi chiovi!
    Fisse in me questo, e forse non sí orrendo
come in alcun c'ha di me tanta cura
45 chi non può tolerar ch'io non mi emendo;
e fa come io so alcun, che dice e giura
che quello e questo è becco, e quanto lungo
sia il cimer del suo capo non misura.
    Io non uccido, io non percuoto o pungo,
50 io non do noia altrui, se ben mi dolgo
che da chi meco è sempre io mi dilungo:
    perciò non dico né a difender tolgo
che non sia fallo il mio; ma non sí grave
che di via piú non me perdoni il volgo.

bieco [: *meco* : *seco*] | mi rimiraron», *Inf.*, XXIII, 85-86.   29. *un mu-so stretto*: stringendo le labbra con atto di disprezzo (nell'*Orl. fur.*, X, 4, 8 lo stesso atto di «stringer le labra et inarcar le ciglia» è segno di stu-pore).   30. *Guata*: «guarda!», ma è ormai soltanto una forma di esclamazione tipicamente toscana; esclamazione simile nella sat. VII, 166-68.   34. *il Vangel di san Giovanni*: una verità sacrosanta; cfr. *Cassaria.*, PR., IV, VII, 77; VR., 2250; *Lena*, 877.   35. *losco*: «debole di vista».   36. *danni*: «condanni».   39. *tòsco*: «veleno».   40. *a tua posta muovi*: «allontani a tuo piacimento, senza difficoltà».   42. *affige*: «conficca» (cfr. *Orl. fur.*, XXXV, 16, 5).   *chiovi*: «chiodi» (cfr. RVF, XLV, 9: «con saldi chiovi fisso»; e *Purg.*, VIII, 138; *Orl. fur.*, XLII, 1, 5).   43. *Fisse*: «conficcò». Concetti analoghi in Orazio, *Sat.*, I, 3, 19-20.   45. *chi*: «che».   48. *il cimer del suo capo*: quello che ancor piú chiaramente è chiamato altrove «il cimier de le corna», o «il cimier di Cornovaglia»; cfr. *Suppositi*, PR., V, IV, 25, e nota; *Orl. fur.*, XLII, 103, 2.   49-54. Confesso d'amare l'Alessandra e di sof-frirne la lontananza; ma come esistono colpe assai piú gravi (uccidere, per-cuotere, ecc.), è certo che l'opinione pubblica mi concederà il perdono: il popolo, intanto, perdona colpe peggiori (cfr. Orazio, *Sat.*, I, 6, 15-17).

⁵⁵   Con manco ranno il volgo, non che lave
maggior macchia di questa, ma sovente
titolo al vizio di virtú dato have.
    Ermiliàn sí del danaio ardente
come d'Alessio il Gianfa, e che lo brama
⁶⁰ ogni ora, in ogni loco, da ogni gente,
    né amico né fratel né se stesso ama,
uomo d'industria, uomo di grande ingegno,
di gran governo e gran valor si chiama.
    Gonfia Rinieri, et ha il suo grado a sdegno;
⁶⁵ esser gli par quel che non è, e piú inanzi
che in tre salti ir non può si mette il segno.
    Non vuol che in ben vestire altro lo avanzi;
spenditor, scalco, falconiero, cuoco,
vuol chi lo scalzi, chi gli tagli inanzi.
⁷⁰   Oggi uno e diman vende un altro loco;
quel che in molti anni acquistar gli avi e i patri
getta a man piene, e non a poco a poco.
    Costui non è chi morda o che gli latri,
ma liberal, magnanimo si noma
⁷⁵ fra li volgar giudici oscuri et atri.
    Solonnio di facende sí gran soma
tolle a portar, che ne saria già morto
il piú forte somier che vada a Roma.

---

57. *titolo ... dato have*: «ha dato nome». Anche Orazio osservava che il popolo «stultus honores | saepe dat indignis et famae servit ineptus», *Sat.*, I, 6, 15-16.   58. *Ermiliàn*: Francesco Armellini perugino, «che serví Leone X e i suoi due successori specialmente col tassare il popolo romano nei modi piú strani e feroci». Fu fatto da Leone X prima cardinale, poi camerlengo; è frustato spesso da Pasquino (Bertani). L'A. ce lo dipinge tanto avido (*ardente*) di denaro come per Alessi (in amori contro natura) ardeva il Gianfa («Formosum pastor Corydon ardebat Alexim», Virgilio, *Buc.*, II, 1), che il Bertani identifica coll'umanista Gianfrancesco Fortunio.   64. *Gonfia*, s'intende di superbia. Rinieri fu identificato dal Bertani in Niccolò Ridolfi, nipote di Leone X e da lui creato cardinale. Vanitoso e sperperatore, fu anch'egli preso di mira da Pasquino.   66. *che in tre ... segno*: metafora presa dal salto in lungo: si propone di giungere con un salto là dov'è appena capace di arrivare con tre.   70. *loco*: «terreno».   73. *Costui ... latri*: «non c'è nessuno che lo biasimi o lo rimproveri»; per le rime, cfr. *latra : atra, Inf.*, VI, 14-16; *Par.*, VI, 74-78; *patre : atre, Purg.*, XXX, 50-54.   74. *si noma*: «si chiama».   75. *oscuri et atri*: «ciechi e disonesti»; cfr. vv. 104-105. 76. *soma*: è parola spesso usata figuratamente; qui si avvicina al valore originario per il paragone col *somier* di v. 78. *Solonnio* è il cardinale Lorenzo Pucci, capo della Dataria di Leone X (Bertani).

Tu 'l vedi in Banchi, alla dogana, al porto,
80 in Camera apostolica, in Castello,
da un ponte all'altro a un volgier d'occhi sorto.

Si stilla notte e dí sempre il cervello,
come al Papa ognor dia freschi guadagni
con novi dazii e multe e con balzello.

85 Gode fargli saper che se ne lagni
e dica ognun che all'util del padrone
non riguardi parenti né compagni.

Il popul l'odia, et ha di odiar ragione,
se di ogni mal che la città flagella
90 gli è ver ch'egli sia il capo e la cagione.

E pur grande e magnifico se appella,
né senza prima discoprirsi il capo
il nobile o il plebeo mai gli favella.

Laurin si fa de la sua patria capo,
95 et in privato il publico converte;
tre ne confina, a sei ne taglia il capo;

comincia volpe, indi con forze aperte
esce leon, poi c'ha 'l popul sedutto
con licenze, con doni e con offerte:

100 l'iniqui alzando, e deprimendo in lutto
li buoni, acquista titolo di saggio,
di furti, stupri e d'omicidi brutto.

Cosí dà onore a chi dovrebbe oltraggio,
né sa da colpa a colpa scerner l'orbo
105 giudizio, a cui non mostra il sol mai raggio;

e stima il corbo cigno e il cigno corbo;
se sentisse ch'io amassi, faria un viso
come mordesse allora allora un sorbo.

79-81. Nei punti ove piú fervono gli affari, e dove meglio può perciò svolgere la sua attività fiscale. Per *Banchi*, cfr. sat. II, 174; *sorto*: «apparso». 91. *magnifico*: «grandioso»; cfr. *Suppositi*, PR., I, II, 44; VR., 217; *Lena*, 323. 94. *Laurin*: probabilmente Lorenzo de' Medici duca di Urbino (su cui pure il cap. III), che, dopo aver lusingato e abbagliato il popolo (di Firenze) con le feste e le liete compagnie, mostrò sempre piú aperte ambizioni. Fattosi, con splendide cerimonie, Capitano generale dei Fiorentini, ottenuta l'investitura del ducato di Urbino, Lorenzo mirava a ridurre lo stato di Firenze a principato; cfr. *supra*, sat. III, 93, e nota; sat. VII, 95. 97-98. Per l'immagine della volpe e del leone cfr. Cicerone, *De off.*, I, 13, 41 e Machiavelli, *Principe*, XVIII; ma tutto l'episodio ha toni machiavellici. 100. *l'iniqui ... buoni*: cfr. *Inf.*, XIX, 105: «cavalcando i buoni e sollevando i pravi». 106. Cfr. cap. VI, 1-3. 108. *sorbo*: frutto amaro; per la rima con *orbo*, cfr. *Inf.*,

Dica ogniun come vuole, e siagli aviso
110 quel che gli par: in somma ti confesso
che qui perduto ho il canto, il gioco, il riso.

Questa è la prima; ma molt'altre appresso
e molt'altre ragion posso allegarte,
che da le dee m'ha tolto di Permesso.

115 Già mi fur dolci inviti a empir le carte
li luoghi ameni di che il nostro Reggio,
il natio nido mio, n'ha la sua parte.

Il tuo Mauriciän sempre vagheggio,
la bella stanza, il Rodano vicino,
120 da le Naiade amato ombroso seggio,

il lucido vivaio onde il giardino
si cinge intorno, il fresco rio che corre,
rigando l'erbe, ove poi fa il molino;

non mi si può de la memoria tòrre
125 le vigne e i solchi del fecondo Iaco,
la valle e il colle e la ben posta tórre.

Cercando or questo et or quel loco opaco,
quivi in piú d'una lingua e in piú d'un stile
rivi traea sin dal gorgoneo laco.

130 Erano allora gli anni miei fra aprile
e maggio belli, ch'or l'ottobre dietro

XV, 65-67.   111. *il gioco, il riso*: cfr. *RVF*, CCXLIX, 11: «e 'l riso
e 'l canto»; CCLXX, 80: «il riso e 'l gioco».   114. *le dee ... Per-
messo*: le Muse, e perciò la Poesia; cfr. vv. 13-15.   117. *il natio ni-
do mio*: anche nel *Furioso* chiama Reggio «il mio nativo nido» (XLVI,
18, 7). Altrove il «nido natio» (*supra*, sat. III, 69) o semplicemente il
«nido» (VII, 163) è Ferrara. È noto che l'A. nacque a Reggio, della cui
cittadella il padre Nicolò era capitano.   118. *Il tuo Mauriciän*: la vil-
la dei conti Malaguzzi, poco distante da Reggio, di cui l'A. dovette es-
sere ospite nel periodo 1496-97 e nel 1502-503. Quei luoghi, e qualche
fanciulla di là, ispirarono alcune delle sue liriche latine: XXIII; LIV,
55-58.   119. *stanza*: «dimora», come in *Orl. fur.*, I, 54-58; XIX, 27,
2, ecc. Il Rodano è un torrente che scorre nei pressi della villa.
120. *ombroso seggio*: cfr. *RVF*, CCCXXIII, 40: «seggio ... ombroso».
121. *lucido vivaio*: «limpida peschiera», che correva intorno al giardi-
no.   125. *Iaco*: allude a un'altra possessione dei Malaguzzi, in loca-
lità detta l'Albinea, e posta sul monte Iaco, ora Monteiatico.   127.
opaco: «ombroso» (lat.).   128. *in piú ... stile*: perché le liriche giova-
nili dell'A. sono scritte sia in latino che in italiano.   129. *gorgoneo
laco*: è la fonte Ippocrene, le cui acque stimolavano la creazione poeti-
ca. Essa era sorta da una zampata di Pegaso, figlio di Medusa, una del-
le Gorgoni. L'espressione è anche in Boccaccio, *Teseida*, I, 1: «gorgoneo
fonte»; ma già nei latini, per es. Properzio, III, 3, 1 sgg.   130-132.
Erano ... sestile: ero allora nella primavera della vita; ora, ahimè, m'av-
vicino a gran passi all'inverno. *Sestile* è il nome che davano i Latini ad

si lasciano, e non pur luglio e sestile.

　　Ma né d'Ascra potrian né di Libetro
l'amene valli, senza il cor sereno,
¹³⁵ far da me uscir iocunda rima o metro.

　　Dove altro albergo era di questo meno
convenïente a i sacri studi, vuoto
d'ogni iocundità, d'ogni orror pieno?

　　La nuda Pania tra l'Aurora e il Noto
¹⁴⁰ da l'altre parti il giogo mi circonda
che fa d'un Pellegrin la gloria noto.

　　Questa è una fossa, ove abito, profonda,
donde non muovo piè senza salire
del silvoso Apennin la fiera sponda.

¹⁴⁵　　O stiami in Ròcca o voglio all'aria uscire,
accuse e liti sempre e gridi ascolto,
furti, omicidii, odi, vendette et ire;

　　sí che or con chiaro or con turbato volto
convien che alcuno prieghi, alcun minacci,
¹⁵⁰ altri condanni, altri ne mandi assolto;

　　ch'ogni dí scriva et empia fogli e spacci
al Duca or per consiglio or per aiuto,
sí che i ladron, c'ho d'ogni intorno, scacci.

　　Déi saper la licenzia in che è venuto
¹⁵⁵ questo paese, poi che la Pantera,
indi il Leon l'ha fra gli artigli avuto.

---

agosto, prima di consacrarlo alla memoria di Augusto, che vincendo in
questo mese Antonio pose fine alle guerre civili.　　133-135. *Ma ...
metro*: anche i luoghi piú poetici, anche quelli consacrati alle Muse, non
possono favorire la lieta ispirazione (*iocunda rima o metro*, poesia volga-
re e latina) se l'animo non è sereno. *Ascra* fu castello della Beozia vici-
no all'*Elicona*; fu patria di Esiodo. *Libetro* è un monte della Macedonia
dedicato alle Muse. Cfr. con «l'amene Tempe» del cap. v, 47; i «mollia
prata» presso Ascra, e il *Permesso* del v. 114, sono evocati nelle *Liriche
latine*, LIV, 23-24.　　136. *albergo*: «soggiorno».　　139-141. Castel-
nuovo di Garfagnana si trova tra le Alpi Apuane (su cui s'innalza la *nu-
da*, «brulla» *Pania* della Croce) e gli Appennini, dove s'eleva il Monte
di San Pellegrino, ove son conservate le ossa del pio eremita. *Noto* è un
vento di mezzogiorno; la Pania è in realtà a sud-ovest di Castelnuovo,
non a sud-est. E infatti la prima lezione dell'Ariosto era: «tra Favonio
e Noto».　　142. *fossa*: cosí altrove (sat. VII, 159); come «valle» (*ibid.*,
169).　　145. *Ròcca*: la sede del Commissario ducale.　　151. *spacci*:
«spedisca».　　154-156. *Déi saper ... avuto*: la Garfagnana, soggetta un
tempo alla Repubblica di Lucca (che aveva per insegna una *Pantera*), s'e-
ra affidata agli Estensi nel 1426. Ma, alla morte di Ippolito, essa era sta-
ta occupata dai Fiorentini, tornando agli Estensi dopo la morte di Leo-
ne X. L'insegna del Comune di Firenze era un leone seduto (il *Marzoc-*

Qui vanno li assassini in sí gran schiera
ch'un'altra, che per prenderli ci è posta,
non osa trar del sacco la bandiera.

160   Saggio chi dal Castel poco si scosta!
Ben scrivo a chi piú tocca, ma non torna
secondo ch'io vorrei mai la risposta.

Ogni terra in se stessa alza le corna,
che sono ottantatre, tutte partite
165   da la sedizïon che ci soggiorna.

Vedi or se Appollo, quando io ce lo invite,
vorrà venir, lasciando Delfo e Cinto,
in queste grotte a sentir sempre lite.

Dimandar mi potreste chi m'ha spinto
170   dai dolci studi e compagnia sí cara
in questo rincrescevol labirinto.

Tu déi saper che la mia voglia avara
unqua non fu, ch'io solea star contento
di quel stipendio che traea a Ferrara;
175   ma non sai forse come uscí poi lento,
succedendo la guerra, e come volse
il Duca che restasse in tutto spento.

Fin che quella durò, non me ne dolse;
mi dolse di veder che poi la mano

co); onde, secondo quasi tutti i commentatori, il *Leon* dell'A. Si noti
però che nel manoscritto l'articolo davanti a *Leon* fu aggiunto in un se-
condo tempo e manca in St; perciò non si può escludere che *Leon* sia
Leone X, il grande nemico degli Estensi, per opera del quale la Garfa-
gnana fu occupata dai Fiorentini.   157-159. *Qui vanno ... bandiera*:
tanto numerosi sono i banditi, che i custodi dell'ordine non osano at-
taccarli (nei combattimenti la bandiera, legata intorno all'asta e avvolta
in una fodera, veniva spiegata per dare il segnale della battaglia). Ab-
bozzando qui la situazione della Garfagnana durante il suo commissa-
riato, il Poeta non carica affatto le tinte: basta scorrere le Lettere per
convincersene.   161-162. L'A. chiede aiuti a Ferrara, ma non riceve
che risposte dilatorie.   163-164. *Ogni terra ... ottantatre*. gli ottanta-
tre paesi che costituivano la provincia di Garfagnana erano in stato di
ribellione. Per *alzare le corna*, cfr. *Orl. fur.*, XXVI, 45, 4: «invano | farà
mai piú pensier d'alzare il corno» (e cfr. XXXVII, 111, 3; XLV, 37, 4);
ma soprattutto *RVF*, CXXXVIII, 10: «contra tuoi fondatori alzi le cor-
na».   *Partite*: «divise in vari partiti».   170. *compagnia sí cara*: quel-
la dell'Alessandra, cfr. v. 24.   172-173. *Tu déi ... non fu*: «tu sai cer-
tamente che io non fui mai avido di denaro».   175-177. *ma non
sai ... spento*: il pagamento dello stipendio divenne sempre piú saltuario
fino a cessare (*in tutto spento*) per il sopravvenire della guerra con Leo-
ne X. E se di questo il Poeta non si dolse fin che durò la guerra, si dol-
se che lo stipendio non gli fosse piú pagato dopo la campagna di guerra
(*poi ... ch'ogni timor si sciolse*, vv. 179 180).

¹⁸⁰ chiusa restò, ch'ogni timor si sciolse.
  Tanto piú che l'ufficio di Melano,
poi che le leggi ivi tacean fra l'armi,
bramar gli affitti suoi mi facea invano.
  Ricorsi al Duca: – O voi, signor, levarmi
¹⁸⁵ dovete di bisogno, o non vi incresca
ch'io vada altra pastura a procacciarmi. –
  Grafagnini in quel tempo, essendo fresca
la lor rivoluzion, che spinto fuori
avean Marzocco a procacciar d'altra ésca,
¹⁹⁰ con lettere frequenti e imbasciatori
replicavano al Duca, e facean fretta
d'aver lor capi e lor usati onori.
  Fu di me fatta una improvisa eletta,
o forse perché il termine era breve
¹⁹⁵ di consigliar chi pel miglior si metta,
  o pur fu appresso il mio signor piú leve
il bisogno de' suditi che il mio
di ch'obligo gli ho quanto se gli deve.
  Obligo gli ho del buon voler, piú ch'io
²⁰⁰ mi contenti del dono, il quale è grande,
ma non molto conforme al mio desio.
  Or se di me a questi omini dimande,
potrian dir che bisogno era di asprezza,
non di clemenzia, all'opre lor nefande.
²⁰⁵ Come né in me, cosí né contentezza

---

181. *l'ufficio di Melano*: il beneficio della Cancelleria Arcivescovile di Milano faceva sospirare al Poeta la sua rendita: la lotta tra gli Imperiali e i Francesi che infieriva allora in Lombardia ne aveva interrotto il pagamento.   183-186. *O voi ... procacciarmi*: cioè, piú o meno: o Voi mi procurate una qualche fonte di guadagno, o io passerò al servizio di qualche signore con le finanze piú in sesto. Per *altra pastura a procacciarmi*, cfr. v. 189: *procacciar d'altra ésca* «procacciarsi altro cibo».   191. *replicavano*: «ripetevano».   193. *eletta*: «scelta»; cfr. *Purg.*, XIII, 12; *Orl. fur.*, XXXIX, 25, 7; XLV, 24, 1, ecc.   196-198. *o pur ... gli deve*: o forse il signore, piú che procurare ai suditi un buon commissario, volle, con la nomina dell'A., soddisfare alla sua domanda di una carica redditizia. Il Poeta gli ha *obligo*, gli è grato del *buon voler* cosí dimostrato, ma non altrettanto è contento della qualità del dono.   202. *omini*: ha qui il valore particolare di «abitanti, suditi», come nelle Lettere.   203-204. *bisogno era ... clemenzia*: anche nelle lettere dalla Garfagnana l'A. ricorda spesso «quel *suo* difetto che alcuni di Castelnovo *gli* hanno imputato, cioè di essere troppo buono», lettera 65, dichiarando: «io non son homo da governare altri homini, che ho troppo pietà, e non ho fronte di negare cosa che mi sia domandata», lettera 46.

è forse in lor; io per me son quel gallo
che la gemma ha trovata e non l'apprezza.
    Son come il Veneziano, a cui il cavallo
di Mauritania in eccellenzia buono
²¹⁰ donato fu dal re di Portogallo;
    il qual, per aggradir il real dono,
non discernendo che mistier diversi
volger temoni e regger briglie sono,
    sopra vi salse, e cominciò a tenersi
²¹⁵ con mani al legno e co' sproni alla pancia:
    – Non vuo' – seco dicea – che tu mi versi. –
    Sente il cavallo pungersi, e si lancia;
e 'l buon nocchier piú allora preme e stringe
lo sprone al fianco, aguzzo piú che lancia,
²²⁰   e di sangue la bocca e il fren gli tinge:
non sa il cavallo a chi ubedire, o a questo
che 'l torna indietro, o a quel che l'urta e spinge;
    pur se ne sbriga in pochi salti presto.
Rimane in terra il cavallier col fianco,
²²⁵ co la spalla e col capo rotto e pesto.
    Tutto di polve e di paura bianco
si levò al fin, dal re mal satisfatto,
e lungamente poi si ne dolse anco.
    Meglio avrebbe egli, et io meglio avrei fatto,
²³⁰ egli il ben del cavallo, io del paese,
a dir: – O re, o signor, non ci sono atto;
    sie pur a un altro di tal don cortese. –

206-207. *io per me ... l'apprezza*: allude alla favola *Pullus ad margaritam*
di Fedro (III, xii).   208-210. La fama dei Veneziani di esser pessimi
cavalieri ispirò una fioritura di aneddoti, di cui si può vedere la storia
nel *Cortegiano*, ed. Cian (I, xxvii; II, lii). Il cavallo è qui di *Mauritania*,
cioè del Marocco: i cavalli arabi erano molto rinomati.   214. *salse*:
«salí».   215. *al legno*: al bordo della sella, fatto di legno.   227.
mal satisfatto: «malcontento».

VI

A MESSER PIETRO BEMBO

Bembo, io vorrei, come è il commun disio
de' solliciti padri, veder l'arti
che essaltan 'l'uom, tutte in Virginio mio;
e perché di esse in te le miglior parti
⁵ veggio, e le piú, di questo alcuna cura
per l'amicizia nostra vorrei darti.
    Non creder però ch'esca di misura
la mia domanda, ch'io voglia tu facci
l'ufficio di Demetrio o di Musura
¹⁰ (non si dànno a' par tuoi simili impacci),
ma sol che pensi e che discorri teco,
e saper dagli amici anco procacci
    s'in Padova o in Vinegia è alcun buon greco,
buono in scïenzia e piú in costumi, il quale
¹⁵ voglia insegnarli, e in casa tener seco.
    Dottrina abbia e bontà, ma principale
sia la bontà: che, non vi essendo questa,
né molto quella alla mia estima vale.

METRO: capitolo.
Fu composta nel periodo 1524-25, cioè negli ultimi anni del soggiorno in Garfagnana, quando Virginio era sui quindici anni. Virginio aveva seguito il padre, che l'aveva legittimato nel 1520, a Castelnuovo, allontanandosene poi per frequentare le lezioni di Antonio Caraffa a Scandiano, forse dopo l'esito negativo delle ricerche del Bembo. Ancora nel 1531, con la lettera 190, l'A. pregava il Bembo di tener d'occhio il figliolo, studente in legge a Padova, e, pare, non troppo volonteroso.
Il Bembo era stato a Ferrara nel periodo 1498-1500 (e della sua amicizia con l'A. è caratteristico ricordo la lirica latina VII); vi era tornato spesso nel 1502 e 1503, trattovi dal fascino di Lucrezia Borgia. I due poeti ebbero poi piú volte occasione di rivedersi in Urbino (1506-12), a Roma, dove il Bembo fu segretario di Leone X, a Padova dove risiedette in sèguito. L'A. considerava il Bembo come un maestro di lingua, e ne seguí gli insegnamenti nella revisione del *Furioso*; si vedano le solenni lodi a lui rivolte nell'*Orl. fur.*, XLVI, 15.

3. *essaltan*: «innalzano». L'incipit ricorda quello del dantesco *Guido, i' vorrei*, con rime *mio : disio*.   9. *l'ufficio ... Musura*: cioè il professore. Demetrio è il Calcondila, greco e insegnante di greco a Perugia, Padova, Firenze e Milano. Marco Musura di Creta, umanista e amico del Bembo, insegnò a Padova, Venezia e Roma. Fu fatto cardinale da Leone X. È ricordato nell'*Orl. fur.*, XLVI, 13, 7.   11. *discorri teco*: «consideri».   15. *tener seco*: «a pensione», come facevano molti umanisti. 18. *né*: «neppure».

So ben che la dottrina fia piú presta
20 a lasciarsi trovar che la bontade:
sí mal l'una ne l'altra oggi s'inesta.
     O nostra male aventurosa etade,
che le virtudi che non abbian misti
vizii nefandi si ritrovin rade!
25   Senza quel vizio son pochi umanisti
che fe' a Dio forza, non che persüase,
di far Gomorra e i suoi vicini tristi:
     mandò fuoco da ciel, ch'uomini e case
tutto consumpse; et ebbe tempo a pena
30 Lot a fugir, ma la moglier rimase.
     Ride il volgo, se sente un ch'abbia vena
di poesia, e poi dice: – È gran periglio
a dormir seco e volgierli la schiena. –
     Et oltra questa nota, il peccadiglio
35 di Spagna gli dànno anco, che non creda
in unità del Spirto il Padre e il Figlio.
     Non che contempli come l'un proceda
da l'altro o nasca, e come il debol senso
ch'uno e tre possano essere conceda;
40   ma gli par che non dando il suo consenso
a quel che approvan gli altri, mostri ingegno
da penetrar piú su che 'l cielo immenso.
     Se Nicoletto o fra Martin fan segno

---

19. *presta*: «pronta», dunque facile.   25. *quel vizio*: l'omossessualità;
cfr. sonetto XXXIX, 7-8; e allude al noto episodio biblico, *Gn*, XIX,
della distruzione di Sodoma e Gomorra, parafrasato nella seguente ter-
zina, e della trasformazione della moglie di Lot in una statua di sale (*ri-
mase* può valere «rimase indietro» o «rimase morta»). Cfr. *Studenti*,
970-972: «A me già non ti volgere; | volgeti a questi umanisti che cer-
cano | medaglie, e di rovesci si dilettano»; e si ricordi che l'accusa di so-
domia fu spesso rivolta ad umanisti, e non a torto. La parola *umanista*
ha qui il battesimo dell'uso letterario.   32. Cfr. la citazione da *Stu-
denti* nella nota precedente.   34. *nota*: «taccia», cfr. *Negromante*, I,
1722; II, 1755.   *il peccadiglio*: «peccatuccio», alla spagnola. Ed è il
«peccatuccio» della miscredenza, particolarmente riferito ai mori e agli
ebrei spagnoli convertiti, con allusione all'aneddoto, narrato poi dal Ca-
ro e dal Pino, dello spagnolo che dopo essersi confessato tornò per dire
al confessore «che s'era dimenticato d'un *peccadiglio*, e questo era di
non credere a Dio».   37-39. Cioè, non che questo convincimento na-
sca da profonde meditazioni teologiche, ma solo da smania di origina-
lità.   43. *Nicoletto ... fra Martin*: il primo è probabilmente Nicoletto
Vernia da Chieti, che insegnò filosofia a Padova, dove morí nel 1499.
Fu averroista e maestro ideale del Pomponazzi; minacciato di scomuni-
ca ritornò alle dottrine tomistiche. Secondo il Rossi e il Bertani si allu-

d'infedele o d'eretico, ne accuso
⁴⁵ il saper troppo, e men con lor mi sdegno:
perché, salendo lo intelletto in suso
per veder Dio, non de' parerci strano
se talor cade giú cieco e confuso.

Ma tu, del qual lo studio è tutto umano
⁵⁰ e son li tuoi suggetti i boschi e i colli,
il mormorar d'un rio che righi il piano,
cantar antiqui gesti e render molli
con prieghi animi duri, e far sovente
di false lode i principi satolli,
⁵⁵ dimmi, che truovi tu che sí la mente
ti debbia aviluppar, sí tòrre il senno,
che tu non creda come l'altra gente?

Il nome che di apostolo ti denno
o d'alcun minor santo i padri, quando
⁶⁰ cristiano d'acqua, e non d'altro ti fenno,
in Cosmico, in Pomponio vai mutando;
altri Pietro in Pïerio, altri Giovanni
in Iano o in Iovïan va riconciando;
quasi che 'l nome i buon giudici inganni,
⁶⁵ e che quel meglio t'abbia a far poeta
che non farà lo studio de molti anni.

Esser tali dovean quelli che vieta
che sian ne la republica Platone,
da lui con sí santi ordini discreta;
⁷⁰ ma non fu tal già Febo, né Anfïone,

de invece a Nicolò Lelio Cosmico. Il secondo è Martin Lutero.   54.
satolli: è in rima con *colli* e *molli*, come in *Purg.*, XXIV, 122-126.
58. *di apostolo*: quasi sempre di apostoli o di santi sono i nomi che i ge-
nitori dànno ai loro figli.   61-63. *in Cosmico ... in Iovïan*: allude al
vezzo umanistico (stigmatizzato anche nell'*Encomium* di Erasmo) di
storpiare e modificare il nome per avvicinarlo a qualche aggettivo o no-
me proprio latino o greco. Il *Cosmico* è Nicolò Lelio, rinomatissimo ri-
matore del tempo, compianto dall'A. nella lirica latina XVI. *Pomponio*
è Giulio Leto, umanista, allievo del Valla, fondatore dell'Accademia
Pomponiana. *Pïerio* è l'archeologo, pensatore e poeta Giampiero Vale-
riano, ricordato appunto col nome di *Pïerio* nell'*Orl. fur.*, XLVI, 13, 5;
Giampaolo Parisio, ribattezzatosi Aulus Janus Parrasius, era professore
di eloquenza e poeta; infine *Iovïan* è il grande lirico Gioviano (Giovan-
ni) Pontano.   67-68. *Esser tali ... Platone*: altrettanto indegni dove-
vano essere i poeti a cui pensava Platone, quando, scrivendo la sua *Re-
pubblica*, li escludeva dallo stato ideale.   69. *discreta*: «ordinata».
70. *ma non fu tal ...*: di qui in avanti, sino al v. 87, è parafrasata l'*Ars
poetica* di Orazio, vv. 391 sgg., forse con l'intrusione di qualche remi-

né gli altri che trovaro i primi versi,
che col buon stile, e piú con l'opre buone,
   persuasero agli uomini a doversi
ridurre insieme, e abandonar le giande
75 che per le selve li traean dispersi;
   e fér che i piú robusti, la cui grande
forza era usata alli minori tòrre
or mogli, or gregge et or miglior vivande,
   si lasciaro alle leggi sottoporre,
80 e cominciar, versando aratri e glebe,
del sudor lor piú giusti frutti a-ccòrre.
   Indi i scrittor féro all'indotta plebe
creder ch'al suon de le soavi cetre
l'un Troia e l'altro edificasse Tebe;
85   e avesson fatto scendere le petre
dagli alti monti, et Orfeo tratto al canto
tigri e leon da le spelonche tetre.
   Non è, s'io mi coruccio e grido alquanto
piú con la nostra che con l'altre scole,
90   ch'in tutte l'altre io non veggia altretanto,
d'altra correzïon che di parole
degne; né del fallir de' suoi scolari,
non pur Quintilïano è che si duole.
   Ma se degli altri io vuo' scoprir gli altari,
95 tu dirai che rubato e del Pistoia

---

niscenza ciceroniana: «Silvestris homines sacer interpresque deorum | caedibus et victu foedo deterruit Orpheus, | dictus ob hoc lenire tigres rabidosque leones. | Dictus et Amphion, Thebanae conditor urbis, | saxa movere sono testudinis et prece blanda | ducere quo vellet. Fuit haec sapientia quondam, | publica privatis secernere, sacra profanis, | concubitu prohibere vago, dare iura maritis, | oppida moliri, leges incidere ligno. | Sic honor et nomen divinis vatibus atque | carminibus venit». Ma insieme ad Anfione, fondatore di Tebe, è ricordato Febo, fondatore di Troia. Cfr. il Prologo del *Negromante*.   74. *giande*: «ghiande»: cfr. *supra*, sat. I, 150.   75. *che ... dispersi*: intepreterei: la ricerca delle quali li induceva a disperdersi vagando per le selve; partendo da espressioni come: *trarre in disparte*.   77. *alli minori tòrre*: «a togliere ai piú deboli».   80. *versando*: «volgendo», come nell'*Orl. fur.*, XLV, 4, 8.   81. *a-ccòrre*: «a cogliere».   84. *Tebe* è in rima con *plebe* anche in *Inf.*, XXXII, 11-13.   89. *la nostra*: la *scola*, la categoria cui appartengono l'A. e il Bembo, è evidentemente quella dei poeti.   93. *non pur ... duole*: si può intendere: «non solo Quintiliano, per antonomasia il maestro di retorica, ha da dolersi del *fallir*, delle mancanze dei suoi scolari, i poeti, ma ugualmente i maestri delle altre varie discipline». Si ricordi infatti: «ed in suoi magisteri assai dispari | Quintiliano e Seneca e Plutarco», Petrarca, *Tr. Fam.*, III, 89-90.   95-96. *rubato ...*

e di Petro Aretino abbia gli armari.
    Degli altri studi onor e biasmo, noia
mi dà e piacer, ma non come s'io sento
che viva il pregio de' poeti e moia.
100   Altrimenti mi dolgo e mi lamento
di sentir riputar senza cervello
il biondo Aonio e piú leggier che 'l vento,
    che se del dottoraccio suo fratello
odo il medesmo, al quale un altro pazzo
105 donò l'onor del manto e del capello.
    Piú mi duol ch'in vecchiezza voglia il guazzo
Placidïan, che gioven dar soleva,
e che di cavallier torni ragazzo,
    che di sentir che simil fango aggreva
110 il mio vicino Andronico, e vi giace
già settant'anni, e ancor non se ne lieva.
    Se mi è detto che Pandaro è rapace,
Curio goloso, Pontico idolatro,
Flavio biastemator, via piú mi spiace
115 che se per poco prezzo odo Cusatro
dar le sentenzie false, o che col tòsco

---

armari: abbia messo a ruba gli scaffali degli scrittori piú acremente sati-
rici. L'espressione è di Orazio, *Sat.*, I, I, 120-121: «Ne me Crispini
scrinia lippi | compilasse putes, verbum non amplius addam».   102.
il biondo Aonio: Bernardo Accolti, famoso poeta estemporaneo autode-
finitosi *l'Unico* (e cosí ricordato, con qualche ironia, nell'*Orl. fur.*, XL-
VI,10, 8: «'l gran lume aretin, l'Unico Accolti»), e soprannominato *il
Biondo*. *Aonio* vale «poeta»: è aggettivo sostantivato, dal latino *aonius*
«della Beozia», per cui le Muse, che in Beozia avevano sacri l'Elicona e
la fonte Aganippe, erano dette «Aoniae sorores» (si ricordi il «santo ao-
nio coro» dell'*Orl. fur.*, XLVI, 3, 8).   *Leggier*: «sconsiderato e vanito-
so».   103. *del dottoraccio suo fratello*: Pietro Accolti, celebre giurista
(e perciò *dottoraccio*, dispregiativo già usato nei *Suppositi*, PR., I, I, 108
e nota) e teologo, fatto cardinale da Giulio II (vv. 104-105), noto per la
sua dissolutezza (vv. 118-120).   104. *pazzo*: «forsennato».   106.
guazzo: «umidità» (con allusione metaforica a pratiche omosessuali). È
in rima con *pazzo* anche in *Inf.*, XII, 137-139.   109. *aggreva*: «aggra-
va, copre».   111. *già settant'anni*: da molti anni.   112. *Pandaro*:
un poetucolo che viveva alla corte di Leone X, detto Pindaro, il cui no-
me, riportato prima esattamente nel manoscritto, l'A. modificò poi.
113. *Curio*: dev'essere, secondo Campana, Curio Lancillotto Pasio,
umanista e amministratore reggiano, autore di opere grammaticali
(1504).   *Pontico*: Ludovico da Ponte, o Pontico Virunnio, umanista
ferrarese che fu processato per eresia.   114. *Flavio*: secondo il Berta-
ni sarebbe il noto umanista Flavio Biondo, morto però da oltre mezzo
secolo, quando l'A. scriveva.   115. *Cusatro*: Amato Cusatro, giudice
mantovano processato per concussione e incesto nel 1507.

mastro Battista mescole il veratro;
    o che quel mastro in teologia ch'al tósco
    mesce il parlar fachin si tien la scroffa,
120 e già n'ha dui bastardi ch'io conosco;
    né per saziar la gola sua gaglioffa
    perdona a spesa, e lascia che di fame
    langue la madre e va mendica e goffa;
    poi lo sento gridar, che par che chiame
125 le guardie, ch'io digiuni e ch'io sia casto,
    e che quanto me stesso il prossimo ame.
    Ma gli error di questi altri cosí il basto
    di miei pensier non gravano, che molto
    lasci il dormir o perder voglia un pasto.
130 Ma per tornar là donde io mi son tolto,
    vorrei che a mio figliuolo un precettore
    trovassi meno in questi vizii involto,
    che ne la propria lingua de l'autore
    gli insegnasse d'intender ciò che Ulisse
135 sofferse a Troia e poi nel lungo errore,
    ciò che Apollonio e Euripide già scrisse,
    Sofocle, e quel che da le morse fronde
    par che poeta in Ascra divenisse,
    e quel che Galatea chiamò da l'onde,
140 Pindaro, e gli altri a cui le Muse argive
    donar sí dolci lingue e sí faconde.
    Già per me sa ciò che Virgilio scrive,
    Terenzio, Ovidio, Orazio, e le plautine

117. *mastro Battista*: il cerusico Battista da Vercelli «che a Roma, se-
dotto dal cardinale A. Petrucci, doveva mescolare il veleno (*tòsco*) al-
l'elleboro bianco (*veratro*) delle medicine con cui Leone X curava la sua
fistola» (Bertani). Si tratta della congiura per cui cfr. sat. II, 207.
118. *mastro in teologia*: ancora Pietro Accolti, citato al v. 103, il quale
mescola al suo toscano (*tósco*) espressioni bergamasche, ovvero plebee
(*il parlar fachin*), e convive con una donnaccia (*la scroffa*).   122. *per-
dona a*: «risparmia».   130. *per tornar... tolto*: cfr. «illuc, unde abii,
redeo», Orazio, *Sat.*, I, 1, 108.   133. *ne la propria ... autore*: nella lin-
gua di Omero, in greco.   135. *lungo errore*: «lunga peregrinazione»,
e si ricordi: «questo cantò gli errori e le fatiche | del figliuol di Laerte»,
Petrarca, *Tr. Fam.*, III, 13-14.   136. *Apollonio*: Apollonio Rodio.
137-138. *quel che ... divenisse*: allusione al noto sogno di Esiodo, da lui
stesso descritto nella *Teog.*, 22-34; cfr. pure, dell'A., sonetto X, 12. Le
fronde dell'alloro, *morse*, «mangiate», sono simbolo dell'ispirazione poe-
tica: cfr. Giovenale, VII, 19; Tibullo, II, 5, 63-64.   139. Teocrito,
che nei suoi *Idilli* cantò gli amori di Galatea.   142-144. *Già per me ...*
vive: grazie all'insegnamento dell'A., Virginio conosce già i principali

scene ha vedute, guaste e a pena vive.

¹⁴⁵ Omai può senza me per le latine
vestigie andar a Delfi, e de la strada
che monta in Elicon vedere il fine;
   ma perché meglio e piú sicur vi vada,
desidero ch'egli abbia buone scorte,
¹⁵⁰ che sien de la medesima contrada.

   Non vuol la mia pigrizia o la mia sorte
che del tempio di Apollo io gli apra in Delo,
come gli fei nel Palatin, le porte.

   Ahi lasso! quando ebbi al pegàseo melo
¹⁵⁵ l'età disposta, che le fresche guancie
non si vedeano ancor fiorir d'un pelo,

   mio padre mi cacciò con spiedi e lancie,
non che con sproni, a volger testi e chiose,
e me occupò cinque anni in quelle ciancie.

¹⁶⁰ Ma poi che vide poco fruttüose
l'opere, e il tempo invan gittarsi, dopo
molto contrasto in libertà mi pose.

   Passar venti anni io mi truovavo, et uopo
aver di pedagogo: che a fatica
¹⁶⁵ inteso avrei quel che tradusse Esopo.

   Fortuna molto mi fu allora amica
che mi offerse Gregorio da Spoleti,
che ragion vuol ch'io sempre benedica.

   Tenea d'ambe le lingue i bei secreti,
¹⁷⁰ e potea giudicar se meglior tuba

---

scrittori latini.   *Guaste e a pena vive*: «monche e rese meno vivaci dal-
le scorrezioni».   146. *andar a Delfi*: «volgersi allo studio del greco».
149-150. *buone scorte ... contrada*: «buone guide, buoni maestri», che
siano nati in Grecia; *buone scorte* è espressione dantesca: *Purg.*, XXVII,
19.   152-153. *Delo... Palatin*: due luoghi consacrati ad Apollo, l'uno
in Grecia e l'altro a Roma; per indicare le rispettive produzioni poeti-
che.   154. *pegàseo melo*: è il «pegaseium melos» di Persio, *Sat.*, Prol.,
14, nei testi deteriori: qui per «la poesia». A quindici anni A. fu iscrit-
to ai corsi di legge nell'Università di Ferrara, e vi rimase cinque anni.
Cfr. lirica latina LIV, 17-22. Per le rime *guancie* : *lancie* : *ciancie*, cfr.
Par., XXIX, 110-114.   163-165. C'è un po' di esagerazione: nel
1494 l'A. scriveva già poesie latine.   167. *Gregorio da Spoleti*: vedi li-
rica latina IX.   170-171. *e potea ... Teti*: «poteva giudicare se fosse
stato meglio celebrato Enea da Virgilio o Achille da Omero»; *tuba*, per
«canto epico», pure nell'*Orl. fur.*, XIII, 65, 4; XXXV, 26, 2, ecc. Il
Cinquecento si divertí a mettere a paragone l'eccellenza dei due poeti;
confronto di cui non mancano accenni piú antichi, per es. del Petrarca,
Tr. Fam., III, 16-17: «A man a man con lui [Omero] cantando giva | il

ebbe il figliuol di Venere o di Teti.

Ma allora non curai saper di Ecuba
la rabbiosa ira, e come Ulisse a Reso
la vita a un tempo e li cavalli ruba;
175 ch'io volea intender prima in che avea offeso
Enea Giunon, che 'l bel regno da lei
gli dovesse d'Esperia esser conteso;

che 'l saper ne la lingua de li Achei
non mi reputo onor, s'io non intendo
180 prima il parlar de li latini miei.

Mentre l'uno acquistando, e differendo
vo l'altro, l'Occasion fuggí sdegnata,
poi che mi porge il crine, et io nol prendo
Mi fu Gregorio da la sfortunata
185 Duchessa tolto, e dato a quel figliuolo
a chi avea il zio la signoria levata.

Di che vendetta, ma con suo gran duolo,
vide ella tosto, ahimè!, perché del fallo
quel che peccò non fu punito solo.
190 Col zio il nipote (e fu poco intervallo)
del regno e de l'aver spogliati in tutto,
prigioni andar sotto il dominio gallo.

Gregorio a' prieghi d'Isabella indutto
fu a seguir il discepolo, là dove
195 lasciò, morendo, i cari amici in lutto.

Questa iattura e l'altre cose nove

Mantovan che di par seco giostra». 172-174. Allusione a due episo-
di dell'*Iliade*, nei libri XXII e X; cfr. *Orl. fur.*, X, 34, 4-5. 176-177.
Che ... conteso: l'ira di Giunone contro i Troiani, il tentativo di non la-
sciare i superstiti, con a capo Enea, giungere e sistemarsi in Italia (*Espe-
ria*) è causa delle avventure narrate nell'*Eneide*. 182-183. *l'Occasion
... prendo*: l'Occasione era rappresentata con la testa davanti capelluta e
dietro calva, cfr. in fine l'*Erbolato*: «Deh, non lasciate fuggire l'Occa-
sione, che se rivolge il calvo, dove ora ella vi porge la capillata fronte,
non so quando altra volta sí benigna sia per ritornarvi alle mani».
186. *a chi*: «a cui». 190-192. *Col zio ... gallo*: Isabella d'Aragona
prese Gregorio come istitutore del figlio Francesco. Moglie dell'inetto
Gian Galeazzo Sforza, al quale Ludovico il Moro aveva usurpato il do-
minio di Milano, si vide vendicata da Luigi XII, che cacciò da Milano
il Moro e lo trasse in Francia prigioniero. Ma Luigi trascinò pure suo fi-
glio Francesco in Francia, ove si fece monaco e morí qualche anno do-
po. Gregorio che l'aveva accompagnato morí anch'egli in Francia (vv.
193-195). Veramente *sfortunata* Isabella: si vide tolti il ducato e il figlio,
e costretta a ritirarsi ad Ischia con la figlia Bona, vi morí nel 1524.
Prigioni: «prigionieri». 196. *iattura*: «perdita»; cfr. *Suppositi*, PR.,

che in quei tempi successeno, mi féro
scordar Talia et Euterpe e tutte nove.
₂₀₀ Mi more il padre, e da Maria il pensiero
drieto a Marta bisogna ch'io rivolga,
ch'io muti in squarci et in vacchette Omero;
truovi marito e modo che si tolga
di casa una sorella, e un'altra appresso,
e che l'eredità non se ne dolga;
₂₀₅ coi piccioli fratelli, ai quai successo
ero in luogo di padre, far l'uffizio
che debito e pietà m'avea commesso;
a chi studio, a chi corte, a chi essercizio
altro proporre, e procurar non pieghi
₂₁₀ da le virtudi il molle animo al vizio.
Né questo è sol che alli miei studii nieghi
di piú avanzarsi, e basti che la barca,
perché non torni a dietro, al lito leghi;
ma si truovò di tanti affanni carca
₂₁₅ allor la mente mia, ch'ebbi desire
che la cocca al mio fil fésse la Parca.
Quel, la cui dolce compagnia nutrire
solea i miei studi, e stimulando inanzi
con dolce emulazion solea far ire,
₂₂₀ il mio parente, amico, fratello, anzi
l'anima mia, non mezza non, ma intiera,
senza ch' alcuna parte me ne avanzi,
morí, Pandolfo, poco dopo: ah fera
scossa ch'avesti allor, stirpe Arïosta,

III, III, 44.   198. *Talia ... nove*: sono le nove Muse.   199. *Mi more il padre*: alla fine di febbraio del 1500.   199-200. *da Maria ... a Marta*: dalla vita contemplativa a quella attiva, con espressione tratta da Lc, X, 38-42.   201. *ch'io muti ... Omero*: «sostituisca ad Omero i libri di conti». Gli *squarci*, o *stracciafogli*, sono i libri nei quali si trascrivono le partite prima di riportarle sui libri mastri; le *vacchette* sono quelli ove si scrivono giornalmente le spese minute.   203. *una sorella, e un'altra*: Laura e Taddea, sposate, rispettivamente, nel 1501 e nel 1518. Cfr. *supra*, sat. I, 211-213.   207. *debito e pietà*: «il dovere e l'affetto». Esiste l'atto che fa l'A. tutore di Galasso e Alessandro, e curatore di Gabriele e Carlo.   208-209. Allo *studio* Gabriele, alla *corte* Galasso e Alessandro, all'*essercizio* della mercatura Carlo; cfr. *supra*, sat. I, 199-203.   216. *che la cocca ... Parca*: «che la Parca facesse (*fésse*, come in *RVF*, CCCXXXII, 66) il nodo con cui si lega il filo al fuso quando esso è pieno»; in sostanza, di morire.   223. *Pandolfo*: a Pandolfo Ariosto, cugino e amico d'infanzia, morto tra il 1506 e il 1507, sono dedicate la lirica latina II (*supra*) e il sonetto XXXVII.

²²⁵ di ch'egli un ramo, e forse il piú bello, era!
   In tanto onor, vivendo, t'avria posta,
ch'altra a quel né in Ferrara né in Bologna,
onde hai l'antiqua origine, s'accosta.
   Se la virtú dà onor, come vergogna
²³⁰ il vizio, si potea sperar da lui
tutto l'onor che buono animo agogna.
   Alla morte del padre e de li dui
sí cari amici, aggiunge che dal giogo
del Cardinal da Este oppresso fui;
²³⁵ che da la creazione insino al rogo
di Iulio, e poi sette anni anco di Leo,
non mi lasciò fermar molto in un luogo,
e di poeta cavallar mi feo:
vedi se per le balze e per le fosse
²⁴⁰ io potevo imparar greco o caldeo!
   Mi maraviglio che di me non fosse
come di quel filosofo, a chi il sasso
ciò che inanzi sapea dal capo scosse.
   Bembo, io ti prego insomma, pria che 'l passo
²⁴⁵ chiuso gli sia, che al mio Virginio porga
la tua prudenza guida, che in Parnasso,
   ove per tempo ir non seppi io, lo scorga.

227-228. *ch'altra ... s'accosta*: che nessun'altra famiglia sarebbe stata
alla pari col ramo di Pandolfo, né a Ferrara, né a Bologna, donde gli
Ariosti traevano origine: cfr. *Orl. fur.*, XIII, 73, 5.   233. *aggiunge*:
«aggiungi».   235-237. *che ... un luogo*: Giulio II fu eletto papa l'11
novembre 1503, e morí il 21 febbraio 1513. L'A. entrò al servizio d'Ip-
polito nell'ottobre del 1503 e ne uscí nel settembre del 1517, cioè dopo
circa quindici anni (cfr. *supra*, sat. I, 236), e cinque, non *sette*, come di-
ce inesattamente l'A., dall'elezione di Leone X (Fatini).   238. Cfr.
supra, sat. I, 112-114.   242-243. *a chi ... scosse*: «a cui il sasso cadu-
togli in testa tolse la memoria». Aneddoto narrato da Plinio, *Nat. Hist.*,
VII, 90; Valerio Massimo, I, 8; Solino, I, ecc.   247. *scorga*: «accom-
pagni».

TEOFILO FOLENGO

Nel gennaio 1517 (o 1518 se la data deve intendersi secondo lo stile veneto, che posticipava l'inizio dell'anno al 1° marzo) la tipografia veneziana di Alessandro Paganini sforna un curioso volumetto, il *Liber macaronices*, opera esordiale di un giovane monaco benedettino, Teofilo Folengo, che si cela dietro lo pseudonimo «Merlinus Cocaius». Oltre ai diciassette libri del poema epico intitolato (dal nome del protagonista) *Baldus*, questa prima redazione comprende anche due *Eglogae*, embrione della *Zanitonella*, in cui la tradizione comica e parodistica della poesia rusticale si fonde con quella nobile della bucolica classica, virgiliana in primo luogo, ma anche umanistica (latina e volgare). Cosí, se in filigrana le due *Eglogae* lasciano trasparire il modello dialettale – veneto o ferrarese – del *Contrasto di Tonin e Bighignol*, la forma metrica è invece esemplata sul verso virgiliano, con un'attenzione particolare, già evidente in questi primi e ancora imperfetti esperimenti, per la correttezza prosodica. Il F. continuerà fino alla morte ad accudire le sue creature macaroniche, soprattutto l'amatissimo *Baldus*, con un incessante e tormentato lavoro di trasformazione, di tagli e aggiunte, di raffinamento linguistico: un impegno quasi maniacale, testimoniato da ben quattro redazioni, che marca tutta la distanza tra le estemporanee macaronee dei goliardi patavini (pur non ignari, come Tifi Odasi, di *humanae litterae*) e l'arte di Merlino. Il linguaggio «macaronico» (cosí denominato dal termine dialettale che significa «gnocco») si fonda sulla dissonanza, sull'effetto comico che scaturisce dalla compresenza degli opposti: l'austerità del latino classico e la trivialità dei *vocabulazzi* dialettali, la perfetta regolarità della prosodia e gli ostentati strafalcioni sintattici dei calchi sul volgare si amalgamano in un impasto (non a caso la metafora culinaria insita nel *macaron* è una costante dell'opera) da cui Merlino, un po' cuoco e un po' alchimista, ricava sapidi manicaretti. E, se è vero che il macaronico – come precisa lo stesso autore – fu inventato per far ridere, è anche evidente che nella dominante musa giocosa s'insinuano talvolta i piú scottanti temi dell'epoca; venature erasmiane e filoluterane percorrono soprattutto la seconda redazione delle Macaronee (ma analoghe inquietudini aleggiano sul volgare *Orlandino*), per attenuarsi o sparire nelle successive: si delinea cosí una sorta di osmosi tra l'elaborazione letteraria e le travagliate vicende biografiche di don Teofilo, costellate di ribellioni all'autorità ecclesiastica e non meno clamorosi ritorni all'obbedienza.

La scelta dalla *Zanitonella* (qui proposta nel testo della redazione postuma, la Vigaso Cocaio [V] del 1552; ma il canzonieretto dedicato al non corrisposto amore di Tonello per Zanina prende forma a partire dall'edizione Toscolanense [T] del 1521, rielaborata nella Cipadense [C] del 1539-40) intende documentare soprattutto la tessitura parodistica, il sottile gioco di echi e allusioni intertestuali che, entro la cornice rusticale, instaura con la doppia classicità – latina e volgare – di Virgilio e di Petrarca un rapporto di ridanciana dissacrazione e al tempo stesso di emulazione. All'aurea latinità del vate di Mantova il suo omologo della limitrofa Cipada, minuscolo borgo rurale, oppone il bitorzoluto *latinus grossus*, al rarefatto idioma del cantore di Laura la rude corporeità, spesso debordante nell'oscenità e nella scatologia, del lessico villanesco; e già l'onomastica contadina del titolo rinvia a una tradizione di poesia rusticale. La materia umile e il registro comico non impediscono peraltro al F. di gareggiare in sapienza retorico-stilistica con quei grandi modelli, certo piú vivi nell'irriverente rivisitazione merliniana che nei tanti esercizi pastoral-umanistici – lingua imbalsamata e rigoroso ossequio ai canoni del genere letterario – o nelle clonazioni petrarchesche al cui imminente dilagare, propiziato dalla decisiva codificazione bembesca, il controcanto macaronico sembra previamente irridere. Del resto, anche sul versante 'popolare', «la mai presente Zanina finisce per diventare una indimenticabile creatura d'arte, civetta acerba, perfida la sua parte, una ninfa rusticana capace di un fascino piú sottile di quello delle sue rustiche sorelle nenciali» (C. Cordié).

Suggestioni petrarcheggianti si addensano anche nelle ottave dell'*Orlandino* che narrano l'innamoramento di Berta e Milone, alternando frammenti lirici ad allusioni salaci e buffonerie assortite. Il poemetto, pubblicato nel 1526 sotto lo pseudonimo di Limerno (anagramma di Merlino) Pitocco («mendicante», «furfante»), si rifà essenzialmente alla tradizione canterina e cavalleresca, con speciale riguardo al piú congeniale prodotto di quella sterminata famiglia, il burlesco *Morgante* di Luigi Pulci; ma si tratta pur sempre di una parentela epidermica, giacché caratteristica precipua dell'opera è la commistione dei generi (o la loro dissoluzione, secondo M. Chiesa), in un rapido svariare dalla materia eroicomica alle reminiscenze novellistiche, dall'aspra polemica religiosa (tema incandescente, certo cruciale nella prospettiva dell'autore, che tuttavia sembra quasi volerlo mimetizzare nell'apparente disimpegno dello stile comico) alla facezia lubrica. Il volgare fluisce dalla penna di Limerno molto piú stentato del macaronico merliniano; vi si sente l'impaccio di una lingua imperfettamente assimilata – un toscano tendenziale irto di dialettismi, d'ipercorrezioni, d'incertezze grafico-fonetiche e morfologiche – che determina una versificazione non di rado goffa e incòndita. Il provocatorio e un po' trucido *Orlandino* resta comunque un'importante testimonianza dello sperimentalismo folenghiano, con significative consonanze tra l'insofferenza della norma linguistica, l'irrisione degli stereotipi – paladini travolti dal ridicolo, dame arrapate, giostre buffonesche – e la contestazione filoeretical deversata nelle «preghere carche d'eresia» di Berta la tedesca. Si comprende allora come la deflagrazione delle tradizionali categorie letterarie e linguistiche sia, per Merlino/Limerno, consequenziale al crollo delle antiche certezze sotto i colpi della riforma e della teologia «fiandresca» (ossia luterana).

Non a caso la sua opera piú sconcertante e aggrovigliata, coeva all'*Orlandino*, s'intitola *Caos del Triperuno*: un coacervo di enigmi, allegorie e criptiche allusioni, un groviglio di lingue e di stili che, pur richiamandosi alla tradizione illustre del prosimetro (si pensi alla boeziana *Consolatio Philosophiae*, e in ambito volgare alla dantesca *Vita Nuova*), si avventura in percorsi imperi e personalissimi. Nel guazzabuglio concettuale e linguistico del *Caos* (suddiviso in *selve*, con polisemico richiamo sia alle *silvae* classiche e umanistiche – da Stazio al Poliziano –, sia alla «selva oscura» della *Commedia*), il macaronico di Merlino, alfiere della trasgressione, si contrappone alle diverse norme cui rendono omaggio la mimesi petrarchista, la prosa similboccacciana e l'impeccabile poesia latina di Limerno, nonché le vacuamente sottili disquisizioni logico-filosofiche di Fúlica. Emblematico il dittico sul tema del sonno: nel suo saggio poetico, Limernus affronta da provetto umanista un *topos* lirico tra i piú diffusi, l'invocazione *ad somnum*, deviando però l'«accorato lamento» della tradizione verso un «registro piagnucoloso e infantile» (S. Carrai), una sorta di balbettio evidenziato dall'anafora dei monosillabi (*huc huc, hinc hinc*). Beninteso il lieve effetto parodico non scaturisce dall'intento del personaggio-Limerno, ma dalla «sprezzatura» folenghiana che si sovrappone a queste prove letterarie *en abyme*. Limerno rappresenta infatti il regno di *Matotta*, da una glossa marginale dell'autore identificato con la *Vanitas*, e le *nugae* poetico-amorose in cui si trastulla sono espressione di tale dispersiva fatuità. Dal *Caos* di Merlino, Limerno e Fúlica – vaganti nelle *selve* in metaforico pellegrinaggio, alla ricerca dell'ordine perduto – emergerà infine l'uomo nuovo, Triperuno, che seguendo la guida del Vangelo riesce a venir fuori, redento, dal simbolico Labirinto; e che, dopo aver ricomposto la sua dilacerata personalità in virtú della grazia divina, finisce per auspicare un'unità anche linguistica, all'ombra del nume tutelare Ludovico Ariosto. «Ma né Triperuno né tanto meno Limerno Pitocco poterono uccidere Merlino, né lo spirito invocato dell'Ariosto volle esser complice di tanto misfatto, e Merlino sopravvisse felicemente a Limerno per non dire a Fúlica» (G. Folena). Sopravvisse, e continuò per tutto il resto dei suoi giorni a limare e a perfezionare quel suo straordinario linguaggio che dal caos aveva saputo genialmente estrarre gli ingredienti giusti per confezionare il piú saporito *pulmentum* mai offerto ai buongustai delle lettere.

L. L.

DALLA *ZANITONELLA*

III

AD CUPIDINEM

Solus solettus stabam colegatus in umbra
    pascebamque meas virda per arva capras;
nulla travaiabant vodam pensiria mentem
    nullaque cogebat cura gratare caput;
55 cum mihi bolzoniger cor, oyme, Cupido, forasti,
    nec tuus in fallum dardus alhora dedit:
tota ruinasti rationis moenia, quae tunc
    circa coradellam bastio fortis erant.
Nonne disarmatam panzam peralhora catasti?
60   Nonne fuit rocchae guarda neguna meae?
More valenthominis schenam deretro feristi:
    o bellas provas quas, traditore, facis!
Crede mihi, pocum soldatus aquistat honorem,

METRO: distici elegiaci.

TRADUZIONE. «A Cupido». Solo soletto me ne stavo sdraiato all'ombra
e per i verdi campi pascevo le mie capre – nessun pensiero mi angustia-
va la mente sgombra, nessuna preoccupazione mi costringeva a grattar-
mi il capo – (55) quando tu, Cupido portasaette, mi perforasti il cuore,
ahimè, e il tuo dardo quella volta non mancò il colpo: facesti crollare
tutte le mura della ragione, che allora erano un robusto bastione intor-
no alla coratella. Non trovasti forse in quel momento la mia pancia di-
sarmata? (60) C'era forse qualcuno a far la guardia alla mia rocca? E tu,
da vero valoroso, mi colpisti di dietro, alla schiena: che belle prodezze
fai, traditore! Credi a me: poco onore acquista il soldato che da povere

51. Già l'incipit, con l'accenno alla solitudine campestre, evoca Petrar-
ca (*RVF*, XXXV, 1: «Solo et pensoso i piú deserti campi»); natural-
mente il *pensoso* si capovolge nell'antifrasi *nulla... pensiria, vodam...
mentem*, essendo Tonello ancora immune da tormenti amorosi. 55.
bolzoniger: tipica formazione macaronica, è coniato a partire dal dialet-
tale *bolzon* «grossa freccia» sul modello classico di *sagittifer* e *armiger*.
59. *Nonne ... catasti*: è la versione macaronica del petrarchesco «Tro-
vommi Amor del tutto disarmato» (*RVF*, III, 9). In conformità alla vo-
cazione «bassa» e «corporea» tipica dell'impasto linguistico folenghia-
no, non si fa alcun cenno al *core*, surrogato dalla piú triviale *panza* (ca-
so flagrante di abbassamento stilistico o «ipobole»), mentre al verbo
«trovare» corrisponde il dialettale *catar*. 63. Ancora un'eco del
Canzoniere nell'*honorem* in clausola: «però al mio parer non li fu hono-
re | ferir me de saetta in quello stato, | a voi armata non mostrar pur l'ar-

bottinum poveras qui menat extra casas.
65 Oro sed almancum: si sic tractare Tonellum
     te iuvat, angoscae cura sit una meae:
     numquid habes in me solam solummodo frizzam?
     Si bene per zuccam quaeris, un'altra latet:
     sentiat hanc etiam medio Zannina figato,
70   apta nec affanno sit medesina suo.
     Scannasti poverum Tonellum, scanna Zaninam,
     pendeat ut nostrae iusta balanza somae.
     Si caricas asinum neque par sit utrique galono
     sarcina, non illam bestia pigra ferat.
75 Omnia sunt drittis semper iustanda misuris:
     per versum sic res it cadaüna suum.

case tira fuori il bottino. (65) Ma di una cosa sola ti prego: se proprio ti
piace trattare cosí Tonello, che almeno ci sia un rimedio alla mia ango-
scia. Non avrai mica una freccia sola, e solo per me? Se cerchi bene per
la zucca, vedrai che ce n'è nascosta un'altra: che anche Zanina la senta
in mezzo al fegato, (70) e non ci sia medicina per il suo affanno. Hai
scannato il povero Tonello, (ora) scanna Zanina, in modo da ridistri-
buire equamente il peso della nostra soma. Se carichi un asino e la soma
non è pari sull'uno e sull'altro fianco, la bestia, pigra, non la vorrà por-
tare. ((75) Tutto va calibrato secondo le giuste misure: cosí ogni cosa va
per il suo verso.

co» (*RVF*, III, 12-14). E la stessa invocazione che Tonello rivolge a Cu-
pido perché colpisca con una sua freccia anche Zanina è un'*amplificatio*
parodistica della recriminazione petrarchesca sulla disparità di tratta-
mento.   68. *zuccam*: svuotate e seccate, le zucche erano comune-
mente usate come recipienti; non sorprende quindi che la faretra di que-
sto Cupido rusticale sia ricavata da una cucurbitacea.   69. L'alter-
nanza *Zannina/Zanina* (come quella *Tonnellus/Tonellus*) testimonia, an-
che a livello microscopico, la sapienza umanistica del macaronico di
Merlin Cocai. Dovuta in primo luogo a una caratteristica dialettale (la
tendenza dei dialetti settentrionali allo scempiamento delle geminate,
che determina negli antichi testi volgari l'abituale compresenza di tre
soluzioni grafiche: conservazione delle geminate etimologiche, scempia-
mento, geminazione «reattiva» di consonanti scempie), nei testi di
Merlin Cocai l'oscillazione non è piú casuale e anarcoide, ma regolata
da precise norme funzionali al rigore prosodico: la vocale seguita da
consonante doppia è sempre lunga; la vocale seguita da consonante
scempia è ancipite (ossia, indifferentemente, lunga o breve).   *figato*
(parossitono, in conformità all'etimo [*iecur*] *ficatum* e all'uso dialettale):
come sede dell'amoroso *affanno* (lemma petrarchesco) è – con la *corada*
o *coradella*, la *panza*, il *ventronus* – uno degli equivalenti macaronici del
cuore.   74. *pigra*: forse «divenuta pigra» per l'irritazione provocata
dal peso disuguale (Cordié), dunque «riottosa».

V

AD ZANINAM

⁹⁵ O Zannina meo plus stralusenta badilo,
    cur sguardaduris me, traditora, feris?
Sunt mihi tot raschi medio ventrone ficati,
    occhiadas quoties das mihi saepe tuas.
Quales barberii video splendere bacinos
¹⁰⁰   aut qualis multum vanga drovata nitet,
sberlusenta quidem talis tua fazza scoraiat
    quisquis mostazzum vult doniare tuum.
Quando tibi miror guanzas rossore galantas,
    «O giandussa – crido –, stella diana venit».
¹⁰⁵ Esse tuos digitos penso bis quinque cavecchios
    quos tibi de perlis fecit Apollo suis.
In teneram posses ferrum voltare povinam
    cum Tortorellam, cum Titalora canis.

METRO: distici elegiaci.

TRADUZIONE. «A Zanina». O Zanina piú rilucente del mio badile, per-
ché, traditora, mi ferisci con i tuoi sguardi? Sono per me tanti forconi
ficcati in mezzo al ventre, tutte le volte che mi dài quelle tue occhiate.
Come le bacinelle del barbiere che vedo splendere, (100) o come brilla
la vanga molto adoprata, allo stesso modo luccica la tua faccia, e sco-
raggia chiunque intenda corteggiare il tuo muso. Quando rimiro le tue
belle guance rosse, «Canchero – grido –, arriva la stella diana!». (105)
I tuoi diti penso siano dieci cavicchi che Apollo ha fatto per te con le
sue perle. Potresti trasformare il ferro in tenera ricotta quando canti la

95. Col recupero parodistico del paragone tra la donna amata e la stel-
la mattutina (già stilnovistico – si pensi all'incipit guinizzelliano *Ve-
dut'ho la lucente stella diana* –, ma presto disceso nella letteratura popo-
lare) si apriva il componimento precedente. Qui la similitudine, ripro-
posta al v. 104, è introdotta da una serie di raffronti tra lo splendore di
Zanina – sottolineato da un espressionismo verbale che attinge alle piú
colorite risorse dialettali: *stralusenta, sberlusenta* – e quello dei piú umili
oggetti dell'uso quotidiano.   96-97. Il poeta macaronico rivisita in
chiave rusticale tutti i luoghi comuni della tradizione lirica: cosí dalle
sguardadurae e dalle *occhiadae* ispirate agli sguardi assassini di guinizzel-
liana, dantesca e petrarchesca memoria («Se 'l dolce sguardo di costei
m'ancide», *RVF*, CLXXXIII) si dipartono non i nobili strali, ma armi
piú consone all'ambiente rurale come i *raschi* (lombardo *rasc*, «forcone»,
«tridente»), che naturalmente colpiscono non il cuore ma il *ventrone*.
101-102. Al posto del bel viso del canone lirico, la *fazza* e l'ancor piú
municipale *mostazzum*: termine che può designare indifferentemente il
volto di Zanina o il muso d'un cavallo (cfr. *Zan. T*, 395).   108. *Tor-
torella* e *Titalora* erano canzoni popolari in gran voga ai tempi del F.

Est verghetta mihi de fino facta piombo:
110   hanc tibi donabo, sis molesina tamen.

VI

DE SE MEDESIMO

Phoebus abandonat terras cascatque sotacquam
    vultque super lectum se colegare suum.
Zappator zappam, bovarus lassat aratrum,
    cavaque fossator straccus acasa redit.
115 Cuncta repossatum redeunt: galina polarum,
    porcus porcillum, capra caprile petit.
Fabri martellos ponunt pennamque nodari,
    installatque asinos iam molinara suos.

Titalora o la Tortorella. Io ho una verghetta fatta di piombo fino: (110)
te la regalerò, ma devi essere dolce dolce (con me).

109. *Est ... piombo*: l'equivoco osceno è meno sfrontato di quanto ap-
paia al lettore moderno, giacché, come nota Zaggia, *verghetta* è ben do-
cumentato nel senso di «anello nuziale».

METRO: distici elegiaci.

TRADUZIONE. «Di se medesimo». Febo [il sole] abbandona le terre e ca-
sca sott'acqua, e vuol coricarsi sul suo letto. Lo zappatore lascia la zap-
pa, il bovaro l'aratro, e il cavafossi torna a casa stanco morto. (115) Tut-
te le creature tornano a riposare: la gallina rientra nel pollaio, il porco
nel porcile, la capra nel caprile. I fabbri depongono i martelli e i notai
la penna, e la mugnaia riporta ormai nella stalla i suoi asini. Ciascuno

111. *cascatque sotacquam*: versione burlesca di un *topos* letterario tra i
piú diffusi. Basti citare, per limitarci ai due *auctores* privilegiati dalla
parodia zanitonelliana, Virgilio e Petrarca, il sole che «se condet in un-
das» in *Georg.*, I, 438, e che «s'attuffa in mezzo l'onde» in *RVF*, L, 46;
verso, quest'ultimo, forse riecheggiato da *Zan. T*, 120: «... liquidis sol
stuffat in undis», nonché da *Baldus V*, I, 390: «Sol maris interea stan-
cus [cfr. «il già straccato sole» dell'*Orlandino*, I, 63, 6] se tuffat in un-
das».   113. *Zappator* svela un'eco palese di *RVF*, L ,18, canzone il
cui motivo dominante è, come nella sestina *A qualunque animale alber-
ga in terra*, la persistenza dell'«obstinato affanno» nelle ore in cui ogni
altra creatura «senza pensier' s'adagia e dorme» (v. 37).   114. *cava-
que fossator*: è la neoformazione *cavafossator* (ove confluiscono i classici
cavator e *fossor*) con interposizione di -*que*, «secondo un artificio espres-
sivo tipico del macaronico folenghiano» (Zaggia); cfr. in *Baldus V*,
XXII, 276 l'analoga tmesi «Barthoquelomeus, quem gens dixere Coio-
nem».

Quisque aliquem busum cercat qualcumque
[ripossum:
120 solus ego tota nocte travaio miser.

VIII

DE SE IPSO

305 Vado per hunc boscum solus chiamoque Zaninam,
    ut chiamat vitulum vacca dolenta suum;
cursitat huc illuc, nescit retrovare fiolum,
    smergolat echisonis per nemus omne cridis,
fert altam codam, se trigat, stendit orecchias,
310 an scoltet puttum forte boare suum.
Heu, quia nil sentit nec sentiet omnibus annis,
    namque suum pignus dulce becarus habet.
Plangens tandem aliquo se firmat sola sub antro,
    nulla dat herba cibum, nulla dat unda bibum.
315 Me rursum transportat amor de more cavalli,
    quem smaniare facit vista cavalla procul:
raspat et antrattum soghae retinacula spezzat

---

cerca un qualche buco e un qualche riposo: (120) io solo, infelice, passo
tutta la notte nei tormenti.

METRO: distici elegiaci.

TRADUZIONE. «Di se stesso». Vado per questo bosco, solo, e chiamo Za-
nina come la vacca dolente chiama il suo vitellino; va correndo qua e là,
non riesce a ritrovare il figliolo, mugghia per tutto il bosco con gridi rie-
cheggianti, tiene ritta la coda, si arresta, distende le orecchie (310) se
per caso senta muggire il suo piccolo. Ahimè, che nulla sente né mai
sentirà per tutti gli anni che verranno, perché il suo dolce pegno ce l'ha
il macellaio. Piangendo infine si ferma, sola, sotto un antro, non c'è er-
ba che le dia cibo né fonte che le dia da bere. (315) Anch'io son trasci-
nato da Amore come un cavallo che smania per la cavalla vista di lonta-
no. Raspa e ad un tratto spezza la corda che lo tiene legato e fugge lon-

306. *ut ... suum*: il F. rivisita, con la sua *vacca dolenta*, un tema caro al-
la poesia classica – da Lucrezio a Virgilio a Ovidio – nella cui rielabora-
zione si erano già cimentati umanisti di vaglia come il Poliziano e lo
Spagnoli (e, in volgare, il Sannazaro). Di particolare evidenza il debito
nei confronti di *Buc.*, VIII, 85-89, mentre l'influsso del Carmelita man-
tovano affiora al v. 314. 308. Con dissonanza tipicamente macaro-
nica, si giustappongono un vocabolo dialettale, *smergolat*, e una neofor-
mazione di stampo umanistico come *echisonis* (glossa folenghiana: «re-
sonantibus echo»), modellata sull'agg. classico *altisonus*. 317. *raspat*:

longeque fameio retro cridante fugit;
it rognendo viam, sofiat per utrumque canalem,
320   cercat equam, sed non, pazzus, acattat equam.
Dicere nil zovat famulo «Sta, bestia! Pru, sta!»,
nilque in crevello mostra biava trigat.
Sola tamen potis est illum firmare cavalla:
sic me, sic, heu, me sola Zanina potest.
325 Scorrozzata tamen stat semper gnecca Tonello
nec causam sdegni vult mihi dire sui;
me non ascoltat lachrymantem more putini,
cui perdonanzam sic peto sicve crido:
«Oyme, Zanina, tuum spresiasne, ingrata,
                                [Tonellum?
330   O plus calcagnis dura Zanina meis!
Qualem terrenum ghiazzarum tempore vango,
cum nil gasones vanga zelata forat,
talem, surda, tuam reputo rigidescere voiam:
non piat orecchias ulla preghera tuas.
335 Nocte levo susum, sono pivam, canto Rosinam
cantoque "Para foras, belle Gianole, capras";

tano, mentre lo stalliere gli grida dietro. Se ne va via nitrendo, soffia
dall'uno e dall'altro canale, (320) cerca la cavalla, ma, pazzo, non la tro-
va. Non serve a nulla allo stalliere gridare: «Ferma, bestia, sú, sta' fer-
ma», e non lo calma neppure la biada che gli vien mostrata nel crivello.
Ma solo la cavalla sarebbe capace di fermarlo: cosí solo Zanina, ahimè,
potrebbe fare con me. (325) Però quella scontrosa se ne sta sempre in-
grugnita con Tonello, né mi vuol dire la ragione del suo sdegno. Non mi
ascolta quando piango come un bambino, quando le chiedo perdono gri-
dando cosí: «Ahimè, Zanina, ingrata, disprezzi dunque il tuo Tonello?
(330) O Zanina, piú dura dei miei calcagni! Come la terra che vango
nella stagione delle gelate, quando la vanga ghiacciata non fora le zolle,
cosí, sorda, mi sembra raggelata la tua voglia: non c'è preghiéra che toc-
chi le tue orecchie. (335) Mi alzo di notte per suonar la piva e cantare
la Rosina o "Porta fuori le capre, bel Gianolo", ma tu te ne infischi di

«gratta il terreno» con le zampe anteriori, in segno d'irrequietezza; *an-
trattum* latinizza la locuzione avverbiale «a un tratto». Il consueto in-
contro/scontro di classicità e *rusticitas* ritorna in *soghae retinacula*, dove
si affrontano due quasi-sinonimi, dial. *soga*, «corda» e lat. *retinacula*,
«redini», «funi».   319. *rognendo: rognir* è diffuso termine dialettale
per «nitrire»; per *utrumque canalem* in questo contesto parrebbe signi-
ficare semplicemente «per ambedue le froge», ma glossando nell'ed.
Toscolanense «ante et retro» il F. ha voluto scherzosamente sottoli-
neare l'ambiguità dell'espressione, che ritorna, stavolta con inequivo-
cabile connotazione scatologica, in *Baldus* V, IV, 191, ove l'infelice
Zambello «suspirum sborrat per utrumque canalem».   325. *gnecca*:
«sdegnosa, scostante».   335-336. *canto ... capras*: Rosina e l'altra
«cantlena rustica», che iniziava «O Zano, bello Zano | cazza fora le ca-

tu matinadis incagas tuque sonettis.
   Heu, libertatis venditor omnis amans».
Quomodo supportas istud, fraschetta Cupido?
340 Est braga iam capiti facta beretta meo.
Ad corpus sanctae – volo blastemare – Nefissae,
   nulla est affannis doia paranda meis.
Hanc amo poltronam. Quid amo? Magis immo
                                         [botyri
   more scolor, nec non sulphuris igne coquor.
345 Ipsa tamen vecchio plus ostinata muletto
   calcibus hinc chioccat, morsibus inde piat.

mattinate e di sonetti. Ahimè, ogni innamorato è venditore della sua li-
bertà». Come puoi tollerare questo, fraschetta d'un Cupido? (340) Le
[tue] brache ormai fan da berretto al mio capo. Corpo di santa – voglio
bestemmiare – Nefissa, nessun dolore è paragonabile ai miei affanni. Io
la amo, quella mascalzona. Ma che dico, amo? di piú, mi squaglio come
burro e cuocio in un fuoco di zolfo. (345) Lei però, piú ostinata d'un
vecchio muletto, da una parte mi tira calci, dall'altra mi piglia a morsi.

pre», erano due canzoni all'epoca popolarissime. 339. *fraschetta*:
«leggero, sventato». 340. Si può forse intendere che la *braga* che
Cupido non porta (cfr. red. *T*, 924: Amore è, in conformità all'icono-
grafia tradizionale, il fanciullo «cuius vergognam braga niuna coprit» [le
cui vergogne non son coperte da brache]) funge invece da copricapo di
Tonello, emblema inequivocabile del suo completo asservimento all'a-
more (secondo la popolare metafora *metter le brache in capo* «tener sog-
giogato qualcuno, comandarlo a bacchetta»). 341. *Sancta Nefissa*:
santa inventata, il cui nome sembra derivare da quello di una «santa»
musulmana, spregiativamente assurta al ruolo di protettrice delle corti-
giane e piú volte citata nei testi comici (specialmente teatrali) e licen-
ziosi del Cinquecento. 346. *chioccat*: l'it. antico ha *chioccare* «per-
cuotere», ma piú probabilmente la grafia *chi-* rappresenterà la palatale
del dial. (lombardo e veneto) *ciocà(r)* «battere», «picchiare».

XI

AD EANDEM [ZANNINAM]

O Zannina, mei solazzum dulce figati,
　dulcior est muso nulla recotta tuo.
Potta meae matris, quam sum modo cordis alegri,
　me quoniam Stanam credis amare gosam.
445 An zelosa tui facta es, mea perla, Tonelli?
　Martellum nostri numquid amoris habes?
Hei mihi, quam tundus, quam sum lignamine
　　　　　　　　　　　　　　　　　　　[grossus,
　si credam chiachiaris fidere posse tuis.
Tu me bertezzas, dubito, me, zaccara, burlas,

METRO: distici elegiaci.

TRADUZIONE. «Alla stessa [Zanina]». O Zanina, dolce sollazzo del mio
fegato, non c'è ricotta piú dolce del tuo muso. Potta di mia madre, co-
me sono allegro ora, sapendo che mi credi innamorato della Stana goz-
zuta! (445) Forse, perla mia, sei diventata gelosa del tuo Tonello? For-
se è l'amore per me che ti dà tormenti? Ahimè, quanto son tonto e
grosso di legname a credere di potermi fidare delle tue chiacchiere! Tu
mi prendi in giro, temo, e ti burli di me, stronzetta, ma di sbeffeggiare

441-442. Per *figati* sostituto macaronico del cuore cfr. *supra*, *Ad Cupi-
dinem*, nota al v. 69; una perfida «ipobole» colpisce anche il «bel viso»
della tradizione petrarchesca, trasformato in animalesco *muso*. Il mo-
dello dei *RVF* soggiace al paragone (di ascendenza nenciale) con la *re-
cotta*: ma se Petrarca esaltava il collo «ov'ogni lacte perderia sua prova»
(*RVF*, CXXVII, 78), le variazioni rusticali sul tema privilegiano ovvia-
mente il dolce gusto rispetto al piacere estetico della dolce vista.
443. *Potta* (propriamente il sesso femminile) è imprecazione tipica del
linguaggio villanesco; qui Tonello si limita a coinvolgere la madre, men-
tre nel *Ruzante*, che attribuisce l'organo ai santi piú disparati senza
preoccuparsi dell'incongruenza anatomica, la trivialità si carica di con-
notazioni blasfeme (ma si ricordi anche l'esclamazione di messer Nicia
nella *Mandragola*: «Potta di san Puccio!»).　444. *gosa*: «gozzuta»
(per la malattia da carenza di iodio allora endemica nelle zone montane)
diviene nel *Baldus* nome proprio d'una tra le Muse predilette di Merlin
Cocai.　446. *Martellum*: *martello* è comune nella lingua quattro-cin-
quecentesca, anche teatrale, per «passione», «tormento amoroso».
449. *Tu ... burlas*: cfr. la gamma sinonimica relativa a «beffare»,
«schernire» nella glossa marginale a *Baldus* T, II, 417: i lemmi (*truffare,
decipere, soiare* [cfr. v. 450], *calefare, trepare, berteggiare, bertonare, tosa-
re*, cui si aggiunga il *burlare* qui in clausola) spaziano dal latino classico
(*decipere*) al toscano (*berteggiare*) ai termini piú spiccatamente dialettali
(*calefare, trepare*). *zaccara*: per Zaggia «cialtrona», ma il vocabolo ha
anche connotazioni scatologiche. L'accezione di «cosa (o persona) dap-
poco», nota anche all'italiano antico *zàcchera* (che oggi vale soltanto

450   non est soiandi causa veruna tamen.
   Siccine te fidum semper trapolare bonhomum?
   Siccine menchionus sum tibi, semper ero?
  aec sunt poma, nuces, castagnae, gucchiapiroli,
   quas tibi ricchezzas munere, ladra, dedi?
455 Talia num scordas? Veniat tibi cancar in occhis!
   Quid nimis indusias? Me cito scanna, precor.
  Me, lupa crudelis, spazzatamenter amazza,
   te potes in trippis abotinare meis.
  Sum tuus, ergo tuis de impresis facve refacve
460   sicut cervelli me guidat orma tui.
  Aut impastatum milii cum pane tracanna
   smaltitumque simul cum macarone caga.
  Ah, datur altandem marzam comprendere: non hoc
   Tonnelli meritat longa leanza tui.
465 Nonne da parte mea specchiettum Dina rotundum

---

(450) non c'è proprio motivo. Cosí tieni intrappolato un brav'uomo fe-
dele? Cosí per te sono e sarò sempre un minchione? Cosí contraccambi
le mele, le noci, le castagne, i fermagli, tutte le ricchezze che ti ho dato
in dono? (455) Te le scordi? Ti venga un canchero agli occhi! Che
aspetti ancora? Scannami subito, ti prego! Ammazzami alla svelta, lupa
crudele, fa' pure bottino delle mie trippe. Sono tuo, dunque le tue cose
le puoi fare e rifare; (460) io seguirò la sorte cui mi conduce il tuo cer-
vello. Oppure tranguiami impastato con pan di miglio, digeriscimi e
cacami insieme agli gnocchi. Ah, alla fine si riesce a capire dove sta il
marcio! Non è questa la ricompensa per la lunga fedeltà del tuo Tonel-
lo. (465) Dina non ti ha portato da parte mia uno specchietto rotondo e

«schizzo di fango»), deriva infatti da quella primaria di «caccola» (pro-
priamente lo sterco di pecora che rimane attaccato alla lana). Sull'am-
biguità tra il significato proprio e quello metaforico gioca Bernardino
da Feltre, in un suo sermone *De vanitatibus et pompis*: «quell'altra pan-
niculos de seta, string[h]etti, veletti etc. Cum vides unam habere tot
zacharas in torno, di' per certo: "Costei è una zachara, e chi la tole ri-
manerà inzacharato"».   453-454. *Haec ... dedi*: il motivo rusticale
della morosa indifferente ai piccoli doni che agli occhi dello spasiman-
te-villano sembrano di gran valore è anche un pezzo forte dei monolo-
ghi teatrali pavani: cfr. Ruzante, *Anconitana*, IV, III: «a' gh'impí' el
grembiale de braçiè, de nubiè, de fugaçine, de braçiè fuorti, ch'a' spisi
bonamen pí de çinque marchiti»; G. A. Giancarli, *La Zíngara*, IV, XII:
«Orbéntena, a' vuo' po comprare per la mia cara morosa Gnocheta un
spieggio [corrisponde allo *specchiettum* folenghiano del v. 465] co una
guxella [ago] d'ariente, con do pómoli de cao da ficarse denanzo in lo
pietto». Per *gucchiapiroli* «spilla», «fermaglio» cfr. *Baldus V*, VII, 211.
457. *Lupa* conserverà l'anfibologia latina, «lupa» e «puttana».
465. Questa Dina latrice di pegnetti amorosi è certo una ruffiana; una
strega dello stesso nome figura, in compagnia di altre sei colleghe (si no-
ti che la categoria delle versiere coincide in larga misura, per il F. e

attulit et nitidi quinque dotonis acus?
Nonne duas stringas? Tamen es ingrata Tonello:
quoque magis dono, tu magis aspra venis.
Te Brothen et Stroppi, te nudus membra Pirazzus
470 fecit et in durum vertit azale caput.
Ferri pectus habes in me, sed pectus ofellae
in Bertolino, perfida vacca, tenes.
Tu Bertolinum mihi praefers? Tune Righettum?
Cederene ingenium debet utrique meum?
475 Si nos doctrina paragonas, doctior illis
sum vanigare hortos sumque menare boves;
si signalatis gestis magnisque prodezzis,
me meritat regem Franza, Cipada papam.

cinque aghi di lucido ottone? E anche due stringhe? Eppure sei ingra-
ta con Tonello: piú ti faccio regali, piú diventi scorbutica. Ti hanno fat-
to Broten e Stroppi e Pirazzo dal corpo nudo, (470) e la testa te l'han
trasformata in duro acciaio. Per me hai un cuore di ferro, ma per Ber-
tolino hai un cuore di pasta frolla, vacca traditora. Mi preferisci Berto-
lino? Mi preferisci Righetto? A entrambi deve cedere il mio ingegno?
(475)Se ci paragoni per dottrina, sono piú dotto di loro nel vangare gli
orti e menare i buoi; se per gesta insigni e grandi prodezze, la Francia

i suoi contemporanei, con quella delle mezzane) in *Baldus V*, XXIV,
287.   466. *dotonis*: il macaronismo con preposizione conglutinata
(burlescamente declinato dal F., in una glossa al *Baldus* toscolanense,
doto, *dotonis*) compare anche in *Baldus V*, VII, 198 («dotone dora-
tum»).   469. Il verso virgiliano (*Aen.*, VIII, 425: «Brontesque Ste-
ropesque et nudus membra Pyracmon») era già entrato, pressoché in-
tatto, nella *Macaronea* di Tifi Odasi (v. 699); il F. macaronizza «Stero-
pes» in *Stroppi* («storpio») e l'esotico «Pyracmon» nel contadinesco *Pi-
razzus* (forma dialettale di *Piero*, con suffisso dispregiativo o accresciti-
vo).   470. *azale*: settentrionalismo per «acciaio».   471. L'*ofella*,
dolcetto di pasta frolla dai molteplici ingredienti (formaggio, uova, uva
passa, cannella e zafferano) è specialità gastronomica milanese: «genus
pulmenti Mediolani reperti», [un tipo di focaccia inventato a Milano],
informa una nota toscolanense; cfr. *Baldus V*, VII, 154: «quantas Mil-
lanus bene grassas yendit ofellas», «quante offelle belle grasse vende
Milano».   474. È probabile che vi sia un doppio senso malizioso
nell'*ingenium* di Tonello, vista l'abituale ambiguità del termine nella
letteratura comica cinquecentesca: cfr. il «grande ingegno» del *Capito-
lo de' ghiozzi* di Francesco Berni (v. 42); in àmbito teatrale (Andrea
Calmo), l'«inzegno grande» auspicato dalla villana Fiore nella *Fiorina* e
l'improbabile «inzegno saldo» dell'attempato messer Zurloto nella *Spa-
gnolas*.   478. *Cipada*: paese nei pressi di Mantova, patria elettiva
delle macaronee. Come Pietole – altro borgo del Mantovano – risplen-
de della gloria di Virgilio, cosí Cipada diverrà famosa per gli allori del
suo figlio piú illustre, Merlino: «Me quoque, nec dubito, portabit pha-
ma per orbem, | proque suo crescet plus magna Cipada Cocaio» [La fa-
ma, non ne dubito, porterà anche me per il mondo, e ancor piú crescerà
la grande Cipada grazie al suo Cocai] (*Baldus V*, V, 415-416).

Deh, voias, Zannina, tuum cognoscere tortum
480 et me, quem stizzus brusat amoris, ama.

XVII

ECCLOGA

Bigolinus, Tonellus, Salvignus

BIGOLINUS
980 Tu solus, Tonnelle, iacens stravacatus in
[umbra,
castrono similis cum nullas mastegat herbas,
quas phantasias per zuccam volvis adessum?
Nonne soles fazzam mihi promere semper
[alegram?

TONELLUS
Ecquis es, ut venias amalato rumpere testam?
985 Si, Bigoline, cupis velut ante siamus amici,
vade viam curaque tuas seguitare pedatas.

BIGOLINUS
Dextrius, o Tonelle, pocum: quid faris amico?
Siccine me primo vis tractu pellere boschis?
Scire tuas opto poenas, dabo forte reparum:

---

mi merita come re, Cipada come papa. Su, Zanina, riconosci il tuo tor-
to (480) e amami, ché mi brucia il tizzone dell'amore.

METRO: esametri.

TRADUZIONE. «Egloga»: *Bigolino, Tonello, Salvigno*. B. Tu, Tonello,
che solo soletto te ne stai stravaccato all'ombra simile a un castrone
quando non mastica erba, che fantasie vai ora rifrullando nella zucca?
Non eri solito mostrarmi una faccia sempre allegra? T. E tu chi sei,
che vieni a rompere la testa a uno che sta male? (985) Se desideri che
siamo amici come prima, Bigolino, va' via e pensa a proseguire la tua
strada. B. Un po' piú di garbo, Tonello: cosí parli a un amico? Cosí
di primo acchito vuoi cacciarmi dai boschi? Voglio conoscere le tue pe-

980. Nell'esordio è palese il richiamo alla prima egloga virgiliana
(«Tityre, tu patulae recubans sub tegmine fagi»), col macaronicissimo
stravacatus calco parodico di «recubans» e la ripresa (dal v. 4) della clau-
sola *in umbra*. Del resto, anche lo spunto iniziale del litigio è suggerito
dalle *Bucoliche*, in particolare dalla III egloga; ma naturalmente il mi-
surato alterco tra Menalca e Dameta – che si risolve in una gara canora
arbitrata da Palemone – trasferito dall'Arcadia virgiliana al mondo ru-
stical-macaronico diviene uno sganghereta zuffa senza esclusione di

990   ne dubita, semper qualcus retrovatur aiuttus.

TONELLUS

Quem, streppone, dabis, vel quem dare credis
                                        [aiuttum?
Non es bastevolus mihi descalzare stivallos,
et, macarone, putas me consolare parolis?
Hinc te tolle viam, dico; tu anchora manebis?

BIGOLINUS

995   Nolo andare. Quis es, qui sic bravose
                                        [comandas?
Si non basto tibi frustos sgambare stivallos,
bastabo e panza fortasse cavare budellas.
Quid, Tonelle, bravas? An fors non nosco
                                        [Tonellum?
Scis modo quid cercas? Sed praestat mittere
                                        [garam;
1000   vult hic contra alios sdegnum smaltire Zaninae.

TONELLUS

Si, Bigoline, tuum velles compire caminum,
inter nos similis non orta baruffa fuisset.

BIGOLINUS

Quis dedit impazzum? Duo sto lontane
                                        [cavezzos!

---

ne, forse vi porrò riparo; (990) non temere, si trova sempre qualche aiu-
to.   T. Che aiuto mi darai, o credi di darmi, gaglioffo? Non sei capa-
ce di scalzarmi gli stivali e, sciocco, pensi di potermi consolare a paro-
le? Togliti via di qui, ti dico; sei ancora qui?   (995) B. Non me ne vo-
glio andare. Chi sei, per comandare con tanta arroganza? Non sarò buo-
no a levarti dalle gambe quegli stivali consumati, forse però mi riuscirà
di cavarti le budella dalla pancia. Perché, Tonello, fai il gradasso? Non
conosco forse Tonello? Lo sai che cosa vai cercando? Ma è meglio la-
sciar perdere la contesa; (1000) questo qui vuole smaltire contro gli al-
tri lo sdegno di Zanina.   T. Bigolino, se tu avessi deciso di proseguire
il tuo cammino, tra noi non sarebbe nata questa baruffa.   B. E chi ti
ha dato noia? Sto a due cavezzi di distanza! Ma so io quel che ci vor-

colpi, in cui predominano i piú tipici ingredienti farseschi.   999.
Nella redazione Paganini (*Egl. P*, I, 20) il secondo emistichio esplicita-
va l'oggetto della ricerca (*malannum seu malapascha*, «il malanno o la
malapasqua»).   1003. *cavezzos*: il cavezzo era un'unità di misura di
valore oscillante, a seconda dei luoghi (per la Lombardia orientale si ve-
da la nota di Zaggia, p. 282), tra i due metri e mezzo e i tre metri.
1004. La *sonzia boschi*, «unguento di bosco» secondo la metafora bur-
lesco-gergale che surroga il cornale (ossia il robusto legno di corniolo,
cfr. *infra*, v. 1049) dell'*Egl. P*, I, 25, è ovviamente il bastone (una va-

At scio bisognum: o quam bona sonzia boschi
1005 ungeret un trattum tibi brazzos atque
[schenazzam!
Tanta tuo fugeret fors fors de ventre matana,
scordaresque bragas Menghi scufiamque
[Zaninae.

TONELLUS

O Bigoline, nisi guardes quod dicis, amici
non erimus. Taceas, faciesque tacendo belopram.

BIGOLINUS

1010 Tu prius in coleram nulla ragione salisti:
sic prius est licitum te stare tacendo quietum.
Guarda istam frascam quam tanta superbia
[brancat!

TONELLUS

Tu mihi non unam, sed noias mille dedisti,
quas supportandas non amplius esse putamus.

BIGOLINUS

1015 Scilicet andamus vignas taiare novellas,
ut de nocte meas taiasti, deque polaro
Zamboni septem robasti, ladre, galinas.
Immo, quid alterius damnum scuitare bisognat?
Nonne meas gallis, gallinis atque polastris

rebbe: come ti farebbe bene un po' di sugna di bosco (1005) che ti un-
gesse una buona volta le braccia e la schienaccia! Forse forse quella gran
mattana ti uscirebbe dalla pancia e ti scorderesti le brache di Mengo e
la cuffia di Zanina.   т. Bigolino, se non stai attento a quel che dici,
non saremo piú amici: farai bene a tacere.   (1010) в. Sei tu che per
primo sei montato in collera senza alcuna ragione: cosí sarebbe giusto
che tu per primo te ne stessi buono buono in silenzio. Guarda questa
frasca, quanta superbia l'abbranca!   т. Non un fastidio solo mi hai da-
to, ma mille, che riteniamo di non dover piú sopportare.   (1015) в. E
allora su, andiamo a tagliare le vigne novelle, come tu hai fatto di not-
te con le mie, e hai anche rubato, ladro, sette galline dal pollaio di Zam-
bono. Anzi, che bisogno c'è di rammentare il danno altrui? (1020) Non
vuoti di continuo le mie stanze, il mio cortile e la mia casa di galli, gal-

riante impreziosita si ritrova in *Baldus V*, VI, 183: «Galenum boschi».
1007. *Menghi*: la *Zanitonella* non fornisce altre notizie di questo *Mengus*
(ipocorismo dialettale di Domenico, corrispondente al toscano Menico)
in cui s'intuisce un rivale di Tonello.   1012. *frascam*: cfr. *supra*, v.
339; qui può valere anche «vanesio».   1015-1016. Anche il taglio
delle vigne è motivo virgiliano (*Buc.*, III, 10-11).   1018. *scuitare*:
glossato dal F. *memorare*, «va aggregato, con la solita *s*- prefissale, al va-
riamente diffuso *cuitare*, dal lat. *cogitare*» (Zaggia); ma può esser per-

1020   continuo stanzas, cortivum tectaque vodas?
        TONELLUS
        Hui hui, rex parlat, loquitur reverentia papae,
        qui tot habet stanzas, tot habet miracula rerum.
        Me porcile tuum – scelus est chiamare fenilum –
        vili compactum fango marcisque canellis
1025   sgallinasse baias? O cancar, guarda quod inquit,
         guarda quod hic furfans, furfantum gloria,
                                                    [parlat!
        Vix pollastruzzum sua coniunx nutrit in anno,
        et bravat plenum tot rebus habere casalem.
        Scilicet a vestris pendet gula nostra galinis!
1030   Verum quis nescit te nocte catasse Zanolum,
        dum quattus quattus stabas post terga fenili
        ut sibi tunc natum posses robbare caprettum?
        Ille sed accortus fingens dormire bofabat,
        te tamen occhiatum pridem scaltritus habebat;
1035   interea dum tu levibus calcagnibus ibas
        atque caprettinum subito agraffare parabas,
        in pede saltatus preso bastone Zanolus
        «Dayque lupo, day, dayque lupo!» pleno ore
                                                    [cridabat,
        teque bonis stringhis caricans tutavia scapantem,
1040   velles non velles, fecit deponere furtum.

line e pollastri? T. Uh, uh, parla il re, conciona Sua Reverenza il pa-
pa, che ha tante stanze, tante cose meravigliose. Vai blaterando che io
ho sgallinato il tuo porcile – sarebbe un delitto chiamarlo fienile – fat-
to di vile fango e di marce cannucce? (1025) O canchero, guarda cosa
dice, guarda come parla questo furfante, gloria dei furfanti! A malape-
na sua moglie riesce ad allevare un pollastruccio in un anno, e lui si van-
ta d'avere un casale pieno zeppo di roba. Eh sí, la nostra gola dipende
dalle vostre galline! (1030) Ma chi non sa che Zanolo ti ha trovato di
notte mentre quatto quatto stavi appostato dietro il fienile per cercar di
rubargli un capretto appena nato? Ma lui, accorto, fingendo di dormire
ronfava, però già ti aveva adocchiato, il furbacchiotto; (1035) e mentre
tu camminavi in punta di piedi e ti apprestavi ad arraffare il capretto
con mossa fulminea, Zanolo, saltato in piedi e preso il bastone, «Dàgli
al lupo, dàgli, dàgli al lupo», gridava a squarciagola, e caricandoti di
buone legnate mentre scappavi (1040) volente o nolente ti fece molla-

cepito anche come allotropo rustico di *escogitare*.   1022. *miracula re-*
rum: è citazione da Virgilio, *Georg.*, IV, 441.   1039. *stringhis*: nel-
l'accezione figurata di «bòtte», nota al dialetto mantovano, va ad in-
crementare la serie quasi inesauribile di metafore relative al campo se-
mantico del «bastonare».

BIGOLINUS

O quales retrovat falsas hic boia fusaras!
Dicere praesumis me bastonasse Zanolum,
me, qui bastarem Gattam affrontare Melatam
aut Bertolottum Marchesca in gente Coionem.
1045   Ecquis erit tanti, qui se scire istud avantet?

TONELLUS

Hoc scio, sed melius tua schena scit illa
                                              [provando,
talis et impresae durat signale sinhoram,
namque videtur adhuc gesiae taccata solaro
mazza gropolosi cornalis more trophaei,
1050   cui traxit noster Bigolinus tergore scorzam.

BIGOLINUS

Doh, facies drittum tales non dire cotalas,
ne cum cervello rupto porteris acasam.
Fors ego spoiavi, forcas montando, picatum,
ceu tu spoiasti, cui nec camisola remansit?

TONELLUS

1055   Ergo age, si piccant ladros, piccaberis ipse,
teque meum iuxta morem spoiabo ladronem,

re la refurtiva.   B. Oh che false baggianate s'inventa questo boia! Osi
dire che Zanolo ha bastonato me, me che potrei tener testa al Gatta-
melata o, tra la gente di san Marco, a Bertolotto Coglione. (1045) E chi
mai avrà il coraggio di vantarsi di sapere una cosa simile?   T. La so io,
ma ancor meglio la sa la tua schiena che l'ha provata, e il segnale di ta-
le impresa dura tuttora, giacché si vede ancora, attaccata a mo' di tro-
feo al soffitto della chiesa, una mazza di nodoso corniolo (1050) a cui il
nostro Bigolino tolse la scorza con la schiena.   B. Ehi, farai bene a non
dire certe cose, se non vuoi esser portato a casa col cervello rotto. For-
se sono stato io a spogliare un impiccato, arrampicandomi sulle forche,
o sei stato tu a depredarlo dei vestiti, che non gli rimase nemmeno la ca-
miciola?   (1055) T. Allora tanto meglio: se impiccano i ladri, sarai im-
piccato anche tu, e com'è mio costume ti spoglierò, ladrone, e ti

1041. *fusara*: «sciocchezza»; è voce diffusa negli autori «comici» set-
tentrionali: Calmo, Ruzzante, testi «alla burlesca» (ossia veneto-gerga-
li).   1043-1044. I due immaginari (anche perché da tempo defunti)
avversari di Bigolino sono i piú celebri condottieri del Quattrocento:
Erasmo da Narni detto il Gattamelata (1370 ca - 1443) e Bartolomeo
Colleoni (1400-76), il cui cognome fin troppo appetitoso per gli autori
comici, e responsabile per scherzosa metonimia dell'evoluzione seman-
tica di Bartolomeo (cfr. i «bartolamee» [«testicoli»] nel celebre sonetto
di Carlo Porta, *Ricchezza del vocabolari milanes*), figura in clausola an-
che in *Baldus V*, XXII, 276, nella forma *Coionem* (che peraltro, desi-
nenza latina a parte, rappresenta quella originaria).   *Marchesca in gen-
te*: la gente Marchesca sono i Veneziani, sotto le cui insegne militò a piú
riprese il condottiero bergamasco.

et promitto tibi nec solam linquere bragam.

BIGOLINUS

Fac sennum matti: taceas, Tonnelle, nec ultra
quas habeo ad nasum voias incendere vespas.

TONELLUS

1060   Non vespas, Bigoline, tuas ego stimo coëllum,
nec mancum impletur galabronis testa Tonelli.

BIGOLINUS

Non plus supporto, volo sbizzerire matanam:
accipe pugnadam, tua sic, sta saldus, un'altram
en pia non mancum meiorem. Tun fugis? Ecce
[tertia...

TONELLUS

Quid pensas me spaventare?

BIGOLINUS

1065   Videbis!

TONELLUS

Non tibi tres pugnos parco, me cancar amazzet.
Hic etiam tuus est, ahn sic? Sta salde! Quid
[inquis?

---

prometto che non ti lascerò nemmeno le brache.   B. Abbi il giudizio
del matto, Tonello: sta' zitto, e smetti di stuzzicare le mosche che mi
son saltate al naso.   (1060) T. Delle tue mosche, Bigolino, non m'im-
porta proprio nulla, e del resto non meno piena di mosconi è la testa di
Tonello.   B. Non ne posso piú, voglio sfogar la mattana: prendi questo
pugno, è tuo; sí; sta' fermo, ecco, pigliatene un altro non meno ben riu-
scito. Ah, scappi? Ecco il terzo...   T. Ma che fai, pensi di spaventar-
mi?   B. Vedrai!   (1065) T. Non te li risparmio tre pugni, che il can-
chero mi ammazzi! Anche questo è tuo... ah sí? Sta' fermo! Che dici?

1058. *Fac sennum matti*: locuzione piú volte attestata nell'opera folen-
ghiana e forse attinta all'uso volgare, anche se non altrimenti documen-
tata in questa specifica forma. Il significato è chiarito dal successivo
verbo *taceas*, che funge da glossa dell'espressione idiomatica: «fa' l'uni-
ca cosa assennata che può fare un matto: sta' zitto». A conferma di que-
st'interpretazione si può addurre il proverbio toscano, registrato dal
Tommaseo, «Ogni pazzo è savio quando tace», di evidente ascendenza
biblica (*Pv*, XVII, 28: «Stultus quoque si tacuerit sapiens putabitur»).
Da respingere, dunque, l'ipotesi che «fare il senno del matto» significhi
«far finta di niente», «lasciar perdere» (Zaggia).   1060. *coëllum* la-
tinizza il dialettale *coèl* (cfr. in particolare l'emiliano *cvèll*), corrispetti-
vo settentrionale dell'italiano antico *covelle* «qualcosa» o – in frasi ne-
gative – «nulla»; forme che risalgono tutte, al pari dei numerosi conti-
nuatori centro-meridionali, al lat. *quod velles*.   1059-1061. Le me-
tafore incentrate sugli insetti (la mosca che salta al naso, i grilli per la
testa) sono ancor oggi ben note al parlato; e certo sono desunti dalla lin-
gua viva anche le *vespae* e i *galabroni* di Bigolino e Tonello, allusivi a ir-
ritazione e nervosismo (in senso analogo, *galevroni* figura nei sermoni di

non facio stimam de te, poltrone, ceresam.

BIGOLINUS

Non stimam facis, an? Talem me ferre

[bufettum?

1070   Certe non patiar; si possum supra ganassam
hanc dare tartuffam... guarda: te verbero, tach

[tach.

TONELLUS

Tu quoque, tach tich toch, an plus? Spudasne

[cruorem?

Quin bravaris adhuc? Heu, casco!

BIGOLINUS

Res bene vadit.

TONELLUS

Horsu, ne facias, oy, oyme, parce Tonello!

BIGOLINUS

Tof tof.

TONELLUS

1075   Oyme caput, mea trippa meaeque

[ganassae!

BIGOLINUS

An tibi non ancum callant, manigolde,

[bravarae?

Non ti stimo un fico secco, gaglioffo. B. Tu non mi stimi, eh? E io te-
nermi un tale schiaffo? (1070) Certo non lo sopporterò: se riesco a dar-
ti questa scoppola sulla ganascia... guarda, ti picchio, tac tac. T. An-
che tu, tac tic toc, ne vuoi di piú? Sputi sangue? Perché non fai piú il
gradasso? Ahi, casco! T. Suvvia, non farlo, ohi,
ohimè, risparmia Tonello! B. Tof tof. (1075) T. Ohimè il capo, la
mia trippa e le mie ganasce! B. Non la smetti ancora con le smargias-

Valeriano da Soncino, predicatore contemporaneo del F. e a lui sor-
prendentemente affine sotto il profilo linguistico). 1068. *ceresa*:
«ciliegia»; sta ad indicare un'entità di valore irrisorio. 1069-1071.
Ancora variazioni sinonimiche sul tema delle «percosse»: accanto al co-
mune *bufettum* (forse in accezione lievemente ironico-antifrastica, visto
che Tonello ha sferrato pugni e non «... un buffetto [= colpetto] | da far
cadergli di capo due schianzi [= crosticine]», *Morgante*, XIII, 53) com-
pare il piú municipale *tartuffa* («tartufola» nel *Baldus*), propriamente
«tartufo», metaforicamente, in dialetto mantovano, «colpo», «bastona-
ta». Altri lemmi dialettali arricchiscono la serie ai vv. 1090-1091: *ton-
fas* «busse», *panzadas* «colpi alla pancia», *goffos* «pugni» (al v. 1069 si è
preferita l'interpunzione di Bernardi Perini e Cordié a quella di Zaggia,
che colloca il punto interrogativo dopo *facis*: la cesura sembra staccare
nettamente *an* in arsi da *talem*). 1076. *callant* (per la geminata cfr.
supra, nota al v. 39), alla lettera «calano», è interpretabile come

An mihi vis etiam repetare? Quid esse putabis?
Es nondum satius? Volo te tractare per altram,
ecce, viam.

TONELLUS

     Bigoline, sinas me stare! Quid?
              [Oyme,
1080 oy, quia me striccat, mihi me baricocola
               [streppat!

BIGOLINUS

Te castrare volo: smemorabis forte Zaninam.

TONELLUS

Dico tibi, me stare sinas, oy, oyme, diavol!

SALVIGNUS

Sentio rumorem, quid erit? Volo cernere
              [factum.

TONELLUS

Straccus es anchoram? Non, non volo perdere
              [vitam.

BIGOLINUS

1085 Quomodo se sforzat de sopra venire gaioffus!
 Non, Tonelle, viam cepisti, appunta gaiarde.
 Tune putas nostris tete subtrare ginocchis?
 O fortuna, quid hoc superor!

TONELLUS

        Sta saldus, an
              [istud
 esse putas falsum, quia tandem supra venivi?
1090 Sta, boiazza: super veni, volo rendere tonfas,
 rendere panzadas, tot goffos totque bufettos
 atque sonaiorum striccamina dira meorum.

---

sate, boia? Mi vuoi anche tirar calci? Che ti crederai d'essere? Non sei
ancora sazio? Voglio trattarti, ecco, in un altro modo. T. Bigolino, la-
sciami stare! E che? Ohimè, (1080) ohi, mi strizza, mi strappa i bari-
coccoli! B. Ti voglio castrare, forse dimenticherai Zanina. T. La-
sciami stare, ti dico, ohi, ohimè, diavolo! S. Sento rumore, che sarà?
Voglio vedere che succede. T. Non sei ancora stanco? No, non voglio
perder la vita! (1085) B. Come si sforza, il gaglioffo, per venire di so-
pra! No, Tonello, non hai trovato la via giusta; puntèllati forte. Tu pen-
si di sottrarti alle nostre ginocchia? O malasorte, sono sopraffatto! T.
Sta' fermo, pensi non sia vero che alla fine ti son venuto sopra? (1090)
Sta' fermo, boiaccio: ho preso il sopravvento, e ti voglio render le bot-
te, render le panciate, tutti quei pugni e tutti quei ceffoni, e i cru-

«cessano» alla luce di una glossa folenghiana. 1080. *baricocola*, qui
«testicoli» (*sonaiorum* al v. 1092; cfr. i *sonaj* del Porta *Ricchezza del vo-*

BIGOLINUS

Tu bene guardabis; quis agis? Meus oyme
[galonus!

TONELLUS

Expecta donec pedibus tibi panza foletur:
1095 sic sic in tinis uvas calcare solemus.

BIGOLINUS

Chiap chiap.

TONELLUS

Allentas sic sic, asinazze, corezzas?

BIGOLINUS

Parco tibi, Tonelle, mihi quoque parce tapino.
Heu mea panza, lof, heu, lof lof, crepabo
[daverum.

TONELLUS

Ah manigoldorum puzzor, fex, stronzus et oybo!
1100 aium mangiasti, tuus aium venter amorbat.

SALVIGNUS

Quid facitis, cancar? Horsu, Tonelle, padimma,
lassa Bigolinum! Quo tanta est quaestio? Lassa!

BIGOLINUS

O, quia sum mortus! Mi, mi, Salvigne, ribaldum
hunc tira dadossum, da, da, compagne,
[socorsum!

TONELLUS

1105 Non, Salvigne, tibi noiam fecisse recordor,
quapropter nostris ne te trammitte baruffis.
Nescis quam peius me tambussabat adessum.

---

deli strizzamenti dei miei sonagli.   B. Te ne guarderai bene; che fai?
Ohimè, il mio fianco!   T. Aspetta che ti pesto la pancia coi piedi
(1095) come si pigia l'uva nei tini.   B. Ciap ciap.   T. Cosí, asinaccio,
cosí molli scorregge?   B. Io non ti faccio del male, Tonello, non farne
neanche tu a me tapino. Ahi, la mia pancia – lof –, ahi – lof lof –, cre-
però di sicuro.   T. Ah, puzza di boia, fece, stronzo e ohibò! (1100)
Hai mangiato aglio, e il tuo ventre ammorba d'aglio.   S. Che fate, can-
chero? Suvvia, Tonello, smettila, lascia Bigolino! A che scopo litigare
cosí? Lascialo!   B. Oh, che son morto! Salvigno mio, tirami via di dos-
so questo ribaldo, dammi soccorso, compagno, dài!   (1105) T. Salvi-
gno, io non ricordo d'averti mai dato noia, perciò non t'intromettere
nelle nostre baruffe. Tu non sai con quanta cattiveria mi picchiava or

cabolari milanes), in senso proprio sono le albicocche.   1099. *oybo* «è
un'interiezione usata dal F. sempre come espressione di schifo» (Zag-
gia), qui trasformata in sost.   1101. *padimma* (imperativo del verbo
lombardo *padimà*) «cessa», chiosa il F. nella red. *T.*

SALVIGNUS
> Ah, Tonelle, precor, quo smania tanta? Tonelle,
> cui dico?

BIGOLINUS
> Salvigne, iuva!

SALVIGNUS
> Tonelle galante,
1110 fac mihi gratiolam solam: sta denique susum.

TONELLUS
> Hic mihi promittat pacem sic stratus arenae,
> tuque segurtatem fac illi, quod mihi pacem
> tam longo servet, quam longo tempore vivat.

SALVIGNUS
> Hic bene promittet: sic te, Tonelle, seguro;
1115 quod si non faciet, tibi carrum spondeo foeni
> mazzatichi, quo se tua vacca Bonella satollet.
> Nonne petis pacem vel das, Bigoline, Tonello?

BIGOLINUS
> Ah, Salvigne, mihi nimis haec iniuria pesat!
> Sentio sub calzis eius gravibusque zenocchis
1120 mudandam imbratasse meam, dum copia sborrat
> multa corezzarum, dumque os suspirat abassum;
> et dabo sive petam sic sic menchionice pacem?
> Attamen importat multum, cum quaia tenetur
> ungue sparaverii, vel cum sorighinus in ore
> vivit adhuc iuvenis gatti, qui forte scapabit...
1125 Sit pax: ista tuum firmetur propter amorem.

SALVIGNUS
> O bene pensatum! Virtus sanctissima pax est;

---

ora. s. Ah, Tonello, ti prego, a che tutta questa smania? Tonello, a
chi dico? B. Salvigno, aiuto! s. Gentile Tonello, (1110) fammi so-
lo un piccolo piacere: riàlzati ormai. T. Cosí disteso per terra costui
mi prometta pace, e tu garantisci per lui che me la conservi tanto a lun-
go quanto durerà la sua vita. s. Certo che prometterà: te lo assicuro,
Tonello; (1115) e se non lo farà, ti prometto un carro di fieno maggia-
tico, con cui si potrà saziare la tua vacca Bonella. Non è vero che chie-
di o dài la pace, Bigolino, a Tonello? B. Ah, Salvigno, troppo mi pesa
quest'affronto. (1120) Sento di essermi imbrattato le mutande sotto i
suoi calci e sotto i suoi ginocchi pesanti, mentre erompeva una gran co-
pia di scorregge e sospirava l'orifizio di sotto. E io darò o chiederò cosí
da minchione la pace? Però è molto importante, quando la quaglia è
stretta dall'artiglio dello sparviero, o quando il topolino è ancor vivo in
bocca al giovane gatto, e forse riuscirà a scappare... (1125) E pace sia:
sia sancita per amor tuo. s. Oh, che buona pensata! Virtú santissima

iret abrodettum sine pace creatio rerum.
Surgite, compagni; nulla est offesa travobis,
ponite post schenam cerebrum, scordate parolas
in colera dictas; basa, Bigoline, Tonellum,
tuque simelmenter Bigolinum basa, Tonelle.
Ambo venite simul mecum cenare staseram,
nam simul expectat nos dudum paper arostum.

è la pace; l'intero creato andrebbe a catafascio senza pace. Alzatevi,
compagni; non c'è piú alcuna offesa tra voi, (1130) mettetevi il cervel-
lo dietro la schiena, scordatevi le parole dette nella collera: Bigolino, ba-
cia Tonello, e ugualmente tu, Tonello, da' un bacio a Bigolino. Venite
tutti e due a cena da me, stasera: tutti insieme ci aspetta un papero ap-
pena arrostito.

DALL'_ORLANDINO_

PRIMO CAPITOLO

[L'innamoramento di Berta e Milone]

52

Stavasi Berta sola e pensorosa
guatando su la piaccia dal balcone;
e mentre s'una man la guancia posa
et al pigior de' soi pensier si spone,
⁵ ecco in un manto d'incarnata rosa
vide l'obbietto del suo cor, Milone,
che vien luntano sopra un bel destriero;
fallo boffare e tien nullo sentiero.

53

Nïun sentiero quel balzano tene,
balzano d'un sol pede estremo e manco;
stellato in fronte, e con sottili vene,
ha largo petto e rotondetto 'l fianco;
⁵ alza le piante e gioca de le schiene;
qual nevo, qual carbon, qual corvo è bianco;

METRO: ottava rima.

52. 1. _pensorosa_: «pensierosa», con assimilazione della vocale controfinale alla tonica per analogia col tipo _amorosa_, _dolorosa_ ecc. 2. _piaccia_ per «piazza» è ipercorrettismo frequente negli autori settentrionali. 4. _pigior_: «peggiore». 5. _incarnata rosa_: recupera una clausola del _Morgante_, XII, 73. 8. _boffare_: «sbuffare» (dalle narici). _tien nullo sentiero_: non procede dritto, ma con le evoluzioni e le impennate descritte nelle ottave seguenti.

53. Il F. si cimenta in un _topos_ epico tra i piú antichi e diffusi, la descrizione del cavallo secondo il canone della bellezza equina (ampi riscontri nel commento all'ed. Chiesa). 1. _balzano_: caratterizzato da una striscia bianca all'estremità della zampa posteriore sinistra (_pede ... manco_). 5. _alza le piante_: «scalpita, scalcia» (_piante_: «zoccoli»). _gioca de le schiene_: «inarca la groppa» (reminiscenza dall'_Orl.fur._, II, 7). 6. _nevo_: «neo». Anche il cavallo di Guidone, nel passo omologo di _Baldus V_, I, 168, è «nigrior carbone stuato», «piú nero d'un carbone spen-

bell'è 'l cavallo e bono, ma chi 'l regge
piú bello e bono il fa, mentre 'l corregge.

54

Muovel a 'n tempo al corso, a 'n tempo il frena;
quello, che 'ntende, or salta or corre or gira,
boffa le nari e foco ardente mena,
tutto in un groppo e capo e coda tira.
5 Ciascun s'allarga, ch'un destrier tien piena
la via capace, e scampavi chi 'l mira.
Berta ciò vede, onde nel cor l'abbraccia
che come neve al sol convien si sfaccia.

55

Amor, ch'è spirto inquieto e mai non dorme,
qui l'attendea già lungamente al varco;
vede natura in lor esser conforme,
onde non gran tirar fu uopo d'arco;
5 ché, quando cessa il mondo esser deforme
pel fredo e vien d'erbette e fiori carco,
quando 'l Sol entra l'aureo Montone,
nacque la dama, nacque il gran barone.

to». 8. *corregge*: «guida, tiene a freno» (sinonimo macaronico, sem-
pre in riferimento al *dressage* equestre, è il *manigiare* di *Baldus* V, XVI,
50).
54. 3. *boffa le nari*: cfr., anche per l'uso transitivo, «borfa [sbruffa]
le nari» nell'*Orl. inn.*, I, II, 33 (e in *Baldus* V, I, 172: «atque tenet na-
res boffando semper apertas»). *mena*: «emette». 4. *in un groppo*:
in un groviglio, per la rapidità con cui gira su se stesso (*Baldus* V, I, 173-
174: «... scurtatur in uno | groppetto», ossia «si riduce a un esiguo vi-
luppo». 5. *s'allarga*: «si tiene alla larga», anzi scappa (*scàmpavi*),
perché il destriero da solo occupa interamente (*tien piena*) la via pur am-
pia (*capace*). 8. Similitudine e rima di ascendenza petrarchesca (per
la *neve al sol* cfr. *RVF*, XXIII, 115; XXX, 21, CXXVII, 45, CXXXIII,
2; la clausola *sfaccia* a *RVF*, LXXI, 31). Gli editori precedenti riferi-
scono il paragone a Berta («ché, come neve al sol,...»); ma *che* può ben
essere, anziché congiunzione, pronome relativo riferito a quel *cor* che si
strugge come in *RVF*, CCCXXVIII, 3: «et facto 'l cor tepida neve».
55. 5. *deforme*: «brutto, squallido». 7. *entra*, transitivo come in
lat. (e nel macaronico folenghiano); il *Montone* – aureo in omaggio al mi-
to del vello d'oro e degli Argonauti – è la costellazione dell'Ariete, do-
ve il sole entra, secondo la tradizione, il 21 aprile (data dell'equinozio
di primavera).

56

Leva dunque la fronte a l'improviso
et accocciò co gli occhi a gli occhi d'ella:
scendeli un colpo d'un modesto riso
che quasi trabuccollo for di sella;
5 concorre il sangue e spento lascia 'l viso,
e 'n mezzo al petto il freddo cor saltella;
bassa la vista, e poi mirar vols'anco:
alor ne venne, al doppio colpo, manco.

57

Pallido e smorto, volta il fren altrove,
ch'un strano caso e novo l'addolora;
i' dico novo, quando che mai prove
non fatto avea d'amore fin ad ora;
5 vorebbe irsene a casa, e non sa dove
prenda il sentiero, tant'è di sé fora;
pur tanto de' stafier segue la traccia
che trova l'uscio e dentro vi si caccia.

58

In quella fretta ch'uomo, pria gagliardo,
da fredda febbre vien ratto assalito,
corre a corcarsi, e pargli troppo tardo
ogni presto servir, tant'è 'nvilito;
5 perde la forza e cangiasi nel sguardo,
cresce la nausa e fugge l'appetito:
cosí Milon, cangiato in un momento,
tutto che corra, il corso gli par lento.

---

56.   2. *accocciò* (ipercorrettismo per «accozzò»): «incontrò, incro-
ciò».   3. *modesto*: «pudico».   4. *trabuccollo*: «lo sbalzò».   5.
concorre: «confluisce tutto in un punto», quasi coagulandosi.   8.
venne ... manco: «svenne».
58.   4. *'nvilito*: «depresso, fiaccato» dalla malattia; o dalle pene d'a-
more e di gelosia, come l'Orlando del Boiardo che «... sopra al letto suo
cadde invilito, | tanto è il dolor che dentra lo martella» (*Orl. inn.*, I, II,
22).   6. *nausa* (forma usata dal F. anche nel macaronico): «nausea».
8. *tutto che*: «benché».

59

Salta d'arzone, in gesto qual non sòle,
ché 'n mille parti ha vòlto lo 'ntelletto;
chiavasi solo, e quanto può si dole,
trovando di sospiri colmo il letto;
⁵ quivi si cruccia e sfoga tal parole
che 'ntenerir potria d'azal un petto.
– Amor, – dicea – crudel Amor protervo,
m'hai còlto pur qual sempliciotto cervo!

60

Per far una leggiadra tua vendetta
e punir in un dí ben mille offese,
celatamente l'arco e la saetta
tua man spietata in mia ruina prese.
⁵ Ah punto infausto! ah stella maladetta,
che contra te mi tolse le diffese,
alor ch'io vidi quella faccia infusa
di tal beltade, a me sol di Medusa!

61

Misero me, che 'ndarno esser sperai
di sí onorevol giostra vincitore!
E tu, cieco fanciullo e nudo, m'hai

---

59. 1. *arzone*: «arcione», con fonetismo settentrionale. 3. *chia-vasi solo*: «si chiude in camera tutto solo». 6. *azal*: «acciaio» (cfr. *supra*, Zan., XI, 470). 8. *sempliciotto cervo*: «Et qual cervo ferito di saetta» si definiva già Petrarca (*RVF*, CCIX, 9); ma *sempliciotto* sembra preludere alla rielaborazione di quel motivo nel sonetto del Bembo *Sí come suol, poi che 'l verno aspro e rio*, ove l'amante impiagato dagli occhi della Donna si paragona al «giovane cervo» che pascola tranquillo e ignaro del pericolo, «né teme di saetta o d'altro inganno, | se non quand'egli è colto in mezzo 'l fianco | da buon arcier, che di nascosto scocchi».
60. 1-3. Esordio tutto petrarchesco: «Per fare una leggiadra sua vendetta, | et punire in un dí ben mille offese, | celatamente Amor l'arco riprese» (*RVF*, II, 1-3). 5. *punto*: «momento», in accezione astrologica, con riferimento alla posizione degli astri e all'influsso esercitato in quel preciso istante. 7. *infusa*: «colma». 8. Come «...'l volto di Medusa | che facea marmo diventar la gente» (*RVF*, CLXXIX, 10-11), cosí la bellezza di Berta ha paralizzato Milone. Medusa – fa notare Chiesa – rima con *infusa* nel *Tr. Pud.* (v. 121).
61. 1. Altro incipit petrarcheggiante (*RVF*, L, 63 e LXXXIX, 12); ma anche i versi successivi sono intessuti di stilemi della tradizione lirica ispirata al *Canzoniere* («di bella libertade in tant'errore»; «questo ar-

gettato fuori non del corridore
5 in terra, ma di gioia in tanti guai,
di bella libertade in tant'errore!
Deh! Dio, se de' mortali unqua ti cale,
dal cor mi sferri questo ardente strale!

62

Pazzo che sei, Milon! come non vedi
che non sei pare al grado imperïale?
Se di tal vischio non ritrago e' piedi,
che possione sperar altro che male?
5 E posto che 'l suo amor ella mi credi,
non l'averò però, ch'i' non son tale
cui la Fortuna un tanto ben dar voglia;
e pur Amor di lei seguir m'envoglia! –

63

Mentre solingo crucciasi Milone,
e mille fiate vòle e mille svòle
quel che consiglia Amor, quel che ragione,
facendo come foglia al vento sòle,
5 ecco nel mar ispano si ripone
tra le Colonne il già straccato sole;
surge la notte da la parte adversa;
ciascun in preda al sonno si roversa.

dente strale»).   4. *corridore* designa qui il cavallo da torneo.   8.
mi sferri: «estraimi»; il verbo è probabilmente suggerito da *RVF*,
CXXXIV, 7 («et non m'ancide Amore, et non mi sferra»), dove però la
maggioranza dei commentatori, a torto, interpreta *sferra* «libera dalle
catene».
62.   4. *possione*: «ne posso»; il dialettale *possio* – o, con scrizione in-
versa, *poscio* – per «posso» è frequente nel testo folenghiano.   5. *mi
credi*: «mi conceda».   8. La rima derivativa *voglia* : *envoglia* è petrar-
chesca (*RVF*, XXIX, 10 e 18), e suggerisce *m'envoglia* contro *me 'nvo-
glia*, tanto piú che *me* pronome atono è estraneo alla morfologia del-
l'*Orlandino*.
63.   Ancora reminiscenze petrarchesche: il v. 2 riecheggia il «voler o
disvoler» di *RVF*, CXIX, 42, il v. 3 l'esordio di CCLXVIII, 1: «Che
debb'io far? che mi consigli, Amore?». Per il *topos* del tramonto cfr. *su-
pra*, nota a *Zan*. VI, 111.   8. *si roversa*: «si abbandona» (*roversare* è
settentrionalismo per «rovesciare»).

Conclusione

64

Et io dico ch'Amor è un bardassola
piú che sua madre non fu mai puttana;
chi 'l chiama «dio» si mente per la gola,
ché 'n Dio non cape furia e mente insana.
⁵ Amor è un barbagianni che non vola,
bench'abbia l'ali et usi in ogni tana;
guardativi da lui, ché 'l ladro antico
lascia la porta et entra nel postico.

65

Questo ben sa mia diva Caritunga,
quando talor col sguardo torto addocchia
qualch'asinello da la coda lunga,
che falla porre a canto la conocchia.
⁵ Ma lui convien che poscia si compunga
di l'error suo, perché qualche pannocchia
vi studia sempre, e fassi bon platonico;
e chi non ha dinari è malenconico.

---

64. *bardassola*: «cinedo». 7. *ladro*: è definito Amore già dagli stilnovisti; si ricordi il sonetto (di attribuzione incerta tra Dante e Cino) *Lo sottil ladro che negli occhi porti*. 8. *postico*: porta posteriore, ovviamente in senso equivoco.
65. 1. *Caritunga*: il nome della musa folenghiana ha una radice classica (Càriti sono, in greco, le Grazie) e un suffisso barbarico che introduce un elemento di deformità, peraltro confermato dall'impietoso ritratto (cfr. VII, 69, 5-6: «... l'unica signora | mia Caritunga, zoppa, sguerza e gobba») che il poeta ci dà della sua lubrica ispiratrice. 3-4. La *coda lunga* è metafora oscena vulgata; un equivoco analogo coinvolge verosimilmente la *conocchia* (che vale anche «sesso femminile»). 5. *si compunga*: «si penta». 6. *pannocchia*: «tumefazione venerea». Poiché la decifrazione del doppio senso lascia qualche margine di ambiguità, Chiesa non esclude una metafora fallica (*pannocchia* in questo senso appartiene alla tradizione burchiellesca, ed è attestato nel Poliziano in rima proprio con *aocchia* «adocchia»); depone tuttavia a favore del «mal francese» l'esplicita dichiarazione con cui Limerno Pitocco apre il capitolo successivo (II, 3, 3-4: «et io nel grembo a Caritunga mia | ho preso tutta Franza per ma foy»). 7. *vi studia*: «vi osserva», o forse «è costretto a curarsi» (Cordié). *platonico*: l'allusione non è alla castità, ma all'opzione omosessuale. 8. *e chi ... malenconico*: il verso di chiusura, costituito da uno pseudoproverbio lapalissiano e debolmente collegato a quanto precede, sembra rifarsi alla tradizione frottolistico-burchiellesca.

DAL *CAOS DEL TRIPERUNO*

SELVA SECONDA

[LA MATOTTA]

Limerno

La fama, il grido e l'onorevol suono
di vostra gran beltà, madonna, è tale
che 'n voi tanto 'l desio già spiega l'ale
che non mi val s'addietro il giro o sprono.
5   Di che s'al nome sol l'arme ripono
con cui spuntai d'Amore piú d'un strale,
or che fia poi vedendo l'immortale
aspetto vostro, a noi sí raro dono?
Ma, lasso! mentre i' bramo e 'nsieme tremo
10 vederlo, piú s'arretra la speranza
quanto l'ardor piú cresce col desio.
Però di quella omai poco m'avanza;
e pur s'un riso vostro aver poss'io,
resorto fia da voi sul punto estremo.

METRO: sonetto a schema ABBA, ABBA; CDE, DEC.
Il sonetto è corredato di una glossa marginale del F.: «Amatoria conta-
gio facile fit, et gravissima omnium pestis evadit. MARSIL».

1. *La fama ... suono*: trittico di sinonimi; *grido* e *suono* nel senso di «fa-
ma» sono già in Dante (rispettivamente *Purg.*, XI, 95 e *Inf.*, XXVII,
78), ma *la fama e 'l grido* è dittologia petrarchesca (in rima a *RVF*,
XXXI, 11).   3. *spiega l'ale*: clausola ripresa da *RVF*, CLXXXII, 14.
4. *non mi val*: «non mi serve a niente cercar di ricacciarlo indietro».
Evidente l'imitazione di *RVF*, VI, 7: «né mi vale spronarlo, o dargli
volta [al *folle mi' desio*]».   5-7. *Di che ... vedendo*: «sicché, se al solo
udire il vostro nome depongo (consapevole dell'inutilità della difesa) la
corazza contro cui si spuntò piú d'una freccia d'Amore, che succederà
quando vedrò...».   *immortale*: «divino»; è attributo di ascendenza pe-
trarchesca. Sulla pericolosità d'Amore la glossa marginale dell'autore ri-
chiama un passo di Marsilio Ficino, *In Convivium Platonis «De amore»
commentarius*, Oratio septima, cap. v: «La malattia d'amore facilmente
si prende per contagio, ed è la piú dura a guarire».   12. *quella*: la
speranza.

Teofilo Folengo

Limerno

– Vaga, solinga e dolce tortorella,
ch'ivi sul ramo di quell'olmo secco
ferma t'appoggi ed hai pallido il becco,
spennata, pegra e men de l'altre bella;
5   dimmi, che piagni? – Piango mia sorella
perduta in queste selve, e lei dal stecco
di questo antico legno chiamo, ond'Ecco
miei lai riporta a la piú estrema stella.
    – Lasso! ch'anco la mia pennando i' chero
10 per questi boschi, e 'ndarno quella abbraccio,
fingendo lei quell'albero, quel pino.
    M'acciò che 'l nostro affanno non sia fiero,
partiamo a l'uno e l'altro il suo destino,
ch'altrui miseria al miser è solaccio.

METRO: sonetto a schema ABBA, ABBA; CDE, CED.
Il sonetto è corredato di una glossa marginale del F.: «Ludit Amor sensus, oculos praestringit et aufert/libertatem animi et mira nos fascinat arte BAP.».

1. *Vaga*: incipit quant'altri mai petrarchesco: cfr. *RVF*, CCCLIII, 1 *Vago augelletto che cantando vai* (ma l'agg., ad alta frequenza nel *Canzoniere*, è riferito a pennuti anche in CCCI, 3: «fere selvestre, vaghi augelli et pesci», e CCCIII, 9, «o vaghi habitator' de' verdi boschi»). 4. *spennata*: «spennacchiata», tocco realistico in cui riaffiora un po' di Merlino. *pegra*: con regolare evoluzione in *-e-* della *i* breve latina (di contro all'it. *pigra*, voce dotta), è forma lombardo-orientale e veneta. 7. *Ecco*: «Eco». 9. *pennando*: «penando», con l'oscillazione scempia/geminata tipica degli autori settentrionali. 11. È il motivo petrarchesco dell'*effictio* immaginaria, centrale in *RVF*, CXXIX («et pur nel primo sasso | disegno co la mente il suo bel viso»), dove perfino «nel tronchon d'un faggio» l'amante ricerca e scorge le fattezze di Laura. Il commento è affidato dal F. alla glossa marginale, due versi del *carmelita mantuanus* Giovan Battista Spagnoli tratti dalla prima delle *Eglogae* (*Faustus. De honesto amore et felici eius exitu*, 48-49): «L'amore inganna i sensi, offusca la vista, toglie la libertà dell'animo e ci ammalia coi suoi mirabili artifici». 13. *partiamo*: «facciamoci partecipi». 14. *ch'altrui ... solaccio*: massima diffusa in numerose varianti latino-medievali, e ancora citata, in forma assai prossima a quella folenghiana, nell'*Ethica* di Spinoza: «Solamen miseris socios habuisse malorum» [è consolazione per gli infelici aver avuto compagni di sventura]. In *solaccio* convergono influsso lat. (*solacium*) e ipercorrettismo settentrionale (toscano *sollazzo*, nel senso arcaico di «conforto»).

Limernus

Huc, huc, noctivagae pater tenebrae,
huc, Somne, huc, placidae sator quietis
Morpheu; huc, insiliens meis ocellis
amplexusque thorum, cuba aut pererra
⁵ totum hoc populeo madens liquore
corpus, tum gelidum bibens papaver.
Hinc hinc mordicus intimis medullis
haerentes abeant cadantve curae,
ut grato superum fruar sopore,
¹⁰ mox grates superis feram diurnas.

METRO: endecasillabi faleci.

TRADUZIONE. Vieni qui, Sonno, padre della tenebra errante nella notte;
vieni, Morfeo, che infondi placida quiete; e dopo esserti insinuato nel
mio letto saltami sugli occhi e resta a riposare qui, oppure serpeggia (5)
per tutto il mio corpo gonfio del liquido caro al popolo, e sarà allora co-
me sorbire il papavero che raggela. Se ne vadano via o si dissolvano le
preoccupazioni che rodono dentro, avvinghiandosi alle viscere, perché
io possa godere del grato divino sopore; di giorno, poi, renderò grazie
agli dèi.

1. *noctivagus*, in Stazio, è appellativo del Sonno stesso (*deus n.*, cfr.
Theb., X, 158). 3. *Morpheu*: il dio del sonno. 5. Per *populeo* (si
noti la sinizesi: -*eo* vale per una sola sillaba) «non troviamo riscontri
nella letteratura classica», annota Cordié. In effetti è attestato l'agg.
populeus «di pioppo» (*populus*, con *o* lunga), qui tuttavia incompatibile
col contesto e con la prosodia, che richiede *o* breve. Il corrispettivo da
pŏpulus «popolo» è probabilmente un'invenzione di Limernus, forse
suggerita – sarebbe un bell'esempio di allusività umoristica e insieme
squisitamente erudita, nel piú tipico stile folenghiano – dal verso
«quam platanus vino gaudet, quam populus unda» (Ovidio, *Rem. am.*,
141: «come il platano gode del vino, come il pioppo dell'acqua»). La
pŏpulus [il pioppio] godrà anche dell'acqua, sembra ammiccare il F. die-
tro quell'inusitato attributo, ma il *pŏpulus* condivide i gusti del platano
e preferisce un altro liquido, che non ha alcuna parentela con l'ovidia-
no «liquor virgineus» di *Pont.*, I, 8, 38 (l'Acqua Vergine, la cui mille-
naria sorgente alimenta ancor oggi la fontana di Trevi): il *liquor* caro al
popolo è naturalmente il vino, e il lemma, in questa accezione, è ben no-
to ai classici (cfr. ad esempio Orazio, *Carm.*, I, 31, 3). 6. *gelidum*: in
senso attivo, con metonimia diffusa nella poesia classica (cfr. anche il
frigus pigrum, «il freddo pigro = che rende pigri» citato nella *Rhetorica
ad Herennium*); ovvio il riferimento alle proprietà soporifere del papa-
vero, che inducendo il sonno «gela» il fuoco vitale.

Merlinus

Post vernazziflui sugum botazzi,
post corsi tenerum greghique trinchum,
et roccam cerebri capit fumana
et sguerzae obtenebrant caput Chimerae.
5 O dulcis bibulo quies Todesco,
seu feno recubat canente naso,
seu terrae iaceat sonante culo!
Mox panzae decus est tirare pellem,
mos est sic asino bovique grasso.

METRO: endecasillabi faleci. Controcanto macaronico, ben insaporito con i tipici ingredienti basso-corporei, sul tema prima elaborato in perfetto latino umanistico da Limernus.

TRADUZIONE. Scolato il succo fluente dalla botticella di vernaccia, trincati con voluttà il còrso e il greco, i fumi del vino invadono la rocca del cervello e le guerce Chimere ottenebrano il capo. (5) Com'è dolce il riposo al tedesco beone, quando sdraiato sul fieno gorgheggia col naso o disteso per terra strombetta col culo! Allora è bello che sia ben tesa la pelle della pancia, come piace anche all'asino e al grasso bove.

1. *vernazziflui*: emendamento di Cordié su *vernazzi flui* dell'originale; l'attributo è una neoformazione macaronica modellata su *mellifluus* (con implicito riferimento alla dolcezza della vernaccia). 2. *trinchum*: «bevuta», macaronizzazione del tedesco *trink(en)* «bere». 5. *bibulo ... Todesco*: quello del tedesco ubriacone è un *topos* molto diffuso nella letteratura «comica» del Cinquecento: cfr. anche *Baldus V*, VIII, 618-619 (dove compare *trincher*) e XIV, 334-369. 6. *canente naso*: naturalmente non si riferisce a prestazioni canore, ma al sonoro russare dell'ubriaco.

POESIA BURLESCA

«Se alcuna età già mai amò il riso, o che 'l numero de le molestie sia fatto maggiore, o che la natura sia divenuta più tenera, o qual altra se ne sia la cagione, questa veramente par che sia dessa». Tale il giudizio dell'età sua, con cui Dionigi Atanagi accompagna la celebre raccolta di *Lettere facete e piacevoli* di vari autori, da lui pubblicata a Venezia nel 1561, che ospita, tra gli altri, epistole dei maggiori poeti burleschi del Cinquecento, Francesco Berni, Giovanni Mauro, Giovan Francesco Bini. Sempre l'Atanagi giustifica i «ragionamenti piacevoli» come «ricreatione» necessaria agli spiriti gravi, impegnati in cose serie, che talora devono allentare l'arco dell'ingegno troppo teso. Questa è una vecchia storia. Già il maestro di motti e facezie del *Cortegiano*, Bernardo Dovizi da Bibbiena, aveva celebrato il riso come antidoto alle molestie della vita, e sollievo degli intelletti affaticati (II, XLV). E gli stessi argomenti ricorrono, insistenti, lungo il secolo, a proteggere tutta la letteratura del riso e del paradosso. Il testo inaugurale è l'*Encomium moriae* di Erasmo, che a difesa del suo *lusus* – non indotto né insulso, ma legittimo divertimento degli studiosi – invoca il modello degli autori classici che scrissero di cose vili, e cita la *Batracomiomachia* omerica, gli encomi paradossali dei sofisti, il *Culex* e il *Moretum* di Virgilio, la lode della calvizie di Sinesio.

Brandelli del catalogo erasmiano passano nelle prefazioni delle sillogi dei poeti burleschi. Le prime raccolte antologiche sono veneziane (1537, 1538, 1539, 1540); ma l'antologia fondamentale è quella allestita da Anton Francesco Grazzini detto il Lasca, col titolo di *Primo libro dell'Opere burlesche* (Giunti, Firenze 1548). Seguirà nel 1555 un *Secondo libro*, a completare la sistemazione di un vasto *corpus* di autori e di testi.

Esistono anche edizioni cinquecentesche individuali di rime piacevoli, spesso unite a satire (come quelle di Ercole Benti- voglio, Giovanni Agostino Caccia, Cesare Caporali), ma è fe- nomeno minoritario rispetto alle antologie, cioè all'ottica col- lettiva e policentrica.

La consacrazione del canone dei burleschi risulta nettamen- te posteriore alla loro stagione creativa, che occupa all'incirca gli anni 1520-40. La scena principale è Roma, l'ambiente del- la corte papale, soprattutto durante il pontificato di Clemente VII, e poi di Paolo III. A Roma sono legati il fiorentino Fran- cesco Berni (per il quale però contano anche altri poli: il Ve- neto e Firenze) e il friulano Giovanni Mauro, che hanno fre- quentazioni comuni e reciproci scambi, e scompaiono quasi ad un tempo (il Berni muore nel 1535, il Mauro l'anno dopo); sempre a Roma vivono e lavorano Giovan Francesco Bini e Mattio Franzesi. Altri raggruppamenti importanti si possono circoscrivere a Firenze, con Benedetto Varchi, Agnolo Firen- zuola, il Bronzino, lo stesso Grazzini; e a Venezia, con Pietro Aretino, Francesco Sansovino, Ludovico Dolce (naturalmente si dànno spostamenti e contatti).

La poesia burlesca del Cinquecento esibisce forti contrasse- gni di genere, sia sul piano concettuale e tematico, che su quel- lo delle forme e delle scelte linguistiche; la dimensione corale è evidente anche nel gioco insistito di proposte e risposte, di an- tefatti e séguiti. La prima realtà unificante è il metro: non il sonetto, dominante nella tradizione comico-realistica dal tem- po di Dante al Quattrocento, ma il capitolo in terza rima: dut- tile, allungabile a piacimento, adatto a cambiamenti di velocità e di ritmo, capace di contrarsi in rapide sentenze o viceversa di distendersi nei meandri di infinite digressioni oziose. I con- temporanei, magari in tono astioso, la definivano una poesia della cucina e dell'orto. Gli elogi dei cibi rappresentano una scelta tematica costante, riscontrabile presso qualunque auto- re. Comincia il Berni, con le lodi di ghiozzi, anguille, cardi, pe- sche, gelatina, composte entro il 1522; il Mauro aggiunge la fa- va; poi le portate del banchetto si moltiplicano, magre e gras- se, c'è l'insalata e c'è la salsiccia. Questi elogi nascondono, in maniera quasi sistematica, un doppio fondo: il «segreto» di ogni vivanda consiste nel secondo senso erotico, decifrabile a norma di un complesso linguaggio dell'equivoco alla cui forma- zione hanno contribuito la musa sibillina del Burchiello e l'au- dacia invereconda dei canti carnascialeschi. Piú raffinato pres- so i nostri autori l'uso di metafore alimentari applicate alla scrittura: la cena può essere cornice e antefatto del componi- mento poetico, che appare la naturale continuazione di una di- sputa conviviale (Berni); oppure il testo stesso può essere la vi- vanda apparecchiata per la cena del lettore destinatario. Il Mauro è un poeta-cuoco, che invita l'interlocutore alla sua ta-

vola, e gli imbandisce la «minestra» dei suoi ternari. Al *topos*
classico della poesia di stile elevato che si nutre di olio, cioè che
domanda lunghe veglie ascetiche al lume della lucerna, gli au-
tori burleschi (si veda, nella presente antologia, il Mauro) op-
pongono l'anti-*topos* di una poesia gaia che si nutre di vino, e
attinge la sua energia dinamica a uno stato di ebbrezza: acco-
stabili, per questo verso, al Folengo e a Rabelais.

Già da questo esempio si deduce che la poesia burlesca (che
è praticata, si ricordi, anche da lirici eminenti, come il Della
Casa, il Molza, il Caro) si configura in opposizione alla poesia
lirica (un'opposizione che spesso prende la forma di una paro-
dia puntuale di testi altrui). Contro le convenzioni della lirica
amorosa, accoglie allora donne ripugnanti, amori omosessuali,
amori di cortigiane, un'aneddotica bassa, e un generale, scate-
nato trionfo dell'osceno. Disputano lo spazio della lode ai ci-
bi, e condividono il diritto al doppio senso, anche oggetti umi-
li di pertinenza della vita materiale: l'orinale e l'ago del Berni,
e poi capi di vestiario, suppellettili domestiche, strumenti di
bottega, robaccia. E ancor peggio, sono celebrate irragione-
volmente entità negative, che comportano sofferenza e priva-
zione: la povertà, la carestia, la sete, la pazzia, e perfino il nul-
la; e vengono esaltate le malattie piú tremende del secolo: il
malfrancese, la peste. Il discorso paradossale scardina l'ordine
naturale delle cose e instaura un nuovo mondo alla rovescia.
Gusto dialettico e virtuosismo nell'argomentare generano poi
il fenomeno frequente dei testi a coppia, con la lode e il biasi-
mo di una stessa cosa (il Berni celebra e poi vitupera il gioco
di carte della primiera, e la città di Verona). Questa inclina-
zione al doppio si produce anche all'interno di altre tipologie
(sempre il Berni ha due elegie amorose, due effusioni villane-
sche, due lodi della peste; e i due capitoli a Ippolito de' Me-
dici, antologizzati nel presente volume, costituiscono le pun-
tate successive di uno stesso discorso continuato).

Una grande realizzazione del capitolo ternario è il modo del-
l'epistola in versi: in questo ambito la scrittura giocosa del Cin-
quecento appare straordinariamente innovativa rispetto ai suoi
precedenti. La «lettera in capitoli» attua una mimesi esperta
del linguaggio epistolare (formule di apertura e di congedo, ri-
chieste di notizie, saluti, perfino in certi casi la coda di una po-
scritta sopraggiunta all'ultimo, e sganciata dall'incatenatura
delle rime). Vi si dispiega il racconto di fatti personali dell'au-
tore, pensieri e gesti che l'esagerazione rende disarmonici e
sproporzionati (del tutto privi di quell'intenzione morale e di-
dascalica che li disciplina invece nel genere della satira). Una
preferenza marcata va alle cronache di viaggi, che si sviluppa-
no quasi in presa diretta, con l'originale invenzione di un tem-
po a strappi e sussulti (il poeta scrive nelle soste, ma anche
mentre cavalca); qui è il regno di mille imprevisti e disagi (col

recupero di ben noti *topoi* della poesia comica quattrocentesca: il cavallo dissestato, il malo albergo, la cena orribile); e si impone un'esasperata coscienza della fisicità del corpo.

Minor coerenza, e anzi una varietà eterogenea di modi spetta all'esperienza del sonetto giocoso, praticato quasi sempre nella sua forma caudata. In questo metro è piú evidente la continuità di temi e motivi con le fonti quattrocentesche (cioè con Burchiello, Pulci, Franco, Pistoia, Bellincioni). I sonetti sono il veicolo abituale di ogni dissenso polemico: all'insegna di una poetica dell'aggressione e della violenza verbale, appaiono invischiati nella contingenza, implicati in una rete necessaria di riferimenti storici e politici. Oppure si specializzano nella descrizione deformante di persone e oggetti, insidiati dalla dismisura e dallo sfacelo: i parenti del Berni, la sua casa, la sua fantesca, le anticaglie veronesi e quelle romane: una poetica, qui, delle rovine, non sacre, anzi umiliate con secca crudeltà.

Nello splendido insieme delle rime del Berni è duro scegliere. Resistendo alle seduzioni di un percorso errabondo (qua una lode paradossale, là un sonetto di vendetta e di dileggio, oppure una delle fulminanti parodie di testi altrui), abbiamo preferito operare una scelta concentrata e intensa, e per cosí dire autosufficiente: un gruppo compatto di quattro capitoli vicini nel tempo, di quegli anni 1532-34 che rappresentano il momento piú felice, piú teso, piú pieno della carriera poetica del Berni. Vi si riconoscono a un livello quasi di frenesia quei segni di eccesso che distinguono lo stile burlesco: l'instabilità di umori e comportamenti, una assillata apologia mescolata alla caricatura di sé, l'imperversare dell'iperbole, l'uso e abuso di fonti classiche e fonti moderne illustri, colonizzate con sicuro dominio.

Al Berni accostiamo Giovanni Mauro: al suo tempo apprezzatissimo, merita di essere riletto oggi col sostegno di un commento. Berni e Mauro erano vicini nelle prime stampe, e considerati in coppia nella ricezione critica piú immediata: nelle prefazioni degli editori; nel cenno dispettoso del malevolo Aretino «un capitolo de lo Sbernia o de ser Mauro che si fosse»; e nel riconoscimento pieno di simpatia di Lodovico Dolce «Il Berna e 'l Mauro poetâr di cose | da giuoco, e fecer ben, sí come quelli | a cui non eran le lor forze ascose». Diamo intenzionalmente due ternari del Mauro che riportano al 1532: anno capitale, in cui ogni cosa converge. In questo modo la lettura dei capitoli dei due autori lascia percepire, sullo sfondo, avvenimenti storici comuni; e ci sono personaggi, importanti, riconoscibili, sempre gli stessi, che paiono scivolare da un componimento all'altro, che camminano e si muovono e parlano nello spazio indiviso creato da questi testi.

S. L.

AL CARDINAL DE' MEDICI IN LODE DI GRADASSO

Voi m'avete, Signor, mandato a dire
che del vostro Gradasso un'opra faccia:
io son contento, io vi voglio ubbidire.

Ma s'ella vi riesce una cosaccia,
5 la Vostra Signoria non se ne rida,
e pensi ch'a me anche ella dispiaccia.

Egli è nella Poetica del Vida
un verso, il qual voi forse anche sapete,
che cosí agli autor moderni grida:

10 «O tutti quanti voi che componete,
non fate cosa mai che vi sia detta,
se poco onore aver non ne volete;

non lavorate a posta mai né 'n fretta,
se già non sète isforzati e costretti

METRO: capitolo in terza rima (terzine incatenate di endecasillabi con schema ABA, BCB, CDC ... YZY, Z).

Il presente capitolo e il successivo, epistole indirizzate al cardinal Ippolito de' Medici, si assegnano con sicurezza al 1532, garante il comune riferimento come a cosa recentissima alla missione in Ungheria di Ippolito, mandato dal papa in aiuto all'imperatore nella guerra contro i Turchi. Il cardinale ha chiesto all'autore una lode del suo nano: il B. vi si accinge a fatica e controvoglia, come a un forzato tributo di ubbidienza. Nondimeno, la natura abnorme del suo soggetto gli consente una soluzione brillante: il bellicoso nano Gradasso, parodia vivente di un paladino, trascina con sé nel ridicolo l'intero armamentario cavalleresco. Al momento della composizione dei due capitoli, il B. risiede ancora a Verona, come segretario (ormai indocile) al servizio del vescovo Giovan Matteo Giberti.

1. *Signor*: Ippolito de' Medici (1511-1535), figlio illegittimo di Giuliano duca di Nemours, venne educato a Roma presso lo zio papa Leone X. Nel 1524 fu posto nominalmente a capo del governo di Firenze, donde fu cacciato nel 1527. Cardinale nel 1529, nel 1532 fu nominato vicecancelliere della Chiesa. Dopo aver svolto incarichi politici, brigava per sostituirsi al cugino Alessandro nel governo di Firenze, alleandosi coi fuorusciti, ma ne fu impedito dalla morte precoce (il 10 agosto 1535: «la causa della morte è intitolata veneno», scrisse pochi giorni dopo Paolo Giovio, in una lettera a Rodolfo Pio di Carpi).   2. *Gradasso*: ricordato anche dall'Aretino, nella *Cortigiana*, I, XXI: «Gradasso nano d'i Medici».   7. Girolamo Vida (1485-1566), poeta in lingua latina. 8. *un verso*: *De arte poetica*, I, 52-53: «nec iussa canas, nisi forte coactus | magnorum imperio regum»; la parafrasi del B. occupa due terzine. 13. *a posta*: «a istanza di qualcuno, a richiesta».

¹⁵ da gran maestri e signori a bacchetta».
   Non sono i versi a guisa di farsetti,
che si fanno a misura, né la prosa,
secondo le persone or larghi or stretti.
   La poesia è come quella cosa
²⁰ bizzarra, che bisogna star con lei,
che si rizza a sua posta e leva e posa.
   Dunque negarvi versi io non potrei,
sendo chi sète; e chi gli negherebbe
anche a Gradasso mio, re de' Pigmei?
²⁵   Che giustamente non s'anteporrebbe
a quel gran Serican che venne in Francia
per la spada d'Orlando, e poi noll'ebbe?
   Costui porta altrimenti la sua lancia;
non peserebbe solo il suo pennacchio
³⁰ la stadera dell'Elba e la bilancia.
   Con esso serve per ispaventacchio,
anzi ha servito adesso in Alamagna,
a' Turchi e a' Mori: io so quel che mi gracchio.
   E destro, snello, adatto di calcagna
³⁵ a far moresche e salti; non è tale
un grillo, un gatto, un cane e una cagna:
   in prima il periglioso, e poi il mortale;
non ha tante virtú nei prati l'erba
brettonica quant'ha questo animale.

---

15. *gran maestri*: personaggi potenti e autorevoli.   16. *farsetti*: indumenti attillati che coprivano il busto, lunghi fino al ginocchio.   19-21. *La poesia ... posa*: questa estrosa definizione della poesia è riportata due volte dal B. nelle sue lettere (XLIII e XLVI, Chiòrboli, pp. 362 e 365).   22-24. Il modello di questi versi si riconosce in Virgilio, *Buc.*, X, 3: «carmina sunt dicenda: neget quis carmina Gallo?».   26. *quel gran Serican*: Gradasso, saraceno re di Sericana, personaggio dell'*Orlando innamorato* e dell'*Orlando furioso*.   28. La rima di *lancia* con *Francia* (v. 26) è frequente nel *Morgante*, soprattutto nel distico finale d'ottava.   29. *pennacchio*:   dell'elmo.   30. *la stadera dell'Elba*: acconcia a pesare grandi carichi di ferro.   31. *ispaventacchio*: «spaventapasseri».   32. *in Alamagna*: in Germania.   33. *io ... gracchio*: la base è Petrarca, *RVF*, CV, 32: «I' so ben quel ch'io dico», ma con un tocco di espressività nel verbo *gracchio* «ciarlo come una cornacchia».   35. *moresche*: specie di energica danza, inizialmente introdotta in Spagna dai Mori, e divenuta molto popolare in tutta Europa.   37. *il mortale*: il salto mortale è una capriola completa che si fa a mezz'aria, senza toccar terra con le mani.   38-39. *non ha tante ... quant'ha*: cfr. il costrutto di *RVF*, XXX, 11-12: «non ò tanti [...] quanti».   *virtú ... l'erba*: cfr. *RVF*, LXXV, 3: «vertú d'erbe».   *brettonica*: variante dialettale del piú comune *bet(t)onica*, pianta arborea, frequen-

40 La cera verde sua brusca e acerba
pare un viso di sotto, quando stilla
quel che nel ventre smaltito si serba.

La sua genealogia chi potria dilla?
Io trovo ch'egli uscí d'un di quei buchi
45 dove abitava a Norcia la Sibilla.

Suo padre già faceva i porci eunuchi;
e lui fe' dottorar nel berrettaio,
per non tenerlo in frasca come i bruchi.

Nacque nel dua di qua dal centinaio;
50 et è sí grande ch'io credo che manchi
poca cosa d'un braccio a fargli un saio.

Se si trovava colla spada ai fianchi
quando i topi assaltaron i ranocchi,
egli era fatto condottier dei granchi.

55 E certo gli somiglia assai negli occhi,
e nella tenerezza della testa
che va incontro alle punte degli stocchi.

M'è stato detto di non so che festa
che voi gli fate quand'egli è a cavallo,
60 se cosí tosto a seder non s'appresta:
fate dall'altra banda traboccallo

---

te nei prati e nei boschi, utilizzata per vari medicamenti, tanto da divenire proverbiale: cfr. Burchiello, *Giovanni, io son condotto in terra aquatica*, 14: «Può dir che ha piú virtú che la bettonico»; Aretino, *Dialogo*: «Un qualificato uomo, una reputata persona, il quale aveva piú vertú che la bettonica». (*Sei giornate*, a cura di G. Davico Bonino, Torino 1975, p. 337). 40. *brusca*: «scontrosa, sgarbata». 41. *viso di sotto*: perifrasi per «sedere»; cfr. Burchiello, *Son diventato in questa malattia*, 3: «L'un viso agro sospira e l'altro piagne». 42. *smaltito*: «digerito». 44. *buchi*: «caverne». 45. *a Norcia la Sibilla*: cfr. Aretino, *Ragionamento*: «contando nella maniera che era vissa nel pozzo, dando ad intendere che la sorella della sibilla di Norcia e la zia della fata Morgana ci abitava» (*Sei giornate* cit., p. 93). 46. *faceva ... eunuchi*: faceva cioè il norcino. 47. *e lui ... berrettaio*: «lo fece ammaestrare a fare berrette», per suggestione del nome di famiglia, Berrettai (cfr. v. 82). 48. *tenerlo in frasca*: «lasciarlo inoperoso», in senso traslato; ma subito si ritorna al senso concreto di *frasca*, su cui stanno i *bruchi*, i bachi da seta. 49. Nel 1502. 51. *braccio*: misura approssimativa, equivalente alla lunghezza di una fune che una persona può tendere da un braccio all'altro. 52-54. Allusione alla *Batracomiomachia*, poemetto pseudo-omerico, in cui le rane e i granchi guerreggiano coi topi. 55. *negli occhi*: perché sporgenti come quelli dei granchi. 56. *tenerezza*: per antifrasi ironica «durezza». 57. *che ... stocchi*: «che può impunemente scontrarsi (bassa com'è) con gli stocchi»; *stocco* è un'arma dalla punta acutissima, piú stretta e corta della spada, rigida e senza taglio. 60. *se ... s'appresta*: «se non si sbriga a sedersi».

a capo chino; e par che vadi a nozze,
sí dolce in quella parte ha fatto il callo.
 Cosí le bestie no doventon rozze,
65 ché ve le mena meglio assai ch'a mano,
e parte il giuoco fa delle camozze,
 un certo giuoco, ch'i' ho inteso, strano,
che si lascion le matte a corna inanzi
cader dagli alti scogli in terra al piano.
70 State cheti, poeti di romanzi;
non mi rompa la testa Rodomonte,
né quel Gradasso ch'io dicevo dianzi;
 Buovo d'Antona e Buovo d'Agrismonte
e tutti i Paladin farebbon meglio,
75 poi che sono scartati, andare a monte.
 Questo è della Montagna il vero Veglio;
questo solo infra tutti pel piú grasso,
e per la miglior roba eleggo e sceglio.
 Piú non si dica il Serican Gradasso:
80 questo cognome omai si spegne e scorcia,
come la sera il sol, quand'egli è basso:
 viva Gradasso Berrettai da Norcia.

64-65. *Cosí ... ch'a mano*: cioè tiene i cavalli in esercizio montandoli.
rozze: «imbolsite».   66. *parte*: «intanto». *camozze*: «femmine dei
camosci».   71. *mi rompa la testa*: «mi infastidisca, mi affligga».
Rodomonte: il re saraceno, guerriero fortissimo e orgoglioso, personag-
gio dell'*Orlando innamorato* e dell'*Orlando furioso*.   73. *Buovo d'An-
tona*: eroe di una delle leggende cavalleresche piú diffuse in Europa nel
Medioevo, contenuta, tra gli altri, in un ampio poema francese del sec.
XIII; in Italia se ne hanno varie redazioni, in versi e in prosa.   *Buovo
d'Agrismonte*: nell'*Orlando furioso* è il padre di Malagigi, Viviano e Al-
digieri.   74. *tutti i Paladin*: all'interno del genere burlesco, si veda la
degradazione dei paladini inscenata da Burchiello, *Cimatura di nugoli
stillata*, 9-11: «Io non potrei contar tanta sciagura, | cioè dei Paladin,
condotti a tale | che ricogliendo van la spazzatura».   75. *scartati ... a
monte*: linguaggio dei giochi di carte; nei vv. 70-75 si deve probabil-
mente leggere un'allusione al lavoro accantonato del Rifacimento del
poema boiardesco.   76. Il Veglio della Montagna era il capo politico
e religioso della setta musulmana terrorista degli Assassini, con cui ven-
nero a contatto i Crociati in Siria nei secc. XII e XIII.

AL CARDINAL IPPOLITO DE' MEDICI

Non crediate però, Signor, ch'io taccia
di voi, perch'io non v'ami e non v'adori,
ma temo che 'l mio dir non vi dispiaccia.
Io ho un certo stil da muratori
5   di queste case qua di Lombardia,
che non van troppo in su coi lor lavori:
compongo a una certa foggia mia,
che, se volete pur ch'io ve lo dica,
me l'ha insegnato la poltroneria.
10   Non bisogna parlarmi di fatica;
ché, come dice il cotal della peste,
quella è la vera mia mortal nimica.
M'è stato detto mo che voi vorreste
un stil piú alto, un piú lodato inchiostro,
15   che cantassi di Pilade e d'Oreste;

METRO: capitolo in terza rima.
Per la datazione, vedi la nota introduttiva al precedente. Piú difficile
questa volta per il B. esaudire l'esigente Ippolito de' Medici, che non
contento della lode di Gradasso richiede in proprio onore *un stil piú al-
to, un piú lodato inchiostro*. Il capitolo si affida allora alla figura della *re-
cusatio*: è tutta una protesta di indegnità, e insieme di affezione esclusi-
va alla poesia burlesca. Affiora a tratti una consolante, privata identifi-
cazione del B. con il diletto personaggio di Margutte, gigante malriu-
scito, che offre al poeta una maschera stereotipa di presentazione a Ip-
polito, fin dall'inizio dei loro rapporti. La forte urgenza di autogiustifi-
cazione si spiega con la pressione di vicende personali: immediatamen-
te successivo alla composizione dei due capitoli è il passaggio del B. al
servizio del cardinale.
1. *Non crediate però*: il brusco incipit esige che si legga il testo come un
diretto proseguimento della prima epistola a Ippolito: l'autore spiega
perché non abbia osato finora affrontare le lodi dello stesso cardinale.
taccia: la rima *-accia* è ripresa dalle due terzine iniziali di *Voi m'avete*
(cfr. *supra*).   3. *temo che ... non*: usuale costrutto latino; la scusa è
quasi identica a quella di *Voi m'avete*, 4-6.   4. *stil da muratori*: si pen-
si alla scherzosa identificazione tra poeta e muratore proposta dal *Dia-
logo contra i poeti*, con gli esempi di Apollo «che serví Laomedonte [...]
a rifar le mura di Troia», e di Anfione «che fece le mura di Tebe»
(Chiòrboli, pp. 272-73).   6. *che ... lavori*: «che sono basse sulla stra-
da»; allo stesso modo è basso lo stile del B.   10-12. *Non ... nimica*:
allusione al primo capitolo in lode della peste, vv. 118-120.   13. *M'è
stato detto*: come in *Voi m'avete*.   *mo*: «adesso».   14. *un stil piú al-
to*: rispetto a quello dell'epistola precedente.   *lodato inchiostro*: cfr.
RVF, XXVIII, 67: «laudati incostri».   15. *di Pilade e d'Oreste*: cioè
un argomento tragico; non è esclusa, nella menzione della celebre cop-
pia di amici fedeli, un'allusione per contrasto ai due cugini Ippolito e

come sarebbe, verbigrazia, il vostro
unico stile, o singulare o raro,
che vince il vecchio non che 'l tempo nostro.

Quello è ben ch'a ragion tegnate caro,
20 però ch'ogni bottega non ne vende:
ne sète, a dire il ver, pur troppo avaro.

Io ho sentito dir tante faccende
della traduzïon di quel secondo
libro, ove Troia misera s'incende,
25 ch'io bramo averlo piú che mezzo il mondo:
hovelo detto, e voi non rispondete,
onde anch'io taccio, e piú non vi rispondo.

Ma per tornare al stil che voi volete,
dico ch'anch'io volentieri il torrei,
30 e n'ho piú voglia che voi non credete;
ma far rider la gente non vorrei,
come sarebbe se 'l vostro Gradasso
leggessi greco in catedra agli Ebrei;
quel vostro veramente degno spasso,
35 che mi par esser proprio il suo pedante,
quando a parlargli m'inchino sí basso.

Provai un tratto a scrivere elegante,
in prosa e 'n versi, e fecine parecchi,
et ebbi voglia anch'io d'esser gigante;
40 ma messer Cinthio mi tirò gli orecchi,
e disse: «Bernio, fa' pur dell'anguille,

Alessandro de' Medici, dei quali non è possibile predicare un'uguale
amicizia (cfr. i vv. 65-66).   23-24. La traduzione in sciolti del II li-
bro dell'*Eneide* ad opera di Ippolito de' Medici fu edita in volumetto
autonomo nel 1539 (Venezia, Niccolò Zoppino); e in seguito unitamen-
te alle traduzioni degli altri libri, ciascuno ad opera di un autore diver-
so (Venezia 1540).   27. *e piú non vi rispondo*: eco dantesca di *Inf.*,
VI, 90: «piú non ti dico e piú non ti rispondo».   32. *Gradasso*: il na-
no qui diviene figura dello stile stesso dell'autore.   33. *leggessi*: ver-
bo tecnico della lezione universitaria.   35-36. Capovolge i ruoli di
Dante e Brunetto Latini, suo maestro, nella scena di *Inf.*, XV, 43-45:
«Io non osava scender de la strada | per andar par di lui; ma 'l capo chi-
no | tenea com'uom che reverente vada».   39. *et ebbi ... gigante*: ci-
tazione precisa di Pulci, *Morgante*, XVIII, 113, 6; è la battuta con cui si
presenta Margutte: «Colui rispose: " Il mio nome è Margutte; | ed ebbi
voglia anco io d'esser gigante, | poi mi penti' quando al mezzo fu' giun-
to: | vedi che sette braccia sono appunto"».   40-45. La tirata d'orec-
chi di Apollo al primo segno di presunzione stilistica del B. è scusa esco-
gitata appositamente per turbare Ippolito, traduttore di Virgilio: le due
terzine infatti traducono un famoso passo di *Buc.*, VI, 3-5: «Cum cane-
rem reges et proelia, Cynthius aurem | vellit et admonuit: "pastorem,

che questo è il proprio umor dove tu pecchi.
    Arte non è da te cantar d'Acchille;
a un pastor poveretto tuo pari
⁴⁵ convien far versi da boschi e da ville».
    Ma lasciate ch'io abbia anch'io danari,
non sia piú pecoraio ma cittadino,
e metterò gli *unquanco* a mano e' *guari*;
com'ha fatto non so chi mio vicino,
⁵⁰ che veste d'oro e piú non degna il panno,
e dassi del messere e del divino.
    Farò versi di voi che sfummeranno,
e non vorrò che me ne abbiate grado;
e s'io non dirò il ver, sarà mio danno.
⁵⁵   Lascerò stare il vostro parentado
e i vostri papi e 'l vostro cappel rosso
e l'altre cose grandi ov'io non bado:
    a voi vogl'io, Signor, saltare addosso,
voi sol per mio soggetto e tema avere,
⁶⁰ delle vostre virtú dir quant'io posso.
    Io non v'accoppierò come le pere
e come l'uova fresche e come i frati,
nelle mie filastroche e tantafere;
    ma farò sol per voi versi appartati,
⁶⁵ né metterovvi con uno in dozzina,
perché d'un nome siate ambo chiamati.

Tityre, pinguis | pascere oportet ovis, deductum dicere carmen"».
42. *questo ... pecchi*: «questo è il tuo debole».   43. *cantar d'Acchille*:
tale era anche la velleità di Margutte: «E nel principio sonar la ribeca |
mi dilettai, perch'avea fantasia | cantar di Troia e d'Ettore e d'Acchil-
le» (Pulci, *Morgante*, XVIII, 118, 5-7).   47. *pecoraio*: trisillabo.
48. *metterò ... a mano*: «metterò in uso, incomincerò a servirmi di».
unquanco, guari: i due termini, addotti come esempio di un linguaggio
aulico e pretenzioso, valgono rispettivamente «mai» e «alquanto».
49-51. Allusione a Pietro Aretino, indicato finemente anche attraverso
l'eco fonica della rima -*ino*.   50. *che ... panno*: è probabile nel verso il
ricordo del dantesco Branca Doria, che «mangia e bee e dorme e veste
panni» (*Inf.*, XXXIII, 141; al v. 140 spicca la stessa forma rara su cui il
B. ironizza: «unquanche»).   52. *sfummeranno*: «esaleranno in alto».
53. *grado*: «gratitudine».   56. *i vostri papi*: Leone X e Clemente VII,
entrambi Medici.   *cappel rosso*: insegna di cardinale.   58. *saltare ad-
dosso*: traduzione caricata del lat. *aggredi*.   63. *filastroche e tantafere*:
cfr. Varchi, *Ercolano*, Milano 1804: «Quando alcuno, per procedere me-
scolatamente e alla rinfusa, ha recitato alcuna orazione, la quale sia sta-
ta come il pesce pastinaca, cioè senza capo e senza coda [...] s'usa dire a
coloro che ne dimandano: *Ella è stata una tantaferata, una filastrocca*» (I,
pp. 181-82).   64. *appartati*: «particolari, distinti».

E dirò prima di quella divina
indole vostra, e del beato giorno
che ne promette sí bella mattina;
70   dirò del vostro ingegno, al qual è intorno
infinito giudizio e discrezione,
cose che raro al mondo si trovorno;
    onde lo studio delle cose buone
e le composizioni escon sovente,
75 che fan perder la scherma a chi compone.
    Né tacerò da che largo torrente
la liberalità vostra si spanda;
e dirò molto, e pur sarà nïente.
    Questo è quel fiume che pur or si manda
80 fuori, e quel mar che crescerà sí forte
che 'l mondo allagherà da ogni banda.
    Non se ne sono ancor le genti accorte
per la novella età; ma tempo ancora
verrà, ch'aprir farà le chiuse porte.
85   E se le stelle che 'l vil popolo ora
(dico Ascanio, San Giorgio) onora e cole,
oscura e fa sparir la vostr'aurora,
    che spererem che debba far il sole?
Beato chi udirà doppo mill'anni
90 di questa profezia pur le parole.
    Dirò di quel valor che mette i vanni,
e potria far la spada e 'l pasturale
ancora un dí rifare i nostri danni.
    Farò tacere allor certe cicale,

---

69. *sí bella mattina*: la giovane età del cardinale, nel 1532 ventunenne.
73. *onde*: dal *vostro ingegno*.   74. *composizioni*: «opere letterarie».
75. *perder la scherma*: «uscir di sé, non sapere quel che si faccia».
82-83. *Non ... età*: ripresa di un verso e un emistichio di Dante, *Par.*,
XVII, 79-80: le glorie future del cardinale sono equiparate a quelle di
Cangrande della Scala.   84. *le chiuse porte*: quelle del conclave: per
Ippolito si profetizza l'elezione a papa.   86. *Ascanio*: il cardinale Pa-
risiani da Tolentino.   *San Giorgio*: il cardinale Girolamo Grimaldi, che
aveva il titolo cardinalizio di San Giorgio.   *onora e cole*: clausola di
RVF, CCCXXI, 11: «honoro et còlo».   89-90. *Beato ... parole*: il
Virgili 1885, p. 104, cita a riscontro *Ap*, I, 3: «Beatus qui legit et audit
verba prophetiae huius».   *doppo mill'anni*: inserto petrarchesco, prele-
vato da *RVF*, XXX, 35: «di tal che nascerà dopo mill'anni».   91.
Dirò: prolungamento dell'anafora dei vv. 67-70.   92. *la spada e 'l pa-
sturale*: congiunti, ma con effetti rovinosi anziché salutari, come qui si
auspica, in Dante, *Purg.*, XVI, 109-111.   93. *rifare*: «ristorare».
94. *cicale*: «chiacchieroni».

⁹⁵ certi capocchi satrapi ignoranti,
   ch'alla vostra virtú commetton male;
      genti che non san ben da quali e quanti
   spiriti generosi accompagnato
   l'altrier voleste agli altri andare avanti;
¹⁰⁰ dico oltre a quei ch'avete sempre allato,
   ché tutta Italia con molta prontezza
   v'aría di là dal mondo seguitato.
      Questo vi fece romper la cavezza
   e della legazion tutti i legacci:
¹⁰⁵ tanto da gentil cuor gloria s'apprezza!
      Portovvi in Ungheria, fuor de' covacci;
   sí che voi sol voleste passar Vienna,
   voi sol dei Turchi vedeste i mostacci.
      Quest'è la storia che qui sol s'accenna;
¹¹⁰ la lettera è minuta che si nota,
   di poi s'estenderà con altra penna:
      e mentre il ferro a temprarla s'arruota,
   serbate questo schizzo per un pegno,
   fin ch'io lo colorisca e lo riscuota.
¹¹⁵ Che se voi sète di tela e di legno
   e di biacca per man di Tiziano,
   spero ancor io, s'io ne sarò mai degno,
      di darvi qualche cosa di mia mano.

---

95. *capocchi*: «sciocchi». *satrapi*: «saccenti».   96. *alla ... male*:
«denigrano il vostro valore, lo calunniano con dicerie false e maligne».
100. *oltre ... allato*: oltre cioè alla sua corte.   103. *romper la cavezza*:
«spezzare le redini», in senso figurato: il cardinale, assegnato alla re-
troguardia, si era ribellato, e aveva voluto passare avanti a tutti (cfr.
v. 99).   106. *covacci*: «giacigli», dell'accampamento.   108. *mo-
stacci*: «ceffi».   110. *la lettera*: la presente epistola in ternari.   *mi-
nuta*: «primo abbozzo».   111. *di poi ... penna*: «in seguito verrà ri-
scritta e rielaborata».   112. *a temprarla*: «per appuntirla», s'intenda
la *penna*.   114. *lo colorisca e lo riscuota*: rispettivamente lo *schizzo* e
il *pegno*.   115-116. Il ritratto di Ippolito de' Medici in assetto mar-
ziale, attribuito a Tiziano, è conservato a Firenze, nella Galleria Palati-
na.

LETTERA A UNO AMICO

Questa per avvisarvi, Baccio mio,
se voi andate alla prefata Nizza,
che, con vostra licenza, vengo anch'io.
La mi fece venir da prima stizza,
5 parendomi una cosa impertinente;
or pur la fantasia mi vi si rizza,
e mi risolvo meco finalmente
che posso e debbo anch'io capocchio andare
dove va tanta e sí leggiadra gente.
10 So che cosa è galea, che cosa è mare;
so ch'e pidocchi, le cimici e 'l puzzo
m'hanno la curatella a sgangherare;

METRO: capitolo in terza rima.
Scritto a Roma, nel luglio o agosto (si veda la canicola descritta ai vv.
55-58) del 1533, quando si preparava il viaggio di Clemente VII per
Nizza, per celebrare il matrimonio della nipote Caterina de' Medici con
Enrico, figlio di Francesco I di Francia: al seguito del cardinal Salviati
partiva il destinatario del capitolo, Bartolomeo Cavalcanti, e con il car-
dinal Ippolito e la sua corte avrebbe dovuto partire anche il B. Il capi-
tolo al Cavalcanti, estremamente fantasioso e complesso per i continui
scarti di tono, appare in primo luogo un rigoroso esemplare di epistola
in versi, dall'attacco *Questa per avvisarvi* al congedo *Mi raccomando a
Vostra Signoria*, e compreso il lungo poscritto (dal v. 95); anzi, è pro-
priamente una lettera vergata «currenti calamo»: *Mentre scrivevo questo,
mi sovenne* (v. 82). In essa il B. realizza il massimo accanimento parodi-
co sulla sua persona, esasperando quei connotati che hanno sempre se-
gnato la sua maschera di fronte a Ippolito de' Medici: ottuso e sciocco
(vv. 8, 23), ancora una volta nei panni di Margutte (vv. 25-26), con
un'esagerata e stolta baldanza da paladino (v. 31). Tutto ciò sullo sfon-
do di un *mondo spiritato*, in cui il seguito papale in viaggio si prefigura
come un corteo di baccanti (vv. 35-36); e la prospettiva della *galea* evo-
ca immaginazioni violente e punitive nei riguardi dei prelati (la cattura
da parte del Barbarossa, vv. 64-72; l'impalazione, vv. 73-94).

1. *Baccio*: Bartolomeo Cavalcanti, fiorentino (1503-1562), amico di
lunga data del B.; ebbe una parte di primo piano, in qualità di amba-
sciatore e oratore, nelle vicende della Repubblica fiorentina; avverso ai
Medici, lasciò Firenze nel 1537, dopo l'elezione di Cosimo; fu negli an-
ni seguenti a Ferrara alle dipendenze del cardinal Ippolito d'Este, poi a
Roma al servizio di papa Paolo III; scrisse opere di trattatistica politica
e una *Retorica*. 8. *capocchio*: cfr. *Non crediate*, 95 (*supra*). 9. *sí
leggiadra gente*: clausola di *RVF*, CCXXV, 14. 10. *galea*: due lodi
paradossali della galea spettano ad Angelo Bronzino. 12. *la curatel-
la*: «i visceri». *sgangherare*: «dissestare»: il verbo, voce del lessico co-
mico e burchiellesco, è probabilmente memorizzato, per l'analogia di ar-
gomento nautico, dall'incipit del sonetto albertiano *Burchiello sganghe-*

perch'io non ho lo stomaco di struzzo,
ma di grillo, di mosca e di farfalla:
15 non ha 'l mondo il piú ladro stomacuzzo.

Lasso! che pur pensavo di scampalla,
e ne feci ogni sforzo coll'amico,
messivi 'l capo e l'una e l'altra spalla;
con questo virtüoso putto, dico,
20 che sto con lui come dire a credenza,
mangio il suo pane e non me l'affatico.

Volevo far che mi desse licenza,
lasciandomi per bestia a casa; ed egli
mi smentí per la gola in mia presenza,
25   e disse: «Pigliati un dei miei cappegli;
mettiti una casacca alla turchesca,
co' botton fino in terra e con gli ucchiegli».

Io che son piú caduco ch'una pèsca,
piú tenero di schiena assai ch'un gallo,
30 son del fuoco d'amor stoppino ed esca,

risposi a lui: «Sonate pur, ch'io ballo:
se non basta ire a Nizza, andiamo a Nisa,
dove fu Bacco su tigri a cavallo».

Faremo insieme una bella divisa,

rato, senza remi (Rime, 1).   15. ladro: «maligno».   stomacuzzo: la ri-
ma -uzzo, propria del genere comico, consuona per di piú a breve di-
stanza con -izza dei vv. 2, 4, 6.   17. coll'amico: cfr. la nota al v. 19.
18. messivi ... spalla: «mi ci sono messo d'impegno».   19. questo
virtüoso putto: il giovane Ippolito de' Medici.   20. a credenza: «a cre-
dito».   21. mangio il suo pane: cfr. l'incipit di Burchiello, Bench'io
mangi a Gaeta pan di Puccio.   non me l'affatico: «non me lo sudo».
25-26. cappegli ... turchesca: tra i capi di vestiario di Margutte è anno-
verato anche «un cappello a spicchi alla turchesca» (Pulci, Morgante,
XVIII, 148, 2).   casacca alla turchesca: sarà da intendere come «abito
talare», ma con implicita un'ironica prefigurazione della cattura da par-
te dei Turchi, paventata ai vv. 64-66.   27. ucchiegli: «occhielli».
28-30. Il senso della terzina è, in breve: «mi lascio convincere anche
troppo facilmente».   tenero di schiena: «pieghevole» (la schiena del gal-
lo è inarcata).   fuoco ... esca: cfr. RVF, CLXXV, 5: «solfo et ésca son
tutto, e 'l cor un foco».   31. Sonate ... ballo: «cominciate pure, che
io sono pronto», eco di Pulci, Morgante, XXIII, 32, 4: «Disse Rinaldo:
"Suona pur, ch'io ballo"».   32. Nisa: toponimo di varie località del-
la Grecia e dell'Asia connesse al culto di Bacco: qui il nome, e l'imma-
gine conseguente del v. 33, è indotto dal gioco allitterativo (Nizza / Ni-
sa).   33. Bacco ... cavallo: Bacco su un carro trainato da tigri è in
Orazio, Carm., III, 3, 13-15.   34. Faremo ... divisa: «ci accorderemo
compiutamente»; da questo punto il discorso s'intende rivolto di nuovo
al Cavalcanti: la risposta del B. a Ippolito va infatti ristretta ai soli vv.
31-33, cioè alla misura di una terzina, come è anche la battuta dell'in-

³⁵ e ce ne andrem cantando come pazzi
per la riviera di Siena e di Pisa.

Io mi propongo fra gli altri sollazzi
uno sfoggiato, che sarete voi,
col quale è forza ch'a Nizza si sguazzi.

⁴⁰   Voi conoscete gli asini da' buoi;
sète là moncugino e monsignore,
e converrà che raccogliate noi.

   Alla fé, Baccio, che 'l vostro favore
mi fa in gran parte piacer questa gita,
⁴⁵ perché già fuste in Francia imbasciadore!

   Un'altra cosa ancor forte m'invita,
ch'i' ho sentito dir che v'è la peste,
e questa è quella che mi dà la vita.

   Io vi voglio ir, s'io dovess'irvi in ceste:
⁵⁰ credo sappiate quant'ella mi piaccia,
se quel ch'io scrissi già di lei leggeste.

   Qui ognun si provvede e si procaccia
le cose necessarie alla galea,
pensando che doman vela si faccia;

⁵⁵   ma 'l sollion s'ha messo la giornea,
e par che gli osti l'abbin salariato
a sciugar bocche perché 'l vin si bea:

   vo' dir che tutto agosto fia passato
inanzi forse che noi c'imbarchiamo,
⁶⁰ se 'l mondo in tutto non è spiritato.

   E s'egli è anche, adesso adesso andiamo;

---

terlocutore (nel Chiòrboli, invece, finisce al v. 42).   35. *cantando come pazzi*: con un comportamento degno di baccanti.   36. *riviera*: «contrada, regione».   38. *sfoggiato*: «straordinario».   *che sarete voi*: cioè il Cavalcanti.   39. *si sguazzi*: «ci si dia buon tempo».   40. *conoscete ... buoi*: «avete buon discernimento».   41. *moncugino e monsignore*: Baccio era già stato in Francia, su incarico della Repubblica fiorentina (cfr. v. 45); per la parodia del francese, un precedente è in Burchiello, *Piovendo un giorno all'alba a mezzanotte*, 12: «Ma fa pestare un monamí di Franza».   42. *raccogliate*: «accogliate».   49. *s'io ... ceste*: in quelle ceste di vimini che, adattate da una parte e dall'altra al dorso della cavalcatura, s'impiegavano per il trasporto di persone; l'espressione sta a significare naturalmente un viaggio scomodissimo. 51. *quel ... di lei*: i due capitoli in lode della peste.   55. *s'ha messo la giornea*: «si è disposto con impegno».   60. *spiritato*: «indemoniato». 61-63. La figura della terzina ricalca un famoso esemplare dantesco: *Par.*, XXX, 40-42: «luce intellettüal, piena d'amore; | amor di vero ben, pien di letizia; | letizia che trascende ogne dolzore». *E s'egli ... andiamo*: la risoluzione espressa da questo verso è molto vicina a quella di

andiam, di grazia, adesso adesso via;
di grazia, questa voglia ci caviamo:
ch'io spero nella Vergine Maria,
65 se Barbarossa non è un babbuasso,
che ci porterà tutti in Barberia.

O che ladro piacer, che dolce spasso,
vedere a' remi, vestito di sacco,
un qualche abbate e qualche prete grasso!
70 Crediate che guarrebbe dello stracco,
dello svogliato, e di mill'altri mali:
certo fu galantuom quel Ghin di Tacco.

Io l'ho già detto a parecchi uficiali
e prelati miei amici: «Abbiate cura,
75 che 'n quei paesi là si fa co' pali».

Et essi a me: «Noi non abbiam paura;
se no ci è fatto altro mal che cotesto,
lo torrem per guadagno e per ventura;
anzi, per un piacer simile a questo
80 andremo a posta fatta in Tremisenne:
sí che quel s'ha da far facciasi presto».

Mentre scrivevo questo, mi sovenne
del Molza nostro, che mi disse un tratto
un detto di costor molto solenne:
85 fu un che disse: «Molza, io son sí matto
che vorrei trasformarmi in una vigna,
per aver pali e mutar ogni tratto».

Ariosto, *Satire*, VII, 115: «Se pur ti par ch'io vi debbia ire, andiamo».
65. *Barbarossa*: Khair ad-dīn (1465-1546), pirata e ammiraglio turco;
nel 1533 occupò Tunisi, e fu nominato dal sultano Solimano capitano
generale della flotta ottomana, che rese temibilissima e imbattibile.
babbuasso: «sciocco».   66. *Barberia*: denominazione generica per in-
dicare l'Africa settentrionale; il nome completa il gioco allitterante del
v. 65.   68. *a' remi*: come galeotto.   72. *Ghin di Tacco*: predone
anch'egli, nella novella boccaccesca (*Dec.*, X, 2) sottomette a una dieta
durissima l'abate di Cluny, sofferente di stomaco, e lo guarisce.   73.
uficiali: di Curia.   75. *che ... pali*: allude al supplizio turco dell'impa-
lazione.   80. *a posta fatta*: «con maturata deliberazione».   *Tremi-
senne*: Tlemcen, nell'Algeria occidentale.   81. *sí che ... presto*: ripresa
sarcastica della frase pronunciata da Cristo nell'imminenza del suppli-
zio: «Quod facis, fac citius» (*Gv*, XIII, 27).   83. Francesco Maria
Molza, poeta modenese in latino e in volgare, era pure in quegli anni a
Roma alle dipendenze di Ippolito de' Medici.   85. *matto*: «smodato
nel mio desiderio».   86. *che vorrei ... vigna*: forse è capovolgimento
parodico di un'espressione proverbiale, attestata in Pulci, *Morgante*,
XVIII, 117, 8: «e ch'io non son terren da porvi vigna».   87. *ogni*

Natura ad alcun mai non fu matrigna:
guarda quel ch'Aristotel ne' Problemi
⁹⁰ scrive di questa cosa, e parte ghigna.

Rispose il Molza: «Dunque mano ai remi;
ognun si metta dietro un buon timone,
e andiam via; ch'anch'io trovar vorre'mi
a cosí gloriosa impalazione».

⁹⁵ Post scritta. Io ho saputo che voi sète
col cardinal Salviati a Passignano,
e indi al Pin con esso andar volete.

Hammelo detto, e non vi paia strano,
messer Pier Carnesecchi segretario,
¹⁰⁰ che sa le cose e non le dice invano.

Io n'ho martello, e parmi necessario,
per la dolce memoria di quel giorno
che fra me stesso fa tanto divario.

Col desiderio a quel paese torno
¹⁰⁵ dove facemmo tante fanciullezze
nel fior degli anni piú fresco e addorno.

Vostra madre mi fe' tante carezze!
O che luogo da monachi è quel Pino,
idest da genti agiate e male avvezze!

---

tratto: «continuamente».   88-90. Versi da intendere probabilmente
come un «a parte» ammiccante del B. a Baccio, piuttosto che come con-
tinuazione in bocca all'interlocutore del Molza (cosí invece il Chiòrbo-
li).   *Aristotel ne' Problemi*: invocato dal B. anche nel Proemio aggiun-
to al canto XVIII del primo libro dell'*Orl. inn.*: «Qui farebbe Aristoti-
le un problema» (Rifacimento, I, XVIII, 1, 1).   *e parte ghigna*: «e intan-
to rídítene».   96. Giovanni Salviati (1490-1553), nipote di Leone X,
cardinale dal 1517; nel 1527 firmò la Lega Santa con Francesco I; nel
1529 negoziò la pace tra Clemente VII e Carlo V.   *Passignano*: in Val
di Pesa, piccolo centro con una badia vallombrosana.   97. *Pin*: la vil-
la dei Cavalcanti in Val di Pesa, identificata dal Virgili 1885, p. 117,
dove il B. fu ospite nel 1521.   99. *Pier Carnesecchi*: fiorentino (1508-
67), legato al cardinale Giulio de' Medici, lo seguí a Roma in qualità di
segretario quando fu eletto papa; a Napoli, dal 1536 al 1540, nel circo-
lo di Giulia Gonzaga, conobbe il Valdés, l'Ochino e altri riformatori, e
aderí alle loro idee; processato dall'Inquisizione romana, fu condannato
in contumacia nel 1558 (la condanna fu poi annullata); ma ancora nel
1566, consegnato da Cosimo I alla Curia, fu sottoposto a un nuovo pro-
cesso e giustiziato.   100. *sa le cose ... dice*: figura poi capovolta ai vv.
119-120: *dice le cose ... sa*.   101. *martello*: «nostalgia».   102. Ci-
tazione di Petrarca, *Tr. Cup.*, I, 2.   103. *divario*: «cambiamento».
106. *fior degli anni*: da RVF, CCLXVIII, 39.   107. *Vostra madre*:
Ginevra, figlia dello storico Giovanni Cavalcanti, sposa al cugino Mai-
nardo.   109. *idest ... avvezze*: «cioè da persone abituate a soverchie

¹¹⁰ Arete lí quel Cardinal divino,
al qual vo' ben, non come a cardinale,
né perch'abbia il roccetto o 'l capuccino,
    che gli vorrei per quel piú tosto male,
ma perch'io intendo ch'egli ha discrezione,
¹¹⁵ e fa de' virtüosi capitale.

    Seco il Fondulo sarà di ragione,
che par le quattro tempora in astratto,
ma è piú dotto poi che Cicerone:
    dice le cose, che non par suo fatto,
¹²⁰ sa greco, sa ebraïco; ma io
so che lo conoscete, e sono un matto.

    Salutatel di grazia in nome mio;
e seco un altro, Alessandro Ricorda,
ch'è un certo omaccin di quei di Dio:
¹²⁵ dico, che con ognun tosto s'accorda;
massimamente a giucare a primiera
non aspettò già mai tratto di corda.

    Quando gli date uno spicchio di pera
a tavola, cosí per cortesia,
¹³⁰ ditegli da mia parte buona sera.
Mi raccomando a Vostra Signoria.

comodità».   110. *quel Cardinal divino*: il Salviati.   111-115. La
professione di affetto appare tanto piú significativa se, come si disse, la
fine violenta del B. conseguí al suo rifiuto di avvelenare il Salviati.
112. *roccetto*: cotta con maniche lunghe e strette, indossata dai prelati.
capuccino: «cuffietta cardinalizia».   114. *discrezione*: «buon discer-
nimento».   116. *il Fondulo*: Girolamo Fondoli, letterato cremonese,
segretario del cardinal Salviati, caro a Francesco I di Francia e maestro
di Enrico II.   *di ragione*: «a buon diritto».   117. *le quattro tempora*:
il digiuno di tre giorni, mercoledí, venerdí e sabato, di una stessa setti-
mana, che si fa all'inizio di ciascuna delle quattro stagioni.   *in astratto*:
ironico capovolgimento della locuzione *in concreto*.   121. *sono un
matto*: a sprecare fiato nel propagandare le sue ben note virtú.
123. *Alessandro Ricorda*: amico del B., menzionato in una lettera del
1524: «Raccomandatemi a quel dio d'amore d'Alessandro Ricorda»
(Chiòrboli, p. 316).   127. *non aspettò ... corda*: «non ebbe mai biso-
gno di essere forzato, messo alla tortura»; il verso serba memoria, forse
involontaria, dell'incipit di una famosa elegia del Tebaldeo, *Non aspettò
già mai con tal desio*.   128. *uno spicchio di pera*: delicatezza da fine
pasto.   130. *ditegli ... sera*: «salutatelo da parte mia».

A FRA BASTIAN DEL PIOMBO

Padre, a me piú che gli altri reverendo
che son reverendissimi chiamati,
e la lor riverenza io nolla intendo;
padre, riputazion di quanti frati
⁵ ha oggi il mondo, e quanti n'ebbe mai,
fino a quei goffi degl'Inghiesuati;
che fate voi dappoi ch'io vi lasciai
con quel di chi noi siam tanto divoti,
che non è donna, e me ne inamorai?
¹⁰ Io dico Michel Agnol Buonarroti,
che quando io 'l veggio mi vien fantasia
d'ardergli incenso e attaccargli i voti;
e credo che sarebbe opra piú pia
che farsi bigia o bianca una giornea,
¹⁵ quand'un guarisse d'una malattia.

METRO: capitolo in terza rima.
Dal definitivo soggiorno di Firenze, nel 1534, il B. indirizza a Seba-
stiano del Piombo questo capitolo, fitto di rievocazioni delle consuetu-
dini di amicizia di Roma, e insigne per le lodi tributate a Michelangelo.
Quanto al mese di composizione, il capitolo precede evidentemente
(cfr. vv. 58-60) la morte di Clemente VII, avvenuta il 25 settembre del
1534, ma forse di poco: vi si fa menzione del Molza, gratificato di un
inconsueto attributo, *gaglioffaccio* (v. 74), che gli tocca anche in una let-
tera del B. a Carlo Gualteruzzi, in data 20 settembre di questo stesso
anno. Il componimento, che assume a ritroso il valore di un testamen-
to, riesce abbastanza sorprendente per l'apologia non piú ironica ma ac-
corata del proprio impegno leale (vv. 58-59, 79-80); e per la scomparsa
del poeta come personaggio, in favore dell'idoleggiata figura di Miche-
langelo, in cui il B. vagheggia, per l'affinità di ragioni poetiche, quasi
un piú degno sostituto di sé. Al capitolo dà risposta Michelangelo, in
nome di fra Bastiano (*Com'io ebbi la vostra, Signor mio*).

1. *Padre*: il pittore veneziano Sebastiano Luciani aveva infatti pronun-
ciato i voti monastici nel 1531, quando ebbe anche, nella Cancelleria
pontificia, il cosiddetto «ufficio del piombo», che consisteva nel bolla-
re i diplomi pontifici col sigillo di piombo; donde il suo appellativo.
6. *Inghiesuati*: i Gesuati, ordine religioso fondato dal beato Giovanni
Colombini (1360), *goffi* forse con riferimento alla povertà dell'abito
(saio bianco di lana, mantello bruno e sandali di legno).   7. *dappoi
ch'io vi lasciai*: il B. fu a Roma nei primi mesi del 1534.   10. *Michel
Agnol Buonarroti*: frequentato verisimilmente dal B. a Firenze l'anno
precedente.   12. Come a un santo protettore (cfr. anche v. 8).
13-15. Allusione all'usanza, da parte di chi venisse risanato in seguito a
un voto, di rivestire per un certo tempo l'abito di un ordine religioso.
giornea: è propriamente una corta sopravveste militare, o anche abito da

Costui cred'io che sia la propria idea
della scultura e dell'architettura,
come della giustizia mona Astrea:
    e chi volesse fare una figura
20 che le rappresentasse ambedue bene,
credo che faria lui per forza pura;
    poi voi sapete quanto egli è dabbene,
com'ha giudizio, ingegno e discrezione,
come conosce il vero, il bello e 'l bene.
25 Ho visto qualche sua composizione:
sono ignorante, e pur direi d'avelle
lette tutte nel mezzo di Platone.
    Sí ch'egli è nuovo Apollo e nuovo Apelle:
tacete *unquanco, pallide vïole,*
30 e *liquidi cristalli* e *fere snelle*:
    ei dice cose, e voi dite parole;
cosí, moderni voi scarpellatori,
e anche antichi, andate tutti al sole.
    E da voi, padre reverendo, infuori
35 chiunque vuole il mestier vostro fare
venda piú presto alle donne i colori.
    Voi solo appresso a lui potete stare,
e non senza ragion, sí ben v'appaia
amicizia perfetta e singulare.
40 Bisognerebbe aver quella caldaia
dove il suocero suo Medea rifrisse
per cavarlo di man della vecchiaia;

---

rappresentanza.   16. *la propria idea*: stilema tipico del B.: cfr. il ca-
pitolo del debito, *Quanta fatica, messer Alessandro,* 114: «che son la ve-
ra idea della memoria» e la lettera XX: «voi sète veramente dolcissimo
e la idea della amorevolezza» (Chiòrboli, p. 330).   18. *Astrea*: dea
della giustizia nella mitologia greca.   23. Cfr. *Non crediate,* 70-71.
25. *composizione*: cfr. *Non crediate,* 74.   28. Cioè il sommo dei poe-
ti e degli artisti.   29-31. Michelangelo è in questi versi proclamato
modello di una nuova poesia, antiretorica e sostanziale: si sposta a lui
quel vanto che il B. aveva rivendicato per sé altrove; gli stilemi ripudiati
sono tutti petrarcheschi; si ponga mente infine che una professione di
non ortodossia petrarchesca molto simile si legge in Aretino, *Cortigiana,*
1ᵃ red., Prol. 8: «Però non vi maravigliate s'ella [la Cortigiana] non va
su per sonetti lascivi, unti, liquidi cristali, unquanco, quinci e quindi, e
simili coglionerie».   32. *scarpellatori*: coloro che lavorano la pietra
con lo scalpello, qui vale «scultori di poco conto».   33. *andate ... al*
sole: «cedete, riconoscetevi inferiori».   36. Perché li usino come co-
smetici.   40-42. Nel mito greco, presso Euripide, Medea ringiovani-
sce bollendo Esone, il vecchio padre di Giasone; nel racconto ovidiano
(*Met.,* VII, 159-296) invece, la maga nel bacino di bronzo prepara un

o fusse viva la donna d'Ulisse,
per farvi tutt'a due ringiovinire,
45 e viver piú che già Titon non visse.

A ogni modo è disonesto a dire
che voi, che fate i legni e i sassi vivi,
abbiate poi com'asini a morire:

basta che vivon le querci e gli ulivi,
50 i corbi, le cornacchie, i cervi e i cani,
e mille animalacci piú cattivi.

Ma questi son ragionamenti vani;
però lasciàngli andar, che non si dica
che noi siam mammalucchi o luterani.

55 Pregovi, padre, non vi sia fatica
raccomandarmi a Michel Agnol mio,
e la memoria sua tenermi amica.

Se vi par, anche dite al Papa ch'io
son qui, e l'amo e osservo e adoro,
60 come padrone e vicario di Dio;

e un tratto ch'andiate in concistoro,
che vi sien congregati i Cardinali,
dite a Dio, da mia parte, a tre di loro.

Per discrezion voi intenderete quali;
65 non vo' che voi diciate: «Tu mi secchi»,
poi le son cirimonie generali.

Direte a Monsignor de' Carnesecchi
ch'io non gli ho invidia di quelle sue scritte,
né di color che gli tolgon gli orecchi;

---

filtro magico, che poi sostituisce al sangue di Aeson. 43. *la donna d'Ulisse*: Circe, nota per le sue arti magiche. 44-48. L'augurio del B., che al suo modo paradossale ha invocato una magia di metamorfosi, vuol contrastare la minaccia del tempo, la «disonestà» della morte incongrua nel caso dei due grandi personaggi: si ricordi che alla data del capitolo Sebastiano del Piombo ha quasi cinquant'anni, Michelangelo è ormai sessantenne. 45. *Titon*: l'immortale vegliardo, marito dell'Aurora. 47. *e i sassi vivi*: cfr. *RVF*, XXIII, 80: «d'un quasi vivo et sbigottito sasso». 49. *basta che*: «basti dire che». 54. *mammalucchi*: «infedeli». *luterani*: «eretici». 59. *son qui*: a Firenze. *e l'amo ... adoro*: cfr. *RVF*, CCXXVIII, 14: «l'adoro e 'nchino come cosa santa». 63. *dite a Dio*: «salutate». *tre di loro*: espressione reticente, del tipo di quella dantesca di *Inf.*, VI, 73: «Giusti son due, e non vi sono intesi». 64. *Per discrezion*: per congettura. 66. *poi*: «poiché, dal momento che». *cirimonie generali*: «complimenti generici». 67. *Monsignor de' Carnesecchi*: cfr. *supra* la nota a *Questa per avvisarvi*, 99. 68. *scritte*: «scritture di segretario». 69. *tolgon gli orecchi*: l'espressione è spiegata come «infastidire» dal Varchi, *Ercolano*, p. 162.

⁷⁰ ho ben martel di quelle zucche fritte
che mangiammo con lui l'anno passato:
quelle mi stanno ancor negli occhi fitte!

Fatemi, padre, ancor raccomandato
al virtüoso Molza gaglioffaccio,
⁷⁵ che m'ha senza ragion dimenticato.

Senza lui mi par esser senza un braccio:
ogni dí qualche lettera gli scrivo,
e perch'ell'è plebea di poi la straccio.

Del suo signore e mio, ch'io non servivo,
⁸⁰ or servo, e servirò presso e lontano,
ditegli che mi tenga in grazia vivo.

Voi lavorate poco, e state sano;
non vi paia ritrar bello ogni faccia;
a Dio, caro mio padre fra Bastiano,
⁸⁵ a rivederci a Ostia a prima laccia.

---

70. *martel*: «rimpianto».   72. Rielaborazione di Dante, *Inf.*, XV,
82: «ché 'n la mente m'è fitta, e or m'accora».   74-75. Il passo del-
la lettera del B. relativo al Molza, cui si è accennato in apertura, è il se-
guente: «Quel gaglioffaccio suol pure ancor egli esser buon compagno,
e non posso già credere che el favore e la grandezza li abbi tolto sí fat-
ta felicità, se voi non me lo dite espressamente. Tenetemi in sua grazia
quantum sinit» (XXXVI, Chiòrboli, p. 356): altro punto di contatto tra
il capitolo e la lettera è dunque nell'accenno a un atteggiamento di fa-
stidio del Molza verso il B.; insinuato anche nella lettera successiva, da
Firenze il 29 settembre, ugualmente diretta a Carlo Gualteruzzi: «vi
prego mi amiate e teniate in grazia di quelli che sapete desidero che mi
diano la grazia loro, e particolarmente del mio signor messer Della Ca-
sa e del Molza, se però gli cale mirar sí basso» (XXXVII, Chiòrboli, p.
357).   78. *plebea*: non conforme all'elegante e raffinato stile del de-
stinatario.   79. Il *signore* è Ippolito de' Medici.   80. *presso e lon-
tano*: stilema petrarchesco (*RVF*, XLIII, 6; CXXIX, 61).   81. *che ...
grazia*: la stessa richiesta di benevolenza, insistente, è in entrambe le let-
tere sopra citate; da questo verso il Virgili 1881, p. 470, inferisce che il
B. sapeva di aver ormai perduto la grazia del cardinale de' Medici.
83. *non ... faccia*: cioè: «scegliete con discrezione i vostri modelli».
85. *a prima laccia*: all'inizio della primavera, quando la laccia, o chep-
pia, risale il Tevere per riprodursi.

☆

Vera coppia d'amici ai tempi nostri,
messer Giovanni e messer Agostino,
che fate ragionar dei fatti vostri,
e consumate piú olio che vino,
5 come prudenti, per immortalarvi,
come il gran Mantovano, e quel d'Arpino,
io quanto si convien vorrei lodarvi,
ma piú lode di quella che voi stessi
vi date, non cred'io ch'uom possa darvi.
10 Pur che piacervi col mio dir credessi,
tutti i mie' ingegni in opera io porrei,
fin ch'i' dèi di Parnaso stanchi avessi;
e d'ogni vostro onor tanto direi
che i nomi vostri per le piazze intorno
15 a parangon del Cassio portarei:
ma non volete che vi scalde il forno

METRO: capitolo in terza rima.
Epistola, indirizzata a Giovanni Della Casa e ad Agostino Fanti. L'intento dichiarato del componimento è la celebrazione, in tono compassato e solenne, degli impegnativi meriti letterari del Della Casa, e insieme di quelli di un amico di lui. Di fatto il capitolo deve la sua esistenza e il suo funzionamento all'alternarsi di due registri dissonanti di scrittura: il discorso encomiastico, continuamente intonato e interrotto, e le irruzioni incontrollabili di un linguaggio familiare e proverbiale. La data di composizione, ricavabile dal testo, è l'inizio d'autunno 1532 (cfr. vv. 46-48 e 50); il M. è sicuramente fuori Roma, perché chiede notizie.

1. *coppia d'amici*: quale la petrarchesca di Socrate e Lelio, in *Tr. Cup.*, IV, 70. 2. Giovanni Della Casa; Agostino Fanti, bolognese, ricordato nell'epistolario del Della Casa e in quello del Bembo. 4. *olio*: delle lucerne; allusione alle lunghe veglie studiose dei due amici. 6. Virgilio e Cicerone, modelli per la poesia e per la prosa in lingua latina. 7-9. Il motivo dell'inadeguatezza della lode è già del passo petrarchesco, *Tr. Cup.*, IV, 70-72: «O qual coppia d'amici! che né 'n rima | porria, né 'n prosa ornar assai, né 'n versi, | se, come dee, vertú nuda se stima»; ma il linguaggio è piuttosto quello del capitolo bernesco della primiera, v. 16: «Dica le lode sue dunque ella stessa». 15. *Cassio*: il bolognese Girolamo Casio de' Medici, fatto cavaliere da Leone X, fecondissimo dispensatore di lodi poetiche; il Berni lo attaccò violentemente nel *Dialogo contra i poeti* e nel *Commento al capitolo della primiera*. 16. *il forno*: probabilmente l'immagine non è casuale, ma mira a pungere il Della Casa, autore di un famoso, e poi rinnegato, capitolo burlesco in lode del forno, cui pure non stonerebbe l'etichetta «lavor di tela grossa», qui conferita alla rimeria del M. (cfr. i polemici versi 19-20).

foco di paglia, né vi par che possa
il lume delle lucciole far giorno;
   né vi piace lavor di tela grossa
²⁰ qual tesse la mia Musa, e non è usanza
vostra lasciar la polpa e voler l'ossa.

   Vi prego ben che questo intrar in danza
e mio presto ritrarmi non vi paia,
come dice il spagnuol, mala creanza.
²⁵   Voi vedete i poeti a centenaia
usar di questi tratti, et alla gente
vender lodi or a pugni et or a staia.

   Io dissi nel principio brevemente
quel che dir volsi, e fu mia intenzione
³⁰ ch'altri poi s'intendessi il rimanente,

   e non mi stessi in lunga adulazione,
con dire: «O fortunato secol nostro,
nel qual si trovan sí fatte persone!»;

   né dissi che le carte e che l'inchiostro
³⁵ con le penne di Febo e tutte quante
le Muse sarian poco al merto vostro;

   né che Fiorenza e Bologna si vante
d'avervi generati, né che Roma
superba or di voi goda e di voi cante.
⁴⁰   Lascio a schiene piú forti questa soma,
ch'io porto con fatica a pena il basto,
e bestia son mal atta, ancor non doma.

   E so ch'avete lo stomaco guasto
omai con queste mie magre minestre,

---

17. *foco di paglia*: un fuoco effimero, dunque inadeguato; come inade-
guato a rischiarare compiutamente è *il lume delle lucciole* del verso se-
guente.   26. *di questi tratti*: di queste espressioni (encomiastiche).
28. *nel principio brevemente*: nelle prime due terzine del capitolo, che
contengono i termini della lode.   34. Cfr. *RVF*, LXXIV, 12: «et on-
de vien l'enchiostro, onde le carte».   37. *Fiorenza e Bologna*: le città
d'origine rispettivamente del Della Casa e del Fanti.   38. *Roma*: la
città dove attualmente vivono. Lo schema di questo elogio del M. colli-
ma singolarmente con quello del grave sonetto del Bembo, *Casa, in cui
le virtuti han chiaro albergo* (di datazione molto piú tarda), e segnata-
mente con l'ultima terzina.   40. *questa soma*: clausola dantesca
(*Purg.*, XI, 57).   41. *il basto*: la sella delle bestie da soma, su cui si
adatta il carico; l'immagine che il poeta assume a paragone di se stesso
ai vv. 41-42 è di genere marcatamente umile.   43-44. *E so ... mine-
stre*: «so che siete ormai disgustati di questi cibi insipidi e poco nutrienti
che vi offro».   *magre minestre*: quasi fossero confezionate con brodo

⁴⁵ e dovvi maccaroni dopo pasto;
      mentre di legïoni e d'ali equestre,
  ch'empion tutta la Magna e l'Ongaria,
  parlate, e d'archi turchi e di balestre.
      E forse che la vostra fantasia
⁵⁰ col fresco si è rivolta a cose gravi,
  e in questo non s'accorda con la mia:
      ch'io fo pur col cervel cavalli e navi,
  il qual mi mena per lo mondo a spasso,
  come colui che non ha freno o chiavi;
⁵⁵ il vostro è saldo, e non farebbe un passo
  che la ragion non lo portasse in groppa,
  e pesa piú che della Guglia il sasso.
      Ma perché forse non vi paia troppa
  manifattura in questo panno, ordito
⁶⁰ non d'oro, ma di canapo o di stoppa,
      con questo intendo aver quasi fornito,
  se non ch'io dirò ancor dieci parole,
  mentre io passeggio per far appetito.
      Saper vorrei se quel mondano sole
⁶⁵ il buon Gandolfo coi suoi raggi scalda,
  o s'ei vi chiama al fischio come sole;
      se 'l Carnasecca ancor fredda né calda
  febre molesta, e s'ei d'ira tremando

d'*ossa* e non di *polpa*, come nell'immagine del v. 21.   45. *e dovvi ... pasto*: «e solo ora, alla fine, vi do un cibo che sazia».   46-48. La mente dei due amici è *rivolta a cose gravi*: nella fattispecie alla spedizione condotta dall'imperatore, con l'appoggio del papa, contro i Turchi in Germania e in Ungheria, nell'estate del 1532 (la stessa cui fanno riferimento i due capitoli del Berni a Ippolito de' Medici, qui antologizzati). 50. *col fresco*: si tratterà della stagione autunnale incipiente.   53. *il qual*: cervello.   54. *che non ... chiavi*: «che non può essere trattenuto né imprigionato».   56. *lo portasse in groppa*: cfr. Dante, *Inf.*, XII, 95: «e che porti costui in su la groppa».   57. *della Guglia il sasso*: la pietra dell'obelisco.   59. *manifattura*: «spesa, fatica».   60. Ribadisce il *tela grossa* del v. 19.   62-63. Tono discorsivo e colloquiale, come familiare a la situazione descritta.   64-66. Allusione alla donna amata da Gandolfo Porrino, Giulia Gonzaga, di cui egli era segretario; la terzina va probabilmente intesa come segue: «Gandolfo è a Fondi presso Giulia Gonzaga, oppure costí a Roma, vicino a voi?».   64. *Saper vorrei*: replicato al v. 85 *Alfin vorrei saper*, è formula desunta da Orazio, *Epist.*, I, III (cfr. vv. 2 «scire laboro», 6 «hoc quoque curo», e la serie degli «an», interrogativi, qui ricalcati dalla figura anaforica di «se»); dalla stessa epistola, v. 34 «indomita cervice feros», deriva probabilmente l'immagine della *bestia ... non doma* del v. 42.   67. *'l Carnasecca*: Pietro Carnesecchi, per cui cfr. *supra* la nota al Berni, *Questa per avvisarvi*, 99.   *né*: «o».   68-69. La malattia del Carnesecchi è argo-

contra mastro Ferrante si riscalda;
70   se 'l Pero va gli infermi confortando,
e catolicamente il sacramento
e la confessïon lor ricordando;
    e se 'l Soranzo è ad uccellar sí intento
qualche *fiat* di man del Padre Santo,
75   e se come spagnuol va tardo e lento;
    se 'l padre Stairisco ha tocco 'l manto
alla ligure ninfa, o a Pamarea,
in qualche chiesa, in qualche giorno santo;
    se 'l padre Alfesibeo, come solea,
80   studia quattordeci ore avanti notte,
e se con voi talvolta si recrea;
    se quel roffian spagnuol dà delle botte
alla nostra vicina, e s'ella porta
graffiato il viso e le sue spalle rotte.
85   Alfin vorrei saper se viva o morta
è la vostra massara, che sa fare
sí buon pieno di polli e buona torta.
    Piacciavi messer Carlo salutare,
con Flaminio e gli amici tutti quanti
90   il prete, ch'è sí vago di giocare,
e tutti i Bolognesi primieranti.

mento del capitolo del M., *Messer Pietro, ch'avete da dovere.*   69. *ma-*
stro Ferrante: il medico che lo ha in cura.   70. *'l Pero*: Pietro Gelido
da San Miniato, membro dell'Accademia dei Vignaiuoli, segretario e
ambasciatore di Cosimo I de' Medici.   71. *il sacramento*: la Comu-
nione.   73. *'l Soranzo*: Antonio Soranzo, amico del Della Casa, che
gli dedicò il capitolo del forno; e ne pianse la morte, avvenuta nel 1536,
in due sonetti (XII e XIII).   75. *tardo e lento*: dittologia aggettivale
di derivazione petrarchesca (*RVF*, XXXV, 2).   76. *'l padre Stairisco*:
non altrimenti noto.   77. Qualche cortigiana da lui vagheggiata.
79. *'l padre Alfesibeo*: da Correggio, sempre presente negliaccenni del
M. agli amici di Roma.   82. Il discorso scivola nei pettegolezzi di vi-
cinato (vv. 82-84); poi nell'evocazione di vita domestica (vv. 85-87).
88. *Carlo*: Carlo Gualteruzzi, per il quale vedi il capitolo successivo, di
cui è destinatario, insieme a Gandolfo Porrino.   89. *Flaminio*: forse
un familiare del Della Casa, oppure Marcantonio Flaminio (ma il nome
sarebbe articolato).   90. *il prete*: difficile attribuirgli un nome.
91. *i Bolognesi primieranti*: gli amici originari di Bologna appassionati
del gioco della primiera.

CAPITOLO A MESSER CARLO DA FANO E GANDOLFO

Carlo e Gandolfo, messeri ambeduoi
et ambeduoi di maggior titol degni,
se Fortuna talor pensassi in voi
(la qual tutti li vostri e miei dissegni,
5 che dovria colorir, cancella e guasta,
sí che val poco a distillar gli ingegni),
ecco di poesia un'altra pasta,
la qual vo' che vi serva per finocchi,
poi che quella del letto non vi basta.
10 Noi siam qui a' pie' de l'Alpi, anzi ai ginocchi,
ove nacque il Buondino Damigello,
e par che Giove d'ogni intorno fiocchi.
Questa notte Appennin si fe' un mantello
bianco, che lo copria dal capo a' piei,
15 ch'era a vederlo a maraviglia bello.
Onde a voi rivolgendo i pensier miei,
ch'eravate piú su, verso la cima,
al dio del monte mille voti fei,
e posi a un tempo este parole in rima:
20 «Neve non tocchi il mio Gandolfo e Carlo,

METRO: capitolo in terza rima.
Composto tra la fine di novembre e i primi di dicembre (cfr. vv.104-106) del 1532, nel corso del viaggio da Roma a Bologna che il M. compie in occasione dell'incontro tra Clemente VII e Carlo V. Piú precisamente il capitolo è scritto durante la fase piú accidentata del viaggio, la faticosissima ascesa dell'Appennino, ostacolata dal freddo e dalla neve, fino a Firenzuola e Pietramala (v. 80): cronaca fedele dei fatti stesa contemporaneamente al loro svolgersi, in cui il tempo della narrazione aderisce, con sbalzi e intervalli, al tempo stesso della scrittura (cfr. vv. 10, 34, 79). I due destinatari, Carlo Gualteruzzi e Gandolfo Porrino, sono anch'essi in viaggio, diretti alla medesima meta, e precedono il M. di qualche tappa. Dopo l'arrivo a Bologna, l'autore comporrà un resoconto integrale del suo viaggio, indirizzandolo al duca d'Amalfi, nel capitolo *Uscito delle gran mura di Roma*.

1. Carlo Gualteruzzi da Fano (m.1577), letterato e diplomatico, primo editore del *Novellino* (Bologna 1525), curò l'edizione postuma (1548) delle Rime del Bembo; Gandolfo Porrino, modenese (m. 1552), poeta lirico: vedi anche il capitolo precedente, vv. 64-66 e nota.   7. *pasta*: metafora alimentare (vedi il capitolo precedente, vv. 43-45).   8. *per finocchi*: come portata finale; i finocchi si mangiavano infatti alla fine del pranzo.   9. *quella del letto*: il capitolo in lode del letto *Mille lodate parti et ingegnose*.   10. *Alpi*: generico per «monti»; si tratta dell'Appennino tosco-romagnolo.   11. *il Buondino Damigello*: personag-

se nol consuma una taverna prima».

Poi n'appressammo al monte per mirarlo,
che in una notte s'era fatto vecchio,
onde tutti inchinammo a salutarlo.

²⁵ Io tra' primi alla guerra m'apparecchio,
che s'appressava, de invisibil gente,
che chiude il passo a l'un e l'altro orecchio:

perciò che pur col suon sí fieramente
percuote altrui, che 'l Nil d'alto caggendo
³⁰ non assorda quegli uomini altrimente.

E cosí tutto il dosso ricoprendo
mi venni, e dove alcun pertugio v'era
andai con mille industrie richiudendo.

Poi salendo il gran dorso, e tutti in schiera,
³⁵ che tra uomini e bestie eran ben cento,
il vecchio padre ne fe' cruda cera;

che da' piedi alle coste, infino al mento,
i pie' ferrati lo premean sí forte
ch'el rimbombando ne fea gran lamento.

⁴⁰ Onde, per vendicar sua dura sorte,
ne si mostrò turbato e fiero in vista
e tanto amaro che poco è piú morte;

et a' preghi di lui maligna e trista
già noi di folta nebbia ne ricopre,
⁴⁵ e di freddo gelato il ciel contrista.

S'io discrivessi a voi le lor bell'opre,
che per isperïenza avete intese,
farei com'uom che invan la penna adopre.

Quel ch'un occhio lasciò in questo paese

gio non altrimenti noto.   23. *vecchio*: «canuto», a causa della neve;
cfr. v. 36 *il vecchio padre*.   25-27. Non è chiaro quale sia la causa del
rumore intenso e fastidioso qui descritto.   29-30. Da *RVF*, XLVIII,
9-10: «Forse sí come 'l Nil d'alto caggendo | col gran suono i vicin' d'in-
torno assorda».   35. *che ... cento*: si tratta dunque di una compagnia
assai numerosa.   37. *infino al mento*: clausola dantesca (*Inf.*, X, 53).
38. *i pie' ferrati*: dei cavalli e dei muli.   40. *sua dura sorte*: clausola
petrarchesca (*RVF*, CCCXXIII, 12).   41. *turbato ... in vista*: clauso-
la di *RVF*, XXIII, 81: «Ella parlava sí turbata in vista».   42. *tanto
... morte*: adatta Dante, *Inf.*, I, 7: «Tant'è amara, che poco è piú mor-
te»; l'idea ossessiva della morte, come unica adeguata a commisurare
l'estremismo dell'esperienza descritta, ricorre piú oltre ai vv. 50, 54,
57, 58, 85.   43. *maligna e trista*: si riferisce, con forte iperbato, a
nebbia del verso seguente.   46. *le lor bell'opre*: della *nebbia* e del *fred-
do*.   49. Si tratta di Annibale: il M. ricalca infatti il passo petrarche-
sco del *Tr. Fam.* relativo al «gran Cartaginese»: «l'un occhio avea la-

⁵⁰ che l'altro non perdesse, e poi le cuoia,
  mi maraviglio, e dicovel palese.
   Il piú bel modo di cacciar la foia
  non si potria trovar sotto le stelle,
  ché chi non mor, non sa come si moia.
⁵⁵   Qui su è un loco, e ancor par s'appelle
  di certi che agghiacciaron cavalcando,
  e di freddo morîr sopra le selle:
   bestie, che la lor morte andâr cercando!
  Ma quelli forse avean propria facenda
⁶⁰ onde givan per l'Alpi travagliando:
   questo andar nostro non è pur chi intenda,
  e son tutti capricci di signori,
  i quai ben par che l'altrui vita offenda.
   O animi crudeli, o duri cuori,
⁶⁵ piú che la orrenda faccia d'Appennino,
  piú che tutti li colici dolori!
   Non è lingua né stil, greco o latino,
  che contasse giamai la lor durezza,
  che mai non torse dal vero cammino.
⁷⁰   Quel che sopra ogni cosa il mondo prezza,
  che con tanta fatica si mantiene,
  piú che vil fango in tal rischio si sprezza.
   Ma io che faccio versi, mi conviene
  romper la neve altissima, e sí spessa
⁷⁵ che il sentier dritto appena l'occhio tiene.
   Se mi vedeste gir sotto e sopra essa,
  con le Muse parlando, ben direste
  che nel mio capo ogni pazzia s'è messa.
   Con questo umor son gionto infino a queste
⁸⁰ case, tra Firenzola e Pietramala,

sciato al mio paese, | stagnando al freddo tempo il fiume tosco; | sicch'egli era, a vederlo, stranio arnese, | sovra un grande elefante un doge losco» (primo abbozzo, vv. 124-127); un passo che appare seducente e memorabile.   55. *un loco*: una località, nei pressi di Pietramala, detta «l'uomo morto», come si apprende dalla ricostruzione della leggenda che il M. offre, piú dettagliatamente che qui, in *Uscito delle gran mura di Roma*.   59. *propria facenda*: non viaggiavano cioè per conto altrui.   67-68. Memoria di Petrarca, *Tr. Tem.*, 34-35: «né pensier poria già mai | seguir suo volo, non che lingua o stile».   69. Cfr. *RVF*, X, 3: «ch'ancor non torse del vero camino» (: *latino*, v. 2).   70. *Quel ... prezza*: cioè la vita.   73. *Ma io ... conviene*: «a me, che sono poeta, tocca».   77. *con le Muse parlando*: componendo, a mano a mano che si svolge il viaggio, questo capitolo.   80. *tra Firenzola e Pietramala*: a cinquanta chilometri da Firenze, sull'Appennino, la prima;

ove son della mia men savie teste,
    che si fan la via inanzi con la pala,
e stanno assedïati tutto l'anno,
e de la fresca tuttavia ne cala.
85   Io mi muoio di freddo e pur m'affanno,
    che coi miei piedi camminar non posso,
per questi, che di mezzo tolto m'hanno.
    Il padre Alfesibeo dice che ogni osso
gli duole, e 'l sangue ha piú freddo che neve,
90   e piange, e tuttavia gli fiocca a dosso.
    Ma voi ben riscaldar Bologna deve:
veggio l'Umor, che con strana accoglienza
come giunti di Spagna vi riceve.
    E dovete esser giunti alla presenza
95   di quella di cui tanto si ragiona,
    c'ha già fatto rizzar Roma e Firenza:
cioè la valorosa Marmarona,
che fu già una minestra senza sale,
et or vorria beccarne ogni persona.
100   Io sprono quanto posso l'animale,
per voglia c'ho di voi veder domane,
    e fo un menar di gambe assai bestiale.
    Questo in staffetta vi mando stamane,
ch'io cominciai quando fornia novembre;
105 così vel getto come un osso a un cane,
    oggi fornito al cominciar dicembre.

Pietramala ne è una frazione.   84. *fresca*: neve.   *tuttavia*: continua-
mente; cfr. v. 90.   88. *Il padre Alfesibeo*: vedi il capitolo precedente,
v. 79 e nota.   89. *piú freddo che neve*: da *RVF*, XXX, 2: «vidi piú
biancha et piú fredda che neve».   91. *Ma voi ... deve*: i due amici so-
no sicuramente già arrivati alla meta.   92. *l'Umor*: il bolognese Fi-
lippo Maria Rossi; a lui indirizzò due capitoli Mattio Franzesi; vari suoi
motti annovera la raccolta delle *Facezie* di Lodovico Domenichi, a do-
cumento della sua pungente libertà di discorso e insieme della sua «sa-
pienza socratica».   93. *come giunti di Spagna*: con le cerimonie che si
addicono all'imperatore e al suo seguito.   97. *Marmarona*: doveva es-
sere una cortigiana di gran fama.   98. *una minestra senza sale*: dunque
poco appetibile.   99. *et or ... persona*: «ora invece è concupita da tut-
ti».   102. *assai bestiale*: «scomposto e frenetico».   104-106. È un
vezzo tipico del M. determinare, in chiusura di componimento, il mo-
mento di composizione; simile a questa la chiusa del capitolo del letto
(vedi la nota al v. 9): «ch'io presi questa penna in man l'altrieri, | e tut-
ti questi versi insieme uniti | ho col cervello in due notti e in un giorno,
| stando nel letto, e ch'io gli ho forniti».   *fornia*: «terminava»; e cfr.
v. 106 *fornito*.

PIETRO BEMBO

Con due libri capitali nella storia della poesia italiana, le *Prose della volgar lingua* (1525) e le *Rime* (1530), Pietro Bembo si è assunto consapevolmente una duplice funzione, normativa e sperimentale. La poesia bembiana non è una semplice operazione di chiusura sul modello petrarchesco, del quale impone lessico, metrica, stile e immagini: molti sonetti della maturità hanno offerto ai seguaci della maniera petrarchesca moduli innovativi, come il calcolato, ma pungente allargamento del lessico («voci nuove» spesso di derivazione dantesca e, comunque, non lirica), un allentamento della tenuta metrico-sintattica del sonetto (continuità logico-sintattica con rigetto transtrofico), puntuale infrazione ritmico-sintattica (*enjambement*, anche in «spezzature» aspre). L'obiettivo bembiano è quello di coniugare gravità e piacevolezza (secondo i dettami delle *Prose della volgar lingua*) in una *mixtio* che Giovanni Della Casa s'incaricherà di sistematizzare: ma l'impulso a complicare struttura poematica e microcellule ritmico-sintattiche appartiene al regolatore, non ai suoi sperimentali discepoli.

La demiurgia ordinatrice del B. ha inteso mettere fine alle varie mescidazioni «cortigiane» di fine Quattrocento e primo Cinquecento: una volta assolta la *reductio ad unum* (a Petrarca, cioè), il B. ha inserito nelle *Rime* (già nella prima edizione del '30, tanto piú nella definitiva sistemazione del '48), meccanismi di combinazione e deviazione dalle norme da lui stesso stabilite. Ciò che contraddistingue comunque questa prudente ammissione di elementi contrastivi, dal piú audace sperimentalismo manierista, è un diverso dosaggio dei moduli trasgressivi con quelli ordinativi: nel B. l'*enjambement*, il continuismo strofico-sintattico, la patina grave-aspra del lessico e delle immagini, cospirano ad una tenuta unitaria dell'architettura poetica (canzone e sonetto) e non alla sua compromissione tendenzialmente destrutturante, come sarà dei petrarchisti piú ansiosi di inaudite soluzioni.

B. è dunque il massimo artefice del classicismo volgare e, nel contempo, il depositario provocatore della combinatoria manierista che tenderà a incrinarne la tenuta. Il paradosso è piú apparente che reale, essendo il codice dato altamente solidale e ripetitivo e contenendo dunque, dall'inizio, tutti gli elementi che, smontati e ricombinati, ne minano la solidità. L'intervento normativo del B. era storicamente necessario per istituire regole che agevolassero uno sperimentalismo non centrifugo e caotico come quello quattro-primocinquecentesco. Di qui la radicale differenza tra il manierismo post-bembiano e la maniera «cortigiana», essendo il primo contrassegnato appunto da una nitida riconoscibilità del modello da analizzare, scomporre e ricostruire. La «grammatica» poetica bembiana, che è anche un'ideologia letteraria e una teoria della poesia (la prima sistematica dopo quella dantesca, ma di ben altra fortuna modulare), ha semmai rischiato di condannare la lirica cinquecentesca ad un inesausto esercizio di variazione su pochi idoli formali e immaginari: rimane agli atti la grandezza di uno strumentario fatto apposta per provocare il gusto della sfida, dell'*aemulatio in opponendo*, quando si costringe, per acuire la *difficultas*, dentro una legge piacevolmente oppressiva. Sarà il rigetto di Marino e dei suoi seguaci a segnare la prima cesura radicale nell'utilizzo del codice bembiano, non certo lo sperimentalismo manierista, tutto già «previsto», almeno nei meccanismi elementari di applicazione, nell'aureo libro del primo accolito azzimato del Petrarca. Il bembismo è comunque fenomeno di lunga durata, le cui propaggini si estendono fino a un Leopardi e un Carducci, secondo i piú diversi mascheramenti: la sostanziale astrattezza del discorso d'amore, il gusto per una definizione precisa dei pochi oggetti contemplati, il rigore quasi ascetico del controllo sulle metafore, il sorvegliato linearismo logico, la monotonalità del colore poetico generale, un certo far «grande» e sontuosamente panneggiato, rappresentano l'eredità bembiana, probabilmente ingombrante e riduttiva, ma comunque impiantata nel cuore stesso della tradizione lirica italiana moderna.

M. A.

☆

Alma cortese, che dal mondo errante
partendo ne la tua piú verde etade,
hai me lasciato eternamente in doglia,
da le sempre beate alme contrade,
5 ov'or dimori cara a quello amante,
che piú temer non puoi che ti si toglia,
risguarda in terra e mira, u' la tua spoglia
chiude un bel sasso, e me, che 'l marmo asciutto
vedrai bagnar, te richiamando, ascolta.
10 Però che sparsa e tolta
l'alta pura dolcezza e rotto in tutto
fu 'l piú fido sostegno al viver mio,
frate, quel dí, che te n'andasti a volo:
da indi in qua né lieto né securo
15 non ebbi un giorno mai, né d'aver curo;
anzi mi pento esser rimaso solo,
ché son venuto senza te in oblio
di me medesmo, e per te solo er'io
caro a me stesso; or teco ogni mia gioia
20 è spenta, e non so già, perch'io non moia.
   Raro pungente stral di ria fortuna
fe' sí profonda e sí mortal ferita,
quanto questo, onde 'l ciel volle piagarme.

METRO: canzone con schema strofico: ABCBACCDEeDFGHHGFFII
(come Petrarca, *RVF*, XXIII), con doppio commiato ABCCBAADD
ABBCC (con la prima rima irrelata nel secondo).

1. *Alma cortese*: si rivolge al fratello Carlo Bembo, morto a 31 anni nel
1503 (la canzone è del 1506-507). *errante*: che erra, devía dal bene
(stessa *iunctura* in *RVF*, CCCXLVI, 7 e in Dante, *Par.*, XII, 94 e XX,
67). 2. *verde etade*: cfr. *RVF*, CCCXV, 1. 3. *doglia*: «dolore».
4. *sempre ... contrade*: il Paradiso. 5. *amante*: Dio. 7. *risguarda*:
lemma non petrarchesco. *u'*: «dove». 8. *sasso*: la tomba (come in
RVF, CCCXXIII, 10). 10. *Però che*: «perché». *sparsa*: «dispersa
dalla morte» (Baldacci). 10-11. *tolta ... dolcezza*: «ogni dolcezza de
mia vita è tolta» (*RVF*, CCLXVIII, 11). 12. *sostegno*: cfr. *RVF*,
CCCXL, 4: «di mia vita sostegno». 16. *rimaso*: «rimasto». 17-
18. *in ... medesmo*: *RVF*, CCCXXV, 45: «me stesso e il mio mal posi
in oblio». 19-20. *gioia ... spenta*: cfr. *RVF*, XXXVIII, 9-10.
21. *Raro*: raramente (come in *RVF*, CLXXVI, 12). *pungente stral*: la
iunctura in Petrarca, *Tr. Cup.*, I, 30. 23. *onde*: «con il quale».

Rimedio alcun da rallegrar la vita
25 non chiude tutto 'l cerchio de la luna,
che del mio duol bastasse a consolarme.
Sí come non potea grave appressarme,
alor ch'io partia teco i miei pensieri
tutti, e tu meco i tuoi sí dolcemente,
30 cosí non ho, dolente,
a questo tempo in che mi fidi o speri
ch'un sol piacer m'apporte in tanti affanni.
E non si vide mai perduta nave
fra duri scogli a mezza notte il verno
35 spinta dal vento errar senza governo,
che non sia la mia vita ancor piú grave;
e s'ella non si tronca a mezzo gli anni,
forse averrà, perch'io pianga i miei danni
piú lungamente, e siano in mille carte
40 i miei lamenti e le tue lode sparte.

Dinanzi a te partiva ira e tormento,
come parte ombra a l'apparir del sole:
quel mi tornava in dolce ogni alto amaro,
o pur con l'aura de le tue parole
45 sgombravi d'ogni nebbia in un momento
lo cor, cui dopo te nulla fu caro;
né mai volli al suo scampo altro riparo,
mentre aver si poteo, che la tua fronte
e l'amico, fedel, saggio consiglio.
50 Perso, bianco o vermiglio

---

25. *'l cerchio de la luna*: «il cielo (*cerchio*) della luna era il primo che si incontrava, secondo il sistema tolemaico, salendo dalla terra; qui s'intenda perciò il mondo dei vivi» (Baldacci). Cfr. *RVF*, CCXXXVII, 2. 27. *grave appressarme*: «appressarmi a me, toccarmi qualche gravezza o dolore» (Baldacci). 28. *partia*: «condividevo». 31. *in che*: «qualcuno o qualcosa di cui». *mi fidi*: cfr. *RVF*, XXIII, 136; *Tr. Et.*, 3. 32. *piacer m'apporte*: *RVF*, CCLIII, 8: «un piacer che sol pena m'apporte». 34. *fra ... verno*: cfr. *RVF*, CLXXXIX, 2: «per aspro mare, a mezza notte il verno (: *governo*)». 35. *spinta ... governo*: *RVF*, CXXXII, 10-11: «Fra sí contrari venti in frale barca | mi trovo in alto mar senza governo». 36. *che*: «in confronto alla quale». *grave*: «afflitta». 38. *pianga i miei danni*: cfr. *RVF*, CCLXXXII, 11. 39-40. Cfr. *Tr. Cup.*, III, 115-116. *sparte*: «sparse». 42. *l'apparir del sole*: cfr. *RVF*, CXXXV, 58. 43. *quel*: il sole (cioè, il fratello). *tornava*: «mutava». *dolce ... amaro*: cfr. *RVF*, CLXXV, 4. *alto*: «profondo». 44. *aura*: «il soffio». 45-46. *sgombravi ... cor*: cfr. *RVF*, CCLXX, 36. 47. *suo*: del cuore. 48. *mentre*: «finché». 50. *Perso*: «colore misto di purpureo e di nero, ma vince lo nero» (Dan-

color non mostrò mai vetro, né fonte
cosí puro il suo vago erboso fondo,
com'io negli occhi tuoi leggeva expressa
ogni mia voglia sempre, ogni sospetto:
55 con sí dolci sospir, sí caro affetto,
de le mie forme la tua guancia impressa
portavi, anzi pur l'alma e 'l cor profondo.
Or, quanto a me, non ha piú un bene al mondo,
e tutto quel di lui, che giova e piace,
60 ad un col tuo mortal sotterra giace.

Quasi stella del polo chiara e ferma
ne le fortune mie sí gravi, e 'l porto
fosti de l'alma travagliata e stanca:
la mia sola difesa e 'l mio conforto
65 contra le noie de la vita inferma,
ch'a mezzo il corso assai spesso ne manca.
E quando 'l verno le campagne imbianca,
e quando il maggior dí fende 'l terreno,
in ogni rischio, in ogni dubbia via
70 fidata compagnia,
tenesti il viver mio lieto e sereno;
che mesto e tenebroso fora stato,
e sarà, frate, senza te mai sempre.
O disaventurosa acerba sorte!
75 O dispietata intempestiva morte!
O mie cangiate e dolorose tempre!
Qual fu già, lasso, e qual ora è 'l mio stato?
Tu 'l sai, che, poi ch'a me ti sei celato
né di qui rivederti ho piú speranza,

---

te, *Conv.*, IV, 20, 2; cfr. *RVF*, XXIX, 1). *vermiglio*: cfr. Petrarca, *Tr. Cup.*, IV, 123 (con *perse*). 51. *color ... vetro*: cfr. *RVF*, XXXVII, 57-59: «cristallo o vetro | non mostrò mai di fore | nascosto altro colore». 52. *erboso fondo*: *iunctura* in *RVF*, CCCIII, 10. 54. *sospetto*: «apprensione, cruccio» (Baldacci). 55. *dolci sospir*: *iunctura* in Dante, *Inf.*, V, 118; *RVF*, CLXXI, 14. 56-57. *de le ... portavi*: «riproducevi in te le mie stesse sembianze» (Baldacci). *cor profondo*: *iunctura* petrarchesca (*RVF*, XCIV, 1). 58. *ha*: «c'è». 60. *ad un*: «insieme». *mortal*: il corpo. *sotterra giace*: cfr. *RVF*, CCXC, 8 (: *piace*). 62. *fortune*: fortunali, tempeste (cfr. *RVF*, CCLXXII, 12). 65. *vita inferma*: cfr. Petrarca, *Tr. Et.*, 33. 67. Cfr. *RVF*, LXXII, 13: «e quando 'l verno sparge le pruine». 68. *il maggior dí*: «il contrario dell'inverno, cioè il tempo in cui il giorno è piú lungo, l'estate» (Baldacci). *fende*: «crepa, spacca». Cfr. Dante, *Purg.*, XIX, 67-68. 72. *fora*: «sarebbe». 73. *mai*: per (rafforzativo). 74. *disaventurosa*: «sventurata» (lemma non petrarchesco). 76. *tempre*: modi di

[80] altro che pianto e duol nulla m'avanza.
    Tu m'hai lasciato senza sole i giorni,
le notti senza stelle, e grave et egro
tutto questo, ond'io parlo, ond'io respiro:
la terra scossa e 'l ciel turbato e negro,
[85] e pien di mille oltraggi e mille scorni
mi sembra in ogni parte, quant'io miro.
Valor e cortesia si dipartiro
nel tuo partir, e 'l mondo infermo giacque,
e virtú spense i suoi piú chiari lumi;
[90] e le fontane ai fiumi
negâr la vena antica e l'usate acque,
e gli augelletti abandonaro il canto,
e l'erbe e i fior lasciâr nude le piaggie,
né piú di fronde il bosco si consperse;
[95] Parnaso un nembo eterno ricoperse,
e i lauri diventâr quercie selvaggie;
e 'l cantar de le Dee, già lieto tanto,
uscí doglioso e lamentevol pianto,
e fu piú volte in voce mesta udito
[100] di tutto 'l colle: o Bembo, ove se' ito?
    Sovra 'l tuo sacro et onorato busto
cadde, grave a se stesso, il padre antico,
lacero il petto e pien di morte il volto.
E disse: ahi sordo e di pietà nemico,
[105] destin predace e reo, destino ingiusto,
destin a impoverirmi in tutto volto,
perché piú tosto me non hai disciolto
da questo grave mio tenace incarco,
piú che non lece e piú ch'i' non vorrei,
[110] dando a lui gli anni miei,
che del suo leve inanzi tempo hai scarco?
Lasso, alor potev'io morir felice:

vita, abitudini (cfr. *RVF*, CCVII, 57).   80. Cfr. *RVF*, CCXCIV, 11:
«ch'altro che sospirar nulla m'avanza (: *speranza*)».   82. *grave et egro*:
«affannoso e corrotto» (Baldacci).   84. *turbato*: cfr. *RVF*,
CCCXXIII, 20.   85. *scorni*: «danni».   87. *Valor e cortesia*: cfr.
Dante, *Purg.*, XVI, 116; *RVF*, CCLXI, 2.   90. *fontane*: sorgenti.
95-96. *Parnaso … lauri*: simboli della poesia.   97. *Dee*: le Muse.
98. *uscí*: «diventò».   *lamentevol*: voce non petrarchesca.   101. *bu-
sto*: monumento sepolcrale.   106. Cfr. *RVF*, CCCXXIX, 2: «o stel-
le congiurate a 'mpoverirme».   108. *incarco*: il corpo.   110. Cfr.
Tibullo, I, 6, 63-64: «Vive diu mihi, dulcis anus: proprios ego tecum, |
sit modo fas, annos contribuisse velim».   111. *leve*: «leggero» (*incar-*

or vivo sol per dare al mondo exempio,
quant'è 'l peggio far qui piú lungo indugio,
115 s'uom de' perdere in breve il suo refugio
dolce, e poi rimaner a pena e scempio.
O vecchiezza ostinata ed infelice,
a che mi serbi ancor nuda radice,
se 'l tronco, in cui fioriva la mia speme,
120 è secco e gelo eterno il cigne e preme?

Qual pianser già le triste e pie sorelle,
cui le treccie in sul Po tenera fronde
e l'altre membra un duro legno avolse,
tal con li scogli e con l'aure e con l'onde,
125 misera, e con le genti e con le stelle,
del tuo ratto fuggir la tua si dolse.
Per duol Timavo indietro si rivolse;
e vider Manto i boschi e le campagne
errar con gli occhi rugiadosi e molli;
130 Adria le rive e i colli
per tutto, ove 'l suo mar sospira e piagne,
percosse, in vista oltra l'usato offesa;
tal ch'a noia e disdegno ebbi me stesso:
e se non fosse che maggior paura
135 frenò l'ardir, con morte acerba e dura,
a la qual fui molte fïate presso,
d'uscir d'affanno arei corta via presa.
Or chiamo, e non so far altra difesa,
pur lui che, l'ombra sua lasciando meco,

---

co, v. 108). *scarco*: «privato».   116. *scempio*: «strazio».   118. *a che ... radice*: «perché mi conservi ancora in vita quand'io sono ormai radice estirpata (*nuda*)» (Baldacci).   119. *fioriva ... speme*: cfr. *RVF*, CCLXVIII, 52-53: «pur morta è la mia speranza, viva | allor ch'ella fioriva».   121. *le triste ... sorelle*: «Egle, Lampezia e Faetusa, sorelle di Fetonte figlio del Sole, che avendo mal guidato il carro del padre, fu da Giove precipitato nel Po. Le sorelle che lo piangevano furono trasformate in pioppi» (Baldacci). Cfr. Ovidio, *Met.*, II, 340 sgg.   126. *ratto fuggir*: cfr. *RVF*, CXCI, 9.   *la tua*: sorella.   127. *Timavo*: «fiume del Carso che nasce nell'Istria» (Baldacci).   128. *Manto*: «la mitica fondatrice di Mantova, presso la quale città nacque Virgilio. Manto si duole di aver perduto in Carlo Bembo un altro Virgilio» (Baldacci). 129. *occhi rugiadosi*: cfr. *RVF*, CCXXII, 14.   130. *Adria*: Venezia, signora dell'Adriatico.   132. *percosse*: «con le onde del suo stesso mare» (Baldacci).   *in vista*: «nell'aspetto».   135. *morte acerba e dura*: *iunctura* petrarchesca (*RVF*, CCCLX, 57).   136. *fiate*: «volte». 137. *arei*: «avrei».   *corta via*: il suicidio.   139. *pur*: «sempre».

140 di me la viva e miglior parte ha seco.

Ché con l'altra restai morto in quel punto,
ch'io senti' morir lui, che fu' 'l suo core;
né son buon d'altro, che da tragger guai.
Tregua non voglio aver col mio dolore,
145 infin ch'io sia dal giorno ultimo giunto;
e tanto il piangerò, quant'io l'amai.
Deh perché inanzi a lui non mi spogliai
la mortal gonna, s'io men' vesti' prima?
S'al viver fui veloce, perché tardo
150 sono al morir? un dardo
almen avesse et una stessa lima
parimente ambo noi trafitto e roso;
che sí come un voler sempre ne tenne
vivendo, cosí spenti ancor n'avesse
155 un'ora et un sepolcro ne chiudesse.
E se questo al suo tempo o quel non venne,
né spero degli affanni alcun riposo,
aprasi per men danno a l'angoscioso
carcere mio rinchiuso omai la porta,
160 ed egli a l'uscir fuor sia la mia scorta.
E guidemi per man, che sa 'l camino
di gir al ciel, e ne la terza spera
m'impetri dal Signor appo sé loco.
Ivi non corre il dí verso la sera,
165 né le notti sen' van contra 'l matino;
ivi 'l caso non po' molto né poco;
di tema gelo mai, di desir foco
gli animi non raffredda e non riscalda,
né tormenta dolor, né versa inganno;
170 ciascuno in quello scanno

141-142. _l'altra ... core_: «l'altra parte di me, che m'identificavo col suo cuore stesso, morí appunto all'atto della sua morte» (Baldacci). 143. _guai_: lamenti (cfr. _RVF_, LXVIII, 2). 145. _giunto_: «raggiunto». 147. _inanzi a_: «prima di». _mi spogliai_: «deposi». 148. _mortal gonna_: «il corpo mortale» (cfr. _RVF_, CCCXLIX, 11). _prima_: essendo piú vecchio di lui. 153. _ne_: «ci». 155. _un'ora_: la stessa ora. 157. _affanni ... riposo_: cfr. _RVF_, CCLXXXII, 12: «sol un riposo trovo in molti affanni». 158-159. _aprasi ... porta_: cfr. _RVF_, LXXII, 20-21: «aprasi la pregione ov'io son chiuso, | e che 'l camino a tal vita mi serra». 162. _gir_: «andare». _terza spera_: il cielo di Venere, dove vanno gli spiriti amanti (cfr. _RVF_, CCLXXXVII, 9). 163. _m'impetri_: «chieda e ottenga per me». 164-173. _Ivi ... virtute_: cfr. Tibullo I, 3, 37 sgg. _versa_: «vi abita» (latinismo). _scanno_: «seggio» (dei beati): cfr. Dante, _Inf._, II, 112.

vive e pasce di gioia pura e salda,
in eterno fuor d'ira e d'ogni oltraggio,
che preparato gli ha la sua virtute.
Chi mi dà il grembo pien di rose e mirto,
175 sí ch'io sparga la tomba? o sacro spirto,
che qual a' tuoi piú fosti o di salute
o di trastullo, agli altri o buono o saggio,
non saprei dir; ma chiaro e dolce raggio
giugnesti in questa fosca etate acerba,
180 che tutti i frutti suoi consuma in erba.

Se, come già ti calse, ora ti cale
di me, pon dal ciel mente, com'io vivo,
dopo 'l tu' occaso, in tenebre e 'n martiri.
Te la tua morte piú che pria fe' vivo,
185 anzi eri morto, or sei fatto immortale;
me di lagrime albergo e di sospiri
fa la mia vita, e tutti i miei desiri
sono di morte, e sol quanto m'incresce
è, ch'io non vo piú tosto al fin ch'io bramo.
190 Non sostien verde ramo
de' nostri campi augello, e non han pesce
tutte queste limose e torte rive,
né presso o lunge a sí celato scoglio
filo d'alga percote onda marina,
195 né sí riposta fronda il vento inclina,
che non sia testimon del mio cordoglio.
Tu, Re del ciel, cui nulla circonscrive,
manda alcun de le schiere elette e dive
di su da quei splendori giú in quest'ombre,

---

173. *che*: da riferire a *gioia* del v. 171.   174-175. *Chi ... sparga*: cfr.
Virgilio, *Aen.*, VI, 883-884: «Manibus date lilia plenis, | purpureos
spargam flores»; Properzio, I, 17, 22.   176. *a' tuoi*: «per i tuoi pa-
renti».   *salute*: «soccorso».   177. *trastullo*: gioiosa compagnia.
181. *ti calse ... ti cale*: «ti importò, ti importa».   183. *occaso*: «tra-
monto», la morte.   185. *anzi ... immortale*: cfr. *RVF*, CCCXXXIII,
10: «anzi pur viva, ed or fatta immortale».   *morto*: destinato alla morte
fisica.   188. *quanto*: «tutto quello che».   189. *tosto*: «rapidamen-
te».   190-196. *Non sostien ... cordoglio*: cfr. *RVF*, CCLXXXVIII,
9-14: «Non è sterpo né sasso in questi monti [...] che non sappian quan-
to è mia pena acerba».   *verde ramo*: cfr. *RVF*, V, 13.   *augello*: «uc-
cello».   *limose*: voce non petrarchesca.   *alga*: non petrarchesco.
percote ... marina: cfr. Virgilio, *Buc.*, V, 83: «nec percussa iuvant fluctu
tam litora».   *riposta*: «nascosta».   *inclina*: non petrarchesco.   197.
circonscrive: non petrarchesco (cfr. Dante, *Purg.*, XI, 1-2: «O Padre no-
stro, che ne' cieli stai, | non circunscritto»).

²⁰⁰ che di sí dura vita omai mi sgombre.

Canzon, qui vedi un tempio a canto al mare,
e genti in lunga pompa e gemme et ostro,
e cerchi e mete e cento palme d'oro.
A lui, ch'io in terra amava, in cielo adoro,
²⁰⁵ dirai: cosí v'onora il secol nostro.
Mentre udirà querele oscure e chiare
Morte, Amor fiamme arà dolci et amare,
mentre spiegherà il sol dorate chiome,
sempre sarà lodato il vostro nome.
²¹⁰ A lei, che l'Appennin superbo affrena,
là 've parte le piaggie il bel Metauro,
di cui non vive dal mar Indo al Mauro,
da l'Orse a l'Austro simil né seconda,
va prima: ella ti mostre o ti nasconda.

☆

Poi ch'ogni ardir mi circonscrisse Amore
quel dí, ch'io posi nel suo regno il piede,
tanto ch'altrui, non pur chieder mercede,
ma scoprir sol non oso il mio dolore,
⁵　avess'io almen d'un bel cristallo il core,

---

200. *sgombre*: «liberi». 202. *pompa*: «processione». *ostro*: «porpora». 203. *cerchi e mete*: il circo romano con i cippi intorno ai quali giravano i carri in gara (qui allude a giochi funebri in onore del fratello). 206. *Mentre*: «finché». *querele*: «lamenti». *oscure e chiare*: «piú o meno illustri». 210. *lei*: Elisabetta Gonzaga, duchessa di Urbino. *affrena*: «governa». 211. *là*: vicino a Fano, dove sbocca il Metauro. *parte*: «divide». 212. *di cui*: dipende da *simil* (v. 213): «simile alla quale». *Mauro*: le coste africane nord-occidentali (Mauritania). 213. *da ... Austro*: «da nord a sud».

MÉTRO: sonetto con schema strofico a rime incrociate (ABBA, ABBA) e alterne (CDC, DCD), «architettato con magistrale artificio di stile in un lungo periodo (vv. 1-11) tripartito esattamente secondo la partizione metrica» (Dionisotti).

1. *circonscrisse*: «limitò, contenne». Lemma non petrarchesco (pertinente, semmai, al lessico teologico dantesco: cfr. *Alma cortese*, 197). 2. *quel dí ... piede*: cfr. *RVF*, CCCLX, 9-10: «Madonna, il manco piede | giovenetto pos'io nel costui regno». 3. *altrui*: ad altri, alla donna amata, Lucrezia Borgia, alla quale il «sonetto fu inviato [...] con lettera del 19 giugno 1503» (Dionisotti). *mercede*: «pietà». 5. *cristallo*: per la trasparenza. Immagine non petrarchesca (ma cfr. *RVF*,

che, quel ch'i taccio e Madonna non vede
de l'interno mio mal, senza altra fede
a' suoi begli occhi tralucesse fore;
  ch'io spererei de la pietate ancora
¹⁰ veder tinta la neve di quel volto,
che 'l mio sí spesso bagna e discolora.
  Or che questo non ho, quello m'è tolto,
temo non voglia il mio Signor ch'io mora:
la medicina è poca, il languir molto.

Speme, che gli occhi nostri veli e fasci,
sfreni e sferzi le voglie e l'ardimento,
cote d'amor, di cure e di tormento
ministra, che quetar mai non ne lasci,
⁵   perché nel fondo del mio cor rinasci,
s'io te n'ho svelta? e poi ch'io mi ripento
d'aver a te creduto e 'l mio mal sento,
perché di tue impromesse ancor mi pasci?

XXXVII, 57 sgg.; CLVII, 14: «le lagrime cristallo» e CXLVII, 13: «l'alma che traluce come un vetro».   7. *altra fede*: «fede amorosa» (*RVF*, CCXXIV, 1) per un'altra donna.   8. *a' ... fore*: cfr. *RVF*, CCCXVII, 6-7: «Già traluceva a' begli occhi il mio core, | e l'alta fede».   10. *tinta ... volto*: cfr. *RVF*, CXCVII, 13: «e di bianca paura il viso tinge».   *la neve*: il candore. Cfr. *RVF*, CLVII, 9: «La testa òr fino, e calda neve il volto».   11. *bagna*: di lacrime.   *discolora*: «fa impallidire» (cfr. *RVF*, CCLXXXIII, 1; CCXCI, 3).   12. *questo*: la pietà di Madonna.   *quello*: il suo volto.   13. *temo non*: «temo che».   14. *medicina*: il rimedio d'amore (cfr. *RVF*, CCLXXXIV, 3: «ch'al gran dolor la medicina è corta»).   *languir molto*: cfr. *RVF*, CI, 5: «Veggio a molto languir poca mercede».

METRO: sonetto a rime incrociate (ABBA, ABBA) e alterne (CDC, DCD).

1. *Speme*: speranza (è l'«amorosa speme» di *RVF*, XXXIV, 9, ma l'incipit non è petrarchesco).   *veli e fasci*: metafore non petrarchesche.   2. Cfr. *RVF*, LXXIII, 19-20 «Questa speranza ardire | mi porse»; CCXXXVI, 7-8: «di man m'ài tolto il freno, | e l'alma desperando à preso ardire».   *sferzi*: una sola volta in *RVF*, CXXVIII, 70.   3. *cote d'amor*: «quasi pietra, mola sulla quale Amore arrota i propri dardi» (Baldacci). Cfr. *RVF*, CCCLX, 36-37: «sempr'aguzzando il giovanil desio | a l'empia cote».   4. *ministra*: che somministra «cure e tormento».   *ne*: «ci».   5. *nel ... cor*: ricalca *RVF*, CLXIII, 3: «nel fondo del mio cor».   6. *n'ho*: dal cuore.   *svelta*: «divelta, strappata». Cfr. *RVF*, CLXXII, 5.   8. *impromesse*: cfr. *RVF*, LXIX, 3: «tanti lac-

Vattene ai lieti e fortunati amanti
10   e lor lusinga, a lor porgi conforto,
s'han qualche dolci noie e dolci pianti.
    Meco, e ben ha di ciò Madonna il torto,
le lagrime son tali e i dolor tanti,
ch'al piú misero e tristo invidia porto.

☆

Quando 'l mio sol, del qual invidia prende
l'altro, che spesso si nasconde e fugge,
levando ogni ombra, che 'l mio bene adugge,
vago sereno agli occhi miei risplende,
5   sí co' suoi vivi raggi il cor m'accende,
che dolcemente ei si consuma e strugge,
e come fior, che 'l troppo caldo sugge,
potria mancar, che nulla ne 'l difende.
    Se non ch'al suo sparir m'agghiaccia, e poi

ciuol', tante impromesse false». *mi pasci*: cfr. *RVF*, CCLXIV, 58: «di
speme il pasce (: *rinasce*)». 9. *Vattene*: attacco petrarchesco (*RVF*,
LXXXVI, 13; CCVIII, 5). *lieti ... amanti*: cfr. *RVF*, CCLV, 2: «tran-
quilli e lieti amanti (: *pianti*)». 11. *qualche*: è plur. *dolci pianti*:
cfr. *RVF*, CLV, 9: «Quel dolce pianto». 12. *Meco*: «per quel che mi
riguarda, in me». 14. *invidia porto*: cfr. *RVF*, CCXCVIII, 10:
«ch'i' porto invidia ad ogni extrema sorte».

METRO: sonetto a rime incrociate (ABBA, ABBA) e intrecciate con due
coppie a rime baciate (CDD, CDD), schema piuttosto «insolito» (Dio-
nisotti).

1. *sol*: la donna amata. Cfr. *RVF*, IX, 10-11: «Costei, ch'è tra le don-
ne un Sol | in me»; per il sintagma *RVF*, CXXXV, 54-55: «quando 'l
bel lume adorno | ch'è 'l mio sol s'allontana». 2. *l'altro*: il sole.
spesso: ogni giorno. 3. *levando*: quando scende la notte. *adugge*:
infastidisce, ostacola, perché le impedisce di risplendere in tutto il suo
fulgore. Cfr. *RVF*, LVI, 5: «Qual ombra è sí crudel che 'l seme adugge
(: *distrugge* : *fugge*)». 4. *vago sereno*: lo è il *sol* del v. 1. *Iunctura* non
petrarchesca. *agli occhi*: cfr. *RVF*, CXXV, 66-68: «Ovunque gli occhi
volgo | trovo un dolce sereno | pensando: Qui percosse il vago lume».
5. *vivi*: che vivificano. Cfr. *RVF*, CLXXVI, 4; CCXXVII, 12. *raggi*:
che promanano dagli occhi del suo «sole». 6. Cfr. *RVF*, LXXII, 37-
39: «Vaghe faville, angeliche, beatrici | de la mia vita, ove 'l piacer s'ac-
cende (: *splende*) | che dolcemente mi consuma e strugge (: *fugge*)».
7. *sugge*: «dissecca», succhiandogli le linfe vitali. 8. *potria*: «potreb-
be». *mancar*: «venir meno, fermarsi [il *cor*]». *ne 'l*: da lei.
9. *sparir*: cfr. *RVF*, LXXII, 40 sgg.

¹⁰ con vista d'uom, che piange sua ventura,
passo in una marmorëa figura.

Medusa, s'egli è ver, che tu di noi
facevi petra, assai fosti men dura
di tal, che m'arde, strugge, agghiaccia e 'ndura.

Sogno, che dolcemente m'hai furato
a morte e del mio mal posto in oblio,
da qual porta del ciel cortese e pio
scendesti a rallegrar un dolorato?
⁵   Qual angel hai là su di me spiato,
che sí movesti al gran bisogno mio?
scampo a lo stato faticoso e rio,
altro che 'n te non ho, lasso, trovato.

Beato se', ch'altrui beato fai:
¹⁰ se non ch'usi troppo ale al dipartire,
e 'n poca ora mi tôi quel che mi dai.

---

10. *vista*: «aspetto».   *ventura*: «sventura».   11. *passo*: «mi trasfor-
mo». Cfr. *RVF*, CCCXXV, 48-49: «et mia viva figura | far sentia un
marmo».   *marmorëa*: dieresi sullo stesso lemma in *RVF*, LIII, 72.
12. *Medusa*: la Gorgone che mutava in pietra chi la guardava. Cfr. Ovi-
dio, *Met.*, IV, 779-781; *RVF*, CLXXIX, 10-11: «'l volto di Medusa |
che facea marmo diventar la gente».   14. *di tal*: di lei.   *arde … 'ndu-
ra*: riassume le azioni del suo *sol* ai vv. 5 (*accende*), 6 (*strugge*), 9 (*ag-
ghiaccia*).   11. Cfr. *RVF*, CLII, 11.

METRO: sonetto a rime incrociate (ABBA, ABBA; CDC, CDC).

1. *Sogno*: incipit non petrarchesco. Cfr. *infra*, Della Casa, *O Sonno*, 1.
furato: «sottratto» (latinismo).   2. *posto in oblio*: «[mi hai] fatto di-
menticare». Cfr. *RVF*, XXXIV, 4 e CCXLII, 9.   3. *porta*: allude al-
le due porte d'avorio e di corno attraverso le quali, secondo Virgilio
(*Aen.*, VI, 893 sgg.), passano, rispettivamente, i sogni falsi e quelli ve-
ri.   *cortese e pio*: riferito al «sogno» (cfr. *RVF*, XXVIII, 85: «corte-
se no, ma conoscente e pia»).   4. *un dolorato*: «un uomo addolora-
to». Cfr. Dante, *Inf.*, XXVII, 131 (Dionisotti).   5. *di me*: «per me,
in mio favore».   6. *al gran bisogno*: iunctura petrarchesca (*RVF*,
CCCLXVI, 106).   7. *stato*: «condizione». Cfr. *RVF*, LXXI, 22 («sta-
to rio»).   *rio*: «amaro, sofferente».   9. *Beato*: cfr. *RVF*, CCCXLI,
9: «Beata s'è, che pò beare altrui»; CCXII, 1: «Beato in sogno et di lan-
guir contento».   10. *troppo*: velocemente.   *ale*: il sogno era rappre-
sentato come un dio alato (Ovidio, *Met.*, XI, 650; Tibullo, II, 1, 89-90).
11. *tôi*: «togli». Cfr. *RVF*, CLXXXVIII, 8: «e fuggendo mi tôi quel
ch'i' piú bramo».

Almen ritorna, e già che 'l camin sai,
fammi talor di quel piacer sentire,
che senza te non spero sentir mai.

Mentre 'l fero destin mi toglie e vieta
veder Madonna e tiemmi in altra parte,
la bella imagin sua veduta in parte
il digiun pasce e i miei sospiri acqueta.
⁵ Però s'a l'apparir del bel pianeta,
che tal non torna mai, qual si diparte,
ebbi conforto a l'alma dentro, e parte
ristetti in vista desiosa e lieta,
fu, perch'io 'l miro in vece et in sembianza
¹⁰ de la mia donna, che men fredda o ria
o fugace di lui non mi si mostra;
e piú ne avrò, se piacer vostro fia,
che 'l sonno de la vita, che gli avanza,
si tenga Endimion la Luna vostra.

METRO: sonetto a rime incrociate (ABBA, ABBA) e a tre rime diverse
(CDE, DCE, assai frequente in Petrarca).

2. *Madonna*: Lucrezia Borgia. Il sonetto è probabilmente precedente al
1506 (Dionisotti). *tiemmi ... parte*: «mi costringe a vivere altrove»
(Baldacci). 3. *imagin sua*: «la sua effigie» (cfr. vv. 9-10). 4. *di-
giun*: degli occhi, la privazione di lei. Cfr. *RVF*, CCXXXIII, 5-6: «il di-
giuno | di veder lei». *acqueta*: «calma». 5. *Però*: «perciò». *bel
pianeta*: la luna. Cfr. Dante, *Purg.*, I, 19; *Par.*, II, 76. 6. *tal ... qual*:
perché muta aspetto secondo le sue fasi. 7. *parte*: «intanto» (in dop-
pia rima equivoca: cfr. *RVF*, XVIII, 1-8). 8. *ristetti ... lieta*: «mi sof-
fermai a guardarlo [il *pianeta*] con occhi pieni di desiderio e letizia».
Cfr. *RVF*, CXXVI, 32-33: «volga la vista desiosa e lieta». 9. *fu*:
«ciò accadde» (quanto detto nella seconda quartina). *'l*: «lo» riferito
al *bel pianeta*. *in ... sembianza*: «al posto e in immagine». 10. *ria*:
«crudele». 11. *lui*: il *pianeta*. 12. *ne*: di *conforto* (al v. 7). *se ...
fia*: «se vi piacerà». *vostro*: di Bernardo Dovizi da Bibbiena, al quale
il B. chiede in dono una statuetta di Diana in sembianze lunari, nella
quale ha visto come l'effigie della sua donna (Dionisotti). 13. *'l son-
no*: «durante il sonno» (Dionisotti): è il sonno eterno di Endimione (cfr.
infra). *avanza*: resta. 14. *Endimion*: «è lecito pensare che il B. an-
che possedesse una statuetta di Endimione: senza con ciò escludere che
nell'*Endimion* del v. 14 [...] raffigurasse se stesso» (Dionisotti). Il gio-
vane pastore Endimione, immerso in un sonno eterno, ogni notte veni-
va visitato dalla Luna in una grotta del monte Latmo in Caria. Cfr. Ci-
cerone, *Tusc.*, I, 92; *RVF*, CCXXXVII, 31 sgg.

Questa del nostro lito antica sponda,
che te, Venezia mia, copre e difende,
e, mentre il corso al mar frena e suspende,
la fier mai sempre e la percote l'onda,
⁵   rassembra me, che se 'l dí breve sfronda
i boschi o se le piaggie il lungo accende,
mi bagna riva, che dagli occhi scende,
riva, ch'aperse Amor larga e profonda.
    Ma non perviene a la mia donna il pianto,
¹⁰ che d'intorno al mio cor ferve e ristagna,
per non turbar la sua fronte serena.
    La qual vedesse sol un giorno, quanto
per lei dolor dí e notte m'accompagna,
assai fora men grave ogni mia pena.

METRO: sonetto a rime incrociate (ABBA, ABBA) e replicate (CDE, CDE).

1. *lito*: cfr. al v. 4.   2. *Venezia*: «È il solo sonetto nel quale il B. esplicitamente nomini la sua Venezia» (Dionisotti).   3. *il corso ... frena*: cfr. *RVF*, CCVIII, 5: «il tuo [del Rodano] corso non frena». *suspende*: non petrarchesco.   4. *fier*: «ferisce». *mai*: rafforzativo di *sempre*. *percote l'onda*: cfr. Virgilio, *Buc.*, V, 83: «percussa ... fluctu tam litora».   5. *'l dí breve*: quello invernale. *sfronda*: non petrarchesco. Cfr. Virgilio, *Aen.*, VI, 309-310.   6. *il lungo*: quello estivo.   7. *riva*: un fiume di pianto. Cfr. Ovidio, *Met.*, IX, 656: «lacrimarum ... rivo»; *RVF*, XXX, 22: «lagrimosa riva».   8. *larga e profonda*: cfr. *RVF*, CCXXX, 9-10: «Sí profondo era e di sí larga vena | il pianger mio e sí lunge la riva».   9. *perviene*: non petrarchesco.   10. *ristagna*: non petrarchesco.   11. Ricalca *RVF*, CCXXXVI, 6: «per non turbare il bel viso sereno»; ma *fronte serena* anche in *RVF*, CCCLVII, 14 (: *pena*).   12. *vedesse*: «se vedesse».   13. *dolor ... m'accompagna*: cfr. *RVF*, XLIX, 9-10: «Lagrime triste, e voi tutte le notti | m'accompagnate».   14. *fora*: «sarebbe». *grave ... pena*: cfr. *RVF*, CCCLVII, 10.

La fera che scolpita nel cor tengo,
cosí l'avess'io viva entro le braccia:
fuggí sí leve, ch'io perdei la traccia,
né freno il corso, né la sete spengo.

5 Anzi cosí tra due vivo e sostengo
l'anima forsennata, che procaccia
far d'una tigre sciolta preda in caccia,
traendo me, che seguir lei convengo.

E so ch'io movo indarno, o penser casso,
10 e perdo inutilmente il dolce tempo
de la mia vita, che giamai non torna.

Ben devrei ricovrarmi, or ch'i' m'attempo
et ho forse vicin l'ultimo passo:
ma piè mosso dal ciel nulla distorna.

METRO: sonetto a rime incrociate (ABBA, ABBA) e a tre rime diverse (CDE, DCE). Composto tra il 1530 e il '35.

1. *fera*: la donna amata, crudele come una fiera. Cfr. *RVF*, XXII, 20. *scolpita nel cor*: cfr. Virgilio, *Aen*., IV, 4: «haerent infixi pectore vultus»; *RVF*, L, 66.   3. *leve*: «agile, leggera e veloce».   4. *corso*: la corsa dell'inseguimento. Contamina *RVF*, CCVIII, 5 («il tuo corso non frena») e CV, 15 («spenga la sete sua»).   5. *tra due*: «tra due pensieri diversi: quello d'amore e quello della propria pace» (Baldacci).   6. *forsennata*: «non è del Petrarca, viene da Dante, *Inf*., XXX, 20» (Dionisotti).   *procaccia*: «fa in modo di» (una sola volta in *RVF*, CCVII, 48).   7. *tigre*: cfr. *RVF*, CLII, 1.   8. *traendo me*: «trascinandomi».   *convengo*: «mi conviene» (Dionisotti).   9. *movo*: «mi muovo».   *indarno*: «invano».   *casso*: «annullato, oscurato» (Baldacci). Latinismo: cfr. Virgilio, *Aen*., II, 85; Dante, *Inf*., XXVI, 130 (: *passo*); *RVF*, CCXCIV, 6 (: *passo*).   10. *dolce tempo*: cfr. Dante, *Rime*, CI, 10; *RVF*, XXIII, 1: «Nel dolce tempo de la prima etade».   12. *ricovrarmi*: «recuperare, ritrovare me stesso».   *m'attempo*: «invecchio». Una sola volta in *RVF*, XXXVII, 16 (: *tempo*).   13. *l'ultimo passo*: la morte. Cfr. *RVF*, CCXCIV, 3 «l'ultimo suo passo (: *casso*)».   14. *piè*: «piede» (è complemento oggetto di *distorna*).   *mosso*: «una volta mosso».   *distorna*: «distoglie, allontana [*dal ciel*]». Una sola volta in *RVF*, XXVII, 7 (: *torna*).

Se tutti i miei prim'anni a parte a parte
ti diedi, Amor, né mai fuor del tuo regno
posi orma o vissi un giorno, era ben degno
ch'io potessi attempato omai lasciarte,
⁵   e da' tuoi scogli a piú secura parte
girar la vela del mio stanco legno,
e volger questi studi e questo ingegno
ad onorata impresa, a miglior arte.
    Non son, se ben me stesso e te risguardo,
¹⁰ piú da gir teco: i' grave e tu leggero;
tu fanciullo e veloce, i' vecchio e tardo.
    Arsi al tuo foco e dissi: – altro non chero –,
mentre fui verde e forte: or non pur ardo,
secco già e fral, ma incenerisco e pero.

⭐ 2

Arsi, Bernardo, in foco chiaro e lento
molt'anni assai felice, e, se 'l turbato
regno d'Amor non ha felice stato,
tennimi almen di lui pago e contento.

METRO: sonetto a rime incrociate (ABBA, ABBA) e alterne (CDC, DCD).

1. *a ... parte*: «completamente».   3. *degno*: «giusto e decoroso».   4.
attempato: non petrarchesco.   5. *a ... parte*: cfr. *RVF*, CCCLV, 10.
6. *stanco legno*: la stanca nave della mia vita. *Iunctura* non petrarchesca,
ma contamina *RVF*, LXXX, 1-3, 27-29, 37-39.   8. *onorata ... arte*: «po-
teva, licenziando le sue *Prose della volgar lingua*, francamente affermare
che *ingegno* e *studi* suoi fossero volti a miglior arte che non a tessere amo-
rose rime» (Dionisotti). Comunque il sonetto «è anteriore al 1530, anzi
probabilmente al 1525» (Dionisotti).   9. *risguardo*: non petrarchesco.
10. *gir teco*: «andare con te».   *grave*: «pesante».   11. *tardo*: «lento».
12. *Arsi ... foco*: riprende *RVF*, CCCXX, 13.   *chero*: «chiedo» (in rima
in *RVF*, CCXXXIV, 13).   13. *mentre*: «finché».   *verde*: «giovane».
14. *fral*: «fragile».   *incenerisco*: non petrarchesco.   *pero*: «muoio».

METRO: sonetto a rime incrociate (ABBA, ABBA; CDC, CDC).

1. *Arsi*: cfr. *RVF*, XC, 8; CXXII, 2 ecc.   *Bernardo*: il poeta Bernardo
Cappello (cfr. *infra*, la sezione Petrarchisti e manieristi); il sonetto è del-
l'estate 1528.   3. *felice stato*: *iunctura* petrarchesca (*RVF*, XCIX, 4;
CCCXV, 12).   4. *pago*: non petrarchesco.

⁵ Poi, per dar le mie vele a miglior vento,
quando lume del ciel mi s'è mostrato,
scintomi del bel viso in sen portato,
sparsi col piè la fiamma, e non men' pento.
Ma l'imagine sua dolente e schiva
¹⁰ m'è sempre inanzi, e preme il cor sí forte,
ch'io son di Lete omai presso a la riva.

S'io 'l varcherò, farai tu che si scriva
sovra 'l mio sasso, com'io venni a morte,
togliendomi ad Amor, mentr'io fuggiva.

☆

Sí levemente in ramo alpino fronda
non è mossa dal vento o spica molle
in colto e verde poggio o nebbia in colle
o vaga nel ciel nube e nel mar onda,
⁵ come sotto bel velo e treccia bionda
in picciol tempo un cor si dona e tolle,
e disvorrà quel che piú ch'altro volle,

5. *per ... vento*: cfr. Dante, *Purg.* I, 1-2: «Per correr migliori acque alza
le vele | omai la navicella...». 6. *lume*: la grazia divina («lume del
ciel» in Dante, *Purg.*, V, 54 e in *RVF*, CCCXXV, 90). 7. *scintomi ...
portato*: «spogliatomi della bella immagine che avevo portato nel cuore».
Cfr. *RVF*, CCLXVI, 12-14: «Un lauro verde [...] | portato ho in seno, et
già mai non mi scinsi». 8. *sparsi ... fiamma*: cfr. *RVF*, CCLXXI, 13:
«e 'l foco ha spento e sparso». 9. *l'imagine sua*: cfr. *RVF*, CCLXIV,
42-43. *dolente*: cfr. Petrarca, *Tr. Mor.*, II, 108. *schiva*: cfr. *RVF*,
CLXXXIV, 7; *Tr. Mor.*, I, 8. 10. *m'è sempre inanzi*: cfr. Ovidio, *Tri-
st.*, III, 4b, 13: «Coniugis ante oculos sicut praesentis imago est». *pre-
me il cor*: cfr. *RVF*, CCLXIV, 55-58; *Tr. Temp.*, 41. 11. *Lete*: fiume
infernale (cfr. Virgilio, *Aen.*, VI, 714; Stazio, *Theb.*, XI, 82: «lethaea ...
ripa»). 12. *S'io 'l varcherò*: se oltrepasserò il fiume, cioè se morirò.
12-13. *farai ... morte*: cfr. Properzio, II, 13, 33 sgg.: «super addita busto
| [...] duo sint versus: "qui nunc iacet [...] | unius hic quondam servus
amoris erat"». *sasso*: «lapide». 14. *togliendomi*: «sottraendomi».

METRO: sonetto a rime incrociate (ABBA, ABBA) e alterne (CDC, DCD).

1. *levemente*: «facilmente e rapidamente». 2. *mossa*: cfr. *RVF*,
CXLII, 8: «né mosse il vento mai sí verdi frondi». *spica*: «spiga».
3. *colto*: «coltivato». *nebbia*: cfr. *RVF*, CCCXVI, 5: «come nebbia al
vento si dilegua». 5. *bel ... bionda*: *iuncturae* canoniche (cfr. *RVF*,
CXXVI, 39 e 47). 6. *picciol*: «poco». *cor*: quello dell'amante. *tol-
le*: «si nega, si sottrae». 7. *disvorrà*: «non vorrà piú». Ricalca Dante,

e di speranze e di sospetti abonda.
    Gela, suda, chier pace e move guerra:
10 nostra pena, Signor, che noi legasti
a cosí grave e duro giogo in terra.
    Se non che sofferenza ne donasti;
con la qual chi le porte al dolor serra,
pur vive, e par che prova altra non basti.

    Quando, forse per dar loco a le stelle,
il sol si parte, e 'l nostro cielo imbruna,
spargendosi di lor, ch'ad una ad una,
a diece, a cento escon fuor chiare e belle,
5   i' penso e parlo meco: in qual di quelle
ora splende colei, cui par alcuna
non fu mai sotto 'l cerchio de la luna,
benché di Laura il mondo assai favelle?
    In questa piango, e poi ch'al mio riposo

Inf., II, 37: «E qual è quei che disvuol ciò che volle».   9. *Gela, suda*: il sogg. è il *cor* dell'amante.   *chier*: «chiede». Cfr. *RVF*, CXLIV, 5: «né so se guerra o pace a Dio mi chieggo».   10. *Signor*: è Amore.   11. *giogo*: «la vita stessa». Cfr. *RVF*, LXII, 9-10: «Or volge, Signor mio, l'undecimo anno | ch'i' fui sommesso al dispietato giogo».   12. *Se non che*: «soltanto».   *ne*: «ci».   13. *porte ... serra*: cfr. Dante, *Par.*, III, 43.

METRO: sonetto a rime incrociate (ABBA, ABBA) e a tre rime diverse (CDE, DCE).

1-2. *Quando ... imbruna*: cfr. *RVF*, XXII, 13-14: «Quando la sera scaccia il chiaro giorno, | e le tenebre nostre altrui fanno alba».   *imbruna*: cfr. *RVF*, CCXXIII, 1-2: «Quando 'l sol bagna in mar l'aurato carro | e l'aere nostro e la mia mente imbruna (: *luna* : *una*)». Cfr. Dante, *Inf.*, II, 1.   3. *spargendosi*: «cospargendosi».   5. *in ... quelle*: cfr. *RVF*, CLIX, 1-3: «In qual parte del ciel, in quale idea | era l'exempio, onde Natura tolse | quel bel viso leggiadro...?».   6. *ora*: dopo la morte, la donna amata, «ignota [...] morta prima del 1530» (Dionisotti), risplende in una stella, secondo la dottrina platonica del soggiorno astrale delle anime (cfr. Platone, *Tim.*, 41e-42b).   *par*: «uguale». Cfr. *RVF*, CLXXXVII, 5-6: «questa pura e candida colomba, | a cui non so s'al mondo mai par visse».   7. *non ... luna*: «cioè in terra, essendo il cielo della luna il primo che s'incontra salendo dal nostro pianeta» (Baldacci). Cfr. *RVF*, CCXXXVII, 2-3: «né lassú sopra 'l cerchio de la luna | vide mai tante stelle alcuna notte».   8. *Laura*: amata e cantata dal Petrarca.   *favelle*: «parli».   9. *In questa*: «pensando a questo».   *riposo*: «s'intende il letto» (Baldacci).

¹⁰ torno, piú largo fiume gli occhi miei,
e l'imagine sua l'alma riempie,
   trista; la qual mirando fiso in lei
le dice quel, ch'io poi ridir non oso:
o notti amare, o Parche ingiuste et empie.

Donna, che fosti oriental Fenice
tra l'altre donne, mentre il mondo t'ebbe,
e poi che d'abitar fra noi t'increbbe,
angel salisti al ciel novo e felice,
⁵   l'alta beltà del nostro amor radice
col senno, ond'ei tanto si stese e crebbe,
vento fatal sí tosto non devrebbe
aver divelta, l'un penser mi dice,
   per cui d'amaro pianto il cor si bagna;
¹⁰ ma l'altro ad or ad or con tai parole
prova quetarmi: a che ti struggi, o cieco?
non era degno di sí chiaro sole

10. *fiume*: cfr. *RVF*, CCLXXIX, 10-11: «a che pur versi | degli occhi tristi un doloroso fiume?».   11. *alma*: «anima».   *riempie*: lemma non petrarchesco.   12. *trista*: riferito ad *alma*.   *la qual*: l'anima.   *mirando ... lei*: cfr. *RVF*, XVII, 8.   14. *Parche*: «le dee che presiedevano alla vita e al destino degli uomini; il destino stesso» (Baldacci). Cfr. Orazio, *Carm.*, II, 6, 9: «Parcae ... iniquae».

METRO: sonetto a rime incrociate (ABBA, ABBA) e a tre rime diverse (CDE, DEC).

1. *Donna*: la Morosina, «compagna del Bembo dal 1513 al 1535 [...] e madre dei suoi figli» (Dionisotti). Incipit simili ancora in Bembo, *Rime*, CXXXII e CLXII.   *Fenice*: «uccello favoloso ed immortale che sempre rinasceva dalle proprie ceneri; unico della sua specie, viveva in Arabia, perciò *oriental*: metaforicamente per indicare persona di uniche virtú, come già nel Petrarca» (Baldacci): cfr. *RVF*, CLXXXV.   2. *mentre*: «finché».   3. *increbbe*: «ti rincrebbe».   4. *al ciel*: la Morosina morí nel 1535.   *novo*: «riferito ad *angel*» (Baldacci). Cfr. *RVF*, CCCXXVI, 13: «angel novo», vale «entrato ultimamente nelle gerarchie celesti» (Zingarelli).   5-6. *l'alta ... crebbe*: «il nostro amore che ebbe radici nella tua bellezza e rami e foglie nella fruizione del tuo divino ingegno» (Baldacci). Cfr. *RVF*, CCCXXI, 5: «O del dolce mio mal prima radice (: *fenice*)» 7. *vento fatal*: della morte.   *non devrebbe*: «non avrebbe dovuto».   8. *divelta*: predicato di *l'alta beltà*. Cfr. *RVF*, CCCXXIII, 33-35: «e da radice | quella pianta felice | súbito svelse».   9. *amaro pianto*: iunctura in *RVF*, CXXXV, 21.   10. *l'altro*: pensiero.   12. *sole*: la Donna. Cfr.

occhio di mortal vista; or Dio l'ha seco,
dal cui voler uom pio non si scompagna.

    O Sol, di cui questo bel sole è raggio,
Sol, per lo qual visibilmente splendi,
se sovra l'opre tue qua giú ti stendi,
riluci a me, che speme altra non aggio.
5   Da l'alma, ch'a te fa verace omaggio
dopo tanti e sí gravi suoi dispendi,
sgombra l'antiche nebbie e tal la rendi,
che piú dal mondo non riceva oltraggio.
    Omai la scorga il tuo celeste lume,
10   e se già mortal fiamma e poca l'arse,
a l'eterna et immensa or si consume
    tanto, che le sue colpe in caldo fiume
di pianto lavi e, monda, da levarse
e rivolar a te vesta le piume.

RVF, CCCVIII, 13: «un chiaro e breve sole al mondo fue».   13. *occhio ... vista*: occhio mortale, incapace di reggere la vista di un sole cosí abbagliante.   14. *scompagna*: «allontana» (Baldacci).

METRO: sonetto a rime incrociate (ABBA, ABBA; CDC, CDC).

1. *Sol*: Dio. Composto nel 1538, il sonetto doveva dare all'autore «in procinto d'essere nominato cardinale [...] un'immagine piú condecente a quella dignità» (Dionisotti).   *questo*: il sole visibile (cfr. v. 2). L'immagine deriva da Platone, *Repub.*, 515e-517c.   3. *l'opre tue*: «la tua creazione». *ti stendi*: con i raggi.   4. *riluci*: lemma non petrarchesco; cfr. Dante, *Purg.*, XXVIII, 133: «Vedi lo sol che in fronte ti riluce». *aggio*: «ho».   5. *verace*: «sincero».   6. *dispendi*: «dissipazioni». Voce non petrarchesca.   7. *sgombra*: «dissolvi». Cfr. *RVF*, CXXVIII, 75: «sgombra da te queste dannose some». *nebbie*: del peccato, *antiche* perché ha peccato da molto tempo. Cfr. *RVF*, CCLXX, 36: «et sgombrar d'ogni nebbia oscura et vile».   9. *la scorga*: «la guidi». Cfr. *RVF*, CCCLXVI, 129: «Scorgimi al miglior guado».   10. *mortal fiamma*: dell'amore terreno. *poca*: «breve».   11. *eterna et immensa*: la luce infuocata della beatitudine divina. Cfr. Dante, *Par.*, XIV, 66.   13. *monda*: «pura». Cfr. Dante, *Purg.*, XXI, 58: «anima monda». *da*: consecutiva ad un implicito «tanto» retto da *vesta* del v. 14 (cioè: vesta penne cosí leggere tanto «da levarse, | e rivolar a te»). *levarse*: cfr. *RVF*, LXXXI, 12-14: «Qual grazia, qual amore, o qual destino | mi darà penne in guisa di colomba, | ch'i' mi riposi, e levimi da terra?».   14. *piume*: le ali dell'anima. Immagine di derivazione platonica (cfr. Platone, *Fedr.*, 246a sgg.).

BALDASSARRE CASTIGLIONE

L'esperienza lirica del C. appare circoscritta ad un esiguo manipolo di componimenti (quattro canzoni, diciassette sonetti ed una ballata, piú una ventina di carmi latini): soltanto alcuni videro le stampe, e ciò avvenne in raccolte miscellanee – perlopiú postume, se guardiamo alla produzione in volgare; non vi fu dunque, da parte del C., volontà di fissare in forma compiuta ed organica la propria produzione poetica, ma un consapevole indugio – come per il *Cortegiano* – nel ripensamento della propria ispirazione. Tutto ciò non diminuisce tuttavia l'interesse di un percorso lirico solitamente non registrato nelle mappe delle storie letterarie, che non varcano il limite costituito dalla maggior opera, *Il libro del cortegiano*. La formazione intellettuale del C. si compie in due importanti centri culturali dell'Italia a cavallo tra Quattro e Cinquecento: la Milano sforzesca, ambiente aperto alle piú varie sollecitazioni (dalla multiforme attività di un Leonardo alla filologia di un Beroaldo); ed Urbino, vero laboratorio di quel processo di spettacolarizzazione del potere che sarà una delle caratteristiche distintive del «codice» cortigiano. In area milanese, come ha sostenuto Dionisotti, contrariamente a quanto accadeva altrove, la poesia volgare non era accolta come esercizio facile e «minore», tanto e vero che assistiamo qui ad uno sperimentalismo che saggia in qualche caso un diretto incidere della metrica volgare su quella latina; la lingua petrarchesca già era riconosciuta, forse con piú chiarezza che in altre realtà geografiche, nel suo caratteristico assetto sovraregionale. Anche nelle rime del C., composte prima che il canone bembesco si imponesse con forza, appare notevole la precoce adesione a questo petrarchismo capace di liberare dai limiti linguistici e stilistico-tematici della lirica tardoquattrocentesca: una scelta dettata dallo stesso «cosmopolitismo» che ispirava al Mantovano l'adesione alla teoria «cortigiana» della lingua. Testimonianza preziosa di quanto si va dicendo offre il codice di rime appartenuto al C. che il Cian scoprí ormai un secolo fa: a fronte dell'assenza dei poeti due e trecenteschi anteriori a Petrarca (ad eccezione naturalmente di Dante, comunque poco rappresentato), spicca la trascrizione quasi integrale di *Canzoniere* e *Trionfi*, accanto ad un chiaro predominio, tra i «moderni», dei poeti di area settentrionale. L'aderenza al modello assume nel C. talora atteggiamenti ipernormativi, che vanno oltre gli stessi intenti della codificazione bembesca: è il caso, ad esempio, della canzone *Amor, poiché il pensier, per cui sovente*, che trae il proprio schema metrico, senza variazioni, da *RVF*, CCLXX e conclude le sei strofe e il commiato con un verso petrarchesco. Naturalmente ciò che si va dicendo non vale per il *Tirsi*, poiché l'appartenenza al genere bucolico consente una libertà linguistica che talvolta, osservavano gli editori settecenteschi delle opere del Mantovano, Giovanni Antonio e Gaetano Volpi, «sente un poco dell'incolto e del rozzo». Rispetto al Bembo, comunque, il C. sembra, in virtú della natura «occasionale» della propria esperienza lirica, sottrarsi a quell'astrazione storica ed esistenziale del dettato petrarchesco che caratterizza la fortunata proposta critica del letterato veneziano, sino ad arrivare addirittura, nel sonetto *Quando il tempo, che 'l ciel con gli anni gira*, a suggellare un componimento con la registrazione del proprio nome. Proprio questo sonetto, che mantiene sullo sfondo gli effetti dell'azione distruttrice del tempo, contemplati anche nelle «ruine» di Roma, introduce al tratto forse piú caratteristico della lirica del C., il quale tende ad accentuare gli aspetti piú grandiosi, piú densi di *gravitas* del modello petrarchesco, avvalendosi tra l'altro dell'esperienza parallela della composizione latina: di qui un'intertestualità assai varia e movimentata, non limitata al solo ambito volgare. A tale temperie stilistica possono essere ricondotti i due componimenti presenti nella scelta antologica, la canzone *Manca il fior giovenil de' miei prim'anni*, quasi un'anticipazione del «sublime» dellacasiano, ed il fortunatissimo sonetto *Superbi colli, e voi, sacre ruine*, che testimonia il culto di C. per il mondo antico, espresso anche nelle celebre lettera a Leone X del 1519. Non limitata ai modi di manierato *lusus* ma avvivata da una decisa individualità è pure la produzione latina, in cui prevale un arguto descrittivismo (interamente ecfrastici sono la *Cleopatra* e l'*In cupidinem Praxitelis*) ed una mobilità di rappresentazione psicologica che raggiunge il suo apice nell'*Elegia qua fingit Hippolyten suam ad se ipsum scribentem* e nel *De Elizabetha Gonzaga canente*, che ci riporta al raffinato ambiente urbinate. In altri componimenti ritroviamo l'interesse per il mondo pastorale evocato dal *Tirsi*: l'epicedio in esametri *Al-*

con, dedicato all'amico scomparso Giovanni de' Falconi, e la prima delle due elegie *Ad puellam in litore ambulantem*, che varia l'ambientazione marina e «piscatoria» resa celebre dal Sannazaro con una caratteristica attenzione al mitologico-mostruoso, motivo che, come ha mostrato Simone Albonico, conoscerà una certa fortuna nella lirica lombarda del prima metà del Cinquecento. Non a torto, dunque, il Gravina accostava i componimenti del C. (quattro dei quali ritroviamo pure nel volume dei *Coryciana* – 1524) a quelli dei massimi esponenti della poesia latina primocinquecentesca: il Bembo, il Cotta, il Navagero, il Sadoleto, il Flaminio; ancora oggi, infatti, essi dimostrano la loro vitalità.

S. P.

DAL *TIRSI*

1

IOLA

Quando fia mai che questa roca cetra
meco del mio dolor non si lamenti?
Non è piú in questi monti arbor o pietra,
che non intenda le mie pene e i stenti;
5   né pur ancor mercé da te s'impetra,
ninfa crudel, di sí lunghi tormenti:
anzi, s'odi i miei mali acerbi e duri,
di non udir t'infingi o non ti curi.

2

Spesso per la pietà del mio dolore
scordan le matri dar latte agli agnelli;
e veggendo languire il suo pastore
non seguitan l'armento i miei vitelli;
5   escon talor di quel boschetto fuore
a pianger meco i semplicetti augelli;
talor, nascosti in sue fronzute stanze
par che cantin le mie dolci speranze!

METRO: ottave di endecasillabi, schema ABABABCC. L'ecloga fu com-
posta il carnevale del 1506 dal C. e da Cesare Gonzaga, e recitata di
fronte ad Elisabetta Gonzaga, duchessa di Urbino. Sotto le vesti di Io-
la si celerebbe Girolamo, fratello del C., sotto quelle di Dameta il Gon-
zaga. Rispetto all'*Orfeo* del Poliziano, C. asseconda maggiormente l'u-
niformità dell'ottava rima, inserendo come schema strofico autonomo
soltanto una ballata (la XXIX, pubblicata a parte nella collezione gioli-
tina di rime del 1549 curata dal Domenichi). L'accoglienza all'opera fu
tanto entusiastica che, per i festeggiamenti del carnevale successivo, il
Bembo fu sollecitato a comporre le *Stanze a Lisabetta Gonzaga*.

1. 1. *roca*: «stridula». 3-4. *arbor ... stenti*: Sannazaro, *Arcadia*,
V, 17-18 (sul modello di Petrarca, *RVF*, CCLXXXVIII, 9 e 14). 5.
né pur ... impetra: l'ed. aldina ha *da te* dopo *né pur*. 8. *t'infingi ... cu-*
ri: *RVF*, CCX, 13.
2. 2. *scordan ... agnelli*: Nemesiano, *Ecl.*, II, 31-32. 4. *l'armento*:
l'aldina legge *gli armenti*. 6. *a pianger ... augelli*: *RVF*, CCXIX, 1.
7. *stanze*: «dimore».

3

Tu sola piú che questa quercia annosa
sei dura, e piú che il mare e i scogli sorda;
piú ch'un serpente sei aspra e sdegnosa
e piú che un'orsa assai del sangue ingorda.
5 Ché non è fiera in queste selve ascosa,
che, come tu il mio cor, gli armenti morda;
e sol costante sei nella mia doglia,
nel resto mobil piú che al vento foglia.

4

Ben mi raccorda quando lungo il rio
ti vidi prima andar cogliendo fiori,
che mi dicesti: o caro Iola mio,
tu sei piú bello tra tutti i pastori;
5 e sol, come tu fai, cantar disio,
che i sassi col cantar par che innamori.
Poi mi ponesti una ghirlanda in testa,
che di ligustri e rose era contesta.

5

Oimè, allor mi traesti il cor del petto
e teco nel portasti, e teco or l'hai;
ma poiché sí mi nieghi il dolce aspetto,
che debbo far, se non sempre trar guai?
5 D'ombrose selve piú non ho diletto,
di vivi fonti o prati, né arò mai:
non so piú maneggiar la marra o 'l rastro,
né parmi dell'armento esser piú mastro.

---

3. 1-4. *piú che ... orsa*: Ovidio, *Met.*, XIII, 799 («durior annosa
quercu»), 803 («feta truculentior ursa»), 804 («surdior aequoribus»,
«inmitior hydro»): sono le accuse che Aci rivolge a Galatea; cfr. San-
nazaro, *Arcadia*, prosa VIII, 41.   5. *Ché non è*: l'aldina ha *E non è*.
8. *mobil ... foglia*: Teocrito, *Idilli*, XXX, 31-32; Calpurnio Siculo, III,
10 («mobilior ventis o foemina!»); Poliziano, *Stanze*, I, 14, 5.
4. 1. Il commento Serassi respinge la lezione *lungo al rio* dell'aldina,
fornendo esempi tratti da Dante, Petrarca, Bembo.   2. *ti vidi ... fiori*:
Teocrito, *Idilli*, XI, 25-26.   7. *ghirlanda*: cfr. *supra*, Poliziano, *Stanze*,
I, 47, 2.   8. *ligustri e rose*: cfr. *supra*, Poliziano, *Stanze*, I, 44, 6 (cfr.
Claudiano, *Rapt.*, II, 130).   *contesta*: «intessuta, cioè composta».
5. 1. *mi traesti ... petto*: *RVF*, XXXIII, 73, 4.   *trar guai*: lamentar-
mi; Dante, *Inf.*, XIII, 22; *RVF*, XXXVII, 96; Bembo, *Rime*, XLVIII,
9.   7. *rastro*: «rastrello».   8. *mastro*: Virgilio, *Buc.*, III, 101; Poli-
ziano, *Stanze*, I, 19, 1.

6

Fatto hanno gli occhi miei omai un fonte
col pianto, ove si può spegner la sete.
Venite, o fiere, giú da questo monte
a ber senza timor di laccio o rete;
⁵ e bench'un fiume mi caggia dal fronte,
pastori, voi dal petto foco arete;
ché del mio cor non è pur una dramma,
ch'omai non sia conversa in foco e fiamma.

7

E tu, ninfa crudel, sol cagion sei
di trasformarmi in sí strana figura:
ché cosí bella fuor t'han fatta i dèi
e dentro poi crudele, acerba e dura.
⁵ Ma perché m'ingannasser gli occhi miei
contra ragion ti fe' tal la natura.
Le fiere aspetto han paventoso e strano,
e tu l'animo fiero e 'l volto umano.

8

Umano è il volto tuo? anzi divino,
ché dentro vi son pur due chiare stelle.
Le fresche rose còlte nel giardino
d'amor fanno le guance tenerelle,
⁵ la bocca sparge odor di gelsomino,
dui fior vermigli son le labbra belle,
la gola e il mento e 'l delicato petto
son di candida neve e latte stretto.

---

6. 1. *fatto ... fonte*: RVF, CLXI, 4; Bembo, *Rime*, XLIX, 6-7. 5. *fronte*: Serassi rileva come il maschile sia conservato anche in Giusto de' Conti (ad es. 5, 7; 8, 13; 21, 61 ecc.). 6. *Pastori ... arete*: cfr. l'epigramma di Porzio Licino citato in Gellio, XIX, 9, 13. 7. *una dramma*: una minima parte; cfr. Dante, *Purg.*, XXX, 46.
7. 3-4. *fuor ... dentro*: Poliziano, *Stanze*, I, 15, 7-8. 6. *contra ... natura*: cioè «la natura ti diede appunto una bellezza esteriore che contrasta con la crudeltà del tuo animo».
8. 1. *Umano ... anzi divino*: Petrarca, *Tr. Mor.*, I. 22. 3. *fresche rose*: RVF, CCXLV, 1 e Bembo, *Stanze a Lisabetta Gonzaga*, 27, 1-2. 8. *candida neve*: altro particolare topico della poesia erotica: Properzio, II, 3, 11; cfr. RVF, XXX, 31. *latte stretto*: cioè «cagliato», cfr. Ovidio, *Met.*, XIII, 796: «mollior et cygni plumis et lacte *coacto*».

9

Queste catene mie, questi legami
disciogglier dal mio cor mai non potrei,
questi miei cari, dolci, inescat'ami
smorsar non posso, né poter vorrei.
⁵ E benché mille volte morte chiami,
per te soavi son gli affanni miei.
Cosí il ciel vuole, e tu, che sei mia scorta;
ch'ognuno il suo destin seco si porta.

10

Le fiere ai boschi pur tornan la sera,
dove di sua fatica hanno riposo;
si riveston di foglie a primavera
i boschi, ignudi nel tempo nivoso.
⁵ L'autunno l'uva fa matura e nera
e ogn'arbor da novelli frutti ascoso;
il mio duol mai non muta le sue tempre
e sono le mie pene acerbe sempre.

11

Ma i giorni oscuri diverrian sereni,
se pietà ti pungesse il core un poco.
Allor sariano i boschi e i fonti ameni,
se meco fussi, o ninfa, in questo loco.
⁵ Andrian di dolce latte i fiumi pieni,
s'amor per me il tuo cor ponesse in foco;
e sí sonori i miei versi sariano,
ch'invidia Orfeo e Lino ancor n'aríano.

9.   2. *mai non potrei*: l'aldina legge *già non potrei*.   4. Serassi so-
stiene la lezione *smorsar* contro *snodar* dell'ed. aldina sulla base di *RVF*,
CXCV, 2: «né però smorso i dolci inescat'ami».   5. *morte chiami*:
RVF, CCXII, 11 e XXIII, 140.
10.   3. *si riveston ... primavera*: Orazio, *Ars poet.*, 60 e *Carm.*, IV, 7,
1. *di foglie: di frondi* (ed. aldina).   4. *nel tempo nivoso*: l'aldina ha
nel tempo noioso.   7. *mai ... tempre*: «non muta condizione», cioè
«non ha mai termine»; cfr. *supra*, Bembo, *Alma cortese*, 76.
11.   2. *se pietà ti pungesse*: Bembo, *Asolani*, I, XXXIII, 49.   4-5.
se meco ... pieni: Calpurnio Siculo, III, 53-54; i fiumi di latte sono un
attributo dell'età dell'oro: Ovidio, *Met.*, I, 111; Sannazaro, *Arcadia*,
ecloga III, 38-39.   8. *Orfeo e Lino*: mitici cantori; Virgilio, *Buc.*, IV,
55-56 (cfr. Dante, *Inf.*, IV, 140-141).

12

Corrimi adunque in braccio, o Galatea,
né ti sdegnar de' boschi, o d'esser mia.
Vener nei boschi accompagnar solea
il suo amante, e lí spesso si addormia.
⁵ La luna, ch'è su 'n ciel sí bella dea,
un pastorello per amor seguia;
e venne a lui nel bosco a una fontana,
perché donolle un vel di bianca lana.

13

Di bianca lana i miei greggi coperti
sono, come tu stessa veder puoi;
e benché maggior dono assai tu merti
che non agnelli, capre, vacche o buoi,
⁵ l'armento, il gregge mio, per compiacerti,
il cane e l'asinel tutti son tuoi,
e quanti frutti sono in queste selve,
e quanti augelli insieme e quante belve.

14

Un canestro di pomi t'ho già còlto,
un altro poi di prune e sorbe insieme;
e pur or di palombi un nido ho tolto,
che ancor la matre in cima all'olmo geme;
⁵ un capriol ti serbo, che disciolto
tra gli agnelli sen va, né del can teme;
due tazze poi d'oliva, al torno fatte
da quel bon mastro, arai piene di latte.

---

12.   3. *Vener ... solea*: si allude alla vicenda amorosa di Venere e Ado-
ne (l'*amante* del v. 4).   6. *un pastorello*: è il mito della Luna che s'in-
namora del pastore Endimione: l'accostamento tra Adone e Endimione
si ritrova in Teocrito, *Idilli*, XX, 35-39.   8. *un vel*: il dono, secondo
la versione piú accreditata del mito, fu opera di Pan (Virgilio, *Georg.*,
III, 391-393); segue C., forse sulla base comune del commento di Servio
alle *Georgiche*, l'Ariosto del capitolo IX (vv. 13-18).
13.   1. *Di bianca lana*: la ripresa della formula con cui si conclude la
precedente ottava (anadiplosi) esplicita il parallelo tra Endimione e Jola.
3. *e benché ... merti*: l'offerta di doni campestri costituisce un altro luo-
go comune della tradizione bucolica, da Teocrito (ad es. *Idilli*, XI, 34
sgg.) a Virgilio (*Buc.*, II, 21 sgg.) a Calpurnio Siculo (*Buc.*, II, 68 sgg.).
14.   1-2. *pomi ... prune*: Virgilio, *Buc.*, II, 51 sgg.   3. *palombi*:
«colombi selvatici» (latinismo).   4. *in cima ... geme*: Virgilio, *Buc.*, I,
59.   7. *d'oliva*: «di legno d'ulivo».   *torno*: «tornio».

15

Ecco le ninfe qui, ch'una corona
ti tessono di rose e d'altri fiori;
odi la selva e il monte che risona
di fistole e zampogne di pastori.
⁵ Di fior la terra lieta s'incorona
e sparger s'apparecchia grati odori.
Deh vieni ormai, ché null'altro ci resta,
se non goder l'età fiorita in festa.

16

Si spogliano i serpenti la vecchiezza
e rinovan la scorza insieme e gli anni;
ma fugge e non ritorna la bellezza
in noi per arte alcuna, o novi panni.
⁵ Mentre sei dunque tal che ognun t'apprezza,
deh vien a ristorar tanti miei danni,
ché col tempo, ma in van, ti pentirai,
se la bramata grazia a me non dài.

15.   1-2. *Ecco le ninfe...*: Virgilio, *Buc.*, II, 45-46.   4. *fistole*: è lo
strumento bucolico per eccellenza; si tratta di una specie di zampogna a
sette (Virgilio, *Buc.*, II, 36-37) o nove canne (Teocrito, *Idilli*, VIII, 21-
22).   6. *grati odori*: *dolci odori* (ed. aldina).
16.   1. *i serpenti*: il contrasto tra il destino del serpente e quello del-
l'uomo, che non può mantenere la sua bellezza mutando pelle, si trova
in Tibullo, I, 4, 35-36; un esempio volgare è Tebaldeo, *Rime*, XIII, 5-
8.   3. *fugge ... bellezza*: altro luogo comune della tradizione bucolica,
che si concentra in particolare nell'immagine del fiore che appassisce:
Teocrito, *Idilli*, XXIII, 28 sgg. (e XVII, 8-10) e Virgilio, *Buc.*, II, 18;
cfr. pure Nemesiano, *Ecl.*, IV, 23 («donum forma breve est»); e, per il
versante volgare, Poliziano, *Fabula di Orfeo*, 72-77; *supra*, Lorenzo de'
Medici, *Corinto*, 184.   5. *dunque sei tal*: *sei dunque tal* (ed. aldina).
7. *ti pentirai*: Bembo, *Stanze a Lisabetta Gonzaga*, 49, 8: «che 'l pentirsi
da sezzo nulla giova».

DALLE *RIME*

☆

Manca il fior giovenil de' miei prim'anni
e dentro nel cor sento
men grate voglie; né piú 'l volto fuore
spira, come solea, fiamma d'amore.
⁵ Fuggon piú che saetta in un momento
i giorni invidïosi; e 'l tempo avaro
ogni cosa mortal ne porta seco.
Questo viver caduco a noi sí caro
è un'ombra, un sogno breve, un fumo, un vento,
¹⁰ un tempestoso mare, un carcer cieco;
ond'io pensando meco,
tra le tenebre oscure un lume chiaro
scorgo della ragion, che mostra al core
come lo sforzin gli amorosi inganni
¹⁵ gir procacciando sol tutti i suoi danni.
    E parmi udire: o stolto e pien d'obblio,
dal pigro sonno omai
déstati e di corregger t'apparecchia
il folle error, che già teco s'invecchia.
²⁰ Fors'è presso a l'occaso, e tu nol sai,
il sol ch'esser ti par sul mezzo giorno;

METRO: canzone a schema AbCCBDEDBEeDCAA e congedo XYY.

1. *fior giovenil*: *RVF*, CCXV, 3.   3-4. *né piú ... amore*: secondo la teoria amorosa platonica, illustrata in particolare ne *Il libro del cortegiano*, IV, LXII.   5. *che saetta*: *RVF*, CCCLV, 3; Bembo, *Rime*, LXVII, 3; cfr. inoltre Serafino Aquilano, strambotto XX, 2: «il tempo fugge come d'arco el strale».   6. *giorni invidïosi*: Orazio, *Odi*, I, 11, 7-8 («invida aetas»).   *'l tempo avaro*: Petrarca, *Tr. Fam.*, I, 142.   9. *ombra ... vento*: per *ombra* e *vento* cfr. *RVF*, CCCL, 2; per *sogno* e *fumo RVF*, CLVI, 4.   *sogno breve*: *breve sogno* (ed. 1550).   10. *carcer cieco*: Virgilio, *Aen.*, VI, 734.   14. *lo sforzin*: «lo costringano».   16. *o stolto ... obblio*: a parlare è la Ragione (prosopopea).   17. *pigro sonno*: *RVF*, LIII, 15.   18-19. *e di corregger ... il folle*: *e dar rimedio t'apparecchia al lungo* (ed. 1556).   *t'apparecchia*: «prepàrati».   19. *che già teco*: *che teco ognor* (ed. 1556).   20. *occaso*: «tramonto»; fuor di metafora: «potresti essere al termine della tua vita».   21. *il sol ... mezzo giorno*: *e parti esser ancor su 'l mezo giorno* (ed. 1556); in questo caso l'espressione *è presso a l'occaso* del precedente verso è naturalmen-

onde piú vaneggiar ti si disdice.
Penitenza, dolor, vergogna e scorno
premio di tue fatiche al fin arai;
25 pur ti struggi aspettando esser felice.
Svelli l'empia radice
di fallace speranza; e gli occhi intorno
rivolgendo, ne' tuoi martir ti specchia;
e vedrai che null'altro è 'l tuo desio,
30 che odiar te stesso e meno amare Iddio.
   Dagli occhi tal ragion la benda oscura
mi leva, ond'io pur temo,
veggendomi lontan fuor del cammino,
a periglioso passo esser vicino.
35 Né trovo il foco mitigato o scemo
che m'accese nel cor l'alma bellezza,
tal ch'io non so come da morte aitarlo.
Pur s'in me resta dramma di fermezza,
spero ancor, bench'i' sia presso all'estremo,
40 dall'incendio crudel vivo ritrarlo.
Ma, ahi lasso, mentre io parlo,
sento da non so qual strania dolcezza
l'anima tratta gir dietro al divino
lume de' duo begli occhi; ond'ella fura
45 tanto piacer ch'altro piacer non cura.
   S'altri mi biasma, tu puoi dir: chi vuole
a forza navigar contrario a l'onda
con debil remo, giú scorre a seconda.

te da intendersi con valore impersonale.   30. *odiar ... Iddio*: RVF,
CCCLX, 31-32.   34. *passo*: «frangente».   35. *mitigato*: *rallentato*
(ed. 1556). *scemo*: «diminuito» (cfr. RVF, LXXIII, 13).   36. *che
m'accese nel cor*: *ch'acceso m'ha nel cor* (ed. 1556).   37. *aitarlo*: «sal-
varlo» (riferito a *cor*).   38. *dramma*: «un briciolo» (era antica unità
di peso); cfr. Dante, *Purg.*, XXX, 46-47 e, *supra*, *Tirsi*, 6.7.   39. *al-
l'estremo*: «al limite delle forze» (RVF, CCLXIV, 18).   42. *da non so
qual*: *da qual non so* (ed. 1556). *strania dolcezza*: RVF, CCLVII, 14
(*strania*: «insolita»).   44. *fura*: «rapisce».   46. *S'altri ... seconda*:
l'ed. 1556 non presenta il congedo. *tu*: ancora la Ragione. *a secon-
da*: «privo di controllo».

Superbi colli, e voi sacre ruine,
che 'l nome sol di Roma ancor tenete,
ahi, che reliquie miserande avete
di tant'anime eccelse e pellegrine!
5 Colossi, archi, teatri, opre divine,
trïonfal pompe glorïose e liete,
in poco cener pur converse siete
e fatte al vulgo vil favola al fine.

Cosí, se ben un tempo al tempo guerra
10 fanno l'opre famose, a passo lento
e l'opre e i nomi il tempo invido atterra.

Vivrò dunque fra' miei martir contento;
ché se 'l tempo dà fine a ciò ch'è in terra,
darà forse ancor fine al mio tormento.

METRO: sonetto a schema ABBA, ABBA; CDC, DCD.
Quello delle rovine è un tema tipico della poesia umanistica: potrebbe-
ro essere citati al riguardo Sannazaro, *Ad ruinas Cumarum* (*supra*) ed
Epigr. II, 41: il *De Roma* di Enea Silvio Piccolomini e infine il *De Ro-
ma fere diruta* (*Xandra*, II, 30) del Landino. Il componimento, fortuna-
tissimo, fu imitato da Lazzaro Bonamici, che ne ricavò un epigramma
latino, dal Du Bellay delle *Antiquitez de Rome*, e persino dal Lope de
Vega e dallo Scarron.

2. *che 'l nome … tenete*: «che conservate della Roma di un tempo ormai
soltanto il nome». 5. *colossi, archi, teatri*: la lezione del ms Est. cita-
to da Cian presenta l'ordine inverso. 7. *in poco cener*: Petrarca, *Tr.
Tem.*, 120 («in poca polve»); *converse*: confuse (ms Est.). 8. *al vulgo
… favola*: *RVF*, I, 9-10: «Ma ben veggio or sí come al popol tutto | fa-
vola fui gran tempo…». 9-10. *al tempo … famose*: nel senso che le
imprese illustri contrastano l'oblio provocato dal trascorrere del tempo.
11. *i nomi … atterra*: i nomi insieme il tempo atterra (ms Est.); si noti l'in-
sistente anafora di *tempo* (e cfr. v. 13). 12. *Vivrò … contento*: il pas-
saggio dalla meditazione della caducità della gloria terrena, indotto dal-
la vista delle rovine, a quella relativa alla vicenda amorosa caratterizza
sia il sonetto CLXIX del Boiardo (*In prospectu Romae*), sia la stanza *Per-
sa è via Sacra, Lata e' fori e gli archi* di Bernardo Accolti detto l'Unico
Aretino, uno dei protagonisti de *Il libro del cortegiano*, che cosí si con-
cludeva: «Tutto è converso in cenere e ruine | ma sol la pena mia è sen-
za fine» (*Libro terzo de le rime di diversi nobilissimi ed eccellentissimi au-
tori*, B. Cesano, Venezia 1550, p. 14).

DAI *CARMINA*

ELEGIA QUA FINGIT HYPPOLITEN SUAM
AD SE IPSUM SCRIBENTEM

Hippolyte mittit mandata haec Castilioni;
    addideram imprudens, hei mihi, paene «suo».
Te tua Roma tenet, mihi quam narrare solebas
    unam delicias esse hominum atque deum:
5 hoc quoque nunc maior, quod magno est aucta
                                            [Leone,
    tam bene pacati qui imperium orbis habet.
Hic tibi nec desunt celeberrima turba sodales,
    apta oculos etiam multa tenere tuos.
Nam modo tot priscae spectas miracula gentis,

C. nel 1519 lascia la moglie, Ippolita Torelli, a cui era legato in matri-
monio dal 1516, per recarsi a Roma come ambasciatore di Federico
Gonzaga: nell'elegia si immagina, conformemente al modello properzia-
no (*Elegiae*, IV, 3), che ella gli scriva confessando la propria nostalgia ed
i propri timori. La situazione ricalca evidentemente quella della *Heroi-
des* ovidiane, ma si tenga presente che essa poteva rientrare nell'oriz-
zonte di un poeta come il Tebaldeo, che frequentò tra il 1495 e il '98 la
corte mantovana e fu dal 1513 alla corte di Leone X, dove conobbe lo
stesso C.: si veda il capitolo *Non expectò già mai cum tal desio*, già pub-
blicato nell'*editio princeps* (Domenico Rococciola, Modena 1498; cfr.
l'ed. crit. a cura di T. Basile e J. J. Marchand, Modena 1992, II/1, n.
274, pp. 425-29). Ancor prima, un componimento analogo era stato
scritto da Giovan Mario Filelfo, anch'egli attivo a Mantova, come pre-
cettore dei figli di Federico Gonzaga (cfr. Cian, *Un illustre Nunzio* cit.,
p. 222). Il 25 agosto 1520 Ippolita morirà di parto.

TRADUZIONE. «Elegia nella quale l'autore finge che la sua Ippolita gli
scriva». Ippolita invia questa missiva a Castiglione – avevo ahimè qua-
si aggiunto, imprudente, «al suo» –. La tua Roma ti ha stregato; Roma,
che solevi descrivermi come l'unica delizia degli uomini e degli dèi, ed
ora anche piú splendida e imponente per essere stata ampliata dal gran-
de Leone, (5) che regge l'impero di un mondo pacificato con tanta sa-
pienza. Qui non ti mancano amici in foltissima schiera, come pure mol-
te cose capaci di tenere avvinto il tuo sguardo. Ora infatti contempli le

1. *mittit mandata*: Properzio, IV, 3, 1: «Haec Aretusa suo mittit man-
data Lycotae».   7. *sodales*: si tratta dell'Accademia Romana, fonda-
ta attorno al 1450 da Pomponio Leto e risorta a nuovo splendore sotto
Leone X col Bembo, il Sadoleto, il Giovio, Girolamo Vida, Lazzaro
Buonamici, Filippo Beroaldo jr, Pierio Valeriano, Angelo Colocci e altri

¹⁰ heroum et titulis clara trophaea suis;
Nunc Vaticani surgentia marmore templa,
et quae porticibus aurea tecta nitent;
irriguos fontes hortosque et amoena vireta,
plurima quae umbroso margine Tybris habet.
¹⁵ Utque ferunt, coetu convivia laeta frequentas
et celebras lentis otia mixta iocis,
aut cithara aestivum attenuas cantuque calorem –
hei mihi, quam dispar nunc mea vita tuae est! –
Nec mihi displiceant quae sunt tibi grata, sed ipsa
[est
²⁰ te sine lux oculis paene inimica meis.
Non auro aut gemma caput exornare nitenti
me iuvat, aut Arabo spargere odore comas;
non celebres ludos festis spectare diebus,
cum populi complet densa corona forum,
²⁵ et ferus in media exsultat gladiator arena,
hasta concurrit vel cataphractus eques.
Sola tuos vultus referens, Raphaëlis imago

azioni prodigiose di un popolo tanto antico, e le splendide vittorie degli eroi immortalate nelle iscrizioni; (10) ora i sacri edifici del Vaticano che si ergono marmorei e possenti, le auree dimore che rifulgono nei porticati; ora le ricche sorgenti, i giardini e gli angoli soavemente verdeggianti di cui abbondano le sponde ombreggiate del Tevere. Tu partecipi, mi si dice, a festosi banchetti con un gruppo numeroso di amici, (15) a vari intrattenimenti inframmezzati da tranquilli svaghi, oppure mitighi l'estiva calura con la musica ed il canto: ahimè, quanto è ora diversa la mia vita dalla tua! E non già che mi dispiacciano le cose che piacciono a te, ma la luce stessa del giorno, senza di te, mi è quasi odiosa. (20) Non mi dà piacere adornare il capo d'oro o di gemme splendenti, o cospargermi i capelli di profumo arabo; non assistere a spettacoli grandiosi nei giorni di festa, quando una folta cerchia di spettatori riempie la piazza ed il feroce gladiatore balza al centro dell'arena, (25) o il cavaliere bardato corre la lancia in torneo. Soltanto il tuo ritratto, dipinto dalla mano di Raffaello, ripresentandomi la tua immagine, allevia di

ancora. 11. *surgentia marmore templa*: San Pietro, i cui lavori furono iniziati sotto Giulio II. 12. *aurea tecta*: Virgilio, *Aen.*, VI, 13 e Ovidio, *Her.*, XVI, 179. 15. *convivia laeta frequenti*: ricordati dal Sadoleto in una lettera al Colocci (*Epist.*, lib. V, *Ep.* XVIII); l'ed. 1533 ha *frequenti* al posto di *frequentas*. 22. *Arabo ... odore*: Properzio, II, 29, 17. 23. *ludos*: le feste pubbliche organizzate dalla corte mantovana. 24. *densa corona*: ed. 1553: *densa caterva*. 26. *hasta concurrit*: allusione ai tornei cavallereschi, non meno frequenti a Roma che nelle corti padane. *cataphractus*: Properzio, III, 12, 12. 27. *Raphaëlis imago*: si tratta quasi certamente del celebre ritratto del Louvre, probabilmente quello a cui il Bembo fa riferimento in una lettera dell'aprile 1516 al Bibbiena; sembrano escluse dunque sia l'opera

picta manu curas allevat usque meas.
Huic ego delicias facio, arrideoque, iocoroque;
30	alloquor et, tamquam reddere verba queat,
assensu nutuque mihi saepe illa videtur
dicere velle aliquid et tua verba loqui;
agnoscit, balboque patrem puer ore salutat:
hoc solor longos decipioque dies.
35 At quicumque istinc ad nos accesserit hospes,
hunc ego quid dicas, quid faciasve, rogo.
Cuncta mihi de te incutiunt audita timorem:
vano etiam absentes saepe timore pavent.
Sed mihi nescio quis narravit saepe tumultus
40	miscerique neces per fora perque vias;
cum populi pars haec Ursum, pars illa Columnam
invocat, et trepida corripit arma manu.
Ne tu, ne, quaeso, tantis te immitte periclis:
sat tibi sit tuto posse redire domum.
45 Romae etiam fama est cultas habitare puellas,

---

continuo le mie pene. Di fronte ad esso io scherzo, poi gli sorrido, lo motteggio; gli parlo e, come se potesse rispondermi, (30) spesso mi sembra che con un cenno o un segno di approvazione voglia dire qualcosa, rispondermi con le tue stesse parole; il piccino riconosce l'immagine del padre e gli fa festa balbettando: cosí mi consolo ed inganno il trascorrere di lunghe giornate. Ma se arriva a casa un qualunque ospite proveniente da Roma, (35) io lo imploro di dirmi cosa fai o di che parli; tutto ciò che sento e che ti riguarda mi suscita apprensione, poiché spesso coloro che sono lontani vengono assaliti da timori, seppur vani. Non so poi chi mi ha riferito che, spesso, quando le fazioni degli Orsini e dei Colonna si fronteggiano ed impugnano le armi con mano tremante d'ira, vie e piazze sono teatri di tumulti ed uccisioni. (40) Non esporti, ti prego, a simili rischi, non farlo: ti basti poter tornare a casa sano e salvo. Si dice anche che a Roma ci siano fanciulle dai modi raffinati, (45)

---

ora alla Galleria Nazionale di Roma, non ascrivibile direttamente al maestro urbinate, sia, per ragioni di cronologia, quella che Raffaello eseguí, stando ad una lettera di Alessandro Paolucci, appunto nel 1519 (cfr. J. Pope-Hennessy, *The Portrait in the Renaissance*, Princeton 1966, pp. 114 e 316n).	29. *arrideoque*: esigenze metriche richiedono qui sineresi di *eo*.	33. *puer*: il figlio Camillo, nato nel 1517 (ha dunque due anni nel momento in cui si immagina composta l'elegia). 41. *pars haec Ursum ... Columnam*: la contesa fra Orsini e Colonna: gli uni filofrancesi, gli altri favorevoli alla causa imperiale. In una lettera di C. al Gonzaga da Roma del 12 agosto 1519 viene descritto uno degli episodi piú gravi di questo conflitto: «... chi da una parte et chi dall'altra s'erano armati piú di quattro milia uomini e tutta casa Colonna e tutta casa Orsina [...]. E, se il Papa non ve si interponea, credo si seria veduto una bella giornadetta» (*Lettere*, ed. La Rocca, n. 366, p. 456). 42. *trepida ... manu*: Ovidio, *Trist.*, IV, 1, 76: «induimus trepida protinus arma manu» («indossiamo in tutta fretta le armi»).	45. *cultas ...*

sed quae lascivo turpiter igne calent;
illis venalis forma est, corpusque pudorque:
  his tu blanditiis ne capiare, cave.
Sed nisi iam captum blanda haec te vincla
                                          [tenerent
50 tam longas absens non paterere moras.
Nam memini, cum te vivum iurare solebas
  non me, si cupias, posse carere diu.
Vivis, Castilion, vivasque beatius, opto,
  nec tibi iam durum est me caruisse diu.
55 Cur tua mutata est igitur mens? cur prior ille,
  ille tuo nostri corde refrixit amor?
cur tibi nunc videor vilis, nec, ut ante solebam,
  digna tori sociam quam patiare tui?
Scilicet in ventos promissa abiere fidesque,
60 a nostris simul ac vestri abiere oculi.
Et tibi nunc forsan subeunt fastidia nostri,
  et grave iam Hippolytes nomen in aure tua est.
Me tibi, teque mihi sors, et Deus ipse dedere:
  quodnam igitur nobis dissidium esse potest?
65 Verum ut me fugias, patriam fugis, improbe?
                                          [nec te

ma ardenti di passioni vergognose. Per loro, la bellezza è oggetto di
scambio, come pure il loro corpo e la loro stessa dignità: bada di non
farti prendere al laccio delle loro lusinghe. Ma, se tu non fossi già vin-
to da quelle dolci catene, non permetteresti una separazione tanto lun-
ga: (50) io infatti mi ricordo bene di quando solevi giurare che non po-
tevi rimanere a lungo in vita senza di me. Vivi allora, Castiglione; ti au-
guro anzi di poter vivere ancor più felicemente, dato che l'essere vissu-
to senza di me ormai non ti è più grave. Perché dunque il tuo atteggia-
mento è mutato? Perché quell'amore di un tempo, (55) quell'amore che
a me sola destinavi, si è raffreddato nel tuo cuore? Perché ora non me-
rito più la tua stima, né mi consideri degna, come in passato, di essere
tua sposa? Le promesse e i giuramenti, è evidente, si sono dileguati al
vento non appena il tuo sguardo si è allontanato da me. (60) Ora forse
ti sono venuta a noia, e il nome di Ippolita suona ormai fastidioso al tuo
orecchio. Il destino e Dio stesso ci diedero l'uno all'altro: quale dissidio
mai può dunque nascere fra noi? Veramente per fuggirmi fuggi la tua
patria, crudele, e non ti (65) trattiene l'affetto per la madre, non l'a-

puellas: la gelosia per la presenza di possibili rivali in amore connota pu-
re l'episodio di Properzio, IV, 3, 25-26 (e di Tebaldeo, nel citato capito-
lo ternario, ai vv. 37-39).   52. *non me, si cupias: non anima nec me* (ed.
1553).   57. *vilis*: l'epiteto è squisitamente catulliano (cfr. LXXII, 6).
58. *tori sociam*: Ovidio, *Met.*, X, 268 (è l'appellativo che Pigmalione dà
alla sua statua) e *Pont.*, II, 8, 29.   59. *in ventos*: Catullo, XXX, 9; Ti-
bullo, I, 4, 21-22 e III, 6, 27-28 e 40-50; Ovidio, *Ars am.*, I, 631-632.
62. *et ... est: atque tuo Hippolytes nomen in ore est grave* (ed. 1553).

cara parens, nati nec pia cura tenet?
Quid queror? en tua scribenti mihi epistola venit,
    grata quidem, dictis si modo certa fides;
te nostri desiderio languere, pedemque
70 quam primum ad patrios velle referre lares,
torquerique mora, sed magni iussa Leonis
    iamdudum reditus detinuisse tuos.
His ego perlectis, sic ad tua verba revixi,
    surgere ut aestivis imbribus herba solet.
75 Quae licet ex toto non ausim vera fateri,
    qualiacumque tamen credulitate iuvant.
Credam ego quod fieri cupio, votisque favebo
    ipsa meis: vera haec quis vetet esse tamen?
Nec tibi sunt praecordia ferrea, nec tibi dura
80 ubera in alpinis cautibus ursa dedit.
Nec culpanda tua est mora: nam praecepta deorum
    non fas nec tutum est spernere velle homini.
Esse tamen fertur clementia tanta Leonis
    ut facili humanas audiat ore preces.
85 Tu modo et illius numen veneratus adora,
    pronaque sacratis oscula da pedibus;
cumque tua attuleris supplex vota, adiice nostra,
    atque meo largas nomine funde preces.

morosa cura del figlio? Ma perché lamentarmi? Ecco che mi giunge una
tua lettera, in verità gradita, se pure si può prestare fede certa alle pa-
role; dici che ti struggi di desiderio per me, che vuoi tornare prima pos-
sibile al tuo focolare domestico (70) e sei torturato dall'attesa, ma che
gli ordini del potente Leone hanno trattenuto per lungo tempo il tuo ri-
torno. Dopo avere avidamente letto queste cose, sono rinata alle tue pa-
role come l'erba riprende vigore per le piogge estive. E, sebbene non osi
ammettere che siano vere del tutto, (75) tuttavia, qualunque esse siano,
mi aiutano ad illudermi. Crederò ciò che desidero avvenga, e sarò io
stessa a sostenere tali desideri: chi potrebbe del resto impedire che le
cose che dici siano vere? Non hai, in fondo, un cuore duro come il fer-
ro, né sei stato nutrito dalle dure mammelle di un'orsa sulle rupi alpe-
stri. (80) Né si può considerare colpevole il tuo indugio, poiché non è
consentito disprezzare le prescrizioni degli dèi, e non è prudente fare lo
stesso con il volere degli uomini. Eppure dicono che la clemenza di Leo-
ne sia tale che mostri sempre un volto indulgente alle preghiere altrui.
Tu dunque, prostrandoti, adora in lui l'autorità divina (85) e concedigli
la dovuta riverenza; quando gli avrai esposto le tue preghiere, aggiungi
anche le mie, supplicandolo con insistenza anche a nome mio. Cosí egli

67. *tua ... epistola*: con tutta probabilità quella spedita da Roma il 31
agosto 1519, nell'ed. La Rocca alle pp. 484-85.   78. *quis vetet: quis
neget* (ed. 1553).   79. *praecordia ferrea*: Ovidio, *Her.*, X, 109 e XII,
185.   81. *tua est: viae est* (ed. 1553).

Aut iubeat te iam properare ad moenia Mantus,
90   aut me romanas tecum habitare domos.
Namque ego sum sine te veluti spoliata magistro
        cymba, procellosi quam rapit unda maris;
et, data cum tibi sim utroque orba puella parente,
        solus tu mihi vir, solus uterque parens.
95 Nunc nimis ingrata est vita haec mihi; namque
                                        [ego tantum
        tecum vivere amem, tecum obeamque libens.
Praestabit veniam mitis deus ille roganti,
        «Auspiciisque bonis et bene», dicet, «eas».
Ocius huc celeres mannos conscende viator,
100   atque moras omnes rumpe, viamque vora.
Te laeta excipiet, festisque ornata coronis,
        et domini adventum sentiet ipsa domus.
Vota ego persolvam templo, inscribamque tabellae:
        Hippolyte salvi coniugis ob reditum.

disponga che tu ritorni presto a Mantova, oppure che io possa rimane-
re con te a Roma. (90) Sono infatti, senza di te, come la nave priva di
timoniere che le onde del mare tempestoso travolgono; e, poiché fui da-
ta a te orfana di entrambi i genitori, tu solo mi sei marito, tu solo padre
e madre. Ora questa vita mi è troppo gravosa, poiché io desidererei sol-
tanto (95) vivere al tuo fianco, e al tuo fianco, serena, morire. Soccor-
rerà le mie preghiere quel Dio tanto indulgente e ti dirà: «Va' felice e
con i migliori auspici». Affrettati, viaggiatore, a salire su veloci destrie-
ri; rompi ogni indugio e divora la strada del ritorno. (100) Ti riceverà
lieta, adorna di festose corone di fiori, la casa stessa, sentendo l'arrivo
del suo padrone. Io scioglierò un voto al tempio, e scriverò su un ex-vo-
to: *Ippolita per il ritorno del marito sano e salvo.*

89. *moenia Mantus*: l'ed. 1533 non presenta l'indicazione di luogo (spa-
zio bianco con asterisco).   94. *solus ... parens*: Omero, *Il.*, VI, 429-
430 (è la toccante dichiarazione di Andromaca ad Ettore).   95. *haec
mihi*: *hei mihi* (ed. 1553).   100. *moras ... rumpe*: Virgilio, *Aen.*, IV,
569 e IX, 13; *Georg.*, III, 43.   103. *tabellae*: Orazio, *Serm.*, II, 1, 33;
anche la conclusione è ripresa da Properzio, IV, 3, 73, con la fanciulla
che esprime l'intenzione di affiggere una tabella votiva al ritorno dello
sposo.

PETRARCHISTI E MANIERISTI

Il petrarchismo, come esercizio di imitazione e ripresa di un modello poetico comunemente riconosciuto come eccellente, è fenomeno di lunga durata, le cui prime tracce si possono trovare vivente ancora il Petrarca stesso: ma le *Rime* del Bembo, e il loro supporto teorico (le *Prose della volgar lingua*), lungi dall'essere un'ennesima prova di riscrittura, offrono un'ideologia letteraria e una pratica combinatoria di tale solidità culturale e strumentale da sedurre generazioni di rimatori e convincerli dell'ineluttabilità del codice proposto. Se ancora fino a metà del Cinquecento, con la sola eccezione di Bernardo Tasso, vengono pubblicati canzonieri largamente tributari della maniera cortigiana di fine Quattrocento e i bembiani «di ferro» (come il Cappello) tarderanno alle stampe, la supremazia del modello bembiano non stenterà a imporsi nella comune pratica compositiva, fino ad istituire un'egemonia che solo il particolare antipetrarchismo barocco metterà temporaneamente in discussione. È l'ideologia vincente del Classicismo, che a metà secolo finisce per eliminare ogni altra alternativa culturale, a decidere dell'incontrastato successo del modello bembiano: porre Petrarca come riferimento assoluto della *imitatio* volgare, e delimitare cosí, con un ferreo rigore, le possibilità stesse della *inventio*, dà ai rimatori la certezza di collocarsi dalla parte di una sanzione organica e imperfettibile, come quella tradizionalmente riconosciuta ai classici.

Dopo il plurilinguismo quattrocentesco e gli esiti di mescidazione stilistica che ne erano conseguiti, la *reductio ad unum* operata dal Bembo favoriva, addirittura, un allargamento del campo dei potenziali fruitori, che si trovavano finalmente a disposizione una lingua poetica perfettamente costituita e conchiusa (come le lingue antiche), con regole chiare e precise, facilmente applicabili e utilizzabili per gli intenti piú disparati (poesia encomiastica e d'occasione, poesia politica, morale e spirituale, oltre alla lirica amorosa e all'epica, cavalleresca e non). Le norme dettate dal Bembo erano poche e di facile apprendimento (perché toglievano piú che aggiungere, sfrondavano e unificavano piú che complicare e arrendersi alla molteplicità quattrocentesca): purismo lessicale, monolinguismo e monostilismo, la cui grammatica era fornita dal *Canzoniere* petrarchesco; rigore metrico, col privilegio esclusivo al sonetto e alla canzone (e, ma solo in seguito, al madrigale); simmetrismo ritmico-sintattico; sintesi di piacevolezza e gravità, *dulcedo* e *asperitas*; moderazione retorica, per continenza metaforica (ma in un'alta temperie oratoriale); delimitazione tematica ad una topica già confezionata, il vocabolario delle immagini e dei simboli essendo, una volta per tutte, quello petrarchesco. Ma il Bembo offriva anche, nelle rime piú tarde e piú mature, gli strumenti piú raffinati della *variatio*, pur sempre all'interno del codice dato: in particolare l'*enjambement* aspro e l'asincronismo strofico-sintattico, dai quali lo sperimentalismo manierista sarebbe dipartito per un suo artificiare piú sottilmente inquieto e curioso.

Il Bembo si pone dunque, al tempo stesso, come antesignano dell'ortodossia e come suggeritore di possibili trasgressioni al suo interno: è questo un fatto fondamentale, onde evitare ogni rigidità storiografica nel giustapporre al petrarchismo il manierismo, che ne è invece una riformulazione radicale, ma in termini, tutto sommato, già previsti dal codice. Esercitare la «maniera» significa alterare, ma senza romperli, i dispositivi dell'*ordo* per un lessico meno condizionato dal vocabolario petrarchesco, per dissimmetrie ritmico-sintattiche e logico-strofiche insistite, per un metaforismo piú spinto e avventuroso. Di questa «maniera» è Giovanni della Casa l'iniziatore piú fedele alla lezione del maestro e piú pervicace nel sommuovere astutamente gli interni equilibri: non casualmente, un toscano attivo a Roma, ma con forti attinenze venete. Venezia e Napoli sono i centri propulsivi della ricerca formale dentro e ai margini della legislazione bembiana, mentre Firenze e Roma, che le è, in questo ambito, ideologicamente tributaria, rimangono piú appartate nella difesa di un classicismo immune da tensioni manieristiche (ma con le grandi eccezioni di un Michelangelo e di uno Strozzi).

A Napoli si sperimenta un pertrarchismo lugubre e rutilante al tempo stesso (tra un Tansillo e un Paterno, cioè), fortemente attratto dalla metafora e dalle sue potenzialità analogiche che, di fatto, porteranno alla dissoluzione della normativa bembiana (almeno per quanto riguarda la *dulcedo* e il *decorum*) e alla confluenza della «maniera» nel barocco. A Venezia, dal circolo di Domenico Venier escono impulsi che portano sia al concettismo di un Luigi Groto che alla magnificenza neopla tonizzante di un Celio Magno. A sgretolare certe salvaguardie formali contribuirà anche il melismo madrigalistico che, dallo Strozzi al Tasso, provvederà a dotare l'imitazione petrarchi stica di armoniche e timbri piú sottili e squisiti, spesso ai li miti del nonsenso sonoro e allusivo. Nemmeno andrà sottova lutato, in questa progressiva dissoluzione del codice (ma, si badi bene, sempre all'interno di regole metriche e ritmicosin tattiche che nemmeno la lirica barocca potrà, e vorrà, elude re), l'apporto di certo autobiografismo polemico e moraleg giante (ne è il maestro Della Casa), che allarga le aree temati che del codice ad una topica piú compromissoria e meno fis sata sull'ossessione erotica (esemplare, anche in questo, C. Magno). Anche il sopravvento del platonismo di matrice fici niana introdurrà, nell'eterna vicenda amorosa, propensioni metafisiche e assolutizzanti dalle non trascurabili potenzialità metaforiche e analogiche (come, ad esempio, in Della Casa, Michelangelo e Matraini).

La vicenda del petrarchismo cinquecentesco e della sua ver sione piú estremistica, il manierismo, si gioca dunque tutta al l'interno dell'*ars combinatoria* escogitata dal Bembo: la «ma niera» è implicita nel *ludus* imitativo stesso, un gioco tenden zialmente autoreferenziale, indifferente, cioè, ad una vera re sponsabilità semantica che non sia il meccanismo, spesso me ramente automatico, dell'aggregazione e incastro di tessere e formule date. L'autoriflessività desemantizzata di questa scrittura pura e astratta è, d'altronde, il portato massimo del petrarchismo cinquecentesco, il cui lascito di modernità sarà accolto dalle esperienze piú estreme del marinismo e della poe sia novecentesca.

Resta inteso, però, che ogni rimatore, anche il piú distinto, sconta questa adesione ad un codice quantomai rigido e pre potente, con una produzione «media» spesso amorfa, ripetiti va, di mero ricalco o ricombinazione, all'infinito, dei medesi mi ingredienti. Questa gran massa «grigia» della rimeria cin quecentesca va sempre attentamente valutata nella sua impo nenza quantitativa quando si voglia calcolare, con esattezza, gli indici di scarto, di deviazione o rifiuto della norma bem biana. Va a merito di Domenico Venier e dei suoi accoliti aver precocemente tentato di scardinare dall'interno il codice, an cora imperante la lezione del Bembo. In tal senso, un con fronto con Bernardo Cappello è altamente istruttivo: rispetto alla quieta riproposta del modello perseguita dall'amico del Maestro, Venier e Groto puntano ad analizzare, smontare e moltiplicare gli elementi costitutivi del codice fino a farli de flagrare nel nonsenso, complice un'esasperazione capziosa e tendenzialmente analogica del metaforismo petrarchesco. Esemplare, allora, l'uso dei «versi rapportati» (che riducono il senso a corrispondenze «numeriche» di addendi) e della *bou-tade* metafisica, con esiti di grottesco vagamente surreale, come nei madrigali del Groto. Peraltro, poeti come Bernardo Tasso e Celio Magno scelgono, per distanziarsi dal modello, versioni diverse della *gravitas* bembiana: un idillismo magico e onirico il primo (interessante sperimentatore, altrove, di metrica classica applicata alla poesia italiana), una solennità tragica e atteggiata, ma attraversata da potenti esigenze morali, il secondo. Anche l'apparente «immediatezza» di Gaspara Stampa, la sua retorica dei sentimenti, spinge il codice su un versante di esclamazione affettiva non proprio cònsono ad un Bembo, che ai suoi insegnava soprattutto la virtú dell'auto-controllo.

All'altro capo dell'Italia, a Napoli, si consuma l'altra vicenda di incrinatura e corrosione della maniera bembiana: certa tentazione tenebrosa e apocalittica (Tansillo, Di Costanzo, Rota), la scoperta di un metaforismo quasi «metafisico» (Tarsia), il delirio quantitativo di un Carafa e di un Paterno, la ricerca di immagini non petrarchesche (Pignatelli), costituiscono i precedenti piú accreditati della trasformazione del bembismo in maniera e poi, pur con uno scarto maggiore, in barocco (il napoletano Marino ripartirà da qui).

Tra Venezia e Napoli, tra i due estremi di un «artificiare» che gode di aggirarsi all'interno di regole ferree per scardinarle con piú golosa sottigliezza, Firenze e la Toscana svolgono un compito di apparente ortodossia, meno ansiosa di allentare i freni e piú attenta, semmai, ad un autobiografismo che vede innanzi tutto nel Della Casa, ma anche nel Buonarroti e nello Strozzi, gli esponenti di una scrittura intesa come confessione, analisi morale, denuncia del mondo, secondo una versione «non piacevole», anzi talvolta aspra e brulla (come in Michelangelo), della *gravitas* bembiana. La grande lezione del Della Casa, la costrizione imposta alla congenita aleatorietà semantica del petrarchismo a piegarsi alla necessità di ridire un «privato» solitamente espunto, è capitale anche per la maniera severa di un Magno o di un Tarsia e, generalmente, per tutto il secondo Cinquecento, indipendentemente o accanto alle sperimentazioni piú avanzate, di cui comunque anche il Della Casa piú puntuto e scheggiato è responsabile. L'autobiografismo solo parzialmente «moralizzato» di Michelangelo o di un Beccuti, l'idillismo tragico di uno Strozzi, il platonismo dello stesso Della Casa o di una Matraini, sono i portati diversi della seriosità imposta dal Bembo (súbito, con la capitale canzone *Alma cortese*) e accolta da intelligenti seguaci, attratti da un gioco di varianti sempre piú insofferente della numerata semantica petrarchesca. Ora si è piú attenti ad armoniche diverse, piú personalizzate, piú riconoscibili come «esperienze» esistenziali prima che meramente combinatorie.

Resta inteso, come già dicevamo sopra, che queste «punte» sperimentali convivono (anche nei poeti citati) con una «media» di rimeria piú o meno aderente alle regole bembiane: è lecito parlare di «manierismo» solo se lo si intenda come una possibilità di gioco combinatorio all'infinito implicito nel modello stesso e si dia per scontato che non sempre l'esito del *ludus* è necessariamente innovativo. Lo scarto convive con la norma, vige anzi all'interno della norma, rassicurante autorizzazione alla liceità del gioco stesso: col risultato di creare certi singolari paradossi storici, per cui le prodezze di un Groto risultano piú radicali della «media» produzione di un acclarato innovatore antipetrarchista (o, meglio, a-petrarchista) come il Marino. La tentazione di privilegiare «voci» personali o piú riconoscibili (contro l'estetica stessa dell'*imitatio*, che sembra non tollerare autoritratti) va sempre controbilanciata da una constatazione dell'imponenza di residuati citazionali e di seconda mano che condizionano ogni «singolarità» formale. Lo si può toccare con mano in produzioni ampie e varie come quelle di un Bernardo Tasso o di quasi tutti i napoletani di prima generazione (Tansillo, Di Costanzo), dove la convivenza tra adesione al codice e tentazione sperimentale, in una sorta di indifferenziato probabilismo, è un dato di fatto di impressionante puntualità (e il discorso vale, piú o meno, per tutti). Tanto piú significative allora, da un punto di vista «post-romantico», individualità poetiche come Della Casa, Michelangelo, Magno, quando, attraverso le maglie strettissime dell'*imitatio*, lasciano affiorare una semantica morale e affettiva non prevista dal codice. Un *accessus* moderno al petrarchismo deve insomma arrendersi a questo immenso fenomeno di ambiguità sistematica: la voce «personale» che cerchiamo in un'antologia è una delle rifrazioni illusorie di un'unica, suprema fonte del senso, quella stabilita, una volta per tutte, dal legislatore della semantica petrarchesca.

M. A.

In questa sezione, i due componimenti di Bernardo Tasso: *Come vago augelletto* e *Come assetata cerva ognor desia* sono stati curati da Stefano Prandi.

☆

Se 'l breve corso della vita umana
lunghe speranze incominciar ne vieta,
ond'è che non si spegne e non s'acqueta
l'accesa nostra ambizione insana?
5   Se non ci dimostrasse e corta e vana
la vaghezza che n'arde et inquieta
il tornar e 'l fuggir del gran pianeta
e la poco anzi bionda terra or cana,
      direi che 'l mendicar gemme e tesori
10 e 'l procacciar scettri, corone e fama
fosse propria e di noi lodevol cura;
      ma se la morte e 'l tempo strugge e fura
le ricchezze, le vite e i nostri onori,
perché pur sol quest'ombre e non Dio s'ama?

METRO: sonetto a rime incrociate (ABBA, ABBA) e a tre rime diverse
(CDE, ECD).

1. *corso*: cfr. Petrarca, *RVF*, CCXIV, 32: «di mia vita il corso» (cfr. Ci-
cerone, *Sest.*, XXI, 47: «vitae brevis cursus»).   2. *lunghe speranze*:
cfr. *RVF*, LXXXVIII, 1.   *ne*: «ci».   4. *ambizione*: voce non petrar-
chesca.   5. *corta*: cfr. *RVF*, LXXXVIII, 2: «e de la vita il trapassar
sí corto».   6. *vaghezza*: «i desideri» (cfr. *RVF*, CXIX, 17): è com-
plemento oggetto di *dimostrasse* (i cui sogg. ai vv. 7-8).   7. *il tornar ...
pianeta*: l'eterna vicenda del sole (cfr. Petrarca, *Tr. Tem.*, 86: «il volar e
'l fuggir del gran pianeta»).   8. *bionda*: di messi.   *cana*: «imbianca-
ta dalla neve» (latinismo non petrarchesco).   9. *mendicar ... tesori*:
cfr. *RVF*, CCLXX 5-6: «Il mio amato tesoro [...] ond'io son sí mendi-
co».   10. *procacciar*: cfr. *RVF*, CCVII, 48.   *scettri, corone*: come in
Petrarca, *Tr. Mor.*, I, 83.   12. *fura*: «sottrae» (cfr. *RVF*, CCXLVIII,
5-6: «perché morte fura | prima i migliori»).   14. *ombre*: vane e illu-
sorie apparenze. Cfr. *RVF*, CLVI, 4.

☆

Sogno gentil, che là verso l'aurora
l'altera donna, ch'io d'amar non oso,
mi rappresenti, in atto sí pietoso
ch'a forza il rimembrar poi m'innamora;
5   di me la forma prendi anco talora,
e spiega l'ale al suo dolce riposo
in guisa tal, che non le sia noioso
saper di che saetta Amor m'accora.
    E se tu forse, a te sol tanto caro
10 quanto simile a lei, cangiar non vuoi
la sua, per rivestirti altra sembianza,
    almen de' dolci e cari modi suoi,
in quel che per dormir spazio m'avanza,
non m'esser, prego, alcuna notte avaro.

METRO: sonetto a rime incrociate (ABBA, ABBA) e a tre rime diverse
(CDE, DEC).

1. Cfr. *supra*, Bembo, *Sogno, che dolcemente m'hai furato*, 1.   *verso
l'aurora*: quando i sogni sono «veri» (cfr. Orazio, *Sat.*, I, 10, 40 sgg.;
Ovidio, *Her.*, XIX, 195 sgg.; Dante, *Inf.*, XXVI, 7).   2. *altera don-
na*: cfr. *RVF*, CXV, 1-2.   3. *in atto sí pietoso*: cfr. *RVF*, CCCLXVI,
56.   4. *rimembrar*: «ricordo» (cfr. *RVF*, CXXVII, 18: «Amor col ri-
membrar sol mi mantene»).   5. *di me ... prendi*: perché il sogno può
assumere forme diverse (cfr. Ovidio, *Met.*, XI, 613-614: «varias imi-
tantia formas | somnia vana»; 634-635: «artificem simulatoremque fi-
gurae | Morphea»).   6. *ale*: il sogno è rappresentato alato (cfr. Ovi-
dio, *Met.*, XI, 650; Tibullo, II, 1, 89-90).   7. *in guisa*: «in modi, in
forme».   8. *Amor m'accora*: clausola petrarchesca (cfr. *RVF*,
LXXXV, 4 [: *m'innamora*]).   10. *quanto*: «per quanto sei».   12.
modi: cfr. *RVF*, CXCVI, 10.   13. *spazio*: «tempo».   *m'avanza*: cfr.
RVF, CCCLXV, 2: «a quel poco di viver che m'avanza».

☆

Quest'antro oscuro, ove sovente suole
dormir la Notte e dar loco a l'Aurora,
il serbo, o dio del sonno, e seco ancora
un'ombra che giamai non vide il sole;
5   in mezzo a cui un fiumicel si duole
con soave mormorio: a sí dolc'ôra
con la tua Pasitea potrai talora
dormir tra gli amaranti e le viole,
se tinto d'un soave e dolce oblio
10   mandi a quest'occhi rei de la mia morte
un sonno che li chiuda a lieta pace.
Odimi, o Sonno, se mai chiara face
non entri né mai sol ne le tue porte,
se 'l ciel ti faccia il suo primiero iddio.

METRO: sonetto a rime incrociate (ABBA, ABBA; CDE, EDC): lo sche-
ma delle terzine, a tre rime, caro a G. Cavalcanti, una sola volta in
RVF, XCIII.

1. *antro oscuro*: per la caverna dimora del Sonno cfr. Ovidio, *Met.*, XI,
592 sgg. Qui il poeta promette al Sonno di riserbargli l'*antro* dove ripo-
sa la Notte.   3. *dio del sonno*: è figlio della Notte (Omero, *Il.*, XIV,
231 sgg.).   4. *sole*: è complemento oggetto di *vide*.   5. *fiumicel*:
cfr. Ovidio, *Met.*, 602-604: «saxo tamen exit ab imo | rivus aquae
Lethes, per quem cum murmure labens | invitat somnos».   *si duole*:
quasi che il *mormorio* (v. 6) fosse un lamento.   6. *mormorio*: voce
non petrarchesca. Cfr. Dante, *Par.*, XX, 19: «udir mi parve un mormo-
rar di fiume»; *RVF*, CCCXXIII, 39: «soavemente mormorando».
ôra: «col dittongo contratto, per "aura", e qui forse "orezzo", rezzo,
ombra» (Baldacci). Da notare l'uso improprio di *c* palatale davanti a vo-
cale (ma cosí nell'*editio princeps*: cfr. S. Carrai, *Ad Somnum*, Padova
1990, p. 158). La *iunctura* in *RVF*, CCV, 4.   7. *Pasitea*: una delle tre
Grazie, sposa del Sonno (Omero, *Il.*, XIV, 264 sgg.).   9. *tinto*: rife-
rito a *sonno* (v. 11). Cfr. Orazio, *Carm.*, III, 10, 14: «Nec tinctus viola
pallor amantum»; *RVF*, XLVI, 13: «tinti nell'eterno oblio»; CCXXIV,
8: «s'un pallor di viola e d'amor tinto».   10. *occhi*: dell'amata.   *rei*:
«colpevoli».   *morte*: d'amore.   12-13. *se ... entri*: «che nessuna fiac-
cola (*face*) possa mai entrare».   *le tue porte*: «la tua dimora».
14. *se ... faccia*: «che il Cielo possa farti».   *primiero*: «primo, supre-
mo».

☆

Se come, o dio del sonno, allor che Amore
sol d'un dolce pensier pascea il desio,
venivi a gli occhi miei pigro e restio
per non levar sí caro cibo al core;
5   or che m'arde la febbre, or che 'l vigore
vital m'invola il duolo acerbo e rio,
col ramo molle de l'onde d'oblio
torrai la luce a gli occhi, a me l'ardore;
        di papaveri bianchi un pieno lembo
10   e di negre viole ampie corone
onoreranno i tuoi sacrati altari.
        Deh vieni, o dio, cosí ad ogni stagione
torni nel tuo soave umido grembo
Pasitea bella, ai baci dolci e cari.

METRO: sonetto a rime incrociate (ABBA, ABBA) e a tre rime diverse
(CDE, DCE).

1-8. *Se ... l'ardore*: «si costruisca: *Se...or...* (v. 5) *torrai la luce ...* (v. 8)
come ... allor (v. 1)» (Baldacci).   2. *dolce pensier*: cfr. *RVF*, LXXV,
6.   *pascea*: «nutriva». Cfr. *RVF*, CCLXIV, 55-58: «un pensier dolce e
agro | [...] preme 'l cor di desio, di speme il pasce».   3. *restio*: cfr.
RVF, VI, 8: «Amor per sua natura il fa restio».   4. *cibo*: il *dolce pen-
sier*. Cfr. *RVF*, CXCIII, 1: «Pasco la mente d'un sí nobil cibo».   5.
vigore: è complemento oggetto di *m'invola* (mi toglie).   7. *onde d'o-
blio*: l'acqua del Lete, fiume infernale che induce all'oblio. Cfr. Virgi-
lio, *Aen.*, V, 854-856: «Eccedens ramum Lethaeo rore madentem | vi-
que soporatum Stygia super utraque quassat | tempora cunctantique na-
tantia lumina solvit».   8. *torrai*: «toglierai».   9. *papaveri*: cfr. Vir-
gilio, *Georg.*, I, 78: «Lethaeo perfusa papavera somno».   *pieno lembo*:
ricco serto di fiori.   10. *negre viole*: è ricalco virgiliano (*Buc.*, X, 39;
Georg., IV, 275). Anche la coppia papaveri-viole è virgiliana (*Buc.*, II,
47).   12. *ad ogni stagione*: «in ogni tempo» (Baldacci).   13. *umi-
do*: perché il Sonno è figlio della «nox umida» (Virgilio, *Aen.*, II, 8).
14. *Pasitea*: cfr. il sonetto precedente, v. 7.

☆

Deh sgombra co' tuoi rai chiari e gelati
la nebbia che ricopre il bel terreno,
mentre col manto suo di stelle pieno
torna la notte a' suoi soggiorni usati;
5   già le fiorite piaggie e i verdi prati
chiamano il raggio tuo almo e sereno,
bramosi de l'umor bagnarsi il seno,
che cade da' tuoi crini inargentati.
     Mostra l'alte bellezze e vesti il mondo
10 di luce, onde ne fugga ogni atro orrore,
e n'abbia eterna invidia e scorno il sole;
     deh sorgi, Luna, odi le mie parole,
discopri il cerchio tuo vago e rotondo,
e ritorna al leggiadro usato errore.

METRO: sonetto a rime incrociate (ABBA ABBA) e a tre rime diverse
con coppia baciata (CDE ECD).

1. *sgombra*: l'invito è rivolto dal poeta alla Luna. Cfr. *RVF*, CCLXX,
36: «e sgombrar d'ogni nebbia oscura e vile». *rai*: «raggi». 3. *col
manto ... pieno*: cfr. Claudiano, *Rapt.*, II, 363: «stellantes Nox picta si-
nus». 4. *soggiorni usati*: cfr. *RVF*, CCLX, 8: «usati soggiorni».
5. *piaggie*: campi, contrade in pendio. Cfr. *RVF*, CXLII, 6: «e fiorian
per le piagge l'erbe et i rami». 6. *chiamano*: «invocano». *almo*:
che dà nutrimento, perché la luna è «prospera frugum» (Orazio, *Carm.*,
IV, 6, 39). 7. *umor*: «la rugiada». Cfr. Catullo, LXI, 24-25: «rosci-
do | nutriunt umore». 8. *crini inargentati*: i raggi lunari, che si cre-
deva producessero la rugiada. Cfr. Virgilio, *Georg.*, III, 337: «roscida
luna»; Valerio Flacco, II, 42: «effusis stellatus crinibus aether». 9-
10. *vesti ... di luce*: cfr. Virgilio, *Aen.*, VI, 640: «largior hic campos
aether et lumine vestit». *atro orrore*: «oscura e profonda tenebra»
(Baldacci). Cfr. Virgilio, *Aen.*, I, 89: «nox atra». 11. *invidia*: cfr.
RVF, CLVI, 6: «ch'han fatto mille volte invidia al sole». 13. *cer-
chio*: il globo lunare. *vago*: cfr. Orazio, *Sat.*, I, 8, 21: «vaga luna».
14. *errore*: nel senso etimologico di percorso, giro; cfr. Petrarca: «con
un vago errore | girando» [*RVF*, CXXVI, 51-52]» (Baldacci). Cfr. Vir-
gilio, *Aen.*, I, 742: «errans luna».

☆

Come vago augelletto
che i suoi dogliosi lai
fra i rami d'arbuscel tenero e schietto
chiuso di Febo ai rai
5 sfoga piangendo, e non s'arresta mai;
    cosí la notte e 'l giorno
misero piango anch'io
le gravi colpe ond'è 'l cor cinto intorno,
e con affetto pio
10 cheggio perdono a te, Signore e Dio.
    Ma tu – lasso! – non senti
il suon di mercé indegno
de' dolorosi miei duri lamenti,
se forse hai preso a sdegno
15 che da te spesso fuggo, a te rivegno:
    che poss'io, se l'audace
senso, tanto possente,
m'ha posto al collo un giogo aspro e tenace,
ohimè, che non consente
20 che stabil nel tuo amor sia la mia mente?
    Né repugnare al senso
val la fragil natura,
fatto sí forte e di valor sí immenso,
se non pigli la cura
25 tu, Padre pio, di questa tua fattura.
    Semplice e pura agnella,
se talor per errore
vagar intorno per la selva bella
lascia sola il pastore,
30 ella è rapita, et ei danno ha e dolore.
    Deh, non lasciar in preda

METRO: strofe di endecasillabi e settenari a schema abAbB.

1. *augelletto*: cfr. Colonna, *Rime*, XV, 2 (A2).   2. *dogliosi lai*: cioè il
suo canto malinconico; cfr. *Sal*, CI, 8: «Vigilavi, et factus sum sicut pas-
ser solitarius in tecto».   4. *chiuso ... rai*: «privato dei raggi del sole».
5. *schietto*: «diritto» (Dante, *Inf.*, XIII, 5).   8. *ond'è ... intorno*: *Sal*,
XXXIX, 13.   11. *lasso!*: «oh me infelice!».   12. *mercé*: «pietà».
14. *se*: «poiché».   18. *giogo*: cfr. *Eccli*, XL, 1: «et iugum grave super
filios Adam».   23. *valor*: «potere».   25. *fattura*: *Ef*, II, 10.
29. *il pastore*: cfr. *Sal*, XXII, 1-2.   31-35. *non lasciar ... morta*: *Nm*,

quest'alma poco accorta
al suo nimico, sí ch'errar la veda
sola e senza sua scorta,
³⁵ onde ne resti lacerata e morta.

    L'hai tu, Padre benigno,
con le tue man creata
per in preda lasciare a quel maligno
serpe una cosa amata,
⁴⁰ una fattura tua sí cara e grata?

    Vincati dalle mie
miserie omai pietate
e di man tommi a queste crude arpie
cure del mondo ingrate,
⁴⁵ sí che non moia in tanta indignitate.

☆

    Come assetata cerva ognor desia
fresca fontana o rivo,
cosí l'anima mia,
il mondo e i suoi diletti avendo a schivo,
⁵ te, Fonte eterno e vivo;
    onde, sí come da vena surgente,
si deriva un licore
che ebbra rende la mente
e la riempie d'un santo furore
¹⁰ del tuo divino amore.

XXVII, 17; 2 *Cr*, XVIII, 16 e *Gv*, X, 12.   33. *nimico*: altro epiteto
tradizionale di Satana; cfr. *Mt*, XIII, 24 e 28.   43-44. *arpie | cure*:
l'ambientazione infernale della *cura* si deve ad un celeberrimo sonetto
di Della Casa, *Cura, che di timor ti nutri e cresci*, 7-8 (*infra*); per le *arpie*
simbolo delle lusinghe mondane cfr. Colonna, *Rime spirituali*, XIV, 9
(S1): «Secol maligno, e maledette arpie!».

METRO: strofe di endecasillabi e settenari a schema AbaBb.

1-5. *Come assetata ... vivo*: è quasi traduzione letterale di *Sal*, XLI, 2-3,
attraverso la mediazione della *Paraphrasis in triginta Psalmos*, che costi-
tuisce il settimo libro dei *Carmina* di Marcantonio Flaminio.   4.
avendo a schivo: «considerando nulli».   5. *te*: sott. *desia. Fonte*:
cfr. *infra*, V. Colonna, *Poi che 'l mio casto amor*, 13 e nota.   7. *un li-
core*: «un'acqua».   8. *che ebbra ... mente*: *Ger*, XXIII, 9: «factus sum
quasi vir ebrius | et quasi homo madidus a vino» [«sono come un ubria-
co | e come chi è inebetito dal vino»]; similitudine di straordinaria for-

Quando fie mai che sciolta et ispedita
da le cure mortali
di questa ombra di vita
verso le case tue celestiali
¹⁵ dispieghi ambedue l'ali?

Quando sarà già mai ch'esca da queste
de la miseria umana
terrene, atre tempeste,
de' suoi piacer de la speranza vana
²⁰ l'alma libera e sana?

Prendi il timon di questa fragil barca
tu Scorta e tu Nocchiero,
sí che leggiera e scarca
de le merci del mondo lusinghiero
²⁵ la meni in porto vero;
    nel vero porto d'eterna salute
e di perfetto bene,
a quelle di virtute
sempre beate e sempre fide arene
³⁰ d'ogni diletto piene.

Quando all'erma, palustre ed ima valle
di questa vita errante
rivolgerò le spalle,
e seguirò, leale e fido amante,
³⁵ le tue vestigia sante,
    e vedrò ne la tua serena fronte,
nel lampeggiante viso
che rende ogni orizzonte
e lucido e seren sol con un riso,
⁴⁰ il ben del Paradiso?

O sempre per me dí lieto e beato
che 'l mio lungo desio,

tuna mistica.   11. *fie*: «sarà».   12. *cure*: cfr. Colonna, *Rime spiri-*
tuali, XCV, 14 (S1).   13. *ombra di vita*: *Sal*, CXLIII, 4: «Homo va-
nitati adsimilatus est | dies eius quasi umbra pertransiens» [«L'uomo è
come un soffio, | i suoi giorni come ombra che passa»].   18. *tempe-*
ste: *Sal*, LIV, 9 e LXVIII, 3 e 16.   21-25. *Prendi il timon etc.*: la stes-
sa, divulgatissima metafora anche in Colonna, *Rime spirituali*, CXVI
(S1).   29. *fide arene*: «sicuri approdi».   31. *erma*: «solitaria».
ima: «profonda» (per l'immagine cfr. Colonna, *Rime spirituali*, LXI, 13
[S1]).   31-33. La rima *valle : spalle* in Dante, *Inf.*, I, 14-16 (per la
proverbiale immagine del mondo come *vallis lacrimarum*, cfr. *Sal*,
LXXXIII, 7).   35. *vestigia*: «orme» (1 *Pt*, II, 21).   39. *riso*: «sor-
riso».   41. *dí*: «il giorno della morte».

da varie trasportato
cure di questo mondo infame e rio,
⁴⁵ condurrà avanti a Dio!

☆

Non punse, arse o legò stral, fiamma o laccio
d'Amor giammai sí duro e freddo e sciolto
cor, quanto 'l mio ferito, acceso e 'nvolto,
misero pur nell'amoroso impaccio.
⁵   Saldo e gelido piú che marmo e ghiaccio,
libero e franco io non temeva stolto
piaga, incendio o ritegno, e pur m'ha colto
l'arco, l'esca e la rete in ch'io mi giaccio.
    E trafitto e distrutto e preso in modo
¹⁰ son, ch'altro cor non apre, avvampa o cinge
dardo, face o catena oggi piú forte.
    Né fia credo che 'l sangue, il foco e 'l nodo,
che 'l fianco allega e mi consuma e stringe,
stagni, spenga o rallenti altri che morte.

METRO: sonetto a rime incrociate (ABBA, ABBA) e replicate (CDE, CDE). Struttura a *versus rapportati*.

1. *Non ... legò*: i sogg. dei tre verbi sono, rispettivamente, *stral, fiamma, laccio*. Cfr. *RVF*, CXXXIII, 9-11: «I pensier' son saette, e 'l viso un sole, | e 'l desir foco: e 'nseme con quest'arme | mi punge Amor, m'abbaglia e mi distrugge».   2. *duro ... sciolto*: vanno interpretati in correlazione antitetica con i tre sogg. del v. 1 (*duro/stral, freddo/fiamma, sciolto/laccio*).   3. *ferito ... 'nvolto*: indicano l'azione, rispettivamente, della freccia, del fuoco e del laccio.   4. *impaccio*: cfr. *RVF*, CXXXIV, 7-8: «e non m'ancide Amore, et non mi sferra, | né mi vuol vivo, né mi trae d'impaccio (: *ghiaccio : laccio*)».   6. *franco*: libero dalle insidie d'Amore.   7. *piaga ... ritegno*: da correlare agli oggetti del v. 8 che li provocano. *ritegno*: «prigionia». Cfr. *RVF*, LXXXIII, 5-6: «Non temo già che piú mi strazi o scempie, | né mi ritenga, perch'ancor m'invischi».   9. *trafitto ... preso*: sono ancora gli effetti provocati dagli oggetti del v. 8.   10. *apre ... cinge*: ancora da correlare a *dardo, face o catena* del verso successivo.   12. *fia*: «avverrà». *nodo*: d'amore.   13. *fianco*: quello sinistro, dove sta il cuore. *allega*: il sangue, confluendo tutto insieme, cinge, lega il cuore. *mi consuma*: cfr. *RVF*, CCIX, 12-13: «con quello stral dal lato manco, | che mi consuma».   14. *stagni ... morte*: solo la morte può mettere fine all'azione del sangue, del fuoco e del nodo.

☆

M'arde, impiaga, ritien, squarcia, urta e preme
foco, stral, nodo, artiglio, impeto e peso
d'Amor, sí ch'io ne pero a morte offeso
(colpa del ciel) da tanti mali insieme.

5   Tutto cenere e sangue il cor già teme
ne' lacci involto, e da fier' unghia preso,
caduto al pian sott'un gran sasso steso,
ch'io non sia presso al fin dell'ore estreme.

Spegnerà morte in me l'incendio, e sano
10   sarò del colpo, e fuor di rete in breve
tratto per forza a quel crudel di mano;

morte fia cagion sola, ond'io mi leve
surto di terra, e scosso a mano a mano
rest'in tutto del giogo al cor sí greve.

METRO: sonetto a rime incrociate (ABBA, ABBA) e alternate (CDC, DCD).

1. *M'arde ... preme*: i sogg. dei sei verbi sono rapportati, rispettivamente, ai sei oggetti dello strazio amoroso al v. 2. *impiaga*: cfr. *RVF*, XCVII, 3-4: «quando il primo strale | fece la piaga ond'io non guerrò mai?». *ritien*: «trattiene». *squarcia*: cfr. Petrarca, *Tr. Cup.*, I, 57: «ma squarciati ne porto il petto e' panni». *preme*: cfr. *RVF*, CCXLIV, 1.   2. *artiglio*: cfr. *RVF*, LXIX, 4 (il «fiero artiglio» d'Amore).   3. *ne pero*: perisco a causa della loro azione distruttiva. *offeso*: ferito. 5. *Tutto cenere*: incenerito dal *foco* amoroso.   6. *involto*: cfr. *RVF*, XCVI, 4: «ed ogni laccio ond'è 'l mio core avinto». *fier'*: «feroce». 8. *ch'io non sia*: «che io sia»; costruzione latineggiante (è retto da *teme* del v. 5).   9. *Spegnerà morte*: cfr. *RVF*, CCLXXI, 12-13: «Morte m'ha liberato un'altra volta, | e rotto 'l nodo, e 'l foco ha spento e sparso». *sano*: «incolume».   11. *tratto*: «sottratto». *quel crudel*: Amore.   12. *fia*: «sarà». *cagion*: «la causa». *ond'io*: «per cui io». 12-13. *mi leve ... terra*: «mi sollevi, risorga da terra». *scosso*: «libero (dal *giogo* del v. 14)». Cfr. *RVF*, CCIX, 7: «del bel giogo piú volte indarno scosso».

Il bel, che fuor per gli occhi appare, e 'l vago
del mio signor e del suo dolce viso,
è tanto e tal, che fa restar conquiso
ognun che 'l mira, di gran lunga, e pago.
5   Ma se qual è un cervier occhio e mago,
potesse altri mirar intento e fiso
quel che fuor non si mostra, un paradiso
di meraviglie si vedrebbe, un lago.
E le donne non pur, ma gli animali,
10 l'erbe, le piante, l'onde, i venti e i sassi
farian arder d'amor gli occhi fatali.
Quest'una grazia agli occhi miei sol dassi
in guiderdon di tanti e tanti mali,
per onde a tanto ben poggiando vassi.

METRO: sonetto a rime incrociate (ABBA, ABBA) e alternate (CDC, DCD).

1. *Il bel ... 'l vago*: «sono agg. sostantivati: la bellezza e la vaghezza» (Baldacci).   2. *mio signor*: il conte Collaltino di Collalto, che la Stampa amò tra il 1548 e il '51.   *dolce viso*: una sola volta la *iunctura* in *RVF*, CCCLVIII, 1-2.   3. *conquiso*: «conquistato». Cfr. *RVF*, LXXVII, 4: «de la beltà che m'ave il cor conquiso (: *fiso* : *paradiso* : *viso*)».   4. *pago*: è retto da *fa restar* del v. 3.   5. *qual è*: «come accade a».   *cervier occhio*: «occhio di lince (lupo cerviero), dalla vista acutissima». Cfr. *RVF*, CCXXXVIII, 2: «occhio cerviero».   6. *intento e fiso*: cfr. *RVF*, XVII, 8: «mentr'io son a mirarvi intento e fiso».   7. *quel ... mostra*: l'animo.   8. *lago*: cfr. Dante, *Inf.*, I, 20: «nel lago del cor».   9-10. *le donne ... sassi*: sono tutti complementi oggetto di *farian arder* (v. 11).   *non pur*: «non soltanto».   11. *occhi fatali*: *iunctura* non petrarchesca (è sogg. di *farian arder*).   12. *grazia*: «premio».   13. *guiderdon*: «ricompensa». Cfr. *RVF*, CXXX, 3-4: «dagli occhi ov'era... | riposto il guidardon d'ogni mia fede».   14. *per onde*: «attraverso i quali».   *poggiando vassi*: «ci si va man mano innalzando» (Baldacci).

Io son da l'aspettar omai sí stanca,
sí vinta dal dolor e dal disio,
per la sí poca fede e molto oblio
di chi del suo tornar, lassa, mi manca,
5   che lei, che 'l mondo 'mpalidisce e 'mbianca
con la sua falce e dà l'ultimo fio,
chiamo talor per refrigerio mio,
sí 'l dolor nel mio petto si rinfranca.
    Ed ella si fa sorda al mio chiamare,
10   schernendo i miei pensier fallaci e folli,
come sta sordo anch'egli al suo tornare.
    Cosí col pianto, ond'ho gli occhi miei molli,
fo pietose quest'onde e questo mare,
ed ei si vive lieto ne' suoi colli.

METRO: sonetto a rime incrociate (ABBA, ABBA) e alternate (CDC, DCD).

1. *l'aspettar*: «il Conte che era partito e tardava a tornare» (Baldacci). Cfr. *RVF*, XCVI, 1: «Io son de l'aspectar ormai sí vinto».   2. *disio*: «desiderio».   3. *oblio*: «dimenticanza».   4. *del ... manca*: «mi priva del suo ritorno».   5. *lei*: la morte. *'mpalidisce e 'mbianca*: «su tutto stende un bianco pallore». Cfr. Orazio, *Carm.*, I, 4, 13: «pallida Mors»; *RVF*, LVIII, 4: «quel crudel [Amore] che' suoi seguaci imbianca (: *stanca* : *manca*)».   6. *dà ... fio*: «infligge l'ultima pena» (Baldacci).   7. *chiamo*: la morte (*lei*). Cfr. Tibullo, I, 3, 65: «cuicumque rapax Mors venit amanti». *refrigerio*: «sollievo» (cfr. *RVF*, CCCXIII, 2: «con refrigerio in mezzo 'l foco vissi»).   8. *si rinfranca*: «si rafforza, si inacerbisce».   9. *sorda*: cfr. *RVF*, CCCXXXII, 69: «pregate non mi sia piú sorda Morte».   10. *fallaci e folli*: cfr. *RVF*, CCLXXIII, 10; CCCXX, 5: «o penser' folli!».   11. *sta ... tornare*: «anche lui è sordo ai miei appelli perché ritorni».   12. *occhi ... molli*: cfr. *RVF*, L, 62: «perché dí e notte gli occhi miei son molli (: *colli*)?». 14. *si vive lieto*: cfr. Dante, *Par.*, XVI, 138: «viver lieto». *ne' suoi colli*: il castello di Collalto.

Una inaudita e nova crudeltate,
un esser al fuggir pronto e leggiero,
un andar troppo di sue lodi altero,
un tôrre ad altri la sua libertate,
⁵   un vedermi penar senza pietate,
un aver sempre a' miei danni il pensiero,
un rider di mia morte quando pèro,
un aver voglie ognor fredde e gelate,
un eterno timor di lontananza,
¹⁰ un verno eterno senza primavera,
un non dar giamai cibo a la speranza,
    m'han fatto divenir una Chimera,
uno abisso confuso, un mar ch'avanza
d'onde e tempeste una marina vera.

METRO: sonetto a rime incrociate (ABBA, ABBA) e alternate (CDC, DCD).

1. *crudeltate*: è il primo di un lungo elenco (che occupa le due quartine) di atteggiamenti e difetti dell'amato nei confronti dell'amante. 2. *leggiero*: «svelto».   4. *tôrre*: «togliere».   6. *sempre ... pensiero*: «un'intenzione continua di farmi del male».   7. *pèro*: «muoio». 8. *voglie ... gelate*: *iunctura* in RVF, CLXXIII, 10.   9 *timor*: è il primo degli effetti che la crudeltà del Conte provoca nell'amante. 10. *verno*: «inverno».   12. *Chimera*: mostro mitologico che vomitava fiamme, con testa leonina, corpo di capra, coda di drago. Cfr. Ovidio, *Met.*, IX, 647-648.   13. *abisso*: cfr. RVF, CCCXXXIX, 11. *ch'avanza*: «che supera in quantità» (*d'onde e tempeste*).   14. *marina*: mare (cfr. Dante, *Purg.*, I, 117; RVF, XXVIII, 93).

☆

Or m'allegro, or m'attristo, or rido, or gemo,
di mia pena or m'affliggo, or mi compiaccio,
or m'adiro, or mi placo, or grido, or taccio,
or fuggo, or torno, or mi confido, or temo.
5   Ora moro, or rinasco, or'oso, or tremo,
or tento sciôrre, or lego io stesso il laccio,
or gelo, or ardo, or mi rilevo, or giaccio,
or mi glorio, or mi pento, or cresco, or scemo.
Or me stesso offro a i colpi, or mi difendo,
10   or notte, or giorno bramo, or vita, or morte,
or chiamo aita al foco, or'io l'accendo.
Or'apro, ora ad amor chiudo le porte,
or piango, or canto, ora rifiuto, or prendo.
Questa, chi vuol saperla, è la mia sorte.

METRO: sonetto a rime incrociate (ABBA, ABBA) e alternate (CDC, DCD).

1. *Or m'allegro ... or gemo*: il verso, come il resto del sonetto, è modellato su *RVF*, CXXIX, 7-8: «e come Amor l'envita, | or ride, or piange, or teme, or s'assecura», a sua volta ricalcato su Virgilio, *Aen.*, VI, 733: «hinc metuunt cupiuntque, dolent gaudentque».   3. Cfr. *RVF*, CV, 79: «e taccio e grido»; CCLXX, 96: «piango e grido».   4. *mi confido*: «spero».   6. Cfr. *RVF*, XCVIII, 3: «ma 'l cor chi legherà, che non si sciolga»; CCLXX, 61: «Dal laccio d'or non sia mai chi mi sciolga».   7. *or gelo ... giaccio*: cfr. *RVF*, CXXXIV, 2-3: «e temo et spero; et ardo, et son un ghiaccio, | et volo sopra 'l cielo, et giaccio in terra»; CLXXVIII, 2: «assecura et spaventa, arde et agghiaccia»; CCCXXXVII, 10.   8. *scemo*: «diminuisco».   9. *colpi*: i «colpi d'Amor» (*RVF*, III, 6).   10. *or ... morte*: cfr. *RVF*, CV, 2: «altri dí e notte la sua morte brama»; CXXXIV, 13: «egualmente mi spiace morte et vita»; CXCVIII, 7.   11. *chiamo ... foco*: «invoco aiuto contro il fuoco d'amore».   12. *porte*: cfr. *RVF*, CCLXXXIV, 6-7: «la porta | de l'alma».   13. *or ... canto*: ricalca *RVF*, CCLII, 1.   14. *sorte*: cfr. *RVF*, CLXX, 6-7: «mia sorte, | mio ben, mio male, et mia vita, et mia morte».

☆

Se 'l cor non ho, com'esser può ch'i' viva?
E se non vivo, come l'ardor sento,
se l'ardor m'ange, come ardo contento,
se contento ardo, il pianto onde deriva?
⁵ S'ardo, ond'esce l'umor ch'a gli occhi arriva,
se piango, come 'l foco non n'è spento,
se non moro, a ché ogn'or me ne lamento?
E se moro, chi sempre mi ravviva?
S'agghiaccio, come porto il foco in seno,
¹⁰ s'amor mi strugge, perché il seguo tanto,
se da Madonna ho duol, perché la lodo?
Questi effetti d'Amor sí strano modo
e sí diverso tengono, che quanto
vi penso piú, tanto gli intendo meno.

METRO: sonetto a rime incrociate (ABBA, ABBA; CDE, EDC).

1. *com'* ... *può*: «come può accadere».   3. *m'ange*: «mi tormenta».
Cfr. *RVF*, CXLVIII, 6: «'l foco ... che 'l cor tristo ange».   *contento*:
cfr. *RVF*, CCXII, 1: «di languir contento».   4. *onde*: «da dove».
Cfr. al v. 12.   5. *umor*: le lacrime. Cfr. *RVF*, CCXXVIII, 6: «e 'l
piover giú dalli occhi un dolce humore».   9. *S'agghiaccio*: cfr. *RVF*,
CV, 89-90: «chi mi fa morto et vivo, | chi 'n un punto m'agghiaccia et
mi riscalda».   *il ... seno*: cfr. *RVF*, CCXXXVI, 2: «ma fo sí com'uom
ch'arde e 'l foco ha 'n seno»; CCXCVIII, 3: «'l foco ove agghiacciando
io arsi».   10. *s'amor ... tanto*: cfr. *RVF*, L, 39-40: «Ahi crudo Amor,
ma tu allor piú mi 'nforme | a seguir d'una fera che mi strugge»; CCIX,
14: «di duol mi struggo, et di fuggir mi stanco».   12. *effetti*: cfr.
RVF, CXXXII, 1-4: «S'amor non è, che dunque è quel ch'io sento? |
Ma s'egli è amor, perdio, che cosa et quale? | Se bona, onde l'effecto
aspro mortale? | Se ria, onde sí dolce ogni tormento?»: da qui è partito
il Groto per accumulare i vari effetti paradossali di Amore («gli effecti
acerbi e strani» di *RVF*, XXV, 3).

☆

Poi che da gli occhi mei l'aspetto vostro
lontan portaste, per sí lungo tratto,
io son da Sole un orologio fatto,
quando non pure il dí conto e dimostro,
⁵ ma d'una in una l'ore.
La calamita è amore,
lo specchio è lo mio core,
lo stame è la memoria che ho di voi,
l'ombra è 'l desio che di voi vive in noi.
¹⁰ Or venga a noi chi l'ore intender vuole,
che io l'orologio son, voi sete il Sole.

☆

La donna mia sopra una verde riva
quetamente dormiva,
quando una pecchia intenta al suo lavoro,
fallita dal vermiglio
⁵ de' labri ardenti, senza altro consiglio
in mezzo a quei si pose,
credendo essersi posta in mezzo a rose.
Desta madonna alor le dita mise,

METRO: madrigale, con notevole schema metrico (ABBA cccDDEE): tre
settenari a rima baciata incorniciati da due quartine endecasillabiche,
una a rime incrociate (sul modello del sonetto), l'altra a due distici a ri-
ma baciata.

1. *Poi che*: «dal momento che». *aspetto*: la vostra persona, come la
vostra immagine. 3. *io son ... fatto*: la donna è il sole, il poeta è la
meridiana, orologio solare che ne segue il corso. 4. *non pure*: «non
solo». *il ... dimostro*: «conto e misuro i giorni». 6. *calamita*: para-
gona i vari componenti dell'orologio agli affetti del poeta. Cfr. *RVF*,
CXXXV, 29-30: «veggio trarmi a riva | ad una viva dolce calamita».
7. *lo specchio ... core*: in quanto vi si riflette e imprime l'immagine del-
l'amata. 8. *stame*: la lancetta dell'orologio. 9. *ombra*: la meridia-
na misura il tempo sullo spostamento dell'ombra proiettata dal sole.

METRO: madrigale: AaBcCdDEEFfGGgHH (notevole la frequenza del-
le rime baciate, addirittura tre ai vv. 12-14, e delle rime in assonanza -
ise/ire, con una sola rima irrelata B).

1. *verde riva*: cfr. *RVF*, CXXV, 49. 3. *pecchia*: «ape». 4. *fallita*:
«ingannata».

e premendolo, l'ape incauta uccise.
10 La qual morendo fu sentita dire:
    «oh che dolce morire!
    Non so se la dolcezza saporita
    di queste labra, o il torchio de le dita
    m'abbia tolto la vita,
15 so ben che tal morir m'apporta gioia,
    ch'io vissuta nel mel, nel mele muoia».

---

11. *dolce morire*: cfr. Petrarca, *Tr. Mor.*, II, 72: «dolce morte».   13.
torchio: «il torcersi».   16. *mel*: «miele».   *mele*: la dolcezza delle
labbra di Madonna. Ennesima *variatio* del motivo dell'ape che punge le
labbra dell'amata: cfr. Achille Tazio, *Leucippe e Clitofonte*, II, 7; T.
Tasso, *Aminta*, I, 349 sgg.; il sonetto *Mentre madonna s'appoggiò penso-
sa*; il madrigale *Un'ape esser vorrei*.

☆

Trovo dovunque io giro 'l guardo intento
trista imagin di morte. Ecc'ora il giorno
da l'oriente uscir di luce adorno:
eccol tosto a l'occaso oscuro e spento.

5 Cosí le frondi e i fior, vago ornamento
di primavera a questo colle intorno,
farà languidi e secchi al suo ritorno
de la fredda stagion la neve e 'l vento.

Quanto nasce qua giú, quanto con l'ore
10 crescendo vive, al fin sotto una sorte,
senza riparo aver, mancando more.

E, s'al mesto pensier chiuder le porte
col chiuder gli occhi io cerco, il cieco orrore
contemplo allor de la mia propria morte.

☆

Non fuggir vago augello, affrena il volo,
ch'io non tendo a' tuoi danni o visco o rete,

METRO: sonetto a rime incrociate (ABBA, ABBA) e alternate (CDC, DCD).

1. *Trovo ... intento*: cfr. *RVF*, CXXV, 66-67: «Ovunque gli occhi volgo | trovo...»; CLVIII, 1-3: «Ove ch'i' posi gli occhi lassi o giri | [...] trovo...». *intento*: «in ansiosa ricerca» (Baldacci). Cfr. *RVF*, XXXV, 3: «et gli occhi porto per fuggire intenti». 2. *imagin di morte*: cfr. Virgilio, *Aen.*, X, 456: «ubique pavor et plurima mortis imago». 3. *di luce adorno*: cfr. Virgilio, *Buc.*, IV, 45: «aether et lumine vestit». 4. *occaso*: «occidente». 5. *le frondi e i fior*: cfr. *RVF*, CCXXXIX, 17. 6. *a questo ... intorno*: «tutt'intorno, sparsi per questo colle» (Baldacci). 7. *languidi e secchi*: cfr. *RVF*, XLVI, 1-2: «e i fior' vermigli e bianchi, | che 'l verno devria far languidi e secchi». 8. *fredda stagion*: iunctura petrarchesca (*RVF*, XXIII, 40). 9. *con l'ore*: «nel tempo». 10. *sotto una sorte*: «sottoposto a un'unica sorte» (Baldacci). 11. *mancando*: «venendo meno». 12. *le porte*: «la porta | de l'alma» (*RVF*, CCLXXXIV, 6-7).

METRO: sonetto a rime incrociate (ABBA ABBA) e alternate (CDC DCD).

1. *augello*: «uccello». Cfr. *RVF*, CCCLIII, 1: «Vago augelletto che cantando vai». 2. *visco o rete*: cfr. *RVF*, CCLXIII, 7: «né d'Amor vi-

che s'a me libertà cerco e quiete,
por te non deggio in servitute e 'n duolo.
⁵   Ben io fuggo a ragion nemico stuolo
di gravi cure in queste ombre secrete,
ove sol per goder sicure e liete
poc'ore teco a la città m'involo.

Qui piú sereno è 'l ciel, piú l'aria pura,
¹⁰ piú dolci l'acque: e piú cortese e bella
l'alte ricchezze sue scopre natura.

O mente umana al proprio ben rubella,
vede tanta sua pace, e non la cura:
e stima porto ov'ha flutto e procella.

☆

Ecco di rose a questa tomba intorno
aprir, quasi in su' onor, pomposa schiera,
che 'l seno aprendo sembra dir: Tal era
di colei, che qui giace, il volto adorno,
⁵   e tal ne sentian l'altre invidia e scorno,
qual di noi gli altri fiori a primavera.
Cresceale il vanto odor d'onestà vera,
ch'in lei fea con Amor dolce soggiorno.

sco temi o lacci o reti». 3. *a me*: «per me». *libertà cerco*: cfr. Dan-
te, *Purg.*, I, 71: «libertà va cercando». 4. *deggio*: «devo». 5. *ne-
mico stuolo*: è in Petrarca, *Tr. Fam.*, I, 82. 6. *cure*: «tormenti, ango-
sce». 8. *m'involo*: «mi sottraggo». Cfr. Bembo, *Rime*, LXVI, 1:
«Lieta e chiusa contrada, ov'io m'involo (: *duolo : volo*)». 10. *corte-
se*: «generosa». 12. *rubella*: «ribelle». 14. *ov'ha*: «dove c'è».
flutto e procella: «mare in tempesta». Cfr. *RVF*, CCCLXVI, 69-70:
«pon mente in che terribile procella | i' mi ritrovo».

METRO: sonetto a rime incrociate (ABBA, ABBA) e alternate (CDC,
DCD).

1. *di rose*: è retto da *schiera* (v. 2). Lo spunto è da Properzio, I, 17, 22:
«molliter et tenera poneret ossa rosa». 2. *aprir*: «aprirsi». Cfr.
RVF, CCXXXIX, 21: «in sul primo aprir de' fiori». 3. *'l seno*: «il
bocciolo». 4. *volto adorno*: come il «bel viso adorno» di Laura in
RVF, LXXXV, 7. 5. *l'altre*: donne. *scorno*: «umiliazione».
7. *odor*: come il profumo delle rose, si spandeva la fama della sua one-
stà. Cfr. *RVF*, CCLXXI, 2: «vera onestà che 'n bella donna sia»; Dan-
te, *Par.*, XXX, 124-126: «la rosa sempiterna | ...redole | odor di lode».
8. *fea*: «faceva». *dolce soggiorno*: *iunctura* petrarchesca (*RVF*,

S'oltra ogni stil fiorisce in noi beltate
10 è perché nel terren, ch'in sé converse
le belle membra, siam concette e nate.
Ma qui tosto ancor noi cadrem disperse
da l'aspra pioggia, in che l'altrui pietate
ne tien piangendo eternamente immerse.

☆

Sorgi de l'onde fuor pallido e mesto,
faccia prendendo al mio dolor simile,
pietoso Febo, e meco a pianger riedi.
Questo è 'l dí ch'a rapir l'alma gentile
5 del mio buon padre, oimè, fu 'l ciel sí presto,
restando gli occhi miei di pianto eredi.
E ben lagnar mi vedi
a gran ragion, poi che sí fida e cara
scorta a l'entrar di questa selva errante
10 in un momento mi spario davante.
Cruda mia sorte avara,
che la mi tolse, e 'n questa pena acerba
mostra a quant'altre ancor mia vita serba.
Da troppo dura ingiuriosa parte

CLXXX, 14). 9. *oltra ogni stil*: «oltre ogni possibilità di poterlo esprimere con la forza dello stile, cioè del magistero letterario» (Baldacci). 10. *converse*: «trasformò». 11. *belle membra*: in *RVF*, CCC, 7. *concette*: «concepite». 12. *tosto*: «tra breve». 13. *pioggia*: di lacrime. *in che*: «nella quale». *l'altrui pietate*: il dolore di chi l'ha amata in vita. 14. *ne*: «ci».

METRO: canzone con schema strofico ABCBACcDEEdFF e congedo con schema aBCCbDD.

1. *pallido*: cfr. Virgilio, *Georg.*, III, 357; Tibullo, II, 5, 76. *mesto*: cfr. Seneca, *Oedipus*, 1-2: «Iam nocte Titan dubius expulsa redit | et nube maestum squalida exoritur iubar». 3. *Febo*: il sole. *riedi*: «ritorna». 4. *alma gentile*: «nobile anima» (*iunctura* petrarchesca: cfr. *RVF*, CXLVI, 2). 6. *di pianto eredi*: cfr. Petrarca, *Tr. Cup.*, II, 67: «Pianto fu 'l mio di tanta sposa erede». 8-9. *fida ... scorta*: «fidata scorta» in *RVF*, CCLXXVII, 8. 9. *selva errante*: il mondo terreno (cfr. il «mondo errante» in Dante, *Par.*, XX, 67 e in *RVF*, CCCXLVI, 7). 11. *Cruda ... sorte*: *iunctura* in *RVF*, CCXVII, 11. 12. *la*: la «fida e cara | scorta» ai vv. 8-9. *pena acerba*: *iunctura* in *RVF*, CCLXXXVIII, 14. 14. *ingiuriosa parte*: «la parte piú scoperta e vulnerabile del suo animo, dalla quale poteva perciò derivargli maggior do-

¹⁵ vêr me fortuna Incomincio suo sdegno,
e da tropp'erto monte al pian mi stese:
ch'in un punto a' suoi colpi esposto segno
me scorsi, al vento mie speranze sparte,
con troppo debil petto a tante offese.
²⁰ Dir si potea cortese
sua crudeltà d'ogni altro acerbo danno,
senza il sangue bramar di questa piaga:
o s'era pur d'uccider lui sí vaga,
per temprar il suo affanno,
²⁵ far ch'ei vedesse innanzi a l'ore estreme
a vicin frutto in me fiorir sua speme.
     Avea duo lustri, e 'l terzo quasi, il sole
vòlti dal dí ch'a la sua nova luce
nudo parto infelice uscir mi scorse,
³⁰ che ti partisti, o mio sostegno e duce,
da me: tu 'l sai, e forse ancor ten dole,
che ciò grave ferita al cor ti porse.
Né meno al duol concorse,
lasso, che meco ad un tre figli tuoi,
³⁵ che chiedean latte ancor nel sen materno,
abbandonavi per esilio eterno.
De' quali una dapoi
pura angioletta con veloci penne
al ciel per l'orme tue lieta sen venne.
⁴⁰   O lei felice, o dipartir beato,
che 'n quella età né sua miseria scerse,
né fu serbata a sí penosi guai!
O mie gioie e speranze, ora converse
in doglia e pianto! O caro allor mio stato
⁴⁵ che ne la vita mia me stesso amai!

---

lore» (Baldacci). Con *fortuna* (v. 15) la *iunctura* è petrarchesca (*RVF*,
LIII, 86).   17. *segno*: «bersaglio».   18. *speranze sparte*: in *RVF*,
CCCXXXI, 46 (: *parte*).   21. *sua*: della Fortuna.   23. *vaga*: «desi-
derosa».   24. *temprar*: «temperare».   25. *ore estreme*: come in
RVF, CCXCV, 5 (: *speme*).   27. *lustri*: periodi di cinque anni.
28. *nova*: per il bambino appena nato.   29. *nudo*: cfr. Lucrezio, V,
222-223: «tum porro puer [...] nudus humi iacet». *parto ... scorse*: cfr.
RVF, XXIX, 45: «quando 'l bel parto giú nel mondo scorse».   33.
Né ... concorse: «né fu per te motivo di minore angoscia il fatto che»
(Baldacci).   34. *ad un*: «insieme».   36. *esilio eterno*: la morte (cfr.
Dante, *Inf.*, XXIII, 126: «etterno essilio»).   41. *scerse*: «scelse».
43-44. *converse ... pianto*: cfr. *RVF*, CCCXXXII, 5 e 34: «vòlti subita-
mente in doglia e 'n pianto», «cosí è 'l mio cantar converso in pianto».

chi piú tranquille mai
voglie o dolci pensier chiuse nel petto?
Chi provò de la mia piú lieta sorte,
fin ch'a me non ti tolse invida morte?
50 Ma tal pace e diletto,
lasso, ebbi allor, perché piú grave poscia
giungesse al cor la destinata angoscia.

    Semplice augello in fortunato nido
mi giacqui un tempo a la tua dolce cura,
55 e sotto l'ali tue contento vissi.
Quanto ebbi l'aria allor grata e sicura,
mentre innanzi spiegando il volo fido
t'ergevi al ciel, perch'io dietro seguissi!
Ed io, gli occhi in te fissi,
60 volar tentava, il tuo cammin servando:
né perch'io rimanessi assai lontano,
eran le penne mie spiegate in vano,
ché, piú sempre avanzando,
in me di pur salir nova vaghezza,
65 in te sempre crescea speme e dolcezza.

    Ma mentre è tutta in noi tua cura intenta,
e in grembo a tua pietà nostri desiri
godean tranquilla e riposata pace,
ecco che, qual arcier ch'ingordo miri
70 a nova preda, in te suo strale aventa
e ne t'uccide morte empia e rapace.
Né 'n ciò pur si compiace
l'ira del ciel, ché la tua fida moglie,
dolce a noi madre, in cui sola s'accolse
75 la nostra speme, ancor per sé ritolse.
Ahi, che giammai non coglie
d'un sol colpo fortuna ove fa guerra:
e sol pianto e miseria alberga in terra!
    Che dovea far? Donde sperar pietade?

46-47. *tranquille ... voglie*: come in *RVF*, LIII, 68-69. *dolci pensier*: *iunctura* in *RVF*, CLIII, 5. 49. *invida*: «invidiosa» (cfr. *RVF*, CCCXXXI, 38: «finché mia dura sorte invidia n'ebbe»). 51. *poscia*: «poi». 57. *volo fido*: «nel quale il figlio riponeva ogni fiducia» (Baldacci). 60. *servando*: «mantenendo». 64. *di pur salir*: «di continuare a salire». *vaghezza*: «desiderio». 67. *pietà*: amore paterno. 70. *suo ... aventa*: cfr. *RVF*, LXXXVI,2: «Amor m'aventò già mille strali». 71. *ne*: «a noi». 79. *Donde*: «da dove, da chi».

80 Donde attender soccorso, orbato e solo
     de l'uno e l'altro mio dolce parente?
     Io, che bisogno avea di scorta al volo,
     l'altrui regger convenni, e 'n verde etade
     vestir puro fanciul canuta mente.
85 Onde le luci intente
     portai sempre a fuggir le reti e 'l visco:
     e s'a lor pur piegai, grazia celeste
     mi fe' l'ali a scamparne accorte e preste,
     membrando in ogni risco
90 quel che tu, presso a morte, in me, sí pio
     già per norma segnasti al viver mio.
        Giacevi infermo, e per gravarti il ciglio
     stendea morte la man l'ultimo giorno
     che pose fine a la tua degna vita.
95 Tacita e mesta al caro letto intorno,
     priva d'ogni speranza e di consiglio,
     stava la tua famiglia sbigottita.
     Tu, che di tua partita
     alto martir premei nel saggio core,
100 con fermo viso in parlar dolce accorto,
     pregavi al nostro duol pace e conforto.
     Indi, con santo ardore,
     la tua pietate, in me le luci fisse,
     queste parole in mezzo 'l cor mi scrisse:
105 – Figlio, se questo è pur l'estremo passo
     de la mia vita, ond'io son sazio e stanco,
     se non per voi, miei cari pegni e spene;
     cedi al voler divin, cedi al crin bianco,

80. *orbato*: «privato».   81. *l'uno ... parente*: cfr. *RVF*, CXXVIII,
86: «l'un e l'altro mio parente».   83. *l'altrui ... convenni*: «giudicai
necessario guidare il volo degli altri miei fratelli» (Baldacci).   *verde eta-*
de: *iunctura* in *RVF*, CCCXV, 1.   84. *canuta mente*: *iunctura* petrar-
chesca (*RVF*, CCXIII,3).   85-86. *le ... portai*: cfr. *RVF*, XXXV, 3:
«et gli occhi porto per fuggire intenti».   86. *le reti e 'l visco*: le trap-
pole della vita (cfr. *RVF*, CCLXIII, 7).   88. *accorte e preste*: cfr.
RVF, CC, 3.   89. *membrando*: «ricordando».   *risco*: «rischio».
90. *in me*: «verso di me».   97. *famiglia sbigottita*: «famigliuola sbi-
gottita» in *RVF*, XVI, 3.   98. *partita*: partenza, la morte.   99. *al-*
to: «profondo».   *premei*: «premevi, nascondevi».   *saggio core*: *iunctu-*
ra petrarchesca (*RVF*, CCLVIII, 3).   100. *parlar ... accorto*: «dolce
ragionare accorto» in *RVF*, CCCLIX, 4.   103. *luci*: «occhi».
105. *estremo passo*: *iunctura* petrarchesca (*RVF*, CCCLXVI, 107).
106. *de ... stanco*: cfr. *RVF*, CCCLXIII, 14: «stanco di viver nonché
sazio».   107. *se non per voi*: «tranne che non lo sono interamente (*sa-*

e morte scusa in me se, 'l corpo lasso
¹¹⁰ vincendo omai, l'usato stil mantiene.
Ecco pronta al tuo bene
per me la madre tua fidata e pia.
Tu fa' del suo voler legge a te stesso,
vòlto sempre al cammin per cui t'ho messo.
¹¹⁵ E poi che l'alma fia
sciolta da me, di puro ardor ripieno,
prega il Signor che la raccolga in seno –.
   Ciò detto a pena, a la già fredda lingua
eterno pose, oimè, silenzio, e i lumi
¹²⁰ per non aprirgli piú mancando chiuse.
Fia mai giusto dolor, ch'altrui consumi,
del mio piú acerbo? O lume altro s'estingua
di chiare doti in piú degn'alma infuse?
Caro a Febo e a le Muse,
¹²⁵ caro de le virtuti al santo coro,
spirto d'ogni valor ricco e fecondo,
or del ciel ornamento, e già del mondo;
ahi, mio nobil tesoro,
che 'l soverchio mio duol tronca il tuo vanto!
¹³⁰ Ma sempre almen t'onorerò col pianto.
   Canzon, vattene in cielo
su l'ali che 'l desio veloce spiega:
e ricercando infra quei santi cori,
tranne il mio genitor col guardo fuori.
¹³⁵ Poi riverente il prega
che del duolo, ond'io sento il cor piagarmi,
scenda in sogno talora a consolarmi.

---

zio e stanco) per grazia vostra» (Baldacci).   109. *lasso*: «stanco».
110. *usato stil*: «il solito modo» (la *iunctura* in *RVF*, CCXXIX, 9).
115. *fia*: «sarà».   116. *sciolta*: cfr. *RVF*, CCCVI, 1: «Anima bella
da quel nodo sciolta».   118. *fredda lingua*: come in *RVF*, CCIII, 13.
124. *Caro ... Muse*: «si allude a un'attività poetica del padre» (Baldac-
ci).   128. *nobil tesoro*: *iunctura* petrarchesca (*RVF*, CCCXXII, 11).
129. *vanto*: «lodi».   132. *ali ... desio*: cfr. *RVF*, XXXVII, 30: «col
desio non possendo mover l'ali».   134. *tranne*: «tirane».   135. *ri-
verente*: cfr. *RVF*, XXXVII, 118.   136. *il cor piagarmi*: cfr. *RVF*,
CCXCVII, 11.   137. *in ... consolarmi*: cfr. *RVF*, CCL, 1: «Solea
lontana in sonno consolarmi».

☆

      Cura, che di timor ti nutri e cresci,
      e piú temendo maggior forza acquisti,
      e mentre con la fiamma il gielo mesci,
      tutto 'l regno d'Amor turbi e contristi;
5   poi che 'n brev'ora entr'al mio dolce hai misti
      tutti gli amari tuoi, del mio cor esci:
      torna a Cocito, a i lagrimosi e tristi
      campi d'inferno: ivi a te stessa incresci,
      ivi senza riposo i giorni mena,
10   senza sonno le notti, ivi ti duoli
      non men di dubbia che di certa pena.
      Vattene: a che piú fera che non suoli,
      se 'l tuo venen m'è corso in ogni vena,
      con nove larve a me ritorni e voli?

METRO: sonetto a rime retrograde (ABAB, BABA) e alternate (CDC, DCD): ricalca l'unica occorrenza dello schema strofico in *RVF*, CCLXXIX.

1. *Cura*: «affanno, pena» (come, ad es., in *RVF*, CV, 62), qui la gelosia. È personificata in Virgilio, *Aen.*, VI, 274 (nel vestibolo degli Inferi: cfr. *infra*, v. 7) e in Orazio, *Carm.*, III, 1, 40 («atra Cura»).   2. *maggior ... acquisti*: cfr. *RVF*, CXXVII, 31: «e le stelle miglior' acquistan forza».   3. Cfr. *RVF*, CXXII, 4: «sento nel mezzo de le fiamme un gielo».   *mesci*: cfr. Petrarca, *Tr. Et.*, 38 (*hapax*).   4. *turbi*: cfr. *supra*, Sannazaro, *O gelosia, d'amanti orribil freno*, 1-4: «O gelosia [...] con tua vista turbi il ciel sereno».   *contristi*: cfr. *RVF*, CCL, 3 (*hapax*: ma cfr. Dante, *Inf.*, XI, 24; *Purg.*, I, 18).   5. *brev'ora*: cfr. *RVF*, CCCXXIII, 23 (la *iunctura* in Lucrezio, IV, 178).   5-6. *entr'al ... tuoi*: traduce Plauto, *Pseudolus*, 63: «dulce amarumque una nunc misces mihi» (cfr. Catullo, LXVIII, 18: «dulcem ... amaritiem»; Petrarca, *Tr. Mor.*, I, 48: «nel vostro dolce qualche amaro metta»).   7. *Torna*: cfr. *supra*, Sannazaro, *O gelosia*, 12: «Tornati giú».   *Cocito*: il lago infernale (cfr. Dante, *Inf.*, XXXI, 122-123: «mettine giú ... | dove Cocito la freddura serra»; XXXII, 23-24).   *lagrimosi e tristi*: cfr. Dante, *Inf.*, III, 133: «terra lagrimosa»; *supra*, Sannazaro, *O gelosia*, 9-11: «da qual valle infernal dal mondo uscisti [...] che fai li giorni miei sí oscuri e tristi?».   8. *campi*: cfr. Virgilio, *Aen.*, VI, 441: «lugentes campi»; Dante, *Inf.*, XVIII, 4: «campo maligno».   9-10. *riposo ... sonno*: cfr. *RVF*, CCXXIII, 9: «Il sonno è 'n bando, e del riposo è nulla»; CCCLX, 62-63: «e le mie notti il sonno | sbandiro».   12. *Vattene*: cfr. Bembo, *Rime*, LIV, 9.   13. *venen ... vena*: cfr. *RVF*, CLII, 7-8: «al cor gir fra le vene | dolce veleno».   14. *larve*: «immaginazioni, ossessioni». Cfr. Plauto, *Captivi*, 598: «iam deliramenta loquitur, larvae stimulant virum».

Le chiome d'or, ch'Amor solea mostrarmi
per meraviglia fiammeggiar sovente
d'intorno al foco mio puro, cocente
(e ben avrà vigor cenere farmi),
5   son tronche, ahi lasso: o fera mano e armi
crude, e o levi mie catene e lente!
Deh come il signor mio soffra e consente
del suo lacciuol piú forte altri il disarmi?
Qual chiuso in orto suol purpureo fiore,
10   cui l'aura dolce, e 'l sol tepido, e 'l rio
corrente nutre, aprir tra l'erba fresca;
tale, e piú vago ancora, il crin vid'io,
che solo esser devea laccio al mio core:
non già ch'io, rotto lui, dal carcer esca.

METRO: sonetto a rime incrociate (ABBA, ABBA) e a tre rime diverse (CDE, DCE).

1. *chiome d'or*: è sigla fissa per Laura (*RVF*, CLIX, 6).   2. *per meraviglia*: «come per un meraviglioso fenomeno» (Baldacci). *fiammeggiar*: cfr. *RVF*, CXCVIII, 10: «e folgorare i nodi ond'io son preso».   3. *d'intorno ... mio*: «*il foco* è la donna intorno alla quale si avvolgevano le bionde chiome» (Baldacci). *puro*: cfr. *RVF*, CCXCII, 5: «le crespe chiome d'or puro lucente». *cocente*: cfr. *RVF*, CCXX, 13-14: «que' belli occhi... | che mi cuocono il cor».   4. *vigor ... farmi*: la forza di incenerirmi.   5. *tronche*: le *chiome d'or* al v. 1. *fera*: «feroce». *armi*: le forbici.   6. *levi*: tagliati, i capelli sono come catene allentate e piú leggere.   7. *il signor mio*: Amore (cosí è spesso designato in Petrarca: *RVF*, X, 14; XXIII, 86, ecc.). *soffra*: «sopporta».   8. *lacciuol*: «le chiome», con le quali Amore avvince l'amante. Cfr. *RVF*, CXCVII, 9: «dico di chiome bionde, e 'l crespo laccio».   9-11. *Qual ... fresca*: cfr. Catullo LXII, 39-41: «ut flos in saeptis secretus nascitur hortis | ...quem mulcent aurae, firmat sol, educat imber»; Virgilio, *Aen.*, IX, 435: «purpureus veluti cum flos...». *orto*: «giardino». *rio*: «ruscello». *aprir*: «sbocciare» (cfr. *RVF*, CCXXXIX, 21: «in sul primo aprir de' fiori»).   13. *laccio*: cfr. *RVF*, CXCVI, 13: «et strinse 'l cor d'un laccio sí possente».   14. *lui*: il laccio. *carcer*: d'amore. Cfr. *RVF*, XXVI, 5.

La bella Greca, onde 'l pastor Ideo
in chiaro foco e memorabil arse,
per cui l'Europa armossi, e guerra feo,
e alto imperio antico in terra sparse;
⁵   e le bellezze incenerite e arse
di quella, che sua morte in don chiedeo;
e i begli occhi e le chiome a l'aura sparse
di lei, che stanca in riva di Peneo
novo arboscello a i verdi boschi accrebbe;
¹⁰   e qual altra, fra quante il mondo onora,
in maggior pregio di bellezza crebbe,
da voi, giudice lui, vinta sarebbe,

METRO: sonetto a rime retrograde (ABAB, BABA) e incrociate (CDC,
CDC), schema strofico assente in Petrarca.

1. *La bella Greca*: Elena. Cfr. Ovidio, *Her.*, XVI, 85-86: «et pulchrae
filia Ledae | ibit in amplexus pulchrior illa tuos». Cfr. *infra* ai vv. 3-4.
pastor Ideo: Paride, che stava pascolando il gregge sul monte Ida quan-
do le tre dee si sottoposero al suo giudizio (cfr. Ovidio, *Her.*, XVI, 51
sgg. e *infra*, v. 12; cfr. Bembo, *Rime*, CXXXIII).   2. Cfr. *supra*,
Bembo, *Arsi, Bernardo, in foco chiaro e lento*.   3-4. Cfr. Dante, *Inf.*,
V, 64-65: «Elena vedi, per cui tanto reo | tempo si volse» (notevole la
rima in *-eo*, ripresa da Della Casa anche sul modello di Bembo, *Rime*,
CXXXIII, sullo stesso tema: «Se stata foste voi nel colle Ideo [: *cadeo*
: *feo* : *poteo*]»); Petrarca, *Tr. Cup.*, I, 135-138: «Poi vèn colei c'ha 'l ti-
tol d'esser bella; | seco è 'l pastor che male il suo bel volto | mirò sí fi-
so, ond'uscir gran tempeste, | e funne il mondo sottosopra vòlto».   4.
impero: quello di Troia. Cfr. Properzio, II, 3, 34: «pulchrius hac fuerat,
Troia, perire tibi»; *RVF*, CCLX, 7-8; Bembo, *Rime*, CXXXIII, 3-4:
«Venere gita lieta non sarebbe | del pregio, per cui Troia arse e cadeo».
5. *incenerite*: non petrarchesco.   6. *quella ... chiedeo*: Sèmele, «la
ninfa che avendo chiesto per grazia a Giove di rivelarsi a lei nella stes-
sa maestà in cui appariva a Giunone, restò folgorata dall'insostenibile
splendore» (Baldacci). Cfr. Ovidio, *Met.*, III, 256 sgg.: Della Casa
contamina tessere ovidiane («Rogat illa Iovem sine nomine munus» e
«Laeta malo nimiumque potens peritura amantis | obsequio»: vv. 288 e
292).   7. Ricalco petrarchesco: *RVF*, XC, 1 e 4.   8. *lei*: Dafne,
«che fuggendo l'amore di Apollo, quando fu raggiunta dal Dio si tra-
sformò in alloro» (Baldacci). Cfr. Ovidio, *Met.*, I, 450-567.   *stanca*:
sintetizza l'ovidiano «citaeque | victa labore fugae» (vv. 543-544).
Peneo: fiume della Tessaglia, padre di Dafne («spectans Peneidas un-
das»: *Met.*, 544).   9. *novo arboscello*: traduce l'ovidiano «novo sub
cortice» (v. 554); cfr. *RVF*, CXLVIII, 8: «co l'arboscel che 'n rime or-
no et celebro».   10-11. Cfr. *RVF*, CCLX, 5 sgg.; Bembo, *Rime*,
CXXXIII, 5-6.   12. *voi*: Elisabetta Quirini, la stessa a cui il Bembo
aveva dedicato il sonetto appena citato.   *giudice*: Paride è «Idaeo iudi-

che le tre dive (o sí beato allora!)
tra' suoi be' colli ignude a mirar ebbe.

O Sonno, o de la queta, umida, ombrosa
Notte placido figlio; o de' mortali
egri conforto, oblio dolce de' mali
sí gravi ond'è la vita aspra e noiosa;
5   soccorri al core omai che langue e posa
non have, e queste membra stanche e frali
solleva: a me ten vola o Sonno, e l'ali
tue brune sovra me distendi e posa.
Ov'è 'l silenzio che 'l dí fugge e 'l lume?
10   e i lievi sogni, che con non secure
vestigia di seguirti ha per costume?

ce» in Ovidio, *Fast.*, VI, 44.   13. *che*: da riferire a lui (v.12).   *tre di-*
ve: Venere, Minerva e Giunone (cfr. *supra*, v. 1).   14. *ignude ... eb-*
be: ricalca letteralmente la prima redazione del v. 2 del cit. sonetto del
Bembo: «tra lor che Pari nude a mirar ebbe» (cfr. C. Dionisotti in P.
Bembo, *Prose e rime*, Torino 1966, pp. 615-16).

METRO: sonetto a rime incrociate (ABBA, ABBA) e alternate (CDC,
DCD).

1. *O Sonno*: cfr. Ovidio, *Met.*, XI, 623 sgg.: «Somne, quies rerum, pla-
cidissime, Somne, deorum, | pax animi, quem cura fugit, qui corpora
duris | fessa ministeriis mulces reparasque labori»; Seneca, *Her. fur.*,
1066 sgg.: «Tuque, o domitor, Somne, malorum, | requies animi, | pars
humanae melior vitae | ... placidus fessum lenisque fove, | preme devic-
tum torpore gravi...».   *queta*: cfr. Virgilio, *Aen.*, II, 268-269: «Tem-
pus erat, quo prima quies mortalibus aegris | incipit».   *umida*: deriva
da Virgilio, *Aen.*, II, 8 («nox umida»).   2. *figlio*: cfr. *supra*, B. Tas-
so, *Quest'antro oscuro*, 3.   3. *egri*: «miseri» (cfr. v. 1). Cfr. Petrarca,
Tr. Et., 54: «egri del tutto e miseri mortali».   *oblio dolce*: cfr. Orazio,
Sat., II, 6, 61-62: «nunc somno... | ducere sollicitae iucunda oblivia vi-
tae»; *Orphei Carmina*, LXXXV, 3: «per quietem etenim somni dulcis
tacite accedens» (ed. Klutstein, Firenze 1987, p. 109).   4. *noiosa*:
«dolorosa» (Fedi). Cfr. *RVF*, XXXVII, 47-48: «et quanto era mia vita
allor gioiosa | m'insegni la presente aspra et noiosa».   5. *posa*: «re-
quie, tregua».   6. *have*: «ha». *frali*: «fragili»; cfr. *RVF*, XXXVII,
26.   7. *solleva*: «dai sollievo».   7-8. *l'ali ... posa*: cfr. Tibullo, II,
1, 89-90: «Postque venit tacitus furvis circumdatus alis | Somnus et in-
certo Somnia nigra pede».   10. *lievi sogni*: cfr. Virgilio, *Aen.*, V,
838: «levis aetheriis delapsus Somnus ab astris».   10-11. Cfr. ai vv.
7-8.   *non secure*: «per dire dell'incertezza e della labilità dei sogni nel

Lasso, che 'nvan te chiamo, e queste oscure
e gelide ombre invan lusingo. O piume
d'asprezza colme, o notti acerbe e dure!

☆

Or pompa e ostro, e or fontana ed elce
cercando, a vespro addutta ho la mia luce
senza alcun pro, pur come loglio o felce
sventurata, che frutto non produce.
5   E bene il cor, del vaneggiar mio duce,
vie piú sfavilla che percossa selce,
sí torbido lo spirto riconduce
a chi sí puro in guardia e chiaro dielce,
misero; e degno è ben ch'ei frema e arda,
10 poi che 'n sua preziosa e nobil merce
non ben guidata, danno e duol raccoglie.
Né per Borea giamai di queste querce,
come tremo io, tremar l'orride foglie:
sí temo ch'ogni amenda omai sia tarda.

loro svolgimento» (Baldacci). *vestigia*: «passi». 13. *lusingo*: «quasi
prego e imploro cercando di renderle amiche» (Baldacci). *piume*: del
letto. Cfr. *RVF*, VII, 1. 14. *acerbe e dure*: cfr. *RVF*, CCCLX, 57.

METRO: sonetto a rime rovesce ABAB, BABA (molto raro: cfr. Petrar-
ca *RVF*, CCLX, CCLXXIX; *supra*, Della Casa, *Cura che di timor ti nu-
tri*, *La bella greca*) e a tre rime diverse (CDE, DEC).

1. *pompa*: «i beni e gli onori»; cfr. *RVF*, CCLXXIV, 10: «in te spiega
fortuna ogni sua pompa». *ostro*: «porpora cardinalizia». *elce*: «lec-
cio» (cfr. v. 13). 2. *cercando*: di perseguire la gloria del mondo e del-
la poesia (v. 1). *vespro*: «tramonto». *addutta*: «consumata, sprecata».
luce: «vita». Cfr. Catullo, V, 5: «Nobis cum semel occidit brevis lux»;
RVF, XVIII, 6: «e veggio presso il fin de la mia luce». 4. *sventurata*:
«grama e sterile» (Baldacci). *frutto non produce*: cfr. *RVF*, CIV, 3. Ve-
di verso seguente. 5. *vaneggiar*: la follia del perseguire le vanità mon-
dane. Cfr. *RVF*, I, 12: «et del mio vaneggiar vergogna è 'l frutto».
6. *vie*: «molto». *sfavilla*: «per la vergogna, quasi sprigionando fiamme
di rossore» (Baldacci). *selce*: cfr. Virgilio, *Georg.*, I, 135: «ut silicis ve-
nis abstrusum excuderet ignem». 7. *spirto*: «anima». 8. *chi*: Dio.
in guardia: «in custodia». *dielce*: «ce lo diede». 9. *degno è*: «è giu-
sto». *ei*: il cor (v. 5). 10. *merce*: lo spirto (v. 7) «affidato alla guida
del cuore» (Baldacci). 11. *non*: «se non». 12. *Borea*: vento set-
tentrionale, tramontana (cfr. *RVF*, C, 3-4). 13. *orride*: «irte» (Bal-
dacci). Cfr. Virgilio, *Aen.*, IX, 382: «silva fuit, late dumis atque ilice ni-
gra | horrida». 14. *amenda*: «riparazione della colpa».

☆

Già lessi, e or conosco in me, sí come
Glauco nel mar si pose uom puro e chiaro,
e come sue sembianze si mischiaro
di spume e conche, e fersi alga sue chiome;
5   però che 'n questo Egeo che vita ha nome
puro anch'io scesi, e 'n queste de l'amaro
mondo tempeste, ed elle mi gravaro
i sensi e l'alma ahi di che indegne some!
Lasso: e sovviemmi d'Esaco, che l'ali
10   d'amoroso pallor segnate ancora
digiuno per lo cielo apre e distende,
e poi satollo indarno a volar prende:

METRO: sonetto. Schema strofico: quartine a rime incrociate (ABBA,
ABBA), terzine di tre rime retrogradate (CDE, EDC: schema caro a G.
Cavalcanti, ha invece una sola occorrenza in *RVF*, XCIII, nel Della Ca-
sa ritorna in *Rime*, LVIII e in due estravaganti, 65 e 67 ed. Fedi).

1. *lessi*: in Platone, *Repub.*, 611c. Cfr. *RVF*, LVI, 12: «et or di quel
ch'i' ò lecto mi sovene».   *conosco*: «provo, sperimento in me stesso».
2. *Glauco*: pescatore della Beozia che, gustata un'erba fatata, fu tra-
sformato in dio marino. Ovidio, *Met.*, XIII, 917-68 offre soltanto la fa-
vola e non il suo senso morale: infatti, mentre in Platone Glauco entra
puro nel mare e ne viene contaminato (questo il senso voluto dal Della
Casa), in Ovidio gli dèi marini lo purificano dalle scorie corporali. Cfr.
anche Dante, *Par.*, I, 67-69.   *chiaro*: non mischiato, incontaminato da
«spume e conche» come da «esche mortali» (v. 14).   4. *conche ... al-
ga*: voci non petrarchesche, tratte dal luogo citato di Platone tradotto da
M. Ficino («aliaque illi rursus inhaereant conchylia, alga»: ed. Venezia
1556, p. 453). Cfr. *supra*, Bembo, *Alma cortese*, 194: «filo d'alga perco-
te onda marina».   *fersi*: «si fecero, si trasformarono».   5. *però che*:
spiega la ragione del «conosco in me» (v. 1).   *Egeo*: cfr. Orazio, *Carm.*,
III, 29, 63: «per Aegaeos tumultus». L'equivalenza mare-vita deriva da
Platone, *Repub.*, 611e.   *che ... nome*: cfr. Petrarca, *Tr. Et.*, 47-48: «di
questo alpestro e rapido torrente | ch'ha nome vita».   6. *puro*: cfr.
ancora Platone, *Repub.*, 611bc.   6-7. *amaro | mondo*: l'immagine de-
riva da Agostino, *En. Ps.*, LXIV, 6, 9; Boezio, *Cons. Phil.*, I, 3, 35; cfr.
Dante, *Par.*, XVII, 112: «lo mondo [Inferno] sanza fine amaro».   8.
some: i pesi, i disagi dell'esistenza. Cfr. *RVF*, LXXIV, 4.   9. *Esaco*:
disperato per la morte di Esperie, morsa da un serpente mentre la inse-
guiva, si gettò in mare, ma, per la pietà di Teti, fu trasformato in smer-
go (Ovidio, *Met.*, XI, 751 sgg.). Il tema del «sublime augello» è caro al
Della Casa (*Rime*, XLIX, 9; LIII, 5; LXI, 13).   10. *amoroso pallor*:
«fecit amor maciem» (Ovidio, *Met.*, XI, 793).   *ancora*: da connettere
con *segnate* perché Esaco, sempre in preda al furore amoroso, continua
a cercare la morte tuffandosi incessantemente (cfr. Ovidio, *Met.*, XI,
791-792).   11. *apre e distende*: le *ali* (v. 9).   12. *satollo*: «sazio».

sí 'l core anch'io, che per sé leve fôra,
gravato ho di terrene esche mortali.

O dolce selva solitaria, amica
de' miei pensieri sbigottiti e stanchi,
mentre Borea ne' dí torbidi e manchi
d'orrido giel l'aere e la terra implica,
5 e la tua verde chioma ombrosa, antica
come la mia, par d'ognintorno imbianchi,
or, che 'nvece di fior vermigli e bianchi
ha neve e ghiaccio ogni tua piaggia aprica,
a questa breve e nubilosa luce
10 vo ripensando, che m'avanza, e ghiaccio
gli spirti anch'io sento e le membra farsi;
ma piú di te dentro e d'intorno agghiaccio,
ché piú crudo Euro a me mio verno adduce,
piú lunga notte, e dí piú freddi e scarsi.

13. *per sé*: «per sua natura» (Fedi).   *leve*: allusione platonica alla leg-
gerezza dell'anima non gravata dal corpo. Cfr. Platone, *Fed.*, 82e sgg.
fôra: «sarebbe».   14. *esche*: le lusinghe ingannevoli della vita terre-
na. Cfr. *RVF*, CCXII, 12-14; Della Casa, *Rime*, LXI, 13 e 20-21.

METRO: sonetto a rime incrociate (ABBA, ABBA) e a tre rime diverse
(CDE, DCE).

1. *dolce*: cfr. Stazio, *Silv.*, III, 2, 138: «dulce nemus».   *selva*: «dal ri-
tiro di Nervesa rivolgendosi alla selva del Montello» (Baldacci).   *soli-
taria*: cfr. *RVF*, CLXXVI, 12-13: «un solitario orrore | d'ombrosa selva
mai tanto mi piacque».   2. *sbigottiti*: «sgomenti e delusi».   3. *Bo-
rea*: cfr. *supra*, *Or pompa e ostro*, 12 e nota.   *torbidi e manchi*: «oscuri e
brevi» (perché invernali). Cfr. Silio Italico, IV, 442-444: «tempestas
horrida coelo, | ...et turbida nubila torquens | involvit terras».   4. *or-
rido*: cfr. «horrida tempestas» in Orazio, *Ep.*, XIII, 1.   *implica*: «av-
volge» (cfr. *RVF*, CXXXIX, 7). Vedi v. 3.   7-8. *or ... aprica*: cfr.
RVF, LXVI, 5-6: «e 'n vece de l'erbetta per le valli | non se ved'altro
che pruine e ghiaccio».   *piaggia*: «prato».   *aprica*: «soleggiata». Cfr.
RVF, CCCIII, 6: «piaggie apriche».   9. *breve ... luce*: «vita». Cfr. v.
14.   10. *che m'avanza*: «quel poco di viver che m'avanza» (*RVF*,
CCCLXV, 12).   13. *Euro*: vento del sud-est.   14. *piú lunga ...
scarsi*: cfr. Catullo, V, 5-6: «nobis cum semel occidit brevis lux | nox est
perpetua una dormienda».   *scarsi*: «brevi».

Questa vita mortal, che 'n una o 'n due
brevi e notturne ore trapassa, oscura
e fredda, involto avea fin qui la pura
parte di me ne l'atre nubi sue.
5   Ora a mirar le grazie tante tue
prendo, ché frutti e fior, gielo e arsura,
e sí dolce del ciel legge e misura,
eterno Dio, tuo magisterio fue.
Anzi 'l dolce aer puro e questa luce
10   chiara, che 'l mondo a gli occhi nostri scopre,
traesti tu d'abissi oscuri e misti:
e tutto quel che 'n terra e 'n ciel riluce
di tenebre era chiuso, e tu l'apristi;
e 'l giorno e 'l sol de le tue man son opre.

METRO: sonetto a rime incrociate (ABBA, ABBA) e a tre rime diverse
(CDE, CED).

1. *vita mortal*: cfr. Petrarca, *Tr. Tem.*, 61: «Che piú d'un giorno è la vi-
ta mortale?»; *RVF*, CCCXXXI, 25: «Mai questa mortal vita a me non
piacque»; Agostino, *Conf.*, I, 7, 11: «Est unius diei vita super terram»;
Seneca, *Epist. mor.*, XII, 7-8.   2. *brevi*: cfr. *Gb*, XVI, 22: «breves
anni transeunt».   *trapassa*: cfr. *RVF*, CXLVIII, 11: «la vita che tra-
passa a sí gran salti»; CCLXXII, 1: «La vita fugge, et non s'arresta una
hora»; Tibullo, I, 4, 27 sgg.: «transiet aetas. | Quam cito non segnis stat
remeatque dies».   *oscura*: «vita oscura» (*RVF*, CCCV, 3).   3. *in-
volto*: «avvolto».   4. *parte*: l'anima.   *atre*: «nere». Cfr. Orazio,
Carm., II, 16, 2: «atra nubes».   5. *grazie*: i doni gratuiti di Dio.
7. *dolce*: «armoniosa» (Seroni).   8. *tuo ... fue*: «fu opera della tua di-
vina mente creatrice» (Baldacci).   *misura*: cfr. *Sap*, XI, 21: «omnia in
mensura ... disposuisti».   9. *dolce aer*: cfr. *RVF*, CXLV, 6: «dolce
aere sereno»; Dante, *Purg.*, I, 13-15 («Dolce ... puro»).   10. *mondo*:
complemento oggetto di *scopre* (rivela, rende visibile).   11. *abissi*:
cfr. *Gn*, I, 2: «et tenebrae erant super faciem abyssi».   *misti*: per il
caos originario, in cui tutti gli elementi erano mescolati. Cfr. Platone,
Tim., 30a.   13. *di ... chiuso*: «era avvolto nelle tenebre».   *apristi*:
«traesti alla luce». Cfr. *Gn*, I, 4-5: «Et vidit Deus lucem quod esset bo-
na. Et divisit lucem a tenebris».   14. Cfr. *Sal*, LXXIII, 16: «Tuus
est dies, et tua est nox; tu fabricatus es auroram et solem».

Se nel volto per gli occhi il cor si vede,
altro segno non ho piú manifesto
della mie fiamma; addunche basti or questo,
signor mie caro, a domandar mercede.
5   Forse lo spirto tuo, con maggior fede
ch'i' non credo, che sguarda il foco onesto
che m'arde, fie di me pietoso e presto,
come grazia c'abbonda a chi ben chiede.
O felice quel dí, se questo è certo!
10 Fermisi in un momento il tempo e l'ore,
il giorno e 'l sol nella su' antica traccia;
acciò ch'i' abbi, e non già per mie merto,
il desïato mie dolce signore
per sempre nell'indegne e pronte braccia.

☆

D'altrui pietoso e sol di sé spietato
nasce un vil bruto, che con pena e doglia

METRO: sonetto a rime incrociate (ABBA, ABBA) e replicate (CDE, CDE).

1. *per*: «attraverso».   *cor*: cfr. Dante, *Purg.*, XXVIII, 44-45: «s'i' vo' credere a' sembianti | che soglion esser testimon del core»; *RVF*, LXXI, 52-54: «vedete ben quanti color' depigne | Amor sovente in mezzo del mio volto, | e potrete pensar qual dentro fammi».   2. *manifesto*: «evidente».   4. *signor*: Tommaso de' Cavalieri (il sonetto è probabilmente del 1533).   *mercede*: «pietà» (cfr. *RVF*, XLIX, 6: «per dimandar mercede»).   5-6. *con ... onesto*: «che guarda al mio onesto fuoco con maggior fede ch'io non creda» (Baldacci).   *foco onesto*: cfr. *RVF*, CCLXXXV, 9-10: «or teme, or arde | d'onesto foco».   7. *fie*: «sarà».   *di me*: «verso di me».   *presto*: «sollecito».   8. *ben*: «con fede».   9. *O ... dí*: cfr. *RVF*, CCCXLIX, 9: «O felice quel dí».   11. *traccia*: il percorso solare.   12. *merto*: «merito».   13. *desïato*: «desiderato».

METRO: sonetto a rime incrociate (ABBA, ABBA) e replicate (CDE, CDE).

1. *D'altrui*: «verso gli altri».   *di sé*: «verso di sé».   *spietato*: cfr. *RVF*, CXXI, 6: «ver' me spietata, e 'ncontra te superba».   2. *vil bruto*: «il baco da seta».

l'altrui man veste e la suo scorza spoglia
e sol per morte si può dir ben nato.
5   Cosí volesse al mie signor mie fato
vestir suo viva di mie morta spoglia,
che, come serpe al sasso si discoglia,
pur per morte potria cangiar mie stato.
O fussi sol la mie l'irsuta pelle
10   che, del suo pel contesta, fa tal gonna
che con ventura stringe sí bel seno,
ch'i' l'are' pure il giorno; o le pianelle
che fanno a quel di lor basa e colonna,
ch'i' pur ne porterei duo nevi almeno.

O notte, o dolce tempo, benché nero,
con pace ogn'opra sempr'al fin assalta;
ben vede e ben intende chi t'esalta,
e chi t'onor' ha l'intelletto intero.
5   Tu mozzi e tronchi ogni stanco pensiero

3. *veste*: «si dovrà pensare a guanti di seta» (Baldacci).   *scorza*: «il bozzolo».   4. *sol ... nato*: «si può dire sia utilmente nato solo per morire in questo modo».   5-6. *Cosí ... spoglia*: «allo stesso modo volesse il mio destino rivestire il vivo corpo del mio signore con la pelle del mio corpo morto». L'antitesi *viva-morta* sta per «giovane | vecchia» (il sonetto è probabilmente del 1535).   *mie signor*: Tommaso de' Cavalieri.   7. *si discoglia*: «si libera della vecchia pelle».   8. *pur*: «soltanto».   *per morte*: «morendo».   *potria*: «potrei».   *cangiar*: cfr. Petrarca, *Tr. Cup.*, IV, 51: «cangiò per miglior patria abito e stato».   *stato*: «condizione».   9-11. *O ... seno*: «fosse solo la mia pelle irsuta a formare, contesta col proprio pelo, la gonna fortunata che fascia sí bella persona» (Baldacci).   *gonna*: cfr. *RVF*, CCCXLIX, 11.   12. *ch'i' ... giorno*: «ché io potrei averlo con me tutto il giorno» (Baldacci).   *o*: oppure potessi essere.   *pianelle*: «pantofole».   13. *quel*: il corpo del *mio signor*.   *di lor*: «di se stesse».   14. *nevi*: «inverni», oppure i piedi del giovane, «candidi come la neve» (Baldacci).

METRO: sonetto a rime incrociate (ABBA, ABBA) e replicate (CDE, CDE).

1. *dolce tempo*: in Dante, *Rime*, CI, 10 la primavera è «dolce tempo» (e cfr. *Inf.*, I, 43: «L'ora del tempo e la dolce stagione»).   *nero*: cfr. Virgilio, *Aen.*, I, 89: «nox ... atra».   2. *opra*: «fatica umana».   *assalta*: «avvolgi».   4. *intero*: «sano, acuto».   5. *stanco*: «affaticato». Cfr. *supra*, Della Casa, *O Sonno*, 2-3; *Orphei Carmina*, II, 6: «oblivionem inducens curarum, laborum quietem habens» (ed. Klutstein, Firenze

che l'umid'ombra e ogni quiet'appalta,
e dall'infima parte alla piú alta
in sogno spesso porti, ov'ire spero.
    O ombra del morir, per cui si ferma
¹⁰ ogni miseria all'alma, al cor nemica,
ultimo delli afflitti e buon rimedio;
    tu rendi sana nostra carn'inferma,
rasciughi i pianti e posi ogni fatica,
e furi a chi ben vive ogn'ira e tedio.

        Non ha l'ottimo artista alcun concetto
c'un marmo solo in sé non circonscriva
col suo superchio, e solo a quello arriva
la man che ubbidisce all'intelletto.
    ⁵   Il mal ch'io fuggo, e 'l ben ch'io mi prometto,
in te, donna leggiadra, altera e diva,
tal si nasconde; e perch'io piú non viva,

1987, p. 62).   6. *che*: è complemento oggetto di *appalta*, «toglie su di
sé, eliminandone la cura all'uomo» (Baldacci).   *umid'ombra*: cfr. *supra*,
Della Casa, *O Sonno*, 1.   7. *piú alta*: il cielo.   8. *in sogno*: cfr.
Orphei Carmina II, 5: «mater somniorum»; B. Tasso, *Quest'antro oscu-
ro*, 3 (*supra*).   *ov'ire spero*: «dove, un giorno, spero di andare».
9. *ombra*: «immagine» (cfr. Dante, *Par.*, I, 23; Lorenzo de' Medici, *Ri-
me*, CVI, 5-7: «O sonno oscur [...] O immagin del morir»).   9-10.
Cfr. *supra*, Della Casa, *O Sonno*, 2-3.   11. *ultimo*: «estremo».
12. *carn'inferma*: *iunctura* in Petrarca, *Tr. Mor.*, II, 53.   13. *posi*:
«dài riposo».   14. *furi*: «sottrai, liberandolo da».

METRO: sonetto a rime incrociate (ABBA, ABBA) e replicate (CDE,
CDE).

1-3. *Non ... superchio*: l'ottimo scultore non concepisce idea (*concetto*)
che non esista già, potenzialmente, nel marmo che la racchiude (*circon-
scriva*) nella sua stessa materia (*superchio*). La teoria del «togliere» deri-
va da Plotino, *Enn.*, I, 6, 9 (cfr. M. Ficino, *In Plotinum*, in *Opera*, Ba-
silea 1576, vol. II, p. 1576: «Forma vero in corpore formoso ita suae si-
milis est ideae [...] itaque si homini materiam quidem detraxeris, for-
mam vero reliqueris, haec ipsa quae tibi reliqua est forma, illa ipsa est
idea, ad quam est homo formatus»).   *quello*: il concetto, l'idea rac-
chiusa nel *superchio*.   4. *intelletto*: dove è stata concepita l'idea (cfr.
Aristotele, *Metaf.* VII, 7, 1032 *a*; Seneca, *Ep.*, LXV, 2).   6. *donna*:
Vittoria Colonna (il sonetto è del periodo 1538-44).   *leggiadra, altera*:
cfr. *RVF*, CXIX, 8: «sempre inanzi mi fu leggiadra altera».   7. *tal si
nasconde*: «alla stessa maniera che ogni concetto dell'artista è racchiuso

contraria ho l'arte al disïato effetto.
   Amor dunque non ha, né tua beltate
¹⁰ o durezza o fortuna o gran disdegno,
del mio mal colpa o mio destino o sorte;
   se dentro del tuo cor morte e pietate
porti in un tempo, e che 'l mio basso ingegno
non sappia, ardendo, trarne altro che morte.

   Giunto è già 'l corso della vita mia,
con tempestoso mar, per fragil barca,
al comun porto, ov'a render si varca
conto e ragion d'ogni opra trista e pia.
⁵   Onde l'affettüosa fantasia
che l'arte mi fece idol e monarca
conosco or ben com'era d'error carca
e quel c'a mal suo grado ogn'uom desia.
   Gli amorosi pensier, già vani e lieti,
¹⁰ che fien or, s'a duo morte m'avvicino?
D'una so 'l certo, e l'altra mi minaccia.
   Né pinger né scolpir fie piú che quieti

nel marmo» (Baldacci).   7-8. *e ... effetto*: «ma la mia arte è contraria
all'adempimento di quanto desidero (il *ben*) e perciò mi impedisce di vi-
vere».   9. *non ha*: regge *colpa* (v. 11).   11. *o mio*: «o del mio».
12. *morte e pietate*: cfr. Petrarca, *Tr. Mor.*, I, 108: «Morte pietosa».
13. *che*: «per il fatto che».

METRO: sonetto a rime incrociate (ABBA, ABBA) e replicate (CDE,
CDE).

1. *corso*: cfr. *RVF*, CCXIV, 32: «di mia vita il corso».   2. *tempesto-
so mar*: riprende *RVF*, CCCLXVI, 67. *fragil barca*: cfr. *RVF*,
CXXXII, 10-11: «Fra sí contrari venti in frale barca | mi trovo in alto
mar».   3. *comun porto*: la meta cui tutti tendono, la morte. Cfr.
RVF, XXVIII, 7-9: «la tua barca, | ch'al cieco mondo ha già volte le
spalle | per gir al miglior porto».   *si varca*: si passa (cfr. Dante, *Purg.*,
XIX, 43; *Par.*, II, 3).   4. *conto e ragion*: sono retti da *render* (v. 3).
5. *affettüosa*: «appassionata».   6. *l'arte*: dell'arte.   7. *d'error car-
ca*: cfr. *RVF*, CXXXII, 12: «d'error sí carca (: *barca*)».   8. *quel*: l'a-
more (è retto da *conosco* del v. 7).   9. *amorosi pensier*: cfr. *RVF*, X,
12: «d'amorosi pensier il cor ne 'ngombra».   10. *fien*: «saranno».
duo morte: quella del corpo e quella dell'anima.   11. *d'una*: di quella
corporale.   12. *Né ... fie ... quieti*: «né accadrà piú che (pittura e
scultura) acquietino». Cfr. Dante, *Purg.*, XVII, 127-128: «un bene... |

l'anima, volta a quell'amor divino
c'aperse, a prender noi, 'n croce le braccia.

☆

Le favole del mondo m'hanno tolto
il tempo dato a contemplare Iddio,
né sol le grazie suo poste in oblio,
ma con lor, piú che senza, a peccar volto.
5 Quel c'altri saggio, me fa cieco e stolto
e tardi a riconoscer l'error mio;
manca la speme, e pur cresce il desio
che da te sia dal proprio amor disciolto.
Ammèzzami la strada c'al ciel sale,
10 Signor mie caro, e a quel mezzo solo
salir m'è di bisogno la tuo 'ita.
Mettimi in odio quante 'l mondo vale
e quante suo bellezze onoro e colo,
c'anzi morte caparri eterna vita.

nel qual si queti l'animo».   14. *c'aperse ... braccia*: cfr. *RVF*,
CCLXIV, 14-15: «Quelle pietose braccia | in ch'io mi fido, veggio aper-
te ancora».

METRO: sonetto a rime incrociate (ABBA, ABBA) e replicate (CDE,
CDE).

1. *favole*: «vanità, menzogne».   3-4. *né ... volto*: e non solo ho di-
menticato le sue grazie, ma, piú che se ne fossi stato privo, me ne sono
servito (*con lor*) per rivolgermi al peccato. Cfr. *RVF*, CCXLII, 9: «Or
tu ch'ài posto te stesso in oblio».   5. *Quel*: le grazie, i doni di Dio.
6. *tardi*: «lento».   7. *speme*: «speranza».   7-8. *e pur ... disciolto*:
«eppure cresce il desiderio di essere da te liberato del mio amor pro-
prio». Cfr. *RVF*, CCCXIII, 12-13: «Cosí disciolto dal mortal mio ve-
lo | ch'a forza mi tien qui, foss'io...».   9. *Ammèzzami*: «dimezzami».
10-11. *a ... salir*: «anche per percorrere quella sola metà» (Baldacci).
'ita: «aiuto».   12. *quante*: «quanto».   13. *colo*: «venero». Cfr.
RVF, CCCXXI, 10-11: «al loco torno | che per te consecrato honoro et
colo (: *solo*)».   14. *c'anzi ... vita*: «affinché io possa guadagnarmi (*ca-
parri*) la vita eterna prima di morire». Cfr. Dante, *Purg.*, XXVIII, 93:
«diede per arr'a lui d'etterna pace».

☆

Sotto 'l gran velo, onde la notte adombra
d'orrori 'l mondo tenebrosi e folti,
volano i sogni con mentiti volti,
ond'altri 'l cor di vana tema ingombra.

5 Quinci fosca a voi dianzi e pallid'ombra
mostròvi il fin de' giorni miei, che tolti
non m'hanno del ciel anco i sdegni molti,
né l'aura mia vital del petto sgombra.

Ardo, Donna, per voi pur, come io soglio,
10 né son gli spirti, ond'io mi movo, spenti,
forse per piú mia forte e rea ventura.

Ben son io morto quanto al vostro orgoglio,
che mi vede perir tra fiamme ardenti,
e di porgermi aita non ha cura.

METRO: sonetto a rime incrociate (ABBA, ABBA) e replicate (CDE,
CDE).

1. *velo ... adombra*: cfr. Virgilio, *Aen.*, VIII, 369: «Nox... fuscis tellu-
rem amplectitur alis»; Stazio, *Theb.*, I, 498 sgg. *adombra*: «oscura».
Cfr. *RVF*, CCCXXVII, 5: «Come a noi il sol, se sua soror l'adombra
(: *ombra* : *sgombra* : *ingombra*)».   2. *orrori*: «ombre» (cfr. Virgilio,
Aen., I, 165; *RVF*, CCLXXVI, 3: «tenebroso orrore»).   3. *volano i
sogni*: cfr. Tibullo, II, 1, 87-90: «iam Nox [...] postque venit [...] Som-
nus et incerto Somnia nigra pede».   *mentiti*: falsi, perché ingannano i
dormienti. Cfr. Ovidio, *Met.*, XI, 613-614: «varias imitantia formas |
Somnia vana»; 633 sgg.   4. *ingombra*: cfr. *RVF*, X, 12: «d'amorosi
penseri il cor ne 'ngombra (: *ombra*)».   5. *pallid'ombra*: il pallore del
volto.   8. *sgombra*: «toglie, sottrae». Cfr. *RVF*, L, 20: «ogni gravez-
za del suo petto sgombra (: *ombra* : *ingombra*)».   10. *spirti*: le energie
vitali.   11. *forte*: cfr. *RVF*, CCVII, 72: «O mia forte ventura, a che
m'adduce?».   *rea ventura*: «cattiva sorte».   12. *quanto al*: «a causa
del».   *orgoglio*: cfr. *RVF*, CXXXV, 22-23: «ha col suo duro orgoglio |
condutta ove affondar conven mia via».   14. *aita*: «aiuto». Cfr.
RVF, CCXVI, 14: «vedem' arder nel foco, et non m'aita».

☆

Lucente globo, e de la notte raro
immortal pregio, a cui le stelle intorno
guidan lascivi balli, e il bel soggiorno
ornan vaghe di fregio illustre e chiaro;
5   mentre cercando al gran dolor riparo,
erro doglioso, e fingo il mio ritorno,
forse com'io, or nel tuo destro corno
colei rimiri, ond'ho già tanto amaro;
se questo fusse, gli potrai far fede
10 a che il fero destin spesso m'adduce,
turbando ogni mia antica e dolce pace.
Io pur, mentre ti miro, e movo il piede,
veggio doppiarsi in te l'usata luce:
non è, ch'io creda, il mio pensier fallace.

METRO: sonetto a rime incrociate (ABBA, ABBA) e replicate (CDE, CDE).

1. *Lucente globo*: la luna. Cfr. Virgilio, *Aen.*, VI, 725: «lucentemque globum lunae».   2. *pregio*: «vanto».   3. *lascivi*: «vivaci, scherzosi» (Baldacci). *soggiorno*: il cielo.   4. *vaghe*: cfr. *RVF*, CCCXII, 1: «Né per sereno ciel ir vaghe stelle». *fregio illustre*: perché ornano il cielo con la loro luce.   5. *riparo*: cfr. *RVF*, III, 5-6: «Tempo non mi parea da far riparo | contra' colpi d'Amor».   6. *erro doglioso*: cfr. *RVF*, XXIII, 141: «Spirto doglioso errante». *fingo ... ritorno*: «immagino e col pensiero anticipo il mio ritorno presso Madonna [...] può darsi che si alluda all'amore per Camilla Gonzaga con la quale il poeta si era stretto in platonica amicizia durante il soggiorno bolognese del 1523-25» (Baldacci).   7-8. *forse ... rimiri*: «forse, mentre ti guardo, tu illumini colei...». *destro corno*: la parte beneaugurante della falce lunare (cfr. Virgilio, *Georg.*, I, 427-428; Ovidio, *Met.*, III, 117: «cornua ... lunae»). *ond'*: «dalla quale».   9. *far fede*: «testimoniare».   10. *fero*: «crudele».   11. *turbando ... pace*: cfr. *RVF*, CCCLIX, 17: «et turban la mia pace».   13. *usata*: «la solita, quella normale».   14. *ch'io creda*: «a quel che credo» (Baldacci). *fallace*: «errato» (cfr. *RVF*, CCLXXIII, 10: «penser ... fallace»). L'accresciuta luminosità lunare sembra al poeta una risposta alla sua invocazione.

☆

Dolcissimo Riposo
della Notte figliuol, del Sogno padre,
che 'nvisibile spieghi per l'ombroso
aer quelle penn'adre,
⁵ ecco il cieco silenzio, eccone a squadre
le mute ombre notturne al tuo soggiorno;
deh per quest'occhi omai
ché non fai nel mio cor fosco ritorno?
nel mio cor sí, che mai non vide giorno.

☆

Candide nubi il sol tutte di rose
sparse nel suo sparire;
cosí già mi dipinse il mio desire
bianche guance amorose:
⁵ poi né del sol men ratto si nascose
entro nel core; ond'io

METRO: madrigale: aBAbBCdCC.

1-2. *Dolcissimo ... padre*: cfr. Virgilio, *Aen.*, VI, 521-522: «pressitque
iacentem | dulcis et alta quies placidaeque simillima morti»; Ovidio,
Met., XI, 623: «Somne, quies rerum». *figliuol*: cfr. *supra*, Della Casa,
O Sonno, 1-2. *padre*: cfr. Ovidio, *Met.*, XI, 633: «[Somnus] pater ...
natorum mille suorum [i sogni]». 3. *spieghi*: «dispieghi».
4. *penn'adre*: «le nere ali». Cfr. Tibullo, II, 1, 89-90: «Postque venit
tacitus furvis circumdatus alis | Somnus»; Della Casa, *O Sonno*, 7-8 (*su-
pra*). 5. *cieco silenzio*: cfr. «caeca silentia» in Silio Italico, VII, 350.
6. *mute ombre*: cfr. Virgilio, *Aen.*, VI, 264: «umbrae silentes» (dei mor-
ti). *soggiorno*: la dimora del Sonno (cfr. Ovidio, *Met.*, XI, 592 sgg.).
8. *ché*: «perché». *fosco*: «triste» (cfr. *RVF*, CLI, 3; CLIII, 10).
9. *giorno*: «in senso metaforico la gioia, la felicità» (Baldacci).

METRO: madrigale: AbBaAcDdcC.

1. *nubi*: è complemento oggetto di *sparse*, il cui sogg. è *il sol*. *rose*: è il
colore del tramonto. Cfr. Lucrezio, V, 610: «rosea sol alte lampade lu-
cens»; Virgilio, *Aen.*, XI, 913: «roseus ... Phoebus»; *RVF*, CXXVII,
71: «Se mai candide rose con vermiglie». 2. *sparire*: cfr. *RVF*,
CLXXXI, 9: «E 'l chiaro lume che sparir fa 'l sole». 4. *guance*: cfr.
RVF, CXXVII, 79: «e le guancie ch'adorna un dolce foco». 5. *rat-*

le mie lagrime accolsi e piú non dissi:
solo ben piansi e scrissi
(né sí forte, aspro e rio)
¹⁰ in questa scorza e 'n quella il dolor mio.

☆

Ombre e larve notturne
d'orribili spaventi,
che, s'egl'avvien pur mai ch'io m'addormenti,
durate insino a l'aspre ore diurne,
⁵ deh cangiatevi un tratto in quelle eburne
braccia, dove sol l'alma
posa, che desta poscia
ha sí grave d'angoscia a portar salma.

☆

Sparito il sol de le mie luci: o sera
scurissima infelice,
che svelta da radice

to: «rapido». *si nascose*: *il desire* (v. 3). 7. *accolsi*: «repressi» (Baldacci). 8. *solo ... scrissi*: cfr. *RVF*, CCCXIII, 3: «quella di ch'io piansi et scrissi». 9. *(né ... rio)*: «non cosí forte, aspro e crudele (il *dolor*, v. 10)», «quale in realtà era» (Baldacci). 10. *scorza*: «degli alberi, ove soprattutto i pastori d'Arcadia usavano incidere le proprie pene d'Amore» (Baldacci). Cfr. Ariosto, *Orl. fur.*, XXIII, 102 sgg.

METRO: madrigale: abBAAcdC (con rima irrelata *d*).

1. *larve*: «fantasmi». 2. *spaventi*: «incubi». Cfr. Plinio, XXVIII, 98: «contra nocturnos pavores umbrarumque terrorem». 3. *s'egl(i) ...addormentarmi*: «quando, raramente, mi succede di addormentarmi». 5. *un tratto*: «all'istante». *eburne*: bianche come l'avorio (cfr. *RVF*, CCXXXIV, 7: «quelle mani eburne [: *diurne : notturne*]»). 7. *posa*: «trova requie». 8. *ha ... salma*: «deve sopportare un grave peso d'angosce». Cfr. *RVF*, LXXI, 79-80: «salma | di noiosi pensier»; CCLXXVIII, 13: «grave salma».

METRO: madrigale: AbbAacDD (con rima irrelata *c*).

1. *luci*: «occhi». 2. *scurissima infelice*: cfr. Virgilio, *Aen.*, II, 360: «nox atra», 420: «obscura». 3. *svelta*: «dopo che è stata divelta».

tutta la mia purpurea primavera,
⁵ di sí fosc'ombra nera
non pur l'anima imbruni,
ma tanti in sen m'aduni, in sen mi chiudi
abissi, e inferni dispietati e crudi.

Cfr. *RVF*, CLXXII, 5: «Da radice n'hai svelta mia salute».   4. *purpurea primavera*: «ver purpureum» in Virgilio, *Buc.*, IX, 40.   5. *fosc'ombra*: cfr. Lucrezio, IV, 341: «Ac nigras discutit umbras»; Petrarca, *Buc. carm.*, VI, 71: «fusca... umbra».   6. *imbruni*: cfr. *RVF*, CCXXIII, 1-2: «Quando 'l sol... | et l'aere nostro et la mia mente imbruna».   8. *abissi*: cfr. *RVF*, CCCXXXIX, 11: «fu breve stilla d'infiniti abissi» (ma cfr. *Eccli*, XLII, 18: «Abyssum est cor hominum»).

☆

Mentre al balcon sovrano egra e dolente,
col volto ombrato d'ampio, oscuro velo,
piena d'immenso, inusitato gelo
stava Latona al suo bel Sole assente,
⁵   ecco improviso a lei farsi presente
l'amato Endimion, ch'ardente zelo
ha di vederla, e ne' begli occhi il telo
porta, per ferir lei soavemente.
    Ond'ella, che fu già pallida innante
¹⁰ per tema ch'entro al Po, come Fetonte,
caduto fusse, allor si feo vermiglia;
    poi, fermate le luci in uno stante,
ne' suoi begli occhi e nella bella fronte,
tornò piú che mai bella a maraviglia.

METRO: sonetto a rime incrociate (ABBA, ABBA) e replicate (CDE, CDE).

1. *balcon sovrano*: «il punto del cielo dal quale la luna dispensa la propria luce» (Baldacci). *Iunctura* petrarchesca (*RVF*, XLIII, 1-2: «Il figliuol di Latona avea già nove | volte guardato dal balcon sovrano»). *egra*: «malata d'amore». 2. *ombrato*: cfr. *RVF*, CLXXXVIII, 7. *velo*: della notte. Cfr. Stazio, *Theb.*, III, 415-416: «Nox [...] nigroque polos involvit amictu». 3. *immenso*: voce non petrarchesca. *gelo*: cfr. Stazio, *Theb.*, VII, 470: «gelidam Phoeben». 4. *Latona*: identificandola, contro la mitologia classica, con la Luna, ne fa l'amante di Apollo-Sole (che dovrebbe esserne invece il figlio). 6. *Endimion*: tradizionale amante della Luna (cfr. Properzio, II, 15, 15-16). *zelo*: «desiderio» (la *iunctura* è petrarchesca, *RVF*, CLXXXLI, 1 [: *gielo* : *velo*]). 7. *telo*: «freccia». 9. *pallida*: cfr. Seneca, *Agamemnon*, 818: «pallida Phoebe». 10. *tema*: «timore». *Fetonte*: figlio del Sole, guidandone il carro cadde nel Po colpito dal fulmine di Giove. 11. *vermiglia*: di rossore (invece «Latmius Endymion non est tibi, Luna, rubori» in Ovidio, *Ars am.*, III, 83). 12. *luci*: «occhi». *stante*: «istante».

☆

O luci del mio cor fidate e care,
come da gli occhi miei vi dipartiste
tacite, e nell'occaso vi copriste
eternamente, senza mai tornare!
5   Già non ponno veder piú fosche, amare
notti quest'occhi, o sconsolate e triste,
di queste, ahi lassa, ch'al mio core apriste,
turbando l'ore mie serene e chiare.
    Ben conobbi il mio duolo e 'l vostro caso
10 (o speranze qui prese a' nostri danni)
ma chi può andar contr'al mortal suo corso?
    Piangete, occhi infelici, che rimaso
altro non v'è che lagrime ed affanni,
privi del vostro dolce, almo soccorso.

METRO: sonetto a rime incrociate (ABBA, ABBA) e replicate (CDE, CDE).

1. *luci*: gli occhi dell'amato.   2. *dipartiste*: per la sua morte (cfr. *RVF*, CCLXVIII, 10).   3. *occaso*: il tramonto della morte. 5. *ponno*: «possono».   8. *ore ... serene*: cfr. *RVF*, CCCXIX, 3. 9. *caso*: «caduta» (latinismo).   10. *a' ... danni*: «solo per farci soffrire».   11. *suo*: «proprio» (*mortal corso* in *RVF*, LXXI, 50). 12. *Piangete, occhi*: «Occhi, piangete» in *RVF*, LXXXIV, 1.   *rimaso*: «rimasto».   14. *dolce ... soccorso*: *iunctura* in *RVF*, CXXV, 39.

☆

Se non è morto in tutto 'l bel disio
che vi fe' sospirar sí dolcemente,
caro mio bene, e se vi torna a mente
ch'io son pur vostro e foste ancor voi mio,
5   salutate per me le piagge ov'io
con voi m'assisi e ragionai sovente,
e siavi contra la stagione ardente
schermo il pensar a quel verno aspro e rio;
       dite a quei boschi, or di lor veste adorni,
10 che dianzi erano ignudi, e 'l sol non dorme
per far lor cangiar vista in pochi giorni:
       cosí convien che voi muti e transforme;
ma che curo io che 'l viso un altro torni,
se sta l'animo saldo al mio conforme?

METRO: sonetto a rime incrociate (ABBA, ABBA) e alternate (CDC, DCD).

1. *Se ... disio*: cfr. *RVF*, XXXIV, 1-2: «Apollo, s'ancor vive il bel desio (: *rio*) | che t'infiammava». 2. *sospirar sí dolcemente*: cfr. *RVF*, CXXVI, 36-37: «in guisa che sospiri | sí dolcemente». 3. *caro mio bene*: l'amato Francesco Bigazzini. 5. *piagge*: «i luoghi campestri. Si riferisce forse al soggiorno romano, durante il quale aveva incontrato il Bigazzini» (Baldacci). 8. *schermo*: «difesa, sollievo». *quel*: «si riferisce a un particolare inverno trascorso insieme con l'amico» (Baldacci). 9. *veste*: «le foglie». Cfr. *RVF*, CXXVII, 20 («vestir d'erba»). 10. *ignudi*: cfr. Petrarca, *Tr. Et.*, 31: «terra d'erbe ignuda». *non dorme*: perché le giornate sono piú lunghe. 11. *in pochi giorni*: «tra breve, in autunno». 12. *cosí convien*: «è fatale» (Baldacci). Cfr. *RVF*, LXXIII, 41: «non conven ch'i' trapasse e terra mute». *muti e transforme*: in quanto il sole, segnando il tempo che passa, fa invecchiare l'amato. 13. *un ... torni*: «si trasformi». 14. *conforme*: «simile».

☆

O di quattr'anni leteo sogno adorno
di false larve, u' sono i bei costumi
che mi mostrasti e d'eloquenza i fiumi?
u' il bel volto, d'Amor nido e soggiorno?
5   Or ch'io son desto e luce in alto il giorno,
altro non veggio che vane ombre e fumi,
le rose e i gigli sono ortiche e dumi;
solo il tuo inganno è vero e 'l nostro scorno.
    Misero me che tardi gli occhi apersi!
10 Cosí gli avessi allor chiusi per sempre
che nel dolce venen bagnai le labbia!
    che sarei fuor di sí strani e diversi
pensieri: ond'io rinfresco al petto sempre
penitenza, dolor, vergogna e rabbia.

METRO: sonetto a rime incrociate (ABBA, ABBA) e replicate (CDE, CDE).

1. *di quattr'anni*: «in realtà i rapporti col Bigazzini durarono assai piú: 1547-53» (Baldacci).   *leteo*: «pieno di dimenticanza» (essendo il Lete il fiume dell'oblio negli inferi). Cfr. Virgilio, *Georg.*, I, 78: «lethaeo ... somno».   2. *larve*: «fantasmi, illusioni».   *u'*: «dove».   *costumi*: «ubi est ille mos virtusque maiorum?» (Cicerone, *Phil.*, VIII, 23). 3. *d'eloquenza*: cfr. Cicerone, *Brutus*, 325: «flumen ... orationis»; Ovidio, *Her.*, IV, 150: «Heu! ubi nunc fastus altaque verba iacent?». 4. *d'Amor nido*: cfr. *RVF*, LXXI, 7: «Occhi leggiadri, dove Amor fa nido».   6. *ombre e fumi*: cfr. *RVF*, CLVI, 4: «ché quant'io miro par sogni, ombre e fumi (: *costumi* : *fiumi*)».   7. *dumi*: «roveti» (cfr. *RVF*, CCCLX, 47).   8. *tuo*: si riferisce al *sogno* del v. 1.   *scorno*: «vergogna». Cfr. *RVF*, CCI, 8: «pien di vergogna e d'amoroso scorno». 11. *che*: «quando».   *dolce venen*: *iunctura* petrarchesca (*RVF*, CLII, 8).   *labbia*: «labbra».   13. *rinfresco*: «rinnovo».   14. *penitenza, dolor*: cfr. Petrarca, *Tr. Cup.*, IV, 119.

☆

Strane rupi, aspri monti, alte tremanti
ruine, e sassi al ciel nudi e scoperti,
ove a gran pena pòn salir tant'erti
nuvoli, in questo fosco aer fumanti;
5   superbo orror, tacite selve, e tanti
negri antri erbosi, in rotte pietre aperti;
abbandonati, sterili deserti,
ov'han paura andar le belve erranti;
    a guisa d'uom, che per soverchia pena
10 il cor triste ange, fuor di senno uscito,
sen va piangendo, ove il furor lo mena,
    vo piangendo io tra voi; e, se partito
non cangia il ciel, con voce assai piú piena
sarò di là tra le meste ombre udito.

METRO: sonetto a rime incrociate (ABBA, ABBA) e alternate (CDC, DCD).
«Scritto dopo l'eruzione vulcanica de' Campi Flegrei, per la quale, nella notte del 29 settembre 1538, sorse il Montenuovo» (Pèrcopo).

1. *rupi*: cfr. Valerio Flacco, III, 108 («rupes ... horrida»).   2. *nudi*: Virgilio, *Buc.*, I, 47 («lapis ... nudus»); Seneca, *Phoenisse*, 69: «nudus hic pendet silex».   4. *nuvoli*: probabilmente, il fumo degli incendi provocati dall'eruzione.   *fosco aer*: cfr. *RVF*, CXLV, 6: «al dolce aere sereno, al fosco et greve».   5. *superbo ... selve*: cfr. *RVF*, CLXXVI, 12-13: «un silenzio, un solitario orrore | d'ombrosa selva»; Virgilio, *Aen.*, VII, 505: «tacitis silvis».   6. *antri erbosi*: cfr. Properzio, IV, 4, 3.   9. *a guisa d'uom*: «come un uomo».   10. *ange*: affligge col proprio dolore. Riprende *RVF*, CXLVIII, 6: «'l cor tristo ange».   12. *partito*: «volontà».   14. *di là*: «nell'Averno, con probabile riferimento al lago che giaceva lí presso» (Baldacci).   *ombre*: dei morti. Cfr. Virgilio, *Aen.*, VI, 340; Dante, *Inf.*, XVIII, 45.

☆

Passano i lieti dí come baleni
e da mane precipitano a sera;
e tanto l'alma amareggiata e nera
lascian, quanto elli fur dolci e sereni.

⁵   I tristi muovon lenti, e mille freni
han l'ore, che l'adducon dove assera;
par che 'l motor della seconda sfera
sproni quegli, e Saturno questi affreni.

    Mentre i begli occhi, ove t'annidi e voli,
¹⁰ Amor, sin qui godea da presso, lievi
correano, quasi a gara, il dí e la notte;

    or ch'io piango lontan, le rote rotte
son d'ambo i carri, né la state brevi
fa le sue lune, né la bruma i soli.

METRO: sonetto a rime incrociate (ABBA, ABBA) e retrograde (CDE, EDC).

1. *Passano*: cfr. *RVF*, XXXVII, 17: «Il tempo passa, e l'ore son sí pronte»; CLXXXIX, 1 (cfr. *Sap*, II, 3: «et transibit vita nostra tanquam vestigium nubis»; *Gb*, XVI, 23: «breves anni transeunt»). 2. *mane*: «mattino». *precipitano*: cfr. Virgilio, *Aen.*, II, 9. 5. *I tristi*: «i giorni tristi» (*lenti* in antitesi ai precipitanti *lieti dí* del v. 1). 7. *seconda sfera*: Mercurio, il piú veloce dei pianeti. 8. *quegli*: i dí lieti. *Saturno*: il piú lento, induce malinconia (*tristitia: i tristi … lenti* al v. 5, l'*alma amareggiata e nera* al v. 3). *questi*: i giorni tristi. 10. *godea*: «godevo». *da presso*: «da vicino». *lievi*: cfr. *RVF*, XXXII, 3: «veggio il tempo andar veloce e leve»; Ovidio, *Met.*, XV, 181: «levis hora». 13. *ambo i carri*: del Sole (cfr. Orazio, *Carm.*, III, 6, 44) e della Luna (cfr. Tibullo, I, 8, 21): cosí il tempo non passa mai. *state*: «estate». 14. *lune … soli*: le notti e i giorni. *bruma*: «latinismo, per "inverno"» (Baldacci). Cfr. Orazio, *Carm.*, IV, 7, 11-12: «et mox | bruma recurrit iners».

☆

Simile all'ocean, quando piú freme,
è la vita. A lui contrari venti
fan cruda guerra; io da sospiri ardenti
son combattuto e da contraria speme.
5   Crescono l'onde in lui sí che l'estreme
sponde risonan lungi: in me correnti
fiumi di pianto, al suon de' miei lamenti,
fanno un concento doloroso insieme.
Corron di là le navi a gran periglio,
10   meco fanno i pensier mortal viaggio;
ei si conturba, il petto mio si sface.
A lui s'asconde il sol, a me il suo raggio.
In questo (ahi lasso!) sol non lo somiglio,
ch'ei si tranquilla, ed io non ho mai pace.

METRO: sonetto a rime incrociate (ABBA, ABBA) e a tre rime diverse
(CDE, DCE).

1-4. L'immagine mare-vita deriva da Agostino, *En. Ps.*, XCIV, 9: «Est
enim mare mundus iste [...] nec saevire fluctus possunt usque ad litus
[...] sint ergo tentationes, sint tribulationes» e Boezio, *Cons. Phil.*, I, 3,
8: «in hoc vitae salo circumflantibus agitemur procellis».   *Simile ...
combattuto*: cfr. Sannazaro, *Rime disperse*, IV *b*, 1-2 e 9-10: «Simile a
questi smisurati monti | è l'aspra vita mia colma di doglie | [...] Soffian
sempre fra lor rabbiosi venti, | in me gravi sospiri esito fanno...».   *fre-
me*: cfr. Petrarca, *Tr. Pud.*, 112: «non freme cosí 'l mar quando s'adi-
ra».   *contrari venti*: cfr. *RVF*, CXXXII, 10-11: «fra sí contrari venti in
frale barca | mi trovo in alto mar senza governo».   *cruda guerra*: cfr.
RVF, CXXVIII, 11.   *sospiri ardenti*: *iunctura* petrarchesca (*RVF*,
CCCXVIII, 10).   6-7. *in me ... pianto*: cfr. Sannazaro, *Rime disper-
se*, IV *b*, 6: «in me duri pensier l'anima accoglie».   *fiumi di pianto*: cfr.
RVF, CCXXX, 5: «di lagrime tal fiume».   8. *concento*: «concerto».
Cfr. *RVF*, CLVI, 10: «facean piangendo un piú dolce concento».
11. *ei*: l'oceano.   *conturba*: cfr. Petrarca, *Tr. Et.*, 56: «conturba et ac-
queta gli elementi».   *sface*: cfr. *RVF*, CLXIV, 5.   12. *suo*: della
donna amata.

Angelo Di Costanzo 263

☆

Ahi, dolcezza fallace e fuggitiva,
che co' primi anni miei ratto volasti
e me lasciando in tenebre, sfrondasti
mia speme allor che piú verde fioriva;
5   qual fior caduco, colto in fresca riva,
che, perdendo gli umori in lui rimasti,
langue nel mezzo april, cosí mancasti
senza aspettare il sole, o l'aura estiva.
Se per mai non tornar festi partita,
10 e vuole il fiero mio destin fatale
che s'eterni il dolor ch'oggi m'afflige,
    sarei contento almen l'acerba vita
cangiar con morte e, per minor mio male,
varcar l'onda di Lete e l'atra Stige.

METRO: sonetto a rime incrociate (ABBA, ABBA) e replicate (CDE, CDE).

1. *fallace*: «ingannevole, illusoria». Cfr. *RVF*, CCXC, 5: «O speranza, o desir sempre fallace». *fuggitiva*: cfr. *RVF*, CCLXVI, 28-29: «quel falso dolce fugitivo | che 'l mondo traditor può dare altrui». 2. *ratto*: «rapidamente». 4. *fioriva*: cfr. *RVF*, CCLXVIII, 53-53: «morta è la mia speranza | viva allor ch'ella fioriva». 5. *colto*: cfr. al v. 7. Cfr. Catullo, XI, 22-24: «velut prati | ultimi flos, praetereunte postquam | tactus aratrost»; Virgilio, *Aen.*, IX, 435-436: «purpureus veluti cum flos succisus aratro | languescit moriens». *fresca riva*: cfr. *RVF*, CXLVIII, 12. 7. *langue*: oltre a Virgilio, *Aen.*, IX, 435-436, cfr. *RVF*, CCCXXIII, 70: «come fior colto langue». 8. *aura estiva*: *iunctura* petrarchesca (*RVF*, CCXII, 2 [: *riva* : *fugitiva*]). 11. *s'eterni*: cfr. Dante, *Inf.*, XV, 85. 12. *acerba vita*: cfr. *RVF*, XXXIV, 10. 14. *Lete ... Stige*: «fiumi dell'oltretomba pagano; qui indicano il regno della morte» (Baldacci). Cfr. Virgilio, *Aen.*, VI, 714: «Lethaei ad fluminis undam»; *Georg.*, I, 243: «Styx atra».

☆

Per valli oscure e vie solinghe e torte,
seguendo Amore e il desiderio interno,
ch'eran a tal camin mie fide scorte,
poco prezzando l'aer fosco e 'l verno,
5 giunsi al giardin, che del mio foco eterno
sarà forse cagione e di mia morte,
ma il ciel che il mio penar si prendea a scherno,
non lasciò pormi il piede entro le porte.

Sol d'un bel fonte che celeste umore
10 stillava fuor, tra perle e bei rubini,
gustando mitigai l'intenso ardore.

Cosí tornai cogli occhi umidi e chini,
ché la fame addoppiò l'aura e l'odore
ch'uscía de' frutti suoi santi e divini.

METRO: sonetto a rime retrograde (ABAB, BABA, cfr. *RVF*,
CCLXXIX) e a tre rime diverse (CDE, DEC).

1. *valli oscure*: cfr. Virgilio, *Aen.*, VI, 139: «obscuris ... convallibus»;
RVF, XXVIII, 11. *torte*: Properzio, IV, 4, 42 («torta via»); *RVF*,
CCCLXVI, 65. 3. *scorte*: «guide». La *iunctura* è petrarchesca (*RVF*,
CLXX, 2). 4. *prezzando*: «considerando». *aer fosco*: cfr. *RVF*,
CXLV, 6. 5. *giardin*: è metafora della donna amata. Cfr. *Cantico*,
IV, 12: «Hortus conclusus soror mea, sponsa [...] fons signatus». *fo-
co eterno*: «eterna dannazione» (cfr. Dante, *Inf.*, VIII, 3). 8. *le por-
te*: del giardino. 9. *fonte*: la bocca dell'amata; cfr. al v. 5. *celeste*:
«divino». *umore*: «la saliva». 10. *stillava*: cfr. *RVF*, CCCLXVI,
12: «d'umor vano stillante». *perle ... rubini*: i denti e le labbra dell'a-
mata. Cfr. *RVF*, CCLXIII, 10. 11. *mitigai*: cfr. *RVF*, CXIII, 7-8:
«mitigato [...] il mio ardente desio». *gustando*: cfr. Dante, *Par.*, III,
39; *RVF*, VI, 14. 13. *aura*: «brezza». Cfr. *RVF*, CXCVII, 1-2.
13-14. *l'odore ... uscía*: cfr. Dante, *Purg.*, XXIII, 68. *suoi*: della don-
na-giardino.

☆

Orribil verno in sen di primavera,
avoltoi al pensier, chiodi al cor fissi,
aspidi sotto fior, porpore e bissi
che riescon poi tela e vile e nera,

5   Cerbero, arpie, sirene, idra e chimera,
diluvi, terremoti, incendi, ecclissi,
ima profonda altezza, eccelsi abissi,
son della vita mia l'immagin vera.

Né però, perché al passo ultimo giunga
10 l'alma, uscir vuol della prigione antica,
anzi al suo strazio i termini prolunga.

Oh va', per viver suda e t'affatica,
dannoso empio desir di morte lunga,
pace guerriera e nimistate amica!

METRO: sonetto a rime incrociate (ABBA, ABBA) e alternate (CDC, DCD).

1. *Orribil verno*: cfr. *RVF*, CCXXXV, 11: «horribil notte e verno». *in sen di*: «in piena».   2. *chiodi ... fissi*: cfr. *RVF*, XLV, 9: «Ma s'io v'era con saldi chiovi fisso».   3. *aspidi*: serpenti velenosi (cfr. *RVF*, CCXXXIX, 29).   *sotto fior*: cfr. Virgilio, *Buc.*, III, 93: «latet anguis in herba»; *RVF*, XCIX, 6: «'l serpente tra' fiori e l'erba giace».   *bissi*: prezioso lino orientale.   4. *riescon*: «diventano».   5. *Cerbero*: mostro a tre teste, custode degli Inferi.   *arpie*: creature mostruose con volti umani e corpi d'uccello.   *idra e chimera*: mostri della mitologia classica. Su tutti cfr. rispettivamente Virgilio, *Aen.*, VI, 418, 289, 576, 288.   7. *ima*: «profonda» (latinismo).   8. *immagin vera*: *iunctura* in *RVF*, CXXXVI, 60.   9. *perché*: «per il fatto che».   *passo ultimo*: la morte. Cfr. *RVF*, CCXCIV, 3: «per l'ultimo suo passo».   10. *prigione*: il corpo. La *iunctura* in *RVF*, LXXVI, 2 (: *fatica*); cfr. LXXII, 20: «aprasi la pregione ov'io son chiuso».   12. *suda e t'affatica*: cfr. Petrarca, *Tr. Et.*, 107: «e quanto indarno s'affatica e suda».   13. *empio desir*: cfr. *RVF*, CCXC, 13.   *morte lunga*: una morte rimandata a lungo.   14. *pace guerriera*: cfr. *RVF*, CV, 74; CCLXVIII, 61. *nimistate*: «inimicizia».

☆

Erti calli, alti colli orridi ed ermi,
riposte valli, ombrose selve e sole,
ove mai l'occhio suo non volge il sole,
cerco (chi 'l crederà?) per riavermi.
5   Né veggon gli occhi tenebrosi infermi
fin qui quel sol che serenar li sòle,
né so trovar conformi al duol parole,
perché, quanto io vorrei, possa dolermi.
    Che non sí tosto il cor apre la via
10 per la lingua al suo mal, ch'ella s'agghiaccia
e nel mezzo la voce trema e more.
    In cotal guisa ognor la vita mia,
reciso il germe, avvien che cada e giaccia,
e passan gli anni e non passa il dolore.

METRO: sonetto a rime incrociate (ABBA, ABBA) e a tre rime replicate
(CDE, CDE).

1. *Erti calli*: «strade ripide». Cfr. *RVF*, CLXIII, 8: «e 'l sentier m'è
troppo erto». *orridi*: cfr. Virgilio, *Aen.*, VIII, 348; Sannazaro, *Rime
disperse*, VII, 9 («orridi monti»). *ermi*: «solitari». Cfr. *RVF*, CCCIV,
4: «per poggi solitari e ermi».   2. *riposte valli*: *iunctura* in Sannazaro,
Sonetti e canzoni, LIX, 1. *ombrose selve*: *iunctura* petrarchesca (*RVF*,
CLXII, 7; cfr. Virgilio, *Aen.*, XI, 905: «silva opaca»). *sole*: «deser-
te».   4. *riavermi*: «riprendermi».   5. *occhi ... infermi*: cfr. *RVF*,
XIX, 12: «con gli occhi lagrimosi e 'nfermi».   6. *serenar*: «rassere-
nare». *sòle*: «è solito».   9-10. *Che ... s'agghiacchia*: «che non cosí
rapidamente il cuore inizia a dichiarare il suo dolore parlando, che la
lingua si ghiaccia» (Quondam). Cfr. *RVF*, CL, 9-10; CCCXXV, 2.
11. *nel mezzo*: «nell'atto di parlare». Cfr. *RVF*, CLXX, 11: «cosí m'à
fatto Amor tremante e fioco».   12. *In ... guisa*: «in questo modo».
13. *germe*: della vita stessa. Cfr. *RVF*, CCCXXXVIII, 7: «svelt'hai di
vertute il germe».   14. *passan*: cfr. *RVF*, XXXVII, 17; LXVIII, 7;
CCXLVIII, 8; *supra*, Tansillo, *Passano i lieti dí*, 1.

☆

Non cosí lieve piuma aere sereno,
spalmato legno queta onda marina,
rapido fiume che giú d'alpe inchina,
o piè veloce nudo aperto seno
5   solca, come il pensier che senza freno
nel verde fondo del suo error dechina,
né per aspro sentier, né per rovina
od interposto monte unqua vien meno.
    Ma se va dietro al ver ch'a destra sorge,
10   quasi augel senza piume o pigro verme,
serra il camino un sasso, un sterpo solo.
    Tu dunque, alto Rettor, piú salde e ferme
penne mi presta al vero; a l'altre il volo
tronca, ed apri la via ch'a te mi scorge.

METRO: sonetto a rime incrociate (ABBA, ABBA) e a tre rime diverse (CDE, DEC).

1. *Non*: per l'incipit e l'andamento cfr. *RVF*, CCCXII, 1 sgg. («Né per sereno ciel ir vaghe stelle, | né...»). *lieve*: «in senso predicativo, da riferirsi a *solca* del v. 5; lievemente» (Baldacci). *aere sereno*: *iunctura* petrarchesca (*RVF*, CVIII, 4). 2. *spalmato legno*: nave spalmata di pece. Cfr. *RVF*, CCCXII, 2: «né per tranquillo mar legni spalmati». 3. *rapido ... inchina*: cfr. *RVF*, CCVIII, 1-3: «Rapido fiume che d'alpestra vena | [...] scendi»; L, 1: «Ne la stagion che 'l ciel rapido inchina». 4. *nudo ... seno*: «piaggia aperta e priva di ogni vegetazione che possa raffrenare il passo» (Baldacci). 5. *solca*: è il verbo reggente dell'intera prima quartina. 6. *nel verde ... dechina*: «perché il verde è il colore della speranza e la speranza s'identifica con l'errore» (Baldacci). Cfr. *RVF*, CCCIII, 10 («'l fresco erboso fondo»). *dechina*: «declina, scende gradatamente». 8. *unqua*: «mai». 9. *va*: il sogg. è il *pensier* del v. 5. *a destra*: «essendo la destra la via che porta al bene» (Baldacci). Cfr. *RVF*, CCCVI, 1. 10. *augel*: «uccello». Cfr. *supra*, Della Casa, *Già lessi*, 9. 11. *serra ... solo*: cfr. *RVF*, LXXII, 21: «'l camino a tal vita mi serra»; CCLXXXVIII, 9: «Non è sterpo né sasso in questi monti». *serra*: «gli impedisce». 13. *penne*: ali, per salire a Dio (*alto Rettor*) e raggiungere la verità (il *vero*). Cfr. *RVF*, LXXXI, 12-14. *mi presta*: «dammi». *altre*: le *penne* meno «salde e ferme». 14. *scorge*: «guida».

☆

Donna, che viva già portavi i giorni
chiari ne gli occhi ed or le notti apporti,
non sono spenti i tuoi splendori e morti,
ma nel grembo del ciel fatti piú adorni.

⁵ Tu Lucifero in questi almi soggiorni
rotavi lieta; or che spariti e torti
sembrano i lumi tuoi, da' freddi e smorti
Espero stella a folgorar ritorni.

Ma io m'acqueto meno ove piú luci,
¹⁰ ché l'alma, usa appagarsi in tutti i sensi,
non s'arresta nel ben del veder solo.

Almeno un di quei cerchi alti ed immensi
fuss'io, vivo o dopo' l'ultimo volo,
che ti portassi al cor per mille luci.

METRO: sonetto a rime incrociate (ABBA, ABBA) e a tre rime diverse
(CDE, DEC).

1. *Donna*: la moglie Camilla, morta nel 1544. Per l'incipit cfr. *supra*,
Bembo, *Donna, che fosti oriental Fenice*, 1.   *portavi i giorni*: cfr. *RVF*,
CCCXXI, 14: «li occhi tuoi solean far giorno».   2. *apporti*: in quan-
to divenuta stella.   3-4. *non ... adorni*: cfr. *RVF*, CCLXXXII, 2-4: «a
consolar le mie notti dolenti | con gli occhi tuoi che Morte non ha spen-
ti, | ma sovra 'l mortal modo fatti adorni».   5. *Lucifero*: il pianeta Ve-
nere, cosí chiamato in quanto precede il giorno (cfr. Tibullo I, 9, 62:
«dum rota Luciferi provocat orta diem»).   5-8. *Tu Lucifero ... ritorni*:
cfr. l'epigramma, attribuito a Platone (Diogene Laerzio, III, 29), in mor-
te del giovinetto Astero («Stella prius superis fulgebas Lucifer; at nunc
Hesperus ah! fulges manibus occiduus»).   *in ... soggiorni*: «in terra,
quando eri in vita» (Ponchiroli).   *rotavi*: cfr. *RVF*, XXXIII, 4: «rotava
i raggi suoi lucente e bella».   *torti*: «tolti via dal mondo» (Ponchiroli).
Cfr. Bembo, *Rime*, CLXII, 49-53.   *da' ... smorti*: «dalla sede dei mor-
ti» (Baldacci).   *Espero*: Venere, quando precede la sera (cfr. Virgilio,
Buc., X, 77).   *folgorar*: cfr. *RVF*, CLXXXI, 10: «E 'l chiaro lume che
sparir fa 'l sole | folgorava d'intorno».   9. *ove*: «quando».   *luci*:
«splendi».   12. *cerchi*: «cieli». Cfr. l'altro epigramma attribuito a
Platone (Diogene Laerzio, III, 29): «Ardentes stellas, lucens mea Stella,
tueris: Coelum utinam fierem, te ut multo lumine cernam» (Baldacci).
13. *volo*: quello della morte.   14. *per mille luci*: «attraverso le stelle
che sono come gli occhi di *un di quei cerchi*» (Baldacci).

☆

Donna, che di beltà vivo orïente
fusti ed al fianco mio fidato schermo,
e quasi incontra il mondo saldo e fermo
scoglio che forza d'Aquilon non sente,
5   dopo il ratto inchinarti in occidente,
risguarda in questo calle oscuro ed ermo,
ove piangendo vo, stanco ed infermo,
i capei biondi e l'alme luci spente,
e, se del tuo sparir quinci m'increbbe,
10   vedrai nel mezzo del mio cor diviso
come il dolor vie piú con gli anni crebbe.
Tempo ben di scovrir nel tuo bel viso
altra aurora, altro sole omai sarebbe
e riposarmi nel tuo grembo assiso.

METRO: sonetto a rime incrociate (ABBA ABBA) e alternate (CDC
DCD).

1-2. *Donna ... fusti*: cfr. *supra*, Bembo, *Donna che fosti*, 1-2: «Donna,
che fosti orïental Fenice | tra l'altre donne, mentre il mondo t'ebbe».
orïente: «fonte, splendore» (Ponchiroli). *fidato schermo*: cfr. Bembo,
Rime, CLXII, 50: «nel dubbio sentier fidata scorta». 3. *saldo*: cfr.
RVF, CCCLXVI, 17-18: «saldo scudo... | contra' colpi di Morte e di
Fortuna». 4. *Aquilon*: forte vento di tramontana. 5. *ratto*: «ra-
pido». *inchinarti*: «tramontare». Cfr. Bembo, *Rime*, CLXII, 6: «do-
po 'l quinci sparir de' raggi tuoi». *in occidente*: cfr. *RVF*, L, 1-2: «'l
ciel rapido inchina | verso occidente». 6. *risguarda*: cfr. Bembo, *Ri-
me*, CLVI, 11: «piú giú qui, dov'io piango, e me risguarda». *calle ...
ermo*: cfr. *supra*, Rota, *Erti calli*, 1. 8. *alme*: che mi davano vita.
luci: «occhi». *spente*: cfr. *RVF*, CCLXXII, 14: «e i lumi bei, che mi-
rar soglio, spenti». 9. *quinci*: «di qua, dalla terra». Cfr. al v. 5.
10. *cor diviso*: cfr. Petrarca, *Tr. Mor.*, II, 88-89: «mai diviso | da te non
fu 'l mio cor». 11. *vie*: «molto». *crebbe*: cfr. *RVF*, CCXLII, 6-7:
«tempo sarebbe | da scemar nostro duol, che 'nfin qui crebbe (: 'ncreb-
be : sarebbe)». 12. *Tempo*: da congiungere con *sarebbe* del verso se-
guente. 13. *altro sole*: la diversa luce del Paradiso. Cfr. Petrarca, *Tr.
Mor.*, II, 178-179.

☆

Al ciel l'antico giro ed a la luna
il variare, al sole il moto eterno,
al giorno ne' suoi punti il lume interno,
l'ombra densa a la notte opaca e bruna,
⁵   a l'acqua il bianco, che talvolta imbruna,
al foco il sempre alzarsi a quel superno,
a l'aria or calda state or freddo verno,
l'ampio a la terra, ch'ogni cosa aduna,
ai pianeti l'usato alto viaggio,
¹⁰ a l'uomo la ragion, che 'n cima siede,
ed a ciascun ch'è vivo arte ed amore
    prima potran mancar che la mia fede,
donna, ch'io vi dimostro a tutte l'ore,
e voi crudel non vi stendete il raggio.

METRO: sonetto a rime incrociate (ABBA, ABBA) e a tre rime diverse
(CDE, DEC).

1. Questo, come i versi successivi, è retto da *prima potran mancar* del v.
12.   *antico giro*: la rivoluzione celeste. Cfr. *RVF*, CLXIV, 3: «Notte il
carro stellato in giro mena».   2. *il variare*: le fasi lunari. Cfr. Stazio,
Theb., X, 365-367: «Arcanae moderatrix Cynthia noctis, | si te terge-
minis perhibent variare figuris | numen».   *moto eterno*: cfr. *RVF*,
LXXII, 17: «'l motor eterno de le stelle».   3. *punti*: «le ore».   *lu-
me interno*: la luce solare sulla terra.   4. *ombra densa*: *iunctura* da
Orazio, *Carm.*, I, 7, 20; Catullo, LXV, 13; cfr. Ovidio, *Met.*, XV, 31:
«densissima nox».   *notte opaca*: cfr. Virgilio, *Aen.*, IV, 123.   5. *il
bianco*: «la limpidezza».   *imbruna*: «s'intorbida» (cfr. *RVF*,
CCXXIII, 1-2).   6. *a ... superno*: al cielo.   8. *l'ampio*: «l'ampiez-
za».   *aduna*: «raccoglie, contiene».   9. *alto*: nel cielo.   10. *'n ci-
ma*: nella testa. Cfr. Cicerone, *Tusc.*, I, 20: «rationem, in capite sicut in
arce posuit».   11. *arte*: «capacità».   14. *vi*: sulla sua *fede* (v. 12).
il raggio: degli occhi, lo sguardo.

☆

Dunque spenti e passati i dolci e belli,
gravi, soavi, onesti, alteri e santi
occhi, del giorno mio chiari levanti,
d'amorosa pietà non mai rubelli;
⁵   dunque i crespi, dorati e bei capelli,
a l'aura de' sospir lievi e tremanti,
conversi 'n polve, che superbi vanti
ebber di luce, in questi luoghi e 'n quelli;
    dunque le rose, infra la viva neve,
¹⁰ bianche e vermiglie, oppresse in tutto e morte,
che 'n piú saldo color potean cangiarme:
    fia ch'io non moia? E ch'a sí dura e greve
pena sol resti? Ahi dolorosa sorte,
chi può da morte altro che morte aitarme?

METRO: sonetto a rime incrociate (ABBA ABBA) e replicate (CDE
CDE).

1. *spenti*: cfr. *RVF*, XII, 4: «de be' vostr'occhi il lume spento».   *dol-
ci*: cfr. *RVF*, CCCXIII, 6.   2. *soavi*: cfr. *RVF*, XXXVII, 34.   *san-
ti*: lo sono gli occhi in *RVF*, LXX, 15.   3. *occhi*: della donna amata,
Mirzia, in morte della quale è il sonetto.   *del ... levanti*: «luminose au-
rore del mio giorno».   4. *rubelli*: «avari, restii».   5. *crespi*: cfr.
RVF, CCXCII, 5.   6. *l'aura*: cfr. *RVF*, CCLXXXVI, 1: «quell'aura
soave de' sospiri».   7. *conversi*: «ridotti».   *'n polve*: cfr. *RVF*,
CCXCII, 6-8: «le crespe chiome [...] poca polvere son».   9. *rose*:
l'incarnato delle guance. Cfr. *RVF*, CXXXI, 9: «e le rose vermiglie in-
fra la neve».   *neve*: il candore del volto.   11. *che*: le rose del v. 9.
saldo: «vivo».   12. *fia*: «sarà, accadrà».   *dura e greve*: cfr. *RVF*,
XXXII, 6.   13. *Ahi ... sorte*: riprende *RVF*, LXXI, 40: «Ahi dolo-
rosa sorte».   14. *aitarme*: «aiutarmi». Cfr. *RVF*, CCCXXVII, 7: «i'
cheggio a Morte incontra Morte aita».

☆

Questo tanto ad ognor languendo darsi
in forza altrui con fieri empi dolori,
questo sparger per gli occhi sempre fuori
lagrime e dentro il cor di fiamme armarsi,
5   questo tra le speranze disperarsi,
questo agghiacciar nei piú cocenti ardori,
questo pensier ch'amari i dolci amori
rende e fa ognun di se stesso obliarsi,
questo viver morendo in tante pene,
10 questo bramar, ch'unqua non giunse al fine,
questo in altri aver vita e in sé morire,
a che giova, ahi lassi, se 'l desire
piú n'avolge ne l'aspre sue catene
quanto Amor piú gli dà grazie divine?

METRO: sonetto a rime incrociate (ABBA, ABBA) e a tre rime diverse
(CDE, ECD).

1. *Questo*: da concordare con *darsi*. *languendo*: cfr. Petrarca, *Tr. Cup.*,
III, 159. 2. *in forza altrui*: assoggettarsi ad altri, ad Amore.
3. *sparger*: cfr. *RVF*, LV, 7: «Per lagrime ch'i' spargo a mille a mille».
6. Cfr. *RVF*, CLXXVIII, 1-2: «Amor [...] arde et agghiaccia». *co-
centi*: cfr. *RVF*, CCXX, 14: «mi cuocono il cor in ghiaccio e 'n foco».
7. *ch'amari i dolci*: cfr. Virgilio, *Buc.*, III, 109-110: «et quisquis amo-
res | aut metuet dulcis, aut experietur amaros»; *supra*, Della Casa, *Cura
che di timor ti nutri e cresci*, 5-6; *RVF*, CLXXV, 3-4: «Amor... | che l'a-
mar mi fe' dolce»; CCX, 12: «e per far mie dolcezze amare».
8. *obliarsi*: «dimenticarsi». Cfr. *RVF*, XXIII, 19: «mi fece obliar me
stesso». 10. *unqua*: «mai». 11. Cfr. Petrarca, *Tr. Cup.*, III,
165; M. Ficino, *Sopra lo amore*, II, 8: «è morto in sé qualunque ama: o
viv'egli almeno in altri». 13. *n'avolge*: «ci incatena». *catene*: cfr.
RVF, LXXVI, 10; CCLXVI, 10.

☆

Di fiamma io fiamma son, voi siete un ghiaccio,
bench'io nome ho di ghiaccio e voi di fiamma,
dal disio d'una fiamma or volta in ghiaccio,
ch'anzi il ghiaccio facea tutto di fiamma.
⁵ Fiamma io son, se ben fui d'alpestre ghiaccio,
voi ghiaccio, s'alcun dí foste fiamma,
e sí cresce la fiamma entro il mio ghiaccio,
che di ghiaccio ha rivolto un vetro in fiamma.
Che fa l'oblio? Tornato ha il Fiamma ghiaccio,
¹⁰ verso il cristallo mio ghiaccio di fiamma,
per la fiamma pregiar conversa in ghiaccio.
Siete pur ghiaccio voi, ch'io sarò fiamma,
ché se l'oblio fa tanta fiamma un ghiaccio,
amor fatto ha il mio ghiaccio eterna fiamma.

METRO: sonetto «continuo» con due parole-rima alternate (ABAB, ABAB; ABA, BAB), rarissimo (qualche esempio in Cino da Pistoia).

1. *fiamma … ghiaccio*: cfr. *RVF*, CCII, 1-2: «D'un bel chiaro polito e vivo ghiaccio | move la fiamma che m'incende et strugge»; CXXXIV, 2; CCXX, 14 ecc. 2. *nome … fiamma*: gioca sul proprio nome («caraffa» d'acqua ghiaccia) e su quello del destinatario, il poeta e predicatore Gabriel Fiamma (1531-85). 3. *dal*: «a causa di un» (dà la ragione «esistenziale» del nome Fiamma). 8. *rivolto*: «trasformato». 9. *tornato*: «mutato» (sogg. è *l'oblio*). *ghiaccio*: in ghiaccio. 10. *verso*: «nei confronti» (Carafa lamenta che il Fiamma si è dimenticato di lui, si è «ghiacciato» verso di lui). *cristallo*: cfr. *RVF*, CLVII, 14: «fiamma i sospir', le lagrime cristallo». 13-14. *l'oblio … eterna*: cfr. *RVF*, CXXVII, 52-55: «e del caldo desio | che... | m'infiamma sí che l'oblio | niente aprezza, ma diventa eterno».

☆

Questi che son d'Amor chiare e lucenti
facelle, ond'arde e le saette affina,
occhi stelle del ciel, da cui destina
fato amoroso in noi glorie e tormenti,
⁵   tu celi, e rendi altrui languidi e lenti
gli effetti di tua luce alma e divina,
e tinto in rosso il sol notte vicina
dai rai minaccia intepiditi e spenti,
    e ben notte è d'Amor questa, che sparse
¹⁰ le tue bellezze tenebrose imbruna,
e fa l'ardenti luci ombrate e scarse;
    ma tu riluci pur torbida e bruna,
come talor là dove il sole apparse
splende fra pallide ombre ancor la luna.

☆

Fosti ben del mio giorno aurora e luce,
donna, ma de la notte espero ombroso,

METRO: sonetto a rime incrociate (ABBA, ABBA) e alternate (CDC, DCD).

1. *Questi*: gli occhi malati di una donna. *lucenti*: cfr. *RVF*, LXXIII, 50.   2. *facelle*: «fiaccole».   *affina*: «acumina» (cfr. *RVF*, CLI, 8: «in che i suoi strali Amor dora et affina [: *divina*]»).   3. *occhi stelle*: cfr. *RVF*, CLVII, 10.   5. *celi*: regge *Questi* (v. 1), «perché gli occhi, a causa della malattia, sono bendati» (Quondam).   *altrui*: «agli altri». 6. *alma*: che vivifica (*iunctura* petrarchesca: *RVF*, CCXX, 12).   7-8. *e tinto ... spenti*: «come al tramonto il sole minaccia l'ormai vicina notte con i suoi raggi tiepidi e spenti» (Quondam).   10. *imbruna*: «oscura» (cfr. *RVF*, CCXXIII, 2).   11. *ombrate e scarse*: «coperte d'ombra e deboli» (Quondam). Cfr. *RVF*, XC, 3-4: «e 'l vago lume... | di quei begli occhi ch'or ne son sí scarsi».   12. *riluci*: lemma non petrarchesco.   *pur*: «anche se».   14. *pallide ombre*: cfr. Virgilio, *Aen.*, IV, 26: «pallentis umbras».

METRO: sonetto a rime incrociate (ABBA, ABBA) e replicate (CDE, CDE).

2. *espero*: il pianeta Venere che annuncia la sera. Cfr. *supra*, Galeazzo di Tarsia, *Donna, che viva*, 8.   *ombroso*: che porta le ombre serali.

e di quel tempo mio lieto e gioioso
e del misero poi ministra e duce;
5 amara notte, ch'a questi occhi adduce
le sue tenebre sol, non già 'l riposo,
fra cui rassembro augel notturno ascoso
nemico ai raggi, onde 'l dí s'orna e luce.
  Lasso, fu breve il dí, ma lunga e nera
10 la notte è poi, vago splendor fugace
parve, che passi infra le nubi e vole:
  ahi, che lucente andrà de la mia sera
nuovo cielo e vedrà chiaro e vivace
altro oriente or de' miei giorni il sole.

---

3. *gioioso*: cfr. *RVF*, XXXVII, 47: «e quando era mia vita allor gioio-
sa». 4. *misero*: tempo presente, per l'assenza della donna amata.
duce: cfr. *RVF*, CCCLVII, 2: «ch'i' segua la mia fida e cara duce» (: *lu-
ce*)». 5. *amara notte*: cfr. Properzio, I, 33; Ovidio, *Her.*, XII, 169.
5-6. *notte ... riposo*: cfr. Virgilio, *Aen.*, II, 268-269. 7. *augel nottur-
no*: «son fatto un augel notturno al sole» (*RVF*, CLXV, 14). *ascoso*:
«so come sta tra' fiori ascoso l'angue» (Petrarca, *Tr. Cup.*, III, 157).
9. *breve ... lunga*: «ma 'l tempo è breve, e nostra voglia è lunga» (Pe-
trarca, *Tr. Mor.*, II, 25). *nera*: cfr. Virgilio, *Aen.*, VII, 414 («nigra ...
nocte»). 10. *splendor*: «un lampo». *fugace*: cfr. Seneca, *Hercules
Oetaeus*, 469-470: «fugax ... fulmen». 11. *passi*: «passò quasi una
stella che 'n ciel vole» (*RVF*, CCXXXIII, 13). 12. *lucente*: da rife-
rire a *cielo* (v. 13). *andrà*: «nascerà». 13. *nuovo cielo*: «un nuovo
giorno». *vedrà*: il sogg. è il *sole* del v. 14. 14. *oriente*: aurora.

RIME SPIRITUALI

La dicitura «rimatori spirituali», lungi dalla pretesa di isolare un fenomeno dotato di caratteristiche formali uniformi e tantomeno una «scuola», vorrebbe raccogliere sotto di sé una molteplicità di situazioni poetiche, che hanno tuttavia come comune denominatore l'appartenenza ad un travagliato momento storico – il contrastato influsso dell'evangelismo erasmiano e valdesiano, nonché della Riforma in Italia, e la risposta delle istituzioni cattoliche – e ad una particolare costellazione topica; congiuntamente, queste due condizioni sembrano offrire una caratterizzazione non fittizia, benché tardivamente riconosciuta entro i canoni della storia letteraria. I motivi di questo ritardo nelle acquisizioni critiche hanno radici antiche, come ricordava Giovanni Getto quasi cinquant'anni or sono: umanesimo e classicismo hanno sempre mantenuto «fuori canone» gli scrittori religiosi, mentre la lettura desanctisiana del nostro Cinquecento, nel suo vigore ermeneutico, lasciava fatalmente in ombra tale area tematica. Per la prosa, come ha ribadito qualche anno fa Giovanni Pozzi, la limitazione del campo d'indagine ai secoli XIII e XIV si impose per motivi di priorità di interesse nello studio della lingua letteraria; altro discorso va fatto per la lirica, di cui inizialmente non si sono ben distinti in sede critica i tratti peculiari all'interno della vasta area della letteratura religioso-devozionale.

Prima di raggiungere l'autonomia della raccolta unitaria, i componimenti di carattere religioso, soprattutto per influenza petrarchesca (i *RVF* si chiudono, com'è noto, nel segno del pentimento, con la canzone alla Vergine), tendevano a concentrarsi nella parte finale dei canzonieri – si considerino i casi esemplari di Boiardo e Sannazaro –; per il resto, come s'è detto, la produzione di carattere religioso tendeva ad essere assorbita nella nebulosa dei testi di scarsa consistenza letteraria ma di largo consumo: le varie *Opere nove* ed i testi devozionali. Uno dei primi volumi che si fregia dell'etichetta di «spirituale» è, non a caso, la *Partenia* (1525) di Olimpo da Sassoferrato (Caio Olimpo Alessandri), prova conclusiva di una produzione lirica cortigiana di limitate ambizioni. Operazione decisiva perché capace di ricondurre, benché riducendone le potenzialità, al dominio del codice petrarchesco, è la strategia di riscrittura di Girolamo Malipiero nel suo *Petrarca spirituale* (1536): importante non tanto per i suoi effettivi esiti testuali, quanto per aver costituito, nell'ambito della lirica di argomento religioso, un orizzonte d'attesa nel pubblico dei lettori verso una tipologia «alta» di letteratura, sottraendone il dominio all'area indistinta della produzione devozionale. Un cambiamento di gusto ad ogni modo era già nell'aria, se l'Aretino, il cui intuito per le esigenze dettate dalla domanda del mercato librario è indiscutibile, già dal 1534 si era cimentato, con i *Salmi* e la *Passione di Giesú*, in una produzione di carattere sacro.

Il momento fondativo della lirica spirituale è comunque il 1546, anno in cui escono presso l'editore veneziano Vincenzo Valgrisi le *Rime spirituali* di Vittoria Colonna (l'edizione delle rime del 1539 presentava un'appendice di soli sedici sonetti spirituali). Nel frattempo il clima sociale e religioso era cambiato; gli inizi degli anni Quaranta segnano l'inizio della crisi della mediazione tra mondo cattolico e riformato tentata dagli evangelici, condizione che produce alcuni visibili effetti: la compilazione della prima proposta di Indice dei libri proibiti; la chiusura di alcune accademie che erano state polo di attrazione di personalità dottrinalmente irrequiete, come la Grillenzona di Modena o la Pontaniana di Napoli; le crescenti difficoltà a cui vanno incontro le personalità guida dell'evangelismo italiano: Pole, Contarini, Giberti; la fuga di Bernardino Ochino. È un intero mondo che sembra prendere congedo. Come è noto, la Colonna a Napoli, all'inizio degli anni Trenta, era entrata in contatto con Juan de Valdés; poi, a Roma, con Ochino e, dopo la fuga di questi, con Reginald Pole; Michelangelo, dal canto suo, faceva parte del cosiddetto circolo di Viterbo, composto da esponenti di spicco dell'evangelismo come Alvise Priuli e Marcantonio Flaminio, e nel 1538 aveva avuto modo di conoscere la Colonna. Anche Benedetto Varchi era tra gli amici di Michelangelo: il suo *Sermone fatto alla croce* (1549) è una delle testimonianze piú importanti della circolazione in area fiorentina del trattatello ereticale chiamato *Del beneficio di Giesú Cristo crocifisso*, mentre tra i dedicatari dei suoi sonetti spirituali compaiono personaggi come Caterina Cybo e Giulia Gonzaga.

Negli anni Cinquanta, grazie all'influenza della Colonna, la tipologia della lirica spirituale si definisce in modo piú visibile, anche se non sembra raggiungere esiti particolarmente cospi-

cui modesto appare infatti il livello di raccolte come quelle di
Giulio Bonnunzio (1551), Giovanni Agostino Caccia (1552),
Pietro Massolo (1557), Giovanbattista Scarlino (1558), Fer-
rante Carafa (1559); nel 1551 erano stati intanto pubblicati
postumi, a Parigi, con dedica a Margherita di Valois, i *De rebus
divinis carmina* del Flaminio (l'anno successivo il Torrentino
stampò l'edizione italiana). Il sesto decennio del secolo XVI pa-
re un momento interlocutorio, di studio e riassestamento, che
vede la netta prevalenza dell'esercizio di traduzione-riscrittura
dei *Salmi*, in cui si era cimentato il Flaminio già dal 1546 (ma
si ricordi che il volgarizzamento dei Salmi penitenziali di Gi-
rolamo Benivieni risale al 1505): apre la serie Bernardo Tasso
(1560), poi Antonio Minturno (1561), Laura Battiferri (1562),
Bartolomeo Arnigio (1568), Bonaventura Gonzaga (1568), in-
fine la collettanea curata da Francesco Turchi (*Salmi peniten-
ziali di diversi autori*, Gabriel Giolito, Venezia 1569). Con la fi-
ne degli anni Sessanta peraltro si conclude il trentennio «au-
reo» dei volgarizzamenti della Bibbia, durante il quale venne-
ro stampate ben quindici edizioni integrali della Scrittura.

È negli anni Settanta comunque che si assiste alla definiti-
va consacrazione della lirica spirituale, con la moltiplicazione
delle raccolte (dal Fiamma al Varchi al Filippi allo Scanello) e
soprattutto con l'allestimento, da parte di importanti editori
come il Giolito, di vere e proprie collane che intendono offri-
re una risposta adeguata ad una richiesta oramai diffusa e di-
versificata. Certo è che la situazione di fluidità dottrinaria e
di relativa libertà del periodo precedente, a partire dalla fine
degli anni Cinquanta, subisce una trasformazione profonda:
nel 1559, tanto per ricordare soltanto gli episodi piú significa-
tivi in questo senso, si conclude il processo al cardinal Moro-
ne e giunge a compimento il bando di Erasmo da Rotterdam
con l'*Indice* di Paolo IV. Frattanto, anche l'attività dei cosid-
detti poligrafi cominciava ad essere posta sotto osservazione.
Ludovico Domenichi, che aveva preso parte col Varchi all'Ac-
cademia Fiorentina, fu incarcerato nel 1549 per aver tradotto
L'excuse à messieurs les Nicodémites di Calvino (e il dedicata-
rio del sonetto presentato in questa sezione, Camillo Caula, è
personaggio sicuramente eterodosso); Ludovico Dolce – per
passare ad un personaggio di area veneziana – subisce due pro-
cessi assieme allo stampatore Gabriel Giolito nel 1558 e nel
1565, per avere curato l'edizione dei *Dialoghi* di Pompeo Dal-
la Barba e richiesto i *Commentarii* dello Sleidano per la prepa-
razione della sua *Vita di Ferdinando imperatore*.

Da questo momento si faranno strada due diverse tendenze:
una, il cui principale esponente appare Gabriele Fiamma, che
sulle ragioni manieristiche dello stile tende a far prevalere l'im-
mediatezza espressiva e la pacata trasparenza del dettato, ri-
fuggendo dalla rappresentazione di ogni asprezza, compresa

quella – alta ed eletta – dell'esperienza mistica; l'altra, che ha forse in Celio Magno il rappresentante piú significativo, in cui la sublimazione del codice lirico si accompagna ad un'accentuazione del sentimento di una perdita irreparabile, solo in parte compensata dalla speranza del perdono divino. In generale si assiste comunque, nella seconda metà del secolo, ad un ripiegamento interiore della lirica spirituale, all'accentuazione della dimensione del «patimento» individuale, necessario «esercizio spirituale» per poter ricostruire entro di sé i «luoghi» fondamentali dell'itinerario devozionale. Bisogna tener conto che in età tridentina giungono al culmine alcuni fenomeni che hanno esercitato un'influenza decisiva a questo riguardo: il drastico restringimento dell'area degli scrittori religiosi di stato laicale; il ridimensionamento del profetismo, del suo attivismo e della sua vocazione «pubblica»; la creazione di una fitta rete di figure come il confessore o la guida spirituale, che esercitano i loro compiti in modo capillare. È un processo che cela un fondo paradossale, perché da un lato si definiscono gli interpreti autorizzati e si attende al mantenimento di un enorme apparato di controllo, repressione e propaganda; dall'altro la componente mistica della scrittura spirituale si propone come esperienza «irregolare» e irriducibilmente individuale.

Il linguaggio della lirica spirituale tende nonostante ciò, ad essere connotato da alcune costanti stilistiche e tematiche, come il *topos* dell'ineffabilità del divino o il motivo dell'insufficienza dell'umana volontà; per rimanere al *corpus* di testi presentati in questa sezione, il tema dell'insostenibilità della *visio Dei* (Contile, *Qual occhio che nel sol*), o quello del fallimento del «volo» in assenza di grazia (Colonna, *Vanno i pensier talor*). Per quanto riguarda gli aspetti stilistici, siamo ancora lontani dalla formulazione piena (propria dell'età barocca) di una retorica mistica fondata sulla prosopopea e sull'ossimoro. Per ora la tensione del discorso religioso non procura alcuna drammatica frattura nel sistema della lingua letteraria: fa da filtro il codice del petrarchismo rinascimentale, che si dimostra in grado di assorbire il riassestamento della topica, che la lirica spirituale opera in particolare a partire dal linguaggio biblico, senza subire eccessivi stravolgimenti: proprio per questo motivo essa ha potuto realizzare modelli di scrittura intensamente praticati e godere di una larga ricezione.

S. P.

In questa sezione i quattro componimenti di Vittoria Colonna: *Parmi che 'l sol non porga il lume usato, Quando il gran lume appar ne l'oriente, Quando io dal caro scoglio guardo intorno, Sovra del mio mortal, leggera e sola,* sono stati curati da Marco Ariani.

☆

Era 'l giorno ch'al sol si scoloraro
per la pietà del suo fattore i rai,
quando in croce Iesú fiso guardai
sí che suoi dolci lacci mi legaro.
5   Tempo non mi parea da far riparo
contra colpi del ciel, però m'andai
pregion del sommo Amor, onde i miei guai
allor per vecchi errori incominciaro.
Trovommi Dio del senso disarmato
10 e sol la via per gli occhi aperta al core,
ch'eran fatti di lagrime uscio e varco.
Sia dunque a te, Signor, gloria et onore,
che mi hai condotto a sí felice stato,
ch'io gusti il dolce stral del tuo forte arco.

METRO: sonetto a schema ABBA, ABBA; CDE, DCE. Si tratta di ri-
scrittura di *RVF*, III che lascia, come spesso accade nel M., invariato
l'incipit e tutte le parole in rima.

3. *quando ... guardai*: mentre nel Petrarca il verso segna il fatale mo-
mento dell'innamoramento per Laura, il 6 aprile 1327, giorno della Pas-
sione (ed il verbo corrispondente, «fui preso», rimanda inequivocabil-
mente alla tradizione della poesia erotica); nel M. esso costituisce il cul-
mine dell'accensione mistica; l'avverbio *fiso* è di nuovo petrarchesco,
ma è quasi sempre riferito allo sguardo del poeta diretto a Laura (cfr.
RVF, XVII, 8; L, 65; CXXVII, 13, ecc.).   4. *lacci*: pure questo ter-
mine appartiene alla metafore venatorie del lessico erotico, ed è ampia-
mente attestato nel *RVF* (cfr. soprattutto VI, 3; LV, 13-17; CC, 5,
ecc.); conserva tuttavia (come in *RVF*, CCCLXVI, 49) anche un signi-
ficato morale piú generale, rappresentando la schiavitú del peccato.
5. *Tempo ... riparo*: «non mi sembrava allora opportuno difendermi».
6. *del ciel*: in Petrarca *d'amor*.   7-8. *pregion ... incominciaro*: il Pe-
trarca collega il proprio smarrimento morale al presente dell'innamora-
mento, il M. riconduce invece la causa dei «guai» ad un passato inde-
terminato.   9. *del senso disarmato*: il poeta era dunque in uno stato di
massima prostrazione, stato che doveva comunque favorire la sua con-
versione; nel Petrarca, al contrario, il poeta era *disarmato* di fronte ad
Amore.   12-14. *Sia ... arco*: terzina completamente riscritta rispetto
al modello (in cui veniva lamentata l'ingiustizia di Amore, che colpiva
con le sue frecce – cioè faceva innamorare – il poeta inerme, e rispar-
miava Laura); nella Scrittura l'arco è attributo di Dio (ma per sottoli-
nearne la temibilità della vendetta) in *Lam*, III, 12.

☆

Erano i capei d'oro a l'aura sparsi,
ch'in mille dolci nodi gli avolgea,
e 'l vago lume oltra misura ardea
de gli occhi, ch'a pietà non fur mai scarsi;
5   e 'l viso uman tutto divino farsi
con sembianti mirabili parea,
quando su al ciel Maria il viaggio avea
con gli angeli, d'amor quasi tutti arsi.
     Non era l'andar suo cosa mortale,
10 ma di celeste forma, et le parole
sonavan altro che pur voce umana.
     O dunque, Stella accesa, o vivo Sole,
madre di Dio, ch'in ciel sei tanta e tale,
prega per me, e tien mia vita sana.

METRO: sonetto a schema ABBA, ABBA; CDE, DCE. Riscrive *RVF*,
XC.

1. *l'aura*: «la brezza»; il gioco onomastico *l'aura/Laura* naturalmente
nel M. è destituito di ogni significato.   3. *lume*: «sguardo».   4.
ch'a pietà ... scarsi: rovescia completamente, in senso positivo, l'affer-
mazione petrarchesca corrispondente («ch'or ne son sí scarsi»); caso
piuttosto infrequente, il M. mantiene i primi tre versi identici al mo-
dello imitato.   5. *e 'l viso ... farsi*: nel Petrarca è invece l'umanissima
– anche se incerta – visione del viso pietoso di Laura.   6. *sembianti
mirabili*: «fattezze degne di meraviglia»; nel *RVF* il «sembiante» è al
contrario sempre «uman» (CLXX, 1 e CCXXXVIII, 12).   7. *Maria*:
si svela solo a questo punto il motivo della trasfigurazione della bellez-
za laurana: protagonista è infatti la Vergine, descritta nella gloria del-
l'Assunzione (il *viaggio*).   8. *arsi*: ad ardere, nel testo petrarchesco, è
il poeta: ma d'un amore profano.   10. *celeste*: nel Petrarca *angelica*,
dal M. rimosso per evitare ripetizione con *angeli* del v. 8; per il resto la
prima terzina si ripropone identica.   12-14. *O dunque ... sana*: il fi-
nale petrarchesco, che metteva in relazione la bellezza di Laura con
l'impossibilità, da parte del poeta, di guarire dalla «piaga» amorosa, vie-
ne sostituito con un'invocazione di tono liturgico che recupera gli epi-
teti piú tradizionali della devozione mariana (cfr. lo *Stella* del v. 12).

☆

    Poi che 'l mio casto amor gran tempo tenne
l'alma di fama accesa, ed ella un angue
in sen nudrio, per cui dolente or langue
volta al Signor, onde il rimedio venne,
5   i santi chiodi omai sieno mie penne,
e puro inchiostro il prezïoso sangue,
vergata cartà il sacro corpo exangue,
sí ch'io scriva per me quel ch'Ei sostenne.
    Chiamar qui non convien Parnaso o Delo,
10   ch'ad altra acqua s'aspira, ad altro monte
si poggia, u' piede uman per sé non sale;
    quel Sol ch'alluma gli elementi e 'l Cielo
prego, ch'aprendo il Suo lucido fonte
mi porga umor a la gran sete equale.

METRO: sonetto a schema ABBA, ABBA; CDE, CDE.

1. *casto amor*: cfr. Colonna, *Rime spirituali*, CXLVI, 3 (S1).   2. *un angue*: «il peccato»; l'immagine della serpe in seno, già classica (Teognide, 602), attraverso Esopo, XCVII e Fedro, IV, 19 diviene proverbiale.   4. *onde*: «da cui». *rimedio*: al peccato originale, attraverso il sacrificio del Salvatore; cfr. *Rime spirituali*, XCIX, 13 (S1).   6. *prezïoso sangue*: 1 *Pt*, I, 19.   9. *Parnaso o Delo*: per antonomasia, la poesia pagana (Parnaso è appunto il monte delle Muse, Delo l'isola sacra ad Apollo).   10. *altra acqua*: non all'acqua delle fonti Castalia, Ippocrene e Aganippe sul Parnaso, ispiratrici di poetico *furor*, ma a quella del battesimo, che simboleggia la liberazione dal peccato.   11. *per sé non sale*: cfr. *Rime spirituali*, CXXVI, 3 (S1).   13. *fonte*: il parallelismo, di matrice biblica (soprattutto *Ger*, II, 13; *Gv*, IV, 14 ed *Ap*, XXII, 1-2), conosce larga fortuna all'interno delle *Rime spirituali*: cfr. ad es. II, 4, XLII, 5, CLXXIII, 3 (S1); XIII, 1, XX, 9 (S2).   14. *umor*: cfr. *Rime spirituali*, LXXXVII, 1 (S1). *a la gran ... equale*: «sufficiente a smorzare la mia gran sete».

☆

Con vomer d'umiltà larghe e profonde
fosse conviemmi far dentro al mio core,
sgombrando il mal terreno e 'l tristo umore,
pria che l'aggravi quel, questo l'innonde,
5   tal ch'altra poi miglior terra il circonde,
e piú fresca del Ciel pioggia lo irrore,
onde la vite del divino amore
germini frutti, non labrusca e fronde.
Ma pria che l'ombra in tutto la ricopra
10   e poscia indarno fra le vane foglie
aspetti il caldo del celeste raggio,
Lui, che fu sol umil, prego che scopra
Se stesso al cor, poiché da me sempre aggio
tenebrosi pensier, superbe voglie.

☆

Vanno i pensier talor carghi di vera
fede al gran Figlio in croce, ed indi quella
luce, ch'Ei porge lor serena e bella,

METRO: sonetto a schema ABBA, ABBA; CDE, CED.

1. *vomer d'umiltà*: richiama il «vomer di pena» di *RVF*, CCXXVIII, 5; esso dissoda il «terreno» del cuore in cui stanno confitte le radici del lauro, simbolo dell'amata.   3. *sgombrando ... umore*: secondo la metaforica del Dio buon vignaiuolo (*Is*, XXVII, 2-4; *Mt*, XIII, 3-9 e XX, 1-8), perché venga accolto nel migliore dei modi il seme del Verbo; per *mal terreno* cfr. *Rime spirituali*, XXVII, 4 (S2).   6. *pioggia lo irrore*: situazione pressoché identica al sonetto LXXV (S1); nel Petrarca il «dolce umore» che rende fertile la pianta è rappresentato dalle lacrime che la sofferenza amorosa fa sgorgare dagli occhi del poeta (cfr. *RVF*, CCXXVIII, 6).   7. *la vite*: tema di derivazione giovannea (XV, 5) di grande diffusione nel canzoniere della Colonna: cfr. XII, 3; XXXI, 5; CLIV, 1 (S1) e VI, 3 (S2).   8. *labrusca*: «vite selvatica»; altra variazione del tema del Dio *bonus agricola*, stavolta tratta da *Is*, V, 2 e 4; XVII, 11.   10. *indarno*: «invano».   13. *al cor*: sott. mio. *aggio*: «ho».

METRO: sonetto a schema ABBA, ABBA; CDE, DEC. Poesia densa di significato dottrinale, sulla teoria della giustificazione per sola fede, condotta sulla base di spunti paolini (*Fil*, III, 6-10; *Rm*, III, 28 e XI, 5-6).

1. *carghi*: «carichi, pieni».   2. *gran Figlio*: cfr. *Rime spirituali*, CV, 2 (S1) e XXIV, 8 (S2).

li guida al Padre in glorïosa schiera;
5   né questo almo favor rende piú altera
l'alma fedel, poi che fatta è rubella
del mondo e di se stessa; anzi rende ella
a Dio de l'onor suo la gloria intera.

Non giungon l'umane ali a l'alto segno
10 senza il vento divin, né l'occhio scopre
il bel destro sentier senza 'l gran lume.

Cieco è 'l nostro voler, vane son l'opre,
cadono al primo vol le mortai piume
senza quel di Gesú fermo sostegno.

Qual digiuno augellin, che vede ed ode
batter l'ali a la madre intorno quando
li reca il nudrimento, ond'egli amando
il cibo e quella si rallegra e gode,
5   e dentro al nido suo si strugge e rode
per desio di seguirla anch'ei volando,

---

4. *glorïosa schiera*: Petrarca, *Tr. Pud.*, 77.   5. *almo*: «segnalato e vi-
vificante» (dal lat. *alere*, nutrire); da notare il gioco paronomastico col
successivo *alma* (v. 6).   6-7. *poi che ... stessa*: perché osservare le leg-
gi divine presuppone una ribellione rispetto alla logica mondana ed a
quella della propria fragile natura individuale, inclinata al peccato. Da
notare il forte *enjambement* che caratterizza i primi due versi delle quar-
tine.   9-10. *ali ... vento*: cfr. *Rime spirituali*, X, 1-3 (S1): «Spiego vèr
Voi, Signor, indarno *l'ale* | prima che 'l vostro caldo interno *vento* | m'a-
pra l'aria d'intorno...»; per il vento come segno della presenza del divi-
no, cfr. 1 *Re*, XIX, 12.   *segno*: «traguardo»: la salvezza.   11. *destro
sentier*: la giusta strada (cfr. *Rime spirituali*, LVIII, 11 (S1).   12. *l'o-
pre*: «le opere»: in ambito teologico indica l'osservanza dei comanda-
menti; la frase non è da intendere assolutamente, ma, come il verso suc-
cessivo, in unione con l'enunciato conclusivo, complicato da iperbato.

METRO: sonetto a schema ABBA, ABBA; CDE, DEC. Composizione
strutturata, nel quadro di una similitudine nettamente bipartita tra
quartine e terzine, sul ricorso sistematico alla dittologia, quasi sempre
sinonimica: *vede ed ode* (v. 1); *il cibo e quella si rallegra e gode* (v. 4); *si
strugge e rode* (v. 5); *caldo ... e vivo* (v. 9); a cui fa seguito nella parte fi-
nale un andamento iterativo marcato da *variatio* semantica (*lucido/lam-
peggia*, v. 11) e grammaticale (*movo/mossa*, v. 12).

3. *ond'egli*: «per cui egli».

e la ringrazia, in tal modo cantando
che par ch'oltra il poter la lingua snode;
tal io, qualor il caldo raggio e vivo
10 del divin (Sole) onde nudrisco il core
piú de l'usato lucido lampeggia,
    movo la penna, mossa da l'amore
interno, e senza ch'io stessa m'aveggia
di quel ch'io dico le Sue lodi scrivo.

☆

Mosso 'l pensier talor da un grande ardore,
nudrito in noi per fede e speme ardente,
vola con tanto ardir ch'entra sovente
ove scorger no 'l pote altro ch'amore.
5   Ivi in Colui s'interna, il cui valore
arma di tal virtú l'accesa mente
che vede l'orma, ode la voce e sente
l'alto Suo aiuto in questo cieco errore;
    e, se ben trae dolcezze e brevi e rare
10 dal Fonte sacro, oh qual porge virtute
una sol stilla in noi del Suo gran mare!
    Son poi tutte le lingue a narrar mute
come quel dolce infra quest'onde amare
manda a l'infermo cor vera salute.

8. *che par ... snode*: «che sembra superare ogni limite di abilità nel canto». 11. *piú ... lucido*: «di una luminosità piú intensa del solito». 12. *movo la penna*: è la consueta simbolica del volo. 12-13. *amore | interno*: cfr. XCV, 5 (S1). *m'aveggia*: «me ne avveda».

METRO: sonetto a schema ABBA, ABBA; CDC, DCD.

1. *ardore*: la carità; in unione con la *fede* e la *speme* del v. 2 forma l'insieme delle virtú teologali. 5. *s'interna*: Dante, *Par.*, XXXIII, 85; cfr. *Rime spirituali*, CLIV, 4 (S1). 7. *vede l'orma*: 1 *Pt*, II, 21 (e cfr. *Rime spirituali*, LXI, 9 e CXVIII, 14 [S1]). 8. *in ... errore*: nel mondo terreno, cfr. *Rime spirituali*, XC, 10 (S1). 10. *Fonte sacro*: secondo una simbologia piú volte usufruita (cfr. *supra*, *Poi che 'l mio casto amor*, nota al v. 13), si riferisce al Padre. *qual ... virtute*: «quanta virtú offre». 12. *Son ... mute*: è il consueto *topos* dell'ineffabilità della presenza divina (cfr. *RVF*, CCCXXV, 97). 13. *quest'onde amare*: ancora l'esistenza terrena. 14. *vera salute*: cfr. *Rime spirituali*, LII, 1 (S1).

Parmi che 'l sol non porga il lume usato,
né che lo dia sí chiaro a sua sorella;
non veggio almo pianeta o vaga stella
rotar lieto i bei rai nel cerchio ornato.
5　　Non veggio cor piú di valor armato,
fuggito è 'l vero onor, la gloria bella
nascosta e le virtú giunte con ella,
né vive in arbor fronde o fiore in prato.
Veggio turbide l'acque e l'aer nero;
10　non scalda il foco né rinfresca il vento;
tutti han smarrita la lor propria cura.
Da l'or che 'l mio bel Sol fu in terra spento
o è confuso l'ordin di natura
o 'l duolo ai sensi miei nasconde il vero.

Quando il gran lume appar ne l'orïente,
che 'l nero manto de la notte sgombra,

METRO: sonetto a rime incrociate (ABBA, ABBA) e a tre rime diverse
(CDE, DEC).

1. *Parmi*: «mi sembra». *usato*: «solito».　2. *sorella*: la luna.
3. *almo*: per le virtú che ne discendono.　4. *rotar ... ornato*: «diffon-
dere lietamente i bei raggi girando nel cielo adorno di stelle». Cfr. *RVF*,
XXXIII, 1-4: «... l'amorosa stella | [...] | rotava i raggi suoi lucente e
bella».　5. *piú*: da connettere con *Non veggio* (vedo).　6. *fuggito*:
cfr. *RVF*, CXIV, 1-2: «fuggita | ogni vergogna».　7. *giunte con ella*:
«che si accompagnano con essa (la *gloria*)».　9. *Veggio ... nero*: cfr.
Virgilio, *Aen.*, V, 696: «turbidus imber aqua densisque nigerrimus Au-
stris»; *RVF*, CCCXX, 6: «Vedove l'erbe et torbide son l'acque».
10. *rinfresca*: cfr. Petrarca, *Tr. Cup.*, IV, 127 («e l'aer si rinfresca»).
11. *cura*: il compito che gli è proprio per natura.　12. *Sol*: Ferdinan-
do Francesco D'Ávalos. Cfr. *RVF*, CCCLXIII, 1: «Morte à spento quel
sol ch'abagliar suolmi».　13. Cfr. Lucrezio, I, 677: «mutatoque or-
dine mutant naturam res».　14. *duolo*: «dolore».

METRO: sonetto a rime incrociate (ABBA, ABBA) e alternate (CDC,
DCD).

1. *gran lume*: il sole (da *RVF*, XIX, 3).　2. Cfr. Stazio, *Theb.*, III,
415-416: «Nox [...] nigroque polos involvit amictu».

e 'l freddo gel ch'alor la terra ingombra
dissolve e scaccia col suo raggio ardente,
⁵   de l'usate mie pene, alquanto lente
per l'inganno del sonno, me ringombra;
ond'ogni mio piacer risolve in ombra,
alor che 'n ciascun lato ha l'altre spente.
    Oh viver mio noioso, oh aversa sorte!
¹⁰ cerco l'oscurità, fuggo la luce,
odio la vita, ognor bramo la morte.
    Quel ch'agli altri occhi offende ai miei riluce,
perché chiudendo lor s'apron le porte
a la cagion ch'al mio Sol mi conduce.

☆

Quando io dal caro scoglio guardo intorno
la terra e 'l mar, ne la vermiglia aurora,
quante nebbie nel ciel son nate alora
scaccia la vaga vista, il chiaro giorno.
⁵   S'erge il pensier col sol, ond'io ritorno
al mio, che 'l Ciel di maggior luce onora;
e da questo alto par che ad or ad ora

3. *alor*: «all'alba». *ingombra*: «pervade». 4. *dissolve ... ardente*:
cfr. *RVF*, XXII, 13-14: «Quando la sera scaccia il chiaro giorno, | e le
tenebre nostre altrui fanno alba». 5. *lente*: perché temporaneamen-
te alleviate dal sonno. 6. *me ringombra*: «mi grava» (il sogg. è il *gran
lume* del v. 1). 7. *risolve*: «dissolve». Cfr. *RVF*, XXIII, 168-169:
«la sua dolce ombra | ogni men bel piacer del cor mi sgombra». 8.
'n ciascun lato: «da ogni parte». *altre*: ombre (oppure le pene degli al-
tri). 9. *noioso*: «angoscioso» (cfr. *RVF*, XXIII, 85; XXXVII, 48).
10. *fuggo la luce*: «corsi fuggendo un dispietato lume» (*RVF*, CXLII,
2). 11. *odio ... morte*: cfr. *RVF*, CCCXXXII, 6: «odiar vita mi fan-
no, e bramar morte». 12. *Quel*: la notte. *altri*: degli altri. 13.
lor: gli occhi. *porte*: dei sogni (cfr. Virgilio, *Aen.*, VI, 893-896).
14. *cagion*: il sogno. *mio Sol*: l'amato.

METRO: sonetto a rime incrociate (ABBA, ABBA) e alternate (CDC,
DCD).

1. *scoglio*: «forse l'isola di Ischia, ove Vittoria, nel 1509, sposò il D'Á-
valos» (Baldacci). *guardo*: cfr. *RVF*, LIV, 8: «et rimirando intorno».
2. *vermiglia*: cfr. Dante, *Purg.*, II, 7-8. 4. *la vaga vista*: il sole, bello
a vedersi. 6. *al mio*: al mio sole, l'amato. *onora*: essendo il D'Áva-
los morto e assurto in cielo. 7. *alto*: dalla parte piú alta del cielo (il
Paradiso).

ılchlamı l alma al suo dolce soggiorno.
     Per l'exempio d'Elia non con l'ardente
¹⁰ celeste carro, ma col proprio aurato
     venir se 'l finge l'amorosa mente,
     a cambiarmi 'l mio mal doglioso stato
     con l'altro eterno; in quel momento sente
     lo spirto un raggio de l'ardor beato.

☆

     Sovra del mio mortal, leggera e sola,
     aprendo intorno l'aere spesso e nero,
     con l'ali del desio l'alma a quel vero
     Sol, che piú l'arde ognor, sovente vola,
⁵   e là su ne la sua divina scola
     impara cose ond'io non temo o spero
     che 'l mondo toglia o doni, e lo stral fero
     di morte sprezzo, e ciò che 'l tempo invola,
     ché 'n me dal chiaro largo e vivo fonte
¹⁰ ov'ei si sazia tal dolcezza stilla

8. Cfr. *RVF*, CLXXX, 14: «torno volando al suo dolce soggiorno»; CCCXLVI, 7: «dal mondo errante a quest'alto soggiorno».   9. *Elia*: fu assunto al cielo su un carro di fuoco (2 *Re*, II, 11).   10. *aurato*: «com'è il carro del Sole» (Baldacci).   11. *venir ... mente*: la mente innamorata se lo (il D'Ávalos) immagina arrivare su un carro d'oro. 12. *doglioso stato*: *iunctura* in *RVF*, CCLXVIII, 19.   14. Cfr. Dante, *Par.*, VII, 74: «l'ardor santo ch'ogni cosa raggia».

METRO: sonetto a rime incrociate (ABBA, ABBA) e a tre rime diverse (CDE, CED).

1. *mortal*: il corpo.   2. *aere ... nero*: cfr. *supra*, *Parmi che 'l sol*, 9. *spesso*: cfr. Dante, *Purg.*, XXI, 49 e XXXII, 110.   3. *l'ali del desio*: cfr. *RVF*, XXXVII, 30: «col desio non possendo mover l'ali»; CXXXIX, 1: «disiose l'ali» (cfr. Dante, *Par.*, XXXIII, 15: «sua disianza vuol volar senz'ali»).   4. *Sol*: Dio.   *sovente*: «spesso».   *vola*: cfr. *RVF*, CCCLXII, 1-2: «Volo con l'ali de' pensieri al cielo | sí spesse volte...».   5. *scola*: cfr. Dante, *Inf.*, IV, 94.   6. *cose*: cfr. Dante, *Inf.*, II, 26.   7. *toglia o doni*: retti rispettivamente da *non temo* e *spero* (v. 6).   8. *invola*: «toglie».   9. *fonte*: Dio (cfr. *Sal*, XXXV, 10: «apud te est fons vitae, et in lumine tuo videbimus lumen»; Dante, *Purg.*, XV, 132; *RVF*, CLXIV, 9: «una chiara fonte viva»).   10. *ei*: l'amato.   *stilla*: cfr. *RVF*, CCCXXII, 6: «dal ciel tanta dolcezza stille».

che 'l mel m'è poi via piú ch'assenzio amaro,
   e le mie pene a lui noiose e conte
acqueta alor che con un lampo chiaro
di pietade e d'amor tutto sfavilla.

11. *mel*: «miele». *via piú*: «molto piú». *assenzio*: liquore amaro
tratto dall'artemisia. Cfr. *RVF*, CCXV, 14: «e 'l mel amaro, et adolcir
l'assentio». 12. *a lui*: a Dio. *conte*: «note». 13. *lampo chiaro*:
iunctura da *RVF*, CCXXI, 6. 14. *sfavilla*: cfr. Dante, *Par.*, XVIII,
71: «lo sfavillar de l'amor che lí era»; *RVF*, CXLIII, 3: «l'acceso mio
desir tutto sfavilla».

Di te me veggo e di lontan mi chiamo
per appressarm'al ciel dond'io derivo,
e per le spezie all'esca a te arrivo,
come pesce per fil tirato all'amo.
5 E perch'un cor fra dua fa picciol segno
di vita, a te s'è dato ambo le parti;
ond'io resto, tu 'l sai, quant'io son, poco.
E perch'un'alma infra duo va 'l piú degno,
m'è forza, s'i' voglio esser, sempre amarti;
10 ch'i' son sol legno, e tu se' legno e foco.

☆

Vorrei voler, Signor, quel ch'io non voglio:
tra 'l foco e 'l cor di ghiaccia un vel s'asconde
che 'l foco ammorza, onde non corrisponde
la penna all'opre, e fa bugiardo 'l foglio.
5 I' t'amo con la lingua, e poi mi doglio

METRO: madrigale (cosí lo classifica il Girardi, ma potrebbe anche essere frammento di sonetto). Schema ABBACDECDE.
Composto sul *verso* di un foglio recante uno schizzo preparatorio per le Tombe Medicee, databile attorno al 1520.

1. *Di te ... veggo*: «riconosco di appartenere a te».   3. *le spezie*: secondo una terminologia riattualizzata dal Ficino, la bellezza, *esca* del processo amoroso (per *spezie* cfr. Michelangelo, *Rime*, CIII, 7).   5. *fra dua*: «diviso in due», ovvero indeciso tra il peccato (mondo) e la redenzione (*ciel*).   5-6. *fa picciol ... di vita*: «non dimostra un'esistenza compiuta».   8. *va 'l*: «va al».   9. *esser*: «esistere».   10. *legno e foco*: in Dio dunque la passività e la negatività dell'individuo trova senso e funzionale completamento; l'immagine, in situazione piú convenzionalmente erotica, si ritrova in *Rime*, XCVI, 1 e CLXXI, 9.

METRO: sonetto a schema ABBA, ABBA; CDE, CDE.
Il Girardi lo colloca attorno al 1534.

1. *Vorrei ... voglio*: la flagrante contraddizione è resa attraverso il poliptoto di *volere* (per il quale si veda *Rime*, XXII, 13).   2. *'l foco*: qui, come al verso successivo, vuol significare l'amore divino, contrastato dalla propensione al male (il *vel di ghiaccia*).   3. *'l foco ammorza*: cfr. *Rime*, CLXVII, 4-5: «col fier ghiaccio il foco | tuo dolce am-

ch'amor non giunge al cor; né so ben onde
apra l'uscio alla grazia che s'infonde
nel cor, che scacci ogni spietato orgoglio.
Squarcia 'l vel tu, Signor, rompi quel muro
¹⁰ che con la suo durezza ne ritarda
il sol della tuo luce, al mondo spenta!
Manda 'l preditto lume a noi venturo,
alla tuo bella sposa, acciò ch'io arda
il cor senz'alcun dubbio, e te sol senta.

☆

Per ritornar là donde venne fora,
l'immortal forma al tuo carcer terreno
venne com'angel di pietà si pieno,
che sana ogn'intelletto e 'l mondo onora.
⁵ Questo sol m'arde e questo m'innamora,
non pur di fuora il tuo volto sereno:
ch'amor non già di cosa che vien meno
tien ferma speme, in cui virtú dimora.
Né altro avvien di cose altere e nuove
¹⁰ in cui si preme la natura, e 'l cielo

morza». 6-7. *onde | apra*: «in che modo io possa aprire». 7. *grazia*: è questa l'unica attestazione del termine nel canzoniere michelangiolesco. 9. *rompi ... muro*: è immagine ricorrente nella lirica spirituale, ricavata in particolare da *Ez*, III, 7. 10. *ne ritarda*: «ritarda a noi». 12. *preditto*: cfr. *Rime*, LXVI, 13. *a noi venturo*: «che ci è destinato». 13. *alla tuo ... sposa*: l'anima.

METRO: sonetto a schema ABBA, ABBA; CDE, CDE.
Mentre il Frey lo considera un episodio della corrispondenza con Vittoria Colonna, il Girardi lo retrodata al periodo di Tommaso de' Cavalieri (1532-33). Appare tra i piú tormentati, presentando stadi redazionali plurimi, in particolare per le terzine.

2. *l'immortal forma*: l'anima, secondo una diffusa sentenza tomistica (cfr. *Rime*, CCXVI, 2). *carcer terreno*: il corpo, stavolta da specola neoplatonica; cfr. *Rime*, CCLXIV, 5, ma vedi anche *RVF*, CCCXXV, 101; CCCXLIX, 10 e Colonna, *Rime spirituali*, XXXVI, 23 (S2). 6. *non pur*: «non soltanto». 7-8. *ch'amor ... speme*: «perché l'amore non può mantenere una salda speranza in un oggetto effimero». 9. *altere e nuove*: «splendide e peregrine». 10. *in cui ... la natura*: «in cui la natura imprime il suo sigillo» (cfr. *Rime*, XCVII, 10-11); le redazioni precedenti rievocavano la compenetrazione tra Dio e creato attra-

è ch'a' lor parti largo s'apparecchia;
    né Dio, suo grazia, mi si mostra altrove
piú che 'n alcun leggiadro e mortal velo;
e quel sol amo perch'in lui si specchia.

---

verso l'immagine del *coltello* e della *vagina* (fodero).   11. *largo s'ap-
parecchia*: «si dimostra generoso nel concedere benefici».   13. *mortal
velo*: ancora il corpo, con derivazione paolina (*Eb*, X, 20) comune anche
alla Colonna: cfr. *Rime spirituali*, C, 9 e CXXII, 10 (S1).   14. *si spec-
chia*: cfr. *Rime*, XLI, 1.

VIII, 6

QUAM SINT BEATI QUI SUMITA SUA CRUCE
CHRISTUM SEQUUNTUR

Beatus ille qui suam
tollit crucem quotidie,
magnisque Iesum passibus
sectatur! illum maximus
5   Caelestium Pater sibi
adoptat ultro filium,
eique donat Spiritum
peccata delentem omnia,
hereditatis inclytae
10   pignus beatum. Is intimo
in corde miros excitat
Patris amores optimi:
hinc ille temnens omnia
quaecumque tellus et maris
15   arena dives continet,
laetatur unico Deo:

METRO: dimetro giambico acatalettico (archilochío); se ne avvalse, tra
gli altri, Orazio negli *Epodi*, in unione col trimetro giambico acataletti-
co e l'esametro.

TRADUZIONE. «Quanto siano beati coloro che, presa la loro croce, se-
guono Cristo». Beato chi prende ogni giorno la sua croce, e segue Gesú
a grandi passi! Il Padre celeste (5) lo considera come un figlio, e gli conce-
de lo Spirito Santo, che toglie tutti i peccati, pegno benedetto di
un'eredità preziosissima. Esso suscita nel profondo (10) del cuore un
amore meraviglioso per l'ottimo Padre; per questo l'uomo, disprezzan-
do qualunque bene racchiuda la terra e le ricche spiagge marine, (15) si

1-2. *qui suam ... crucem*: Mt, X, 38 e XVI, 24; Mc, VIII, 34; Lc, IX, 23
e XIV, 27.   3-4. *magnisque ... sectatur*: Sal, CXVIII, 59.   9. *here-
ditatis*: cfr. *Beneficio di Cristo* (ed. Caponetto, III, 210-211): Dio «ci fa
eredi con il suo legittimo figliuolo di tutte le richezze sue» (cfr. anche
VI, 60-65). L'operetta, che contribuí alla diffusione della dottrina val-
desiana in tutta Europa, fu stesa da Benedetto da Mantova e sicura-
mente rivista dal Flaminio.   10. *pignus*: termine paolino, *Ef*, I, 14: lo
Spirito Santo è «pignus hereditatis nostrae in redemptionem adquisi-
tionis».   11-12. *miros ... amores*: Virgilio, *Aen.*, VII, 57.   13-
15. *hinc ille ... continet*: cfr. *Beneficio di Cristo*, VI, 252-255: «Chi sarà
cosí vile e pusillanime, che non giudichi un vilissimo fango tutte le de-
lizie, tutti li onori, tutte le ricchezze del mondo, sapendo di essere sta-

hunc spem, salutem, gloriam
suam, suumque gaudium,
patrem, magistrum nominat;
20 latusque semper dexterum
sibi tegentem conspicit,
per huius ut vitae vias
formidolosas ambulet
securus, et cari Patris
25 benignitatem sentiat.
Ergo nec illum territat
humana vis, nec inferum
furor tremendus maximis
periculorum casibus,
30 ut dura rupes turgidi
tunsa procellis Hadriae,
immobilis semper manet:
nec cessat ullo tempore
hostes, amicos, patriam
35 iuvare, negligens sui.
Sic ille vitam caelitum
colens, perenni gaudio
triumphat. Impius, licet
terrae marisque sit potens,
40 pulchrumque nomen occupet
felicis, est semper miser.

rallegra soltanto in Dio: lo chiama sua speranza, salvezza, gloria e sua
gioia, padre e maestro; vede sempre protetta la sua destra, (20) perché
possa camminare sicuro per le strade malcerte di questa vita, e speri-
mentare la benevolenza del Padre premuroso. (25) Non lo spaventano
dunque né la violenza dei suoi simili, né le tremende punizioni inferna-
li quando è sottoposto alle piú pericolose tentazioni: come un salda roc-
cia, (30) percossa dalle onde del tempestoso Adriatico, egli rimane irre-
movibile, e non cessa mai di amare i compagni, la sua terra, persino i ne-
mici, senza pensare a se stesso. (35) Cosí, vivendo come le creature ce-
lesti, gode di gioia perenne. Il malvagio, invece, anche se domina sulla
terra e sul mare, e se è considerato dagli altri un uomo fortunato, (40)
rimane sempre un infelice.

to fatto da Dio cittadino del cielo?».	17. *salutem, gloriam*: *Sal*, LXI,
8.	25. *benignitatem*: cfr. *Beneficio di Cristo*, p. 19 (III, 14).	30-
32. *ut dura ... manet*: Virgilio, *Aen.*, X, 693-696; ma vedi anche il pas-
so del *Beneficio di Cristo*, IV, 151-152, che definisce la fede «la pietra,
sopra la quale la consciencia edificata non teme alcuna tempesta, né pur
le porte dell'inferno...»; cfr. i vv. 26-28.

VIII, 20

DE ARDENTI AMORE SUO ERGA CHRISTUM

Amore totus langueo,
nec ulla iam datur quies.
Iesu benigne, iam meam
solare mentem, candidos
5   ostende vultus, lumine
tuo beata lumina
fac mea, ne osculum, precor,
amans amanti denega.
Tu sponsus es animae meae;
10   ve quaerit illa lacrimis,
te continenter invocat:
tu, sancte, mortis e manu
tuo redemtam sanguine,
tuique amore sauciam,
15   odisse certe non potes.
Ergo misella cur tuae
dulcedinem praesentiae
non sentit? ah cur supplices
venti querelas dissipant?

METRO: lo stesso della composizione precedente.

TRADUZIONE. «Del proprio ardente amore per Cristo». Mi struggo d'a-
more, né posso ormai trovare quiete. O Gesú misericordioso, consola
ora il mio spirito, mostra il tuo volto luminoso, (5) riempi i miei occhi
di letizia con il tuo splendore e non negare, ti prego, tu che ami, un ba-
cio all'amato. Tu sei lo sposo dell'anima mia; te essa cerca tra le lacri-
me, (10) te invoca senza sosta: strappata dalle mani della morte grazie
al sacrificio del tuo sangue, ferita dall'amore che sente per te, non puoi
certo odiarla. (15) Dunque perché, miserella, non sente la dolcezza del-
la tua presenza? Perché i venti disperdono i suoi supplichevoli lamenti?

4-5. *candidos ... vultus*: Sal, IV, 7; XLIII, 4 e LXXXVIII, 16.
7. *osculum*: testo fondamentale su cui poggia tale metafora di carattere
amoroso (cfr. anche la successiva immagine di Cristo-sposo) è in parti-
colare il *Cantico dei cantici*.   9. *Tu sponsus ... meae*: cfr. *Beneficio di
Cristo*, IV, 14: «Dio ha sposato il suo dilettissimo Figliuolo con l'anima
fidele, la qual non avendo cosa alcuna che fusse sua propria se non il
peccato, il Figliuol di Dio non si è disdegnato di pigliarla per diletta spo-
sa con la propria dote, ch'è il peccato».   10. *te ... lacrimis*: Sal, XLI,
4.   14. *sauciam*: l'immagine del ferimento causato dall'intensità del-
l'amore divino è un luogo classico della letteratura mistica.

²⁰ Sed tu licebit anxio
amantem amore torqueas,
non illa amare desinit.
Iesu, tui tabescere
amore res dulcissima est.

Tu potrai anche (20) torturarmi con un amore che mi dà tormento, ma essa non cesserà di amarti. Consumarsi per amor tuo, Gesú, è dolcissimo.

23. *tabescere*: anche in questo caso, al linguaggio della lirica erotica classica (cfr. Catullo, LXVIII e Properzio III, 6, 23) si sovrappone la tradizione esegetica, già fiorente nel Medioevo, del *Cantico*.

☆

Oggi, Signor, che dal mondo empio, errante,
coronato dall'arbor ch'io tanto amo,
tornasti al cielo, umil ti prego e chiamo,
scarco de le mie colpe tali e tante.
5 Ben vedi, alto Signor, ch'esser costante
nel ben, come ora son, mai sempre bramo;
ma tanto è meco poi di quel d'Adamo,
ch'a resister per me non son bastante.
Porgi dunque, Signor, la santa mano
10 a me, ch'a tua sembianza in ciel creasti,
e vinto resti l'Avversario rio.
Da te, Signor, son io detto cristiano:
tu pure – oh, pietà grande! – oggi degnasti
abitar meco sotto il tetto mio.

☆

Se solo in te tutti questi anni addietro
ebbi io, Signor del ciel, fede e speranza,
quel che del viver mio sí poco avanza,
da lor non torca o si rivolga indietro.
5 Quella vana del tutto e questa vetro
non sia: pregoti umil, non dar possanza

METRO: sonetto a schema ABBA, ABBA; CDE, CDE.

1. *Oggi*: il giorno dell'Ascensione, come si ricava dal v. 3.   *errante*: in
balia dell'errore; cfr. Colonna, *Rime spirituali*, CX, 12 e CLXII, 2 (S1).
2. *dell'arbor ... amo*: «la croce».   6. *mai sempre*: «in ogni momento».
7. *di quel d'Adamo*: del peccato originale.   8. *ch'a ... bastante*: spun-
to paolino: *Rm*, VII, 22-23.   9. *santa mano*: Colonna, *Rime spiritua-
li*, XIV, 14 (S1).   11. *l'Avversario*: Satana (1 *Pt*, V, 8).   14. *il tet-
to mio*: *Mt*, VIII, 8: «Domine non sum dignus ut intres sub tectum
meum»; sono le parole del centurione di Cafarnao, il cui servo fu gua-
rito da Cristo.

METRO: sonetto a schema ABBA, ABBA; CDC, CDC.

4. *da lor*: dalla *fede e speranza* del v. 2.   *non torca*: «non si svii».
5. *vetro*: cioè «fragile»; cfr. Colonna, *Rime spirituali*, V, 8 (S1): «questa

a l'Avversario tuo, che per usanza
piú mi persegue quanto piú m'arretro.
   Grandi son le mie colpe, alto Signore,
¹⁰ io 'l conosco e 'l confesso, ma di loro
e di tutte altre è tua pietà maggiore.
   Quell'innocente che sí largo fuore
sangue l'empio versò, pietoso foro,
lavò chiunque te chiamando muore.

umana speranza esser di vetro» (cfr. *RVF*, CXXIV, 12).   7. *per usan-*
za: «secondo suo solito».   9. *Grandi ... colpe*: *Sal*, XXXI, 5.   12-
13. *Quell'innocente ... foro*: costruisci: «quel sangue innocente che il
peccatore (l'*empio*: il soldato che trafisse Gesú crocefisso [*Gv*, XIX,
34]) fece sgorgare tanto copiosamente, ferita pietosa, ecc.».   14.
lavò: Paolo, *Eb*, IX, 14.   *chiunque ... muore*: ovvero «tutti coloro che
si pentono».

☆

Qual occhio che nel sol perde la vista
a sé debil ritorna, e nulla vede,
onde ne l'alte e luminose prede
del suo picciol valor tutto s'attrista;
5   tal è la mia vertú, mancando, trista
nel chiaro oggetto ch'ogni lume eccede,
onde nasce bellezza e dove riede,
ch'in cielo, in terra no, tal don s'acquista.
    Dunque lodar potrà lingua mortale
10 bellezza eterna, sí ch'a par s'intenda
alto splendor per basso stil terreno?
    Io cantarò, ma desir mio che vale
se non è che per grazia Dio n'accenda
breve favilla presso al ciel sereno?

☆

Quel gran sigillo ch'in materie tante
con mirabil bellezza ognor s'imprime;
quel braccio forte, quella man soblime
ch'adornò il mondo di sí belle piante,
5   chi fia che non celèbre e che non cante
in sue lode sacri inni e sacre rime,

METRO: sonetto a schema ABBA, ABBA; CDE, CDE.

1. *Qual ... vista*: la similitudine d'esordio è dantesca, ma presente an-
che in Colonna, *Rime spirituali*, XIX, 5-7 (S1).   3. *prede*: «oggetti
della contemplazione».   4. *valor*: «capacità visiva».   5. *trista*: «in-
sufficiente».   7. *riede*: «ritorna», secondo un processo circolare caro
al neoplatonismo.   8. *tal don*: quello cioè di poter contemplare la bel-
lezza divina.   10. *a par*: «parimente».   13. *per grazia*: pur collega-
to al tema dell'ineffabilità delle bellezze celesti, ritorna il motivo della
necessità della grazia.

METRO: sonetto a schema ABBA, ABBA; CDE, CDE.

1. *gran sigillo*: Dio, manifestantesi attraverso la sua attività creatrice
(cfr. *supra*, Michelangelo, *Per ritornar là*, 10).   3. *braccio forte*: *Sap*,
XXII, 16 e *Is*, LI, 9 (cfr. Colonna, *Rime spirituali*, XCVI, 1-2 [S1]).
5. *fia*: «sarà».   6. *sacri inni*: *Sal*, LXIV, 2 e CXVIII, 171.

e d'ogni bene le primizie prime
religïosamente ponga innante?
Qual materia è sí rigida e sí dura
10 che non si muova a intenerirsi, quale
di sé l'informi il provido sigillo?
O celeste pietate, o mente pura,
in quanti modi ci sottrae al male
per condurci a lo stato tuo tranquillo!

8. *ponga innante*: «offra».   10-11. *quale ... l'informi*: da riferire a
materia, ovvero: «qual è quella materia plasmata da Dio che, a dispetto
della sua durezza, non divenga malleabile?».   *l'informi*: conferisca
cioè principio formale alla bruta materia.   *provido*: rivelatore appunto
della divina Provvidenza.   14. *stato ... tranquillo*: RVF, CXLIX, 14.

☆

Versi sopra lo sterile terreno
de l'arido cor mio lo Spirto santo
pioggia feconda, e lo ristauri tanto
che ricco e colmo abbia di frutti 'l seno;
⁵   che, se del vivo umor per grazia pieno
fia, non darassi 'l mio nemico vanto
di seminarvi la zizania intanto,
né del mio sol turbar potrà 'l sereno.
Spirto superno, Atto divin che d'una
¹⁰   sostanzia sei col Padre eterno e <'l> Figlio
e da l'uno e da l'altro esci conforme:
spira ne l'alma mia frale e digiuna
virtú, ché col tuo fermo, alto consiglio
si desti a l'opre, ov'or s'adagia e dorme.

METRO: sonetto a schema ABBA, ABBA; CDE, CDE.

1. *Versi*: come il *ristauri* del v. 3, è cong. ottativo.   2. *de l'arido cor*: aridità e sterilità, in un buon numero di passi scritturali (tra cui si veda almeno *Sal*, CXXVIII, 5-7; *Eccli*, VI, 3; *Mt*, III, 10; *Gv*, XV, 5-6; *Gd*, 12) connotano la condizione di peccato; il tema è sviluppato diffusamente da V. Colonna: cfr. *Rime spirituali*, LXXV (S1) e *supra*, *Con vomer d'umiltà*.   3. *pioggia feconda*: *Sal*, LXXI, 6. *ristauri*: «fortifichi».   4. *frutti*: *Sal*, I, 3.   5. *vivo umor*: cfr. Colonna, *Rime spirituali*, LXXXVII, 1 (S1).   6. *fia*: «sarà».   7. *zizania*: *Mt*, XIII, 25-30.   8. *'l sereno*: «lo splendore» (il *sol* è la gioia offerta dall'amore di Dio).   9. *Spirto superno*: lo Spirito Santo.   11. *esci conforme*: «derivi in egual misura»; cfr. Dante, *Par.*, XXXIII, 119-120: «foco | che quinci e quindi igualmente si spiri».   12. *frale e digiuna*: fragile e bisognosa della parola di Dio (*RVF*, CCCXXXI, 12).

☆

De l'eterne tue sante, alme faville
tal foco in me, sommo Signor, s'accende,
che non pur dentro l'alma accesa rende,
ma fuori ancor conviene ch'arda e sfaville.
5 E tanto l'ore mie liete e tranquille
fa questo ardor mentre mi strugge e 'ncende,
che di lui bramo, ovunque il sol risplende,
poter l'alme infiammar a mille a mille;
per questo alti misteri, occulti sensi
10 vorrei scoprir de le sacrate carte
con affetto e con stil purgato e mondo:
tu, che le grazie, almo Signor, dispensi,
giungi a sí bel desío l'ingegno e l'arte
perch'arda meco del tuo amore il mondo.

☆

Quel che move a lodar cosa mortale,
o la lingua o lo stil, del vero il segno
varca sovente, e con l'acuto ingegno
va sopra il merto uman spiegando l'ale;
5 ma l'oggetto divino et immortale,

METRO: sonetto a schema ABBA, ABBA; CDE, CDE.

2. *foco*: il sonetto proemiale della raccolta gioca sul significato del cognome dell'autore, dandogli un senso, per cosí dire, programmatico. 4. *convien*: «deve»; secondo una modalità dunque solo in minima parte dipendente dalla volontà. 7. *di lui*: dell'*ardor* del verso precedente. *ovunque ... risplende*: cioè «in ogni luogo». 8. *l'alme infiammar*: diffondendo la parola di Dio (si ricordi l'attività di predicazione svolta dal poeta). 9. *occulti sensi*: affermazione ardita, in un'epoca in cui l'attività di interpretazione della Bibbia stava per essere sottoposta a una rigida codificazione. 10. *sacrate carte*: «le Scritture». 13. *giungi*: «fornisci in aggiunta». *l'ingegno e l'arte*: ispirazione e magistero tecnico, per poter raggiungere i due obiettivi citati al v. 11: l'*affetto* e lo *stil*.

METRO: sonetto a schema ABBA, ABBA; CDC, DCD.

2. *lo stil*: «la scrittura».

sommo diletto del celeste regno
che umile in queste carte a lodar vegno,
sopra ogni vanto in infinito sale.
    Quell'orna e lume accresce al suo soggetto,
10 io ricevo dal mio splendore e vita;
a me la copia, a lui nuoce il difetto;
    da Febo e da le Muse ei chiede aita,
io da lo Spirto suo soccorso aspetto
che a ben oprar et a cantar m'invita.

☆

    Poi ch'un desir beato
mi chiude in stretta cella
ove meco un amor santo soggiorna,
Amor, che 'l manco lato
5 con ardente facella
m'avviva e 'ncende, quando Febo aggiorna
e quando al mare ei torna,
quando arde e quando è algente,
quando caggion le foglie
10 e quando i fior raccoglie,

9. *Quell'orna*: il primo termine del parallelismo, la retorica di origine pagana di cui si parla nella prima quartina.   11. *a me ... difetto*: mentre cioè la lode delle realtà mondane deve presupporre artificialmente un valore elevato, ma di fatto assai piú modesto, la retorica sacra è costretta a confrontarsi costantemente con un oggetto di valore incommensurabile.   12. *da Febo...*: la fondazione di una fonte ispirativa radicalmente nuova rispetto alla tradizione classica (che ha la sua origine in Dante, *Par.*, I, 13-18) era stata invocata ad apertura di canzoniere anche da V. Colonna: cfr. *supra*, *Poi che 'l mio casto amor*.   14. *ben oprar*: dunque l'«esempio» ricavabile dalla vita quotidiana del F. non è meno importante di quello offerto dalla sua opera poetica.

METRO: canzone a schema abCabCcdeeDfF e congedo XyY. Il componimento è dedicato, come si ricava a partire dalla terza stanza, alla virtú della pazienza, secondo un criterio ricorsivo nel canzoniere del F. (vi sono liriche dedicate alla fede, alla speranza, alla carità, cosí come alla prudenza, alla giustizia, alla temperanza ed alla fortezza).

2. *mi chiude*: «fa sí che io rimanga chiuso».   *stretta cella*: Mt, VI, 6.
4. *manco lato*: il cuore; cfr. *RVF*, XXIX, 31; CCXXXVIII, 1 e Colonna, *Rime spirituali*, XXXVI, 1 (S1).   5. *facella*: «fiamma».   6-7. *quando Febo ... torna*: all'alba ed al tramonto (*Febo* è Apollo, dio del sole).   8-11. *quando ... gente*: rispettivamente, in estate, inverno, au-

nati da novo umor, la nostra gente;
i' pur vorrei di lui
poter scoprir l'alte faville altrui.
    Di questo nobil foco,
¹⁵ di questo ardor gentile,
canto l'alta cagion, gli effetti santi.
Io non ho in basso loco
od in soggetto vile
posto il mio cor, come i terreni amanti,
²⁰ che i lor pensieri erranti
fermano in cosa tale
che dà lor biasmo e danno,
per cui sovente vanno
da questo breve a quell'eterno male;
²⁵ io amo un'alma Dea
cui cede Giuno, Palla e Citerea.
    Cosí chiamar ti voglio,
Diva, che prendi il nome
dal patir ch'a le genti insegni e mostri;
³⁰ per te al mondo mi toglio,
e sotto gravi some
contento e lieto vivo in questi chiostri
u' mille ho vinto mostri
di peccati empi e rei.
³⁵ Ho vinto anco me stesso
la tua mercede spesso
e fatto ho forza a' tristi affetti miei,
e per te dolci e care
sento farsi talor le doglie amare.
⁴⁰   Tu de la santa fede
e del divino amore
sei la piú nobil figlia e la piú eletta;
tu sei del cielo erede

tunno e primavera.   13. *l'alte faville*: cfr. *supra*, *De l'eterne tue sante,
alme faville*.   17. *basso loco*: «condizione di scarso valore».   24.
breve: nel senso che le conseguenze negative del peccato durano soltan-
to il rapido volgere di un'esistenza, per poi convertirsi eventualmente
nella dannazione eterna.   26. *Giuno ... Citerea*: Giunone, Atena
(Pallade) e Afrodite (nata a Citera, isola del Peloponneso).   30. *al
mondo mi toglio*: «mi sottraggo alle mondane lusinghe».   32. *chio-
stri*: come la *cella* del v. 2, è termine evocante ecclesiastico ritiro.   33.
u': «dove».   36. *la tua mercede*: «grazie a te».   42. *erede*: «ere-

che s'ha sol per dolore
⁴⁵ e per quel che la carne men diletta.
    Diva saggia e perfetta
per cui sol nasce e vive
e cresce ogni virtute:
d'ogni speme e salute
⁵⁰ l'alme son senza te spogliate e prive;
al ciel tu ne fai scorta
et aprir sola puoi di lui la porta.
    Cortese alma mia Diva,
che nel tuo casto seno
⁵⁵ a maggir uopo m'hai stretto e raccolto
quando avea l'alma priva
d'ogni contento e pieno
il cor d'affanni, e quasi in lor sepolto;
eccomi tutto vòlto
⁶⁰ a' tuoi beati amori,
a far chiaro e sublime,
quanto pon mie rime,
il tuo bel nome
e' tuoi divini onori,
⁶⁵ che fien noti a le genti,
se potrà tanto il suon di questi accenti.
    Il cor, mia Dea, ti dono,
perché a soffrire impari
e sacro l'alma al tuo celeste Nume;
⁷⁰ per te piú vil non sono,
ch'a rai splendenti e chiari
polisco l'alma del tuo santo lume,
et ogni bel costume
i' veggio nel tuo speglio,

---

dità».   46-48. *Diva ... virtute*: lo spunto di sapore lucreziano («per te
quoniam genus omne animantum | concipitur, visitque exortum lumina
solis» [«grazie a te si genera ogni famiglia degli esseri, e nata vede la lu-
ce del giorno»]; *De rer. nat.*, I, 4-5) appare completamente trasfigurato
nel suo significato generale.   51-52. La rima *scorta : porta* anche in
Colonna, *Rime spirituali*, CII, 1 e 4 (S1).   54. *a maggior uopo*: «a di-
sagi piú rigidi».   62. *pon*: «possono».   64. *divini onori*: Colonna,
Rime spirituali, X, 13 (S1).   65. *fien*: «saranno».   66. *suon ... ac-
centi*: movenza petrarchesca (*RVF*, V, 4).   68. *impari*: il sogg. natu-
ralmente è *io*.   69. *sacro*: «consacro».   72. *polisco l'alma*: «purifi-
co l'anima» (cfr. Colonna, *Rime spirituali*, LV, 3 [S1]).   74. *speglio*:
«specchio».

⁷⁵ che con soavi tempre
     mi scopre e mostra sempre
     come, seguendo il ben, s'acquista il meglio:
          però te sola chiamo,
     Pazienza, e te sol pregio e te sol amo.
⁸⁰   Canzon, hai pochi fregi, ma sei nata
     da quell'ardente fiamma
     che negli affanni al ciel m'erge et infiamma.

☆

     Vorrei con salde piume erger la mente
     fuor di questo mortal terreno incarco,
     per cui sovente il giusto segno varco
     e tengo ognor nel mal la voglia ardente;
⁵   ma il mondan visco è tanto in me possente
     e di vani pensieri tanto son carco,
     che a forza mi rimango in questo varco,
     fangoso albergo de la sciocca gente.
          Padre celeste, tu mi presta i vanni:
¹⁰ leva i ritegni e fa minor la soma
     col tuo favor, in cui mi fido solo;
          tal che, s'ho speso in terra i miglior anni,
     or ch'incomincio ad imbiancar la chioma,
     posso con le tue penne alzarmi a volo.

---

75. *soavi tempre*: cioè in modo dolce.   81. *ardente fiamma*: di nuovo
abbiamo l'*aequivocatio* con il nome del F.

METRO: sonetto a schema ABBA, ABBA; CDE, CDE.

2. *incarco*: «carico, zavorra» (il corpo, che è ostacolo in quanto induce
a varcare il *giusto segno*, cioè a commettere peccato): *Sal*, XXXVII, 5.
5. *mondan visco*: l'immagine è tipica della poesia amorosa: cfr. *RVF*,
XL, 3; CV, 24 e CCLXIII, 7.   7. *varco*: sta per «valle» (la *vallis la-
crimarum* di *Sal*, LXXXIII, 7).   8. *albergo*: dimora (per il particolare
del fango cfr. *Gb*, XXX, 19 e *Sap*, XV, 10).   9. *tu mi ... vanni*:
«dammi le ali».   10. *ritegni*: «indecisioni».   11. *in cui ... solo*: «in
cui unicamente confido».   14. *alzarmi a volo*: cfr. Colonna, *Rime spi-
rituali*, LXVI, 1 (S1).

☆

O vago tanto e lusinghiero in vista
fior, cui natura par ch'in tutto arrida,
ma con l'esterno bel, che 'l guardo affida,
d'aspro veleno occulta frode hai mista;
5   quanto imparo da te, ch'è mal avista
alma che 'l suo giudicio a gli occhi fida,
poi ch'in terren piacer pianto s'annida,
e d'incauto fallir morte s'acquista.
Né men tua corta vita essempio adduce,
10 come tra 'l vaneggiar de' sensi frali
s'estingua, ohimè, questa sí breve luce.
Fugga il cor dunque i dilettosi mali,
e dietro al raggio ch'or dal ciel mi luce,
al vero, eterno Ben spieghi omai l'ali.

☆

S'or lieto piú che mai, vago augelletto,
con soave armonia d'ogni uso fora,
meco ti dèsti a salutar l'aurora
che sorge anch'ella in sí ridente aspetto,
5   ben n'hai cagion, ch'in questo giorno eletto
Colui ch'al sole i raggi alluma e indora

METRO: sonetto a schema ABBA, ABBA; CDC, DCD.

1. *lusinghiero ... vista*: «d'aspetto dilettevole».   3. *l'esterno bel*: la bellezza esteriore. *che ... affida*: «che rende lo sguardo privo di sospetti».   5. *ch'è ... avista*: «perché è sprovveduta».   7. *terren piacer*: *Lc*, VIII, 14.   10. *sensi frali*: Colonna, *Rime spirituali*, CXLVIII, 1-2 (S1).   12. *dilettosi mali*: all'ossimoro (cfr. *RVF*, CXXXII, 7) è affidata la funzione di rappresentare il contrasto fra interessi mondani e dimensione spirituale.   13. *raggio ... luce*: Colonna, *Rime spirituali*, XVI, 5-6 (S1): «... quel raggio, che traluce | sin dal Ciel...».   14. *al vero ... Ben*: a Dio. *spieghi ... l'ali*: Colonna, *Rime spirituali*, X, 1 (S1).

METRO: sonetto a schema ABBA, ABBA; CDC, DCD.

2. *soave armonia*: *Sap*, XVII, 17: «avium sonus suavis». *d'ogni ... fora*: «inusuale» (per la sua bellezza).   6. *Colui ... indora*: Cristo, «sol iustitiae» (*Lc*, I, 78), fornisce luce e calore ai raggi del sole; per *alluma*

nascendo venne a far tra noi dimora,
cangiato il ciel con vil, povero tetto.
  Ma qual anch'io darò di gaudio segno
¹⁰ se l'alto mio dever col tuo misuro,
e 'l caldo affetto onde 'l mio core è pregno?
  Nacque sol per pietà del mio già duro
stato, e fe' col morir su l'aspro legno
d'eterna vita il mio sperar sicuro.

☆

Ramo infelice er'io, che dal nativo
tronco per cruda man langue reciso
mentre m'avean, Signor, da te diviso
mie gravi colpe, e di tua grazia privo.
⁵ Or che pentito un lagrimoso rivo
spargo umile ai tuoi piè chinando il viso,
son a te ricongiunto, e in paradiso
vòlto 'l mio inferno, in te rinasco e vivo.
  Amor sovra ogni amor benigno e pio,
¹⁰ Poter che tutto può, Bontà infinita,
Dio ne l'uom trasformarsi, e l'uomo in Dio;
ma, per ch'io duri tal, tu stesso aita
Signor, mi presta, e sia tosto il fin mio,
ch'un ora toglie spesso eterna vita.

---

cfr. *supra*, Colonna, *Poi che 'l mio casto amor*, 12 (S1). 8. *povero tet-
to*: *Mt*, VIII, 8. 9. *Ma ... segno*: «ma quale segno di gioia ricono-
scente potrò manifestare» (iperbato). 11. *e 'l caldo affetto*: sott. *mi-
suro*. *onde*: «grazie al quale». 13. *legno*: «la croce».

METRO: sonetto a schema ABBA, ABBA; CDC, DCD.

1. *Ramo*: si tratta della consueta similitudine vegetale ampiamente at-
testata nelle Scritture (cfr. *supra*, Colonna, *Con vomer d'umiltà*, note ai
vv. 3 e 7, a cui può essere aggiunto Paolo, *Rm*, XI, 17). 4. *privo*:
«privato». 8. *vòlto*: «avendo convertito». *rinasco*: *Gv*, III, 5.
9. *Amor ... amor*: alle figure della ripetizione (cfr. anche il verso suc-
cessivo) è demandato l'innalzamento di tono che prepara l'invocazione
a Dio. 11. *l'uomo in Dio*: attraverso l'*imitatio Christi*. 12. *per
ch'io ... tal*: «perché io rimanga degno». *aita*: «aiuto». 13. *il fin*:
«la morte». 14. *ch'un ora ... vita*: a causa del peccato che può esse-
re commesso nel volgere di un solo istante.

☆

Cristo oggi nacque, ond'io debbo mostrarmi
lieto o dolente? E starne in festa o in lutto?
M'empie di gaudio il ben con lui produtto
poi ch'in terra dal ciel venne a salvarmi;
5   ma tra la gioia il cor sento piagarmi,
ch'ei colse del su' amor sí acerbo frutto,
in alto abisso di martir condutto,
degnando per sua morte a vita trarmi:
benché, se 'l mio dever guardo e 'l suo merto,
10 che vale il mio gioir, che vale il pianto
a le sue fasce, a la sua croce offerto?
Tu che, nato per me, patisti tanto,
con tua grazia fa degno il mio demerto
e in me cresci a tua gloria e 'l duolo e 'l canto.

METRO: sonetto a schema ABBA, ABBA; CDC, DCD.

2. *starne*: «restare per questo».   6. *ch'ei*: «poiché egli». *colse ...
acerbo frutto*: RVF, VI, 13.   8. *morte a vita*: cfr. Colonna, *Rime spiri-
tuali*, LXVIII, 3-4 (S1): «... quell'aspra e rea | morte che diede a noi sí
dolce vita».   9. *dever*: i compiti affidati al cristiano; questa prima
terzina, nella constatazione dell'incommensurabilità del *merto* di Cristo
rispetto a quello umano (il *demerto* del v. 13), supera l'opposizione tra
gioia e dolore delle due quartine.   10. *che vale ...*: Eccli, XLIII, 30:
«Gloriantes ad quid valebimus?» [Come potremmo avere la forza per
lodarlo?»].

TORQUATO TASSO

L'esperienza lirica caratterizza l'intera esistenza del T., dagli esordi giovanili alle tarde raccolte. Nel corso degli anni il poeta compone infatti una mole imponente di testi, piú di duemila tra sonetti, canzoni, madrigali, ballate e stanze, sottoponendo questo *corpus* assai ampio a una revisione e rielaborazione continua e caotica, sia per le varianti ai singoli componimenti, sia nell'articolazione complessiva dell'organismo; tale particolarità, congiunta a vicende editoriali contrastate (soprattutto a causa della disinvoltura con cui spesso gli editori pubblicarono i testi senza l'approvazione e le cure dell'autore, dal 1579 al 1586 rinchiuso in Sant'Anna), fa delle *Rime* tassiane uno degli oggetti piú complessi e problematici per la filologia moderna.

Una prima (esigua) raccolta organica di liriche tassiane compare a stampa già nel 1567, entro le *Rime degli Academici Eterei*, ma sino alla reclusione la produzione lirica del poeta resta affidata a testimonianze sporadiche e per lo piú miscellanee, sia manoscritte che a stampa. Con l'inizio degli anni '80 si inaugura la vera e propria fortuna del T. lirico: i principali editori del tempo (particolarmente Aldo Manuzio il giovane a Venezia, Giulio Vasalini a Ferrara) sfruttano la grande fama ormai raggiunta dal poeta mettendo in cantiere, concorrenzialmente, numerose stampe di *Rime e Prose* tassiane divise in piú parti. Tali edizioni incontrano grande favore di pubblico (avvalorando, unitamente a quelle della *Liberata*, l'immagine del T. come maggiore poeta del suo tempo), ma vengono realizzate senza la piena approvazione di Torquato che, trovandosi confinato in Sant'Anna, da un lato fornisce agli editori parte dei materiali da pubblicare (sperando, sempre invano, di ottenere riconoscimenti tangibili, nonché l'agognata libertà), dall'altro è costantemente costretto a lamentarsi per le realizzazioni affrettate, scorrette, volte all'immediato successo ma poco rispettose dell'effettiva volontà dell'autore (che pure ha le sue responsabilità nell'inadeguatezza di tali operazioni editoriali, giacché, perennemente insoddisfatto, sottopone di continuo le proprie liriche a revisione e riordinamento). Proprio negli anni di Sant'Anna (in coincidenza con una stagione di grande vitalità creativa), e soprattutto tra il 1584 e il 1586, il T. elabora però un primo progetto sistematico di organizzazione dei propri materiali lirici, anche in conseguenza dell'insoddisfazione per la riuscita delle stampe «non autorizzate»: tale progetto, che prevede una distinzione tematica dei testi (forniti di «argomento») e la loro scansione in organismi strutturalmente elaborati, resta affidato a testimonianze manoscritte (un codice Chigiano per le rime amorose, due Estensi per quelle encomiastiche e sacre, nonché per le «rime irregolari», vale a dire i madrigali) ancora in gran parte provvisorie. Solo negli ultimi anni della propria vita il T. può nuovamente accingersi a riordinare le proprie liriche in vista di uno sbocco editoriale finalmente confacente alla sua volontà, e ancora sostanzialmente fedele al disegno elaborato nel periodo della prigionia: egli sottopone i propri componimenti lirici all'ennesima revisione testuale, di nuovo li riordina e ne attua una rigorosa selezione, dotandoli anche di un (parziale) commento; il frutto di questo estremo lavoro, sempre caratterizzato dalla divisione tematica, è la comparsa a stampa di una prima parte di «rime d'amore» (Mantova 1591) e di una seconda di «rime d'encomio» (Brescia 1593); ad esse avrebbe dovuto far seguito una terza parte di «rime encomiastiche e sacre» (rimasta manoscritta), mentre resta assai dubbia l'esistenza del progetto di una quarta di «rime irregolari». Il piano editoriale viene però interrotto, e questa volta definitivamente, a causa della morte del poeta.

L'immediata fortuna delle *Rime* tassiane, pur se caratterizzate da una diffusione disinvolta e a tratti caotica, testimonia dell'importanza di Torquato come «modello» lirico della propria età. Si tratta in effetti della più ampia e autorevole ricapitolazione della lirica precedente, che assume come punto di partenza l'esperienza del petrarchismo (più nel ricorso diretto all'originale, assunto pressoché mnemonicamente – come del resto Dante – che nella codificazione bembesca) per superarla definitivamente tramite l'accoglimento di quelle voci poetiche che nel corso del secolo ne avevano più o meno consciamente decretato la crisi, a livello ideologico e a livello formale: si pensi al padre Bernardo, a lirici meridionali come il Tansillo e il Rota, e soprattutto al Della Casa, senza dimenticare alcune figure esemplari dell'area tosco-romana, come il Guidiccioni, il Molza e il Caro, nonché, in tempi e luoghi più vicini al poeta, i ferraresi Pigna e Guarini. Tali stimoli, arricchiti dalla sicura frequentazione dei classici, greci (Anacreonte, Pindaro, Teocrito) e soprattutto latini (da Catullo a Virgilio a Orazio a Ovidio, sino a Claudiano), per tacere della formazione filosofica e latamente enciclopedico-erudita, concorrono a fornire il sostrato a una rimeria di cui fu comunque immediatamente riconosciuta la prepotente originalità: nell'ampiezza dello spettro tematico (si guardi alla costruzione degli articolati «canzonieri» amorosi, in cui la ricerca sempre piú sottile della «sublime» ed esemplare voce lirica si unisce a un'ininterrotta fedeltà al motivo edonistico-sensuale; all'ufficialità della celebrazione cortigiana nella ricca, e ancor piú fondamentale per la tradizione, produzione encomiastico-occasionale; al contributo dato alla fortuna di un genere tipicamente controriformista come quello della rimeria sacra; all'esaltazione, infine, delle potenzialità musicali della lirica nella vasta produzione madrigalesca); nell'attenta e costante cura per gli aspetti dell'«artificio» formale (da segnalare la sintassi ricca e franta, le invenzioni foniche, il gusto, già prebarocco, per l'arguzia e il traslato); da ultimo, nella capacità di permeare un organismo cosí ricco e vario di sincero, e spesso doloroso, autobiografismo, cui nulla toglie il filtro dell'estrema letterarietà dell'esperienza.

La forza insita nella voce poetica del T. sta proprio nel riuscito tentativo di coniugare la ricerca di un'alta dignità retorico-formale alla capacità di ampliare, spesso con minime ma significative variazioni (che coinvolgono, in una fitta rete di allusioni intertestuali, anche le altre opere di Torquato) la sfera del «poetabile» a ogni occasione, piú o meno contingente; tutto ciò senza rinunciare, come detto, all'autenticità della propria sensibilità umana (basti il riferimento alla struggente elaborazione lirica del dato personale contenuta nel frammento della canzone *Al Metauro*). Con la comparsa delle *Rime* tassiane avviene, piú di due secoli dopo il Petrarca, l'effettiva rifondazione della nostra tradizione lirica: oltre a costituire un imprescindibile punto di riferimento per i contemporanei, esse divengono infatti modello e termine di confronto irrinunciabile per la nostra lirica secentesca, Marino e i marinisti in particolare, estendendo la propria influenza anche fuori d'Italia.

V. M.

☆

Questo primo sonetto è quasi propositione dell'opera, nel quale il poeta dice di meritar lode d'essersi tosto pentito del suo vaneggiare, et essorta gli amanti co 'l suo essempio che ritolgano ad Amore la signoria di sé medesimi

> Vere fur queste gioie e questi ardori
> ond'io piansi e cantai con vario carme,
> che potea agguagliare il suon de l'arme
> e de gli Heroi le glorie e i casti amori;
> 5   e se non fu de' piú costanti cori
> ne' vani affetti il mio, di ciò lagnarme
> già non devrei, ché piú lodevol parme
> il pentimento ove honestà s'honori.

METRO: sonetto proemiale (a schema ABBA, ABBA; CDE, CDE) del canzoniere amoroso tassiano. Rielaborando motivi topici tratti dai principali modelli lirici, il Petrarca e il Bembo, Torquato vi innesta accenti originali, di peculiare valenza edonistica.

1. *Vere*: sottolinea in apertura il valore di verità delle vicende narrate (l'elemento è poi ripreso in Marino, *Rime am.*, I, 8); si tratta del fondamentale richiamo a un «vero poetico» che è per il T. criterio irrinunciabile di significanza di ogni operazione letteraria, e non contrasta con l'artificiosità formale e strutturale della propria lirica. «Dice il Poeta che gli amori suoi sono stati veri, per dimostrar che 'l vero amore, o i veri amori, sono il vero soggetto del Poeta lirico, come scrive il Petrarca nelle sue Epistole latine. Tuttavolta intorno ad esso favoleggia, non altrimente che faccia l'Epico, come fa il medesimo autore in molti suoi componimenti» (*Comm. Tasso*).   2. *piansi ... carme*: riecheggia l'incipit di Bembo, *Rime*, I («Piansi e cantai lo strazio e l'aspra guerra»), a sua volta mutuato da Petrarca, *RVF*, I, 5 («del vario stile in ch'io piango et ragiono»), pure utilizzato qui dal T. per il *vario carme*. Cfr. *Comm. Tasso*, anche per i rinvii a *RVF*, CCXXIX, 1-2 e CCXXX, 1.   3-4. *che ... amori*: elemento di novità nella topica del sonetto proemiale (anche se di ascendenza addirittura classica, si pensi solo al Virgilio bucolico): il T. instaura una similitudine tra *epos* e lirica che tende a nobilitare quest'ultima. Il motivo è presente al Marino, che lo amplia in *Rime am.*, I, 1-4. A livello retorico, si noti il chiasmo.   5. *non ... cori*: allude al fatto che il proprio canzoniere amoroso deroga alla costante fedeltà verso un unico oggetto d'amore, propria del modello petrarchesco; in effetti l'istanza centrifuga dell'incostanza amorosa, già assunta del resto nelle rime bembiane, viene ripresa dal T. nella costruzione di un doppio canzoniere, l'uno per Laura e l'altro per Lucrezia. Per il tema, cfr. anche il sonetto *Spinto da quel desio che per natura*, in particolare vv. 5-7 (come suggerisce Duranti, *Sulle rime*).   6. *vani affetti*: riassume «le vane speranze e 'l van dolore» di *RVF*, I, 6.   8. *il pentimento*: al-

IIoi con l'essemplo mio gli accorti amanti,
10 leggendo i miei diletti e i miei desiri,
ritolgano ad Amor de l'alme il freno.
Pur ch'altri asciughi tosto i caldi pianti
et a ragion talvolta il cor s'adiri,
dolce è nudrir voglie amorose in seno.

☆

Ragiona con Amore, andando a ritrovar la sua donna

Amor, colei che verginella amai
doman credo veder novella sposa,
simil, se non m'inganno, a colta rosa
che spieghi il seno aperto a' caldi rai;

tro motivo tratto dal sonetto proemiale petrarchesco (cfr. _RVF_, I, 13).
9-11. _Hor ... freno_: la prima terzina, inaugurata dall'avv. temporale che
caratterizza il trapasso anche in _RVF_, I, 9, è però nel complesso riela-
borazione di Bembo, _Rime_, I, 9-11: «Ché potranno talor gli amanti ac-
corti, | queste rime leggendo, al van desio | ritoglier l'alme col mio duro
exempio» (si noti, nel Bembo e poi in Torquato, l'esplicitazione del mo-
tivo della «lettura», e quindi della letterarietà di un'esperienza che Pe-
trarca ancora celava nella finzione dell'«ascolto»); l'aderenza alla terzi-
na bembiana prepara d'altronde il ribaltamento proposto dal T. in quel-
la finale.   12-14. _Pur ... seno_: mentre il Bembo amplia (_Rime_, I, 12-
14), con accenti di fatalità moralista, la piú lieve adesione petrarchesca
al motivo biblico della _vanitas_, il T. riserva alla terzina finale il decisivo
allontanamento dai modelli, nel senso del rifiuto, pur non esplicito ma
ambiguamente suggerito, della topica proposizione di pentimento, e in
quello della riaffermazione ultima della propria fedeltà all'amore; sal-
dandosi circolarmente con l'apertura, il sonetto nega dunque la pro-
spettiva lineare, escatologica dei precedenti, costituendone un coscien-
te contraltare.

METRO: sonetto a schema ABBA, ABBA; CDE, CDE.
«Controepitalamio» in cui il poeta immagina un incontro con la donna
amata in passato (Lucrezia), nell'occasione delle nozze di costei; alla ge-
losia verso chi è destinato a «cogliere la rosa» si unisce la speranza che
la donna gli si mostri ancora pietosa, autorizzando il perpetuarsi, nono-
stante l'evento, dei sospiri (e delle liriche) d'amore.

1-2. _verginella ... novella_: in rima interna.   3. _se ... inganno_: in que-
sto inciso (e nel _credo_ del verso precedente) può forse leggersi un'into-
nazione ironica.   3-4. _colta ... rai_: esplicita (anche nella valenza am-
bigua del sost. _seno_) la valenza edonistica della metafora, per cui _Comm_.
Tasso allega l'autorità di Catullo, LXII, 39 sgg.; ma si veda l'analoga im-
magine nel sonetto _Già solevi parer vermiglia rosa_ (_infra_), e le fonti ivi al-

⁵ ma chi l'aperse non vedrò giamai
ch'al cor non geli l'anima gelosa,
e s'alcun foco di pietate ascosa
il ghiaccio pò temprar, tu solo il sai.

Misero, et io là corro, ove rimiri
¹⁰ fra le brine del volto e 'l bianco petto
scherzar felice invidiata mano.

Hor come esser potrà ch'io viva e spiri,
se non m'accenna alcun pietoso affetto
de gli occhi suoi ch'io non sospiro in vano?

☆

Caminando di notte, prega le stelle che guidino il suo corso

Io veggio in cielo scintillar le stelle
oltre l'usato e lampeggiar tremanti,
come ne gli occhi de' cortesi amanti

---

legate (tra le quali Martini, *Amore esce dal caos*, segnala esplicitamente
in relazione al presente testo Ariosto, *Orl. fur.*, I, 42, 1). 5. *chi l'a-
perse*: il marito, cui si allude senza citarlo esplicitamente. 6. *geli ...
gelosa*: bisticcio paronomastico, tipico di un gusto dell'artificioso già
prebarocco. *Comm. Tasso* cita, tra i poeti che «a la Gelosia ancora at-
tribuiscono il ghiaccio», *RVF*, CLXXXII e Della Casa, *Cura che di ti-
mor ti nutri* (*supra*). 7-8. *foco ... ghiaccio*: tradizionale contrasto, su-
scitato dall'immagine del gelo al v. 6. 8. *tu ... sai*: rivolto ad Amore,
chiude l'allocuzione d'esordio. 10. *le brine del volto*: la metafora si
ricollega all'area semantica del gelo, frequentata nella seconda quartina.
11. *scherzar ... mano*: indugia sul particolare (la *mano* è ovviamente del-
lo sposo, *felice* e *invidiata* quanto egli è *Misero*) con gusto quasi voyeuri-
stico. 12-14. *Hor ... in vano?*: l'interrogativa retorica finale apre uno
spiraglio, volutamente indefinito, al protrarsi del romanzo amoroso, a di-
spetto del suggello esteriore, e al limite banale nella concretezza dei suoi
esiti, del matrimonio. *Sospiro* al v. 14 richiama *spiri* del v. 12, e cfr. *RVF*,
XLIII, 3-4: «mosse in vano | i suoi sospiri».

METRO: sonetto a schema ABBA, ABBA; CDE, CDE.
Durante un proprio viaggio notturno alla volta della donna amata, il
poeta contempla il cielo stellato suggerendo una correlazione tra l'amo-
re cosmico e gli affetti terreni, sino all'appello finale affinché le stelle gli
indichino il giusto cammino.

1-2. *Io veggio ... tremanti*: uno dei tanti (e felici) «notturni» tassiani
(*scintillar* e *lampeggiar* in rima interna). Fonte d'ispirazione della prima
quartina è, come suggerisce *Comm. Tasso*, *RVF*, CXXVII, 57-61 (ma
per l'incipit cfr. anche *RVF*, XXII, 11). 3-4. *come ... facelle*: la si-

rimiriamo tallor vive facelle.

5   Aman forse là suso, o pur son elle
pietose a' nostri affanni, a' dolci pianti,
e scorgono l'insidie e' passi erranti
là dove altri d'amor goda e favelle?
    Cortesi luci, se Leandro in mare
10 o traviato peregrin foss'io,
tra' boschi attenderei da voi soccorso.
    Cosí vi faccia il sol piú bello chiare,
siate fidata scorta al desir mio
e guidate de' passi il dubbio corso.

militudine con l'elemento umano e amoroso prepara l'interrogativa del-
la seconda quartina e l'appello delle terzine (inaugurato, v. 9, da *Corte-
si luci*, che significativamente riecheggia *gli occhi de' cortesi amanti*).
6. *dolci pianti*: tradizionale ossimoro.   7. *scorgono*: verbo, di fre-
quente uso petrarchesco, semanticamente ricco; potrebbe rendersi con:
«fanno discernere, avviando sul giusto cammino». Per l'immagine com-
plessiva, *Comm. Tasso* rinvia a Catullo, VII, 7-8.   *erranti*: «errabondi»,
ma soprattutto «fallaci».   8. *altri*: indefinito (sono i *cortesi amanti*,
tra cui lo stesso poeta).   *favelle*: «parli» (in rima con *stelle* e *elle* anche
in *RVF*, CCXVIII.   9. *Leandro*: secondo il mito, il giovane di Abido
traversava l'Ellesponto a nuoto per raggiungere l'amata Ero, guidato da
una fiaccola da lei accesa; in una notte di tempesta la fiaccola si spense,
e Leandro annegò, mentre Ero si suicidò a fianco del cadavere spinto a
riva dai flutti. «La favola è descritta in lingua Greca leggiadrissima-
mente da Museo, e in questa dal Sig. Bernardo Tasso Padre de l'Auto-
re» (*Comm. Tasso*, ove si cita anche, se pur in modo impreciso, Dante,
Purg., XXVIII, 71-75; ma la locuzione *Leandro in mare* è in Petrarca,
Tr. Cup., III, 21).   12. *Cosí ... chiare*: l'auspicio si fonda su un sug-
gestivo *adynaton* cosmico (ma il *sol piú bello* sarà Dio).   13. *fidata
scorta*: cfr. *RVF*, CCLXXVII, 8.

☆

Lontano dalla sua donna, dice di non esser piú quel ch'e-
gli era, ma l'ombra sua

Lunge da voi, ben mio,
non ho vita né core e non son io,
non sono, oimè, non sono
quel ch'altra volta fui, ma una ombra mesta,
5 un lagrimevol suono,
una voce dolente; e ciò mi resta
solo per vostro dono,
ma resta il male onde morir desio.

METRO: madrigale (a schema aAbCbCbA) di lontananza, rivolto a Lu-
crezia Bendidio (riecheggiata nella rima d'apertura del testo). Il poeta
lamenta l'assenza della donna imputandole la propria dolorosa autodis-
soluzione: ciò che rimane è la voce poetica, il lamento, che musical-
mente scandisce la lirica.

1. *ben mio*: l'affettuoso appellativo indicante la donna amata allude for-
se al suo cognome.   2. *non ho ... core*: «non ho più vitalità né senti-
menti».   3. *non sono ... non sono*: ripetizione intensiva.   4. *quel*
... fui: «quello che sono stato un tempo» (cfr. Properzio, I, 12, 11: «non
sum ego qui fueram»).   4-6. *una ombra ... dolente*: enumerazione con
doppio chiasmo, probabilmente allusiva al mito di Eco, la ninfa che
struggendosi d'amore per Narciso perse l'essenza corporea riducendosi
a pura voce (cfr. Ovidio, *Met.*, III).   8. *ma resta ... desio*: «ma mi re-
sta solo il dolore, che mi spinge a desiderare la morte».

☆

*Mostra di sperare che 'l tempo debba far le sue vendette
contra la sua donna, in guisa ch'ella nella vecchiezza deb-
ba pentirsi d'haverlo sprezzato, e desiderar d'esser celebra-
ta da lui*

Vedrò da gli anni in mia vendetta anchora
far di queste bellezze alte rapine;
vedrò starsi negletto e bianco il crine
che la natura e l'arte increspa e dora,
5   e su le rose ond'ella il viso infiora
spargere il verno poi nevi e pruine;
cosí il fasto e l'orgoglio havrà pur fine
di costei, ch'odia piú chi piú l'honora.
Sol penitenza allhor di sua bellezza
10 le rimarrà, veggendo ogni alma sciolta
de gli aspri nodi che facea per gioco.
E se pur tanto hor mi disdegna e sprezza,
poi bramerà ne le mie rime accolta
rinovellarsi qual Fenice in foco.

METRO: sonetto (a schema ABBA, ABBA; CDE, CDE) di invettiva: al
tradizionale motivo del trascorrere del tempo, destinato a far tramon-
tare le bellezze della donna (per cui *Comm. Tasso* rimanda a Orazio,
Carm., IV, 10 e all'imitazione di Bembo, *Rime*, LXXXVII; ma si veda
anche *RVF*, XII), si contrappone in chiusura l'auspicio dell'eternità
poetica, impreziosito dall'allusione trasfigurante alla mitologica Fenice.

1. *Vedrò*: il verbo, allitterante con *vendetta*, è replicato anaforicamente
al v. 3 (e sottinteso al v. 5).   2. *far*: il sogg. logico sono *gli anni* del
verso precedente.   *alte rapine*: «guasti profondi».   3. *negletto e
bianco*: «trascurato e canuto»; alla coppia si contrappone ordinatamen-
te *increspa* (acconcia) *e dora* del v. 4. *Negletto* è in consonanza con *ven-
detta* del v. 1.   4. *la natura e l'arte*: tradizionale coppia, qui disposta
chiasticamente rispetto ai verbi che seguono. Per l'intero verso, cfr.
RVF, CXCII, 5 (detto però dell'abito).   5-6. *e su ... pruine*: per il *ver-
no* come metafora della vecchiaia (qui riferita al pallore del viso), con-
trapposto alla fiorita primavera (e quindi al roseo incarnato giovanile),
cfr. almeno, *supra*, Della Casa, *O dolce selva solitaria*; il v. 6 è però eco
di *RVF*, LXXII, 13.   *ella*: la natura.   13-14. *bramerà ... foco*: la
poesia eternatrice vincerà i danni dello scorrere del tempo, trasforman-
do la donna in una novella Fenice (il mitico uccello che rinasceva dalle
proprie ceneri); la celebrazione dell'amata si fonde con la propria auto-
celebrazione poetica. «In ciò si dimostra il Poeta assai piú modesto
d'Horatio e de gli altri che scrissero in questa materia, parlando de la
sua Donna e de la vecchiezza medesima con maggior riverenza» (*Comm.*

☆

*Prima chiede a' lidi et a' porti del mare che gli insegnino
ove la sua donna sia a pescare, poi mostra di veder tirar la
rete*

> Palustri valli et arenosi lidi,
> aure serene, acque tranquille e quete,
> marini armenti, e voi che fatti havete
> a verno piú soave i cari nidi,
> 5 elci frondose, amici porti e fidi,
> chi tra le pescatrici accorte e liete,
> dove hanno tesa con Amor la rete,
> sarà ch'i passi erranti hor drizzi e guidi?
> Veggio la donna, anzi la vita mia

Tasso). Per il v. 13, Duranti, *Sulle rime*, menziona la canzone (anch'es-
sa nella raccolta degli Eterei) *Amor, tu vedi, e non hai duolo o sdegno*, 78
(«il suo bel nome ne' miei versi accolto»). Per il v. 14, Di Benedetto,
Tasso, minori e minimi ricorda la chiusa del sonetto «etereo» di Ridolfo
Arlotti, *Poi che 'n sí vasto mar di pianto immerso* («a rinovar, quasi Fe-
nice, il foco»), mentre Daniele, *Capitoli tassiani*, allega, per la citazione
dell'emblema, anche il sonetto di Annibale Bonagente, *Poi che 'l bel no-
me di celesti onori*, 14 e quello di Battista Guarini, *Sperai, donna, trovar
gran tempo a l'ombra*, 13-14.

METRO: sonetto (a schema ABBA, ABBA; CDC, DCD) d'argomento
«marittimo» (e collegabile quindi alla tematica delle *piscatorie* napoleta-
ne), prevalentemente descrittivo: all'elenco dei placidi elementi natura-
li, nelle quartine, si sostituisce nelle terzine la visione della donna, tra-
sfigurata da pescatrice in divinità marina.

1-2. *Palustri ... quete*: nei due versi, disposizione chiastica degli agg. ri-
spetto ai nomi. Per *Palustri valli*, cfr. *RVF*, CXLV, 10 e l'imitazione di
Della Casa, *Rime*, LXI, 14-15 (ma entrambi i versi sono intessuti di vo-
ci petrarchesche).   *tranquille e quete*: dittologia sinonimica.   3-4.
voi ... nidi: «intende di Ceice e d'Alcione» (*Comm. Tasso*, che allega la
fonte diretta di Petrarca, *Tr. Cup.*, II, 157-159, «Que' duo che fece
Amor compagni eterni, | Alcione e Ceíce, in riva al mare | far i lor nidi
a piú soavi verni», e i rimandi a Ovidio, *Met.*, XI e Aristotele, *Part. an.*,
V). Secondo Ovidio, Ceice, morto durante un naufragio, fu trasforma-
to in uccello marino dagli dèi unitamente alla moglie Alcione, che ne
aveva ritrovato il cadavere. Da Aristotele è invece tratta la notizia se-
condo cui i giorni in cui l'alcione cova le uova, cioè i sette che precedo-
no e i sette che seguono il solstizio d'inverno, non conoscono tempesta.
7. *dove ... rete*: esplicita la metafora, ribadita poi al v. 11, d'origine pe-
trarchesca (cfr. *RVF*, CLXXXI), qui però volta all'ambiente marino: le
pescatrici, con l'aiuto di Amore, imprigionano gli amanti nelle loro re-

¹⁰ e 'l fune avolto a la sua bianca mano
che trar l'alme co' pesci anchor potria,
e 'l dolce riso lampeggiar lontano,
mentre il candido piè baciar desia
e bagna il mar lembo ceruleo in vano.

☆

*Finge che lo sdegno accusi l'Amore concupiscibile inanzi
la ragione, e che l'Amore si difenda*

Quel generoso mio guerriero interno
ch'armato a guardia del mio core alberga
pur come Duce di custodi eletti,
a lei che 'n cima siede ove il governo

ti. 10. *e 'l fune ... mano*: cfr. *RVF*, CLXXXI, 10-11. 12-14. *e 'l
... vano*: l'immagine della donna, quasi presenza angelica, intangibile
dalle stesse onde del mare, è caratterizzata da luce e candore (cfr. *lam-
peggiar, candido piè, lembo ceruleo*, e già *bianca mano* al v. 10). Il *mar* (v.
14) è sogg. di *baciar desia* (felice metafora d'origine petrarchesca, in
RVF, CCVIII 12, detto però del «Rapido fiume») e di *bagna*. Il v. 12 è
pure rielaborazione petrarchesca (cfr. *RVF*, CCXCII, 6, *Tr. Mor.*, II, 86
e Bembo, *Rime*, LXXXIII, 6, ma anche il «fiammeggiar lontano» di
Della Casa, *Rime*, XLVII, 27, analogamente in rima con la *bianca ma-
no*), cosí come la locuzione *lembo ceruleo* (cfr. *RVF*, CLXXXV, 9).

METRO: canzone di undici stanze a schema ABC, ABC, CDdEfFEgG
(ma il v. 87 è settenario), piú congedo AbB.
Ambiziosa canzone dottrinale, in cui, a dichiarata (in *Comm. Tasso*) imi-
tazione di *RVF*, CCCLX, *Quel'antiquo mio dolce empio signore*, Amore
viene chiamato a discolparsi dinanzi al tribunale della Ragione (nel Pe-
trarca a contrastarlo è il poeta stesso, nel T. lo Sdegno). L'ampiezza del
testo (168 versi), lo stile elevato garantito dalle scelte metriche (per la
prevalenza di endecasillabi), lessicali e sintattiche, e la nobiltà del tema
(le entità personificate introdotte a perorare la propria causa mediante
una vera e propria orazione), fanno della canzone un esercizio di alta
(ma a tratti pesante) retorica, consentendo altresí al poeta di sfoggiare
le proprie competenze filosofiche, ancorate soprattutto all'ambito della
metafisica d'ispirazione platonica.

1. *Quel ... interno*: perifrasi indicante lo Sdegno (a similitudine di quel-
la designante l'Amore nell'appena citato incipit petrarchesco, ma cfr.
anche *RVF*, CCLXXIV, 1-4). *guerriero* «perch'egli combatte per la
ragione, contra la cupidigia» (*Comm. Tasso*). 2. *core*: sede dell'ira (o
sdegno). 3. *custodi eletti*: le varie passioni (i *vaghi e fieri affetti* del
v. 6). 4-5. *a lei ... verga*: la Ragione; cfr. *RVF*, CCCLX, 2-4: «la rei-
na | che la parte divina | tien di nostra natura e 'n cima siede». *verga*:

⁵ ha di nostra natura e tien la verga
ch'al ben rivolge i vaghi e fieri affetti,
accusa quel ch'in prima a' suoi diletti
l'anima invoglia accorto e lusinghiero:
– Donna, del giusto impero
¹⁰ c'hai tu dal ciel, che ti creò sembiante
a la virtú che regge
gli eterni errori suoi con certa legge,
nemico unqua non fui né ribellante,
né mai trascorrer parmi
¹⁵ sí ch'io non possa a tuo voler frenarmi.
  Ma ben prendo per te l'arme sovente
contra il desio, qualhor da te si scioglie
et a' richiami tuoi l'orecchie ha sorde.
E qual di varie teste empio serpente
²⁰ sé medesmo divide in molte voglie,
rapide tutte e cupide et ingorde,
e sovra l'alma ei rugge e sí la morde
perché mesta e dolente ella ne gema
e di perirne hor tema,
²⁵ e queste son da me calcate e dome;
e molte io ne recido,
molte ne fiacco, né 'l crudele ancido,
ch'ei le rinova quasi crini o chiome,
o come suole augello
³⁰ le piume, o i tronchi rami arbor novello.

---

scettro regale.   6. *vaghi e fieri*: distingue gli appetiti concupiscibili da
quelli irascibili (cfr. *Comm. Tasso* e vv. 112-114).   7-8. *accusa quel ...
lusinghiero*: la terza perifrasi identifica l'Amore (inteso come passione
sensibile). Cfr. *RVF*, CCCLX, 44 («questo crudel ch' i' accuso») e no-
ta al v. 78.   9. *Donna*: cosí esordisce Amore in *RVF*, CCCLX, 77.
10. *sembiante*: «somigliante».   11-12. *la virtú ... legge*: è l'intelletto
separato, che regola infallibilmente i moti (*errori*) celesti, a somiglianza
del quale è modellata la ragione umana (cfr. *Comm. Tasso*).   13. *un-
qua*: mai (latinismo).   14. *trascorrer*: «trascendere».   17. *il desio*:
sempre l'Amore concupiscibile.   19-20. *E qual ... voglie*: seguendo
un suggerimento platonico (cfr. *Comm. Tasso*), paragona l'Amore all'I-
dra, il mitico mostro della palude di Lerna, le cui diverse teste simbo-
leggiano i desideri sensibili (*voglie*); di conseguenza, l'azione dello Sde-
gno ai vv. 25-27 ricorda l'impresa di Ercole.   21. *rapide ... cupide*: ri-
ma interna sdrucciola (e cfr. anche *divide* al verso precedente).
22. *sovra l'alma ei rugge*: cfr. «so come Amor sovra la mente rugge, | e
come ogni ragione indi discaccia» (Petrarca, *Tr. Cup.*, III, 169-170).
25. *calcate*: «calpestate».   28. *le rinova*: proprio come l'Idra del mi-
to.   29-30. *come ... novello*: la doppia similitudine naturale richiama

Ben il sai tu che sovra il nostro senso
risplendi sí che, s'ei rimira e vede
nulla di vero, è sol perché l'accendi;
e sai come il desio piacere intenso
35 in quelle sparge onde la punge e fiede
profonde piaghe, ove al suo scampo intendi;
e quando lei non armi e non difendi
come si cangi al variar d'un viso
quando ivi lieto un riso
40 o quando la pietate in lui si mostra,
o pur quando talhora
qual viola il timor l'orna e colora
o la bella vergogna anchor l'inostra;
e sai com'ella suole
45 poi raddolcirsi al suon delle parole.

E sai come colei ch'altera e vaga
si mostra in varie guise, e 'n varie forme
quasi Mostro gentil da noi s'ammira,
per opra di natura e d'arte maga
50 sé medesma e le voglie ancor trasforme
de l'alma nostra che per lei sospira.
Lasso, qual neve al sole o dove spira
tepido vento si discioglie il ghiaccio,
tal sovente io mi sfaccio
55 a sí begli occhi et a sí dolce voce;
e mentre si dilegua

---

il perpetuarsi delle passioni.   31. *Ben il sai*: esordio richiamato
anaforicamente ai vv. 34, 44 e 46 (in apertura della stanza successiva).
senso: l'anima sensitiva.   33. *nulla*: qualcosa.   34-36. *il desio …
intendi*: si intenda: l'Amore sparge piacere intenso in quelle piaghe
profonde che procura pungendo e ferendo l'anima, mentre la Ragione
accorre in soccorso di quest'ultima. I versi sono intessuti di varie sug-
gestioni petrarchesche.   38. *un viso*: quello della donna amata (cui
vanno riferiti l'*ivi* del v. 39 e l'*in lui* del v. 40).   43. *l'inostra*: «l'im-
porpora».   44-45. *ella … parole*: l'anima è allettata, oltre che dall'a-
spetto della donna sopra descritto, dal suono della sua voce (il tema del-
la suggestione visiva e sonora è ripreso alla stanza seguente, cfr. vv. 52-
55). Il v. 45 riecheggia Della Casa, *Rime*, XLVI, 7.   46. *colei*: sem-
pre la donna amata.   47. *in varie … forme*: «Per rispetto de gli habi-
ti» e «Per le mutationi del volto e de' costumi» (*Comm. Tasso*).
48. *Mostro*: con valenza neutra (miracolo di natura); cfr. *Comm. Tasso*,
che cita *RVF*, CCCXLVII, 5.   49. *d'arte maga*: in punta di verso già
in *RVF*, LXXV, 3.   52-55. *qual … voce*: la similitudine di sapore pe-
trarchesco (con *variatio* e chiasmo entro il primo elemento) suggerisce la
valenza sonora dello spirare del *tepido vento*. La rima baciata *ghiaccio* :

il mio vigor, concedo o pace o tregua
al mio nemico, e quanto è men feroce
tanto piú forte il sento
⁶⁰ e volontario a' danni miei consento.

Consento che la speme, onde ristoro
per mia natura io prendo e mi rinfranco
e nel dubbio m'avanzo e nel periglio,
torca da l'alto obietto ad un crin d'oro,
⁶⁵ o la raggiri al petto molle e bianco
o pur al volto candido e vermiglio,
o la rivolga a quello instabil ciglio,
pur come sia d'amor fedele Ancella
e fatta a me rubella.

⁷⁰ E non avien però ch'egli s'acqueti,
anzi, del cor le porte
apre e dentro ricetta estranie scorte,
e fora messi invia scaltri e secreti;
e s'io del ver m'aveggio,
⁷⁵ me domar tenta e te cacciar di seggio. –
Cosí dice egli al soglio alto converso
de la donna de l'alma, e sorge incontra
l'accorto lusinghier e le risponde:

sfaccio è in Della Casa, *Rime*, XLV, 51-52.   57. *o pace o tregua*: coppia petrarchesca.   58. *nemico*: Amore.   61. *Consento*: riprende il termine conclusivo della stanza precedente, utilizzando l'artificio delle *coblas capfinidas*; ripresa analoga è in *RVF*, CXXXII, 8-9: «come puoi tanto in me, s'io nol consento?|E s'io 'l consento...».   61-62. *la speme ... prendo*: per natura, lo sdegno vive della speranza di risarcimento del male che lo ha provocato.   64. *torca*: svii (sogg. è Amore).   *l'alto obietto*: il bene supremo, arduo da raggiungere (cfr. *Comm. Tasso*).   *crin d'oro*: inaugura un elenco degli attributi femminili, caratterizzati (cfr. anche i versi seguenti) da notazioni cromatiche.   65. *la raggiri*: la rivolga (detto della *speme*).   66. *volto candido e vermiglio*: cfr. Della Casa, *Rime*, XXIX, 8.   68-69. *d'amor ... rubella*: spiega il poeta (cfr. *Comm. Tasso*) che la speranza appartiene agli appetiti irascibili, retti dallo Sdegno, e non, come può sembrare, a quelli concupiscibili, retti dall'Amore, «avegna che la speranza sia de le cose malagevoli», mentre «l'appetito concupiscibile non risguarda il bene, in quanto egli è malagevole». «Fidata ancella» è in Della Casa, *Rime*, XXXI, 2.   70. *egli*: sempre Amore.   72-73. *estranie scorte ... messi*: sono gli *sguardi e sospiri* amorosi, operanti in doppia direzione (cfr. vv. 137-138); il suggerimento è da *RVF*, CCLXXIV, 6-7 (cit. in *Comm. Tasso*), ma cfr. anche Poliziano, *Stanze*, I, 66, 1-4.   75. *te*: la Ragione.   76-77. *Cosí ... l'alma*: cfr. *RVF*, CCCLX, 151 («Alfin ambo conversi al giusto seggio»).   78. *l'accorto lusinghier*: Amore è «lusinghier crudele» in *RVF*, CCCLX, 19.   *le*: riferito impropriamente alla Ragione invece

– Non fu de' miei consorti alcuno averso
80 a te per fame d'or, e spesso incontra
ch'ivi men s'empia ov'ella piú n'abbonde,
né per brama d'honor, ch'i tuoi confonde
ordini giusti; io sí, ma per vaghezza
di gioia e di bellezza.
85 Tu sai ch'a gli occhi desiosi apparse
nel tuo fiorito Aprile
donna cosí gentile
che 'l giovenetto cor s'accese e n'arse;
per questa al piacer mossi
90 rapidamente e del tuo fren mi scossi.
     Io feci le ferite, essa l'accrebbe;
ma se le piaghe fur profonde e gravi
l'anima il sa, cui di languir sí piace,
e per sí bella donna anzi torrebbe
95 dolersi e medicine haver soavi
che gioir d'altra, e non l'asconde o tace.
Ma questo altero mio nemico audace,
che per leve cagion quando piú scherza
sé stesso infiamma e sferza,
100 in quella fronte lucida e serena
a pena vide un segno

che allo Sdegno.   79. *miei consorti*: gli altri desideri, o appetiti con-
cupiscibili (su cui si diffonde in *Comm. Tasso*).   80. *fame d'or*: la cu-
pidigia (rievocata secondo Virgilio, *Aen.*, III, 56-57, con la mediazione
di Dante, *Purg.*, XXII, 40-41 e XX, 12, tutte fonti citate in *Comm. Tas-
so*).   *incontra*: «accade».   81. *ch'ivi ... n'abbonde*: «Per darci a di-
vedere che le cupidità de l'avaro sono insaziabili» (*Comm. Tasso*); si in-
tenda quindi: piú si è avidi e meno si è paghi di ciò che si acquista.
82. *brama d'honor*: l'ambizione.   83. *io sí*: sottintende *fui averso a te*
(cfr. vv. 79-80).   86. *nel ... Aprile*: nella primavera della vita, cioè
durante la giovinezza. Cfr. «in su l'età fiorita» di Della Casa, *Rime*,
XLVII, 19.   91. *essa*: la donna.   93. *cui di languir sí piace*: «in
questo luogo il Poeta ha risguardo a l'opinione di Socrate nel Filebo,
che ne gli infermi i piaceri ne siano maggiori e piú vehementi che ne' sani
e temperati» (*Comm. Tasso*).   94. *anzi*: da legare al *che* del v. 96.
torrebbe: preferirebbe (come in *RVF*, CCXCVI, 12, cit. in *Comm. Tas-
so*).   95. *medicine*: le menzogne amorose della donna, oppure i piace-
ri da lei promessi (cfr. *Comm. Tasso*).   97. *questo ... audace*: altra pe-
rifrasi indicante lo Sdegno.   98-99. *che ... sferza*: allude all'immagine
del leone come metafora dello sdegno; «Esprime la natura del Leone, il
quale è simbolo de l'ambitione, come piacque a Dante. Ma Platone ne
l'anima nostra il pone quasi figura de l'anima irascibile, imperoché è
proprietà del Leone il battersi con la coda» (*Comm. Tasso*). Per la cop-
pia di rime, cfr. anche (in una similitudine con l'orso) Dante, *Rime*,
XLVI, 71-72.   100. *fronte ... serena*: locuzione petrarchesca (cfr. al-

d'irato orgoglio e d'orgoglioso sdegno
e d'averso desire una ombra a pena
che schernito si tenne,
¹⁰⁵ e nel disprezzo sprezzator divenne.

Quanto superbí poscia e 'n quante guise
fu crudel sovra me, ch'era già lasso
nel corso e da ripulse homai smarrito,
dicalo chi mi vinse e non m'ancise,
¹¹⁰ se 'n glorii pur, ch'io gloriar ne 'l lasso.

Questo dirò, ch'il mio aversario ardito
incontra quel voler, che teco unito
segue cosí l'interne e vere luci
com'io gli occhi per Duci,
¹¹⁵ non men ch'incontra me l'arme distrinse;
perché sí vago parve
de la beltà ch'è senza inganni e larve
com'io de l'altra fossi, e no 'l distinse;
né par ch'homai s'aveda
¹²⁰ che tali siam quali i Gemei di Leda.

meno, per l'analogo andamento ritmico, *RVF*, CCXX, 8). 102. *d'i-rato ... sdegno*: dittologia ridondante, con inversione chiastica tra agg. e sost. 104. *che*: pleonastico, si lega a *a pena* del v. 101. *si tenne*: si considerò. 105. *nel disprezzo ... divenne*: ritenendosi disprezzato, lo Sdegno divenne a sua volta sprezzante. «Descrive una principalissima qualità de l'altiero, ch'è lo isprezzar coloro da' quali si reputa sprezzato» (*Comm. Tasso*). 109. *dicalo ... ancise*: utilizza la figura della pre-terizione («Mirabile artificio o di non manifestar i vitij de l'aversario perch'egli medesmo gli confessi, o di palesarli dicendo di non palesarli», *Comm. Tasso*). 110. *lasso*: «lascio» (in rima equivoca). 111. *aversario*: cosí è definito Amore dal Petrarca in *RVF*, CCCLX, 76. 112-115. *incontra ... distrinse*: oltre che contro l'Amore, lo sdegno ha impugnato le armi contro la volontà che, dipendente dalla ragione, se-gue le luci *interne e vere* che conducono al bene divino, mentre l'Amore dipende dal senso, ed è quindi soggetto all'allettamento delle luci terre-ne, gli occhi. Il T. persegue qui la distinzione tra appetito razionale, in-tellettuale (il *volere*) e appetiti sensibili, distinguibili a loro volta in con-cupiscibile (amore) e irascibile (sdegno); quindi, combattendo Amore, appetito sensibile, lo Sdegno non si è avveduto di passare il segno, confondendolo con la Volontà, anch'essa appetito ma razionale e im-mortale (cfr. lo svolgimento dell'intera argomentazione in *Comm. Tas-so*). La rima baciata *luci : duci* (vv. 113-114) è in *RVF*, XXXVII, 79-80. 116. *vago*: desideroso (il *voler*). 117. *la beltà ... larve*: quella celeste, non offuscata dalle apparenze fallaci. 120. *i Gemei di Leda*: i Dio-scuri, Castore e Polluce, frutto dell'unione di Leda e Zeus trasformato in cigno; secondo una versione del mito, essendosi Leda accoppiata col marito Tindaro, re di Sparta, quella stessa notte, Castore risultò figlio di quest'ultimo, e Polluce del dio; dopo l'uccisione di Castore da parte di Ida, nipote di Tindaro, durante un litigio, Polluce fu assunto da Zeus

Non siam però Gemelli: ei di celeste
et io già nacqui di terrena madre,
ma fu 'l padre l'istesso, o cosí stimo;
e ben par ch'egualmente ambo ci deste
125 un raggio di beltà ch'in sí leggiadre
forme adorna e colora il nostro limo.
Egli s'erge sovente inverso [il] primo
fonte d'eterna luce e solo arriva
là donde ella deriva;
130 io caggio e 'n questa humanità m'immergo:
pur a voci canore
talvolta, et a soave almo splendore
d'occhi sereni mi raffino e tergo.
Dare a questi de l'alma
135 vorrei le chiavi, e d'ogni cara salma.
E co 'l seguace tuo, ch'altero lume
segue per alta via, raccolgo e mando
sguardi e sospiri, miei dolci messaggi.
Con questi egli talhor con vaghe piume
140 n'esce e tanto s'inalza al ciel volando

in cielo, ma rifiutò l'immortalità offertagli per dividerla col fratello, so-
stituendolo a giorni alterni negli inferi. Polluce è quindi assimilato alla
Volontà, appetito intellettuale e perciò immortale, Castore all'Amore,
appetito sensibile e mortale.   121-123. *Non siam ... l'istesso*: l'esatto
contrario di quanto accadde per i Dioscuri (cfr. nota precedente). Se-
condo quanto affermato in *Comm. Tasso*, la madre della volontà è la Ve-
nere celeste, da cui trae origine l'anima razionale, immortale come Pol-
luce, mentre la madre dell'amore è la Venere terrena, da cui deriva l'a-
nima sensitiva, mortale come Castore. Il padre comune, spiega il T., è
la luce del bello, come entità trascendente, divina (cfr. il *raggio di beltà*
del v. 125). Si noti, a livello retorico, la nuova adozione dell'artificio
delle *coblas capfinidas*.   126. *limo*: fango, metafora dell'essenza ter-
rena.   127. *Egli*: il volere, che astrae dall'immagine terrena del bello
per innalzarsi a contemplare la fonte divina della luce.   130. *io cag-
gio*: nel limitato orizzonte della bellezza terrena, e quindi nel peccato
(«*Confessio criminis*», specifica *Comm. Tasso*).   131-133. *voci ... oc-
chi*: i sensi dell'udito e della vista («duo sensi che sono spirituali»,
Comm. Tasso), hanno per oggetto la pura contemplazione del bello, sia
pur terreno, e favoriscono il purificarsi (*mi raffino e tergo*, v. 133, per
cui cfr. Bembo, *Rime*, CXLI, 8) dell'amore sensibile.   134. *a questi*:
alle *voci* e agli *occhi* della donna amata.   135. *ogni cara salma*: ogni
parte piú nobile del corpo terreno (probabilmente cuore e pensieri, se-
condo *RVF*, CCCXIV, 13-14).   136. *'l seguace tuo*: sempre il volere,
che dalla ragione dipende direttamente, seguendone l'*altero lume*.
138. *sguardi ... messaggi*: «Dichiara quai sian quelli che l'aversario ha
chiamati *estranie scorte*, e diminuisce l'acerbità del nome loro imposto»
(*Comm. Tasso*, e cfr. nota ai vv. 72-73).   139-145. *Con questi ...
m'alzassi*: l'intera argomentazione si ispira a *RVF*, CCCLX, 137-143

che lascia adietro i tuoi pensier piú saggi;
altre forme piú belle, ad altri raggi
di piú bel sol vagheggia; et io felice
sarei com'egli dice,
145 se tutto unito a lui seco m'alzassi;
ma la grave e mortale
mia natura mi stanca in guisa l'ale
ch'oltre i begli occhi non avien ch'io passi;
con lor tratto gli inganni
150 de' quali il tuo fedel non biasmi o danni.
        E s'a te pur, ch'errante e peregrina
hora alberghi fra noi, donde partiste
non spiace ch'egli torni e varchi il cielo,
scorto non già, ma da beltà divina
155 rapto di forme luminose immiste,
a me che nacqui in questo fragil velo,
vago d'human diletto, e non te 'l celo,
perdona ove talhor troppo mi stringa
con lui che mi lusinga.
160 Forse ancora averrà ch'a poco a poco
di men bramarlo impari,
e co 'l voler mi giunga e mi rischiari
a' rai del tuo celeste e puro foco,

(«da volar sopra 'l ciel li avea dat'ali | per le cose mortali | che son sca-
la al Fattor, chi ben l'estima: | ché, mirando ei ben fiso quante e quali |
eran vertuti in quella sua speranza, | d'una in altra sembianza | potea le-
varsi a l'alta cagion prima»).   140-141. *tanto ... saggi*: la forza d'a-
more, qualora superi lo stimolo terreno e s'innalzi a contemplare il bel-
lo celeste, supera e trascende anche la ragione (che pure l'origina).
142. *altre ... belle*: quelle celesti, separate dalle sostanze, dagli acciden-
ti (cfr. *Comm. Tasso* e *Torrismondo* 1947).   142-143. *altri ... sol*: è il
«Sole intellettuale» (*Comm. Tasso*), divino e «altro» rispetto all'astro
percepibile con i sensi.   143. *vagheggia*: «contempla» (regge il com-
plemento diretto e quello preceduto da prep.).   146-147. *la grave ...
natura*: quella umana; «*Translatio criminis*» (*Comm. Tasso*).   149.
tratto gli inganni: «intesso le trame amorose».   150. *il tuo fedel*: il vo-
lere. «Dapoi trasporta la colpa ne la volontà, se pur v'è alcuna colpa»
(*Comm. Tasso*).   *biasmi o danni*: la coppia di verbi è già in Petrarca, *Tr.
Cup.*, I, 118.   151. *errante e peregrina*: perché, momentaneamente le-
gata a un essere terreno, l'anima razionale è destinata a tornare nella
sua sede celeste. *Comm. Tasso*, per *peregrina* detto dell'anima, cita Dan-
te, *Purg.*, XII, 94-96 e *RVF*, LIII, 2.   152. *partiste*: entrambi, la ra-
gione e il volere.   154-155. *scorto ... immiste*: non accompagnato
(dalla ragione), ma rapito dal raggio della divina bellezza, composta di
pura luminosità. Figura dell'epanortosi, ricorrente nel Tasso.   156.
fragil velo: il corpo umano.   159. *con lui*: l'*human diletto* del v. 157.
160. *Forse ancora averrà*: attacco petrarchesco (cfr. *RVF*, CCXCVII, 13

come nel ciel riluce
165 castore unito a l'immortal Polluce. –
Canzon, cosí l'un nostro affetto e l'altro
anzi colei contende
ch'ambo gli regge, e la sentenza attende.

☆

*Assomiglia la Signora Laura all'Aurora, bench'ella an-
dasse vestita di nero*

La bella Aurora mia, ch'in negro manto
inalba le mie tenebre e gli horrori,
e de l'ingegno mio ravviva i fiori
che prima distruggea l'arsura e il pianto,
5   mi risveglia e m'invita a novo canto,
e quasi augel che desto a i primi albori
saluti il giorno, il sol cantando adori,
l'adoro e 'nchino e le do lode e vanto.

e Bembo, *Alma cortese*, 38).   164-165. *Come ... Polluce*: «L'appetito
del senso, congiungendosi con quello de l'intelletto, participerà de la
sua immortalità, come Castore di quella di Polluce» (*Comm. Tasso*, e
cfr. nota al v. 120). Per il v. 165 cfr., sia pure in diverso contesto, il so-
netto *O due figlie d'Alcide, onde s'oscura*, 14.   166-168. *Canzon ...
attende*: congedo «narrativo», che implica il finale aperto. Cfr. «Nobile
donna, tua sentenzia attendo» della chiusa petrarchesca (*RVF*, CCCLX,
154).

METRO: sonetto, a schema ABBA, ABBA; CDE, CED, di rigenerazio-
ne poetica, di giustificazione della ripresa del canto amoroso: la donna,
riconosciuta da ultimo come presenza trascendente, è fonte irrinuncia-
bile di consolazione e ispirazione. Il testo sottolinea il tema, tipicamen-
te tassiano, del ciclico ritorno, del potenziale eterno riprodursi della si-
tuazione amorosa a fronte dell'inevitabile mutevolezza degli eventi e
dello scorrere del tempo.

1. *Aurora*: il consueto *senhal* di Laura, che inaugura l'andamento me-
taforico dell'intera quartina.   *negro manto*: costruisce il contrasto cro-
matico, artificiosamente ribadito nel verso seguente.   2. *inalba le
mie tenebre*: «Vien poi l'aurora, e l'alba fosca inalba» (Petrarca, *RVF*,
CCXXIII, 12).   5. *mi risveglia ... canto*: la metafora è suggellata dal
risveglio, umano e poetico, che suggerisce la similitudine con il canto
dell'uccello mattutino.   7. *saluti ... adori*: disposizione chiastica.
8. *l'adoro e 'nchino*: recupero, ancora in chiasmo, dei verbi del verso
precedente (la locuzione è petrarchesca: cfr. *RVF*, CCXXVIII 14); si

La lingua muta un tempo e poscia avezza
10 a formar con dolore ogni suo detto
hor canta la mia gioia e la sua luce:
almo raggio d'Iddio, vera bellezza
ch'arde ma non consuma e sol produce,
novi frutti d'amor, pace e diletto.

☆

Descrive l'Aurora e la bellezza della sua donna

Ecco sparir le stelle e spirar l'aura,
e tremolar le fronde
de gli arboscelli al mormorio de l'onde

noti anche l'andamento allitterante di *l'adoro ... e le do lode.* 9-
11. *La lingua ... luce*: la terzina è scandita dagli avv. di tempo (*un tem-
po, poscia* e *hor*), che individuano i progressivi momenti dell'evoluzio-
ne poetica, e chiusa dall'immagine della *luce*, svolta in metafora nella
terzina finale. 13-14. *e sol produce ... d'amor*: cfr. Della Casa, *Ri-
me*, LI, 12-13.

METRO: ballata monostrofica a schema XyYX, ABCBACCdDX.
L'avvento dell'aura e dell'aurora annunciano quello di Laura, la donna
amata, secondo un topico uso dei *senhals*. Nel madrigale la descrizione
dell'attesa è felicemente realizzata suggerendo in andamento paratatti-
co gli annunci visivi e musicali del nuovo giorno, entro un'atmosfera di
sospesa meraviglia.

1. *sparir ... spirar*: accostamento paronomastico, anzi addirittura ana-
grammatico, a suggerire subito l'effetto musicale del quadro. Cfr. l'i-
dentica coppia in Bembo, *Stanze*, XII, 2. *l'aura*: la brezza del matti-
no; il termine, petrarchesco, allude a Laura Peperara (e nel nome della
donna si chiude infatti, circolarmente, la ballata). 2. *tremolar*: verbo
(qui, si noti, in rima interna con *spirar*) di notevole suggestione sonora
(come il sost. onomatopeico *mormorio* del verso seguente), che rivela
l'origine dantesca (cfr. *Purg.*, I, 117) anche per l'accostamento al mare,
ribadito al v. 10; ma cfr. soprattutto, per l'intera ripresa, la mediazione
di *RVF*, CCLXXIX, 1-4 («Se lamentar augelli, o verdi fronde | mover
soavemente a l'aura estiva, | o roco mormorar di lucide onde | s'ode d'u-
na fiorita e fresca riva») e Poliziano, *Stanze*, I, 70 («'l primo rosseggiar
de l'orizonte», v. 3; «u' scherzando tra' fior lascive aurette | fan dolce-
mente tremolar l'erbette», vv. 7-8), 71 («ove in su' rami fra novelle
fronde | cantano i loro amor soavi augelli. | Sentesi un grato mormorio
dell'onde, | che fan duo freschi e lucidi ruscelli», vv. 3-6) e 72 («che
suoi crin biondi e crespi a l'aura spiega», v. 7). Tra le varie riprese di
queste immagini nella lirica tassiana, cfr. ad es. i madrigali *Sovra le ver-
di chiome* (in particolare vv. 3-8) e *Felice primavera* (in particolare vv. 8-

che 'l suo spirto dolcissimo ristaura;
5   e tra' frondosi rami i vaghi augelli
cantar soavemente; e già l'aurora
ne l'oriente rugiadosa appare
e le campagne imperla e i monti indora,
e dispiegando al vento i bei capelli
10 chiaro specchio si fa de l'ampio mare.
O bella Aurora, al cui venir piú care
sono tutte le cose,
piú liete, piú ridenti e piú gioiose,
l'aura è tua Messaggiera, e tu di Laura.

9), nonché il sonetto *Quando l'alba si leva e si rimira* (in particolare vv.
1-4).   4. *ristaura*: ristora; la rima *l'aura : ristaura* è in Bembo, *Rime*,
LXXIII, 23-24 (e si noti come, a confermare la valenza musicale, le due
rime della ripresa siano ad eco).   6. *l'aurora*: l'altro *senhal* di Laura.
8. *imperla ... indora*: rispettivamente di rugiada e di luce; la coppia è in
RVF, CXCII, 5. Cfr. *infra*, *Già solevi parer vermiglia rosa*, 7 e nota.
9. *dispiegando ... capelli*: l'immagine antropomorfizza l'evento. Proba-
bile il ricordo dell'incipit di *RVF*, XC.   10. *chiaro ... mare*: cfr. i so-
netti *Due donne in un dí vidi illustri e rare*, 4 («qual bella aurora che si
specchi in mare») e *Dove nessun theatro o loggia ingombra*, 12-14 (anche
per la ripresa del «tremolar» delle onde).   14. *L'aura ... Laura*: l'au-
ra del mattino previene l'Aurora, che a sua volta, attraverso il consueto
bisticcio onomastico (arricchito dal chiasmo), annuncia l'avvento di
Laura. *Comm. Tasso* sintetizza l'immagine ispiratrice di Dante, *Purg.*,
XXIV, 145-146: «E quale, annunziatrice de li albori, | l'aura di maggio
movesi e olezza», e cfr. il madrigale *Messaggera dell'alba*, 1-2.

☆

Parla con l'aure e con l'ore, pregando l'une che si fermi-
no, l'altre che portino i suoi lamenti alla Sua Donna

  Hore, fermate il volo
  ne l'Oriente, hor ch'un bel dí vien fore
  con sí lieto splendore.
  E carolando intorno
5 a l'Alba matutina
  ch'esce de la marina,
  la nostra vita ritardate e 'l giorno,
  il qual nel suo ritorno,
  benché piú bel rinasca o ver maggiore,
10 non la rende a chi more.

  Aure veloci, e voi
  portate i miei sospiri
  là dove Laura spiri,

metro: ballata di due stanze a schema xYy, abbAaYy.
Svolge il tema dell'alba connesso all'amore per Laura. Il doppio appello
è alle Ore e alle Aure (accomunate paronomasticamente in quanto
senhals del nome della donna, e perché «l'aure e l'hore sono simiglianti
ne la velocità», *Comm. Tasso*). Il poeta ripercorre qui, orchestrando nel
contenuto e nella struttura un artificioso doppio moto circolare, due ar-
gomenti cari alla propria lirica: l'angoscia per l'inevitabile scorrere del
tempo e l'idea di un romanzo amoroso intessuto sui suoni, sulle voci.

1. *Hore ... volo*: secondo la mitologia (cfr. almeno Ovidio, *Met.*, II, cit.
da *Comm. Tasso*), le Ore danzavano attorno al carro del Sole. Cfr. l'in-
cipit strozziano «Fermate, ore, fermate; | a che tal batter d'ali?», cit.
già da Di Benedetto, *Tasso, minori e minimi*. 2-3. *ne l'Oriente ...
splendore*: all'orizzonte luminoso per l'alba che sta sorgendo; si noti l'ef-
fetto di sospensione suscitato dalla dieresi (e *Oriente* allittera con *Hore*,
allocuzione d'esordio). 4. *carolando*: danzando in circolo (termine
d'ispirazione dantesca, cfr. *Par.*, XXIV, 16 e XXV, 99, per cui *Comm.
Tasso* allega una pseudo-etimologia dal virgiliano «chorea»). 5. *Alba
matutina*: evoca l'aurora, *senhal* di Laura (l'agg., ridondante, deriva dal
probabile ricordo di Dante, *Purg.*, I, 115, «L'alba vinceva l'ora mattu-
tina»). 6. *marina*: altra voce dantesca (ad es. in *Purg.*, I, 117). 7.
la nostra ... giorno: ritardate il nascere del nuovo giorno e quindi allun-
gate l'esistenza umana (con inversione logica degli oggetti, secondo la
figura dell'*hysteron proteron*). 8-10. *il qual ... more*: ogni giorno che
trascorre, benché possa essere piú bello o piú lungo del precedente, non
può restituire il tempo ormai trascorso agli uomini, destinati a morire (è
tradizionale tema classico, per cui cfr. almeno Catullo, V, 4-6 e la ri-
presa tassiana di *Aminta*, 721-723). 13. *Laura spiri*: locuzione ambi-

e riportate i chiari accenti suoi
15 ov'io gli ascolti poi
sol voi presenti e 'l Signor nostro Amore,
aure soavi et ore.

☆

*[Parlando con Amore, gli dimanda donde habbia tolto il
foco ch'il consuma cosí dolcemente]*

– Donde togliesti il foco
che mi consuma a poco   a poco   e sface
in guisa tal che mi tormenta e piace? –
– Da una gelata pietra
5 che non si spetra   per continuo pianto,
ma quanto piú l'irrigo piú s'indura,
et ha presa figura

gua, giocata sulla possibile lettura *l'aura*.   14. *chiari accenti suoi*: varia
i «dolci accenti suoi» (sempre in secondo emistichio) di *RVF*, V, 4.
16. *voi*: in rima interna con *poi* del verso precedente.   *e 'l Signor nostro
Amore*: cosí, analogamente in punta di verso, *RVF*, CXII, 14.   17.
aure ... ore: chiude il «cerchio» poetico rievocando chiasticamente i due
elementi cui ha fatto appello, a loro volta caratterizzati dal moto circo-
lare (la danza delle Ore e il cammino di andata e ritorno delle Aure).

METRO: ballata di due stanze, a schema x(x)YY.a(a)BCcByY (si notino
le rime al mezzo).
Artificiosa ballata in forma di dialogo (probabilmente ispirata dai so-
netti dialogici del Petrarca, cfr. ad es. *RVF*, LXXXIV e CL, del Bem-
bo, cfr. *Rime*, VIII e XXX, e del Della Casa, cfr. *Rime*, XVI e XL) tra
il poeta (che parla nella ripresa e nella seconda stanza) e Amore (prima
stanza), fondata sulla metafora della donna-pietra (gelida e insensibile)
e sull'*adynaton* della sua facoltà di infiammare l'amante.

1. *Donde ... foco*: cfr., sin dall'attacco («Voi mi poneste in foco | per
farmi anzi 'l mio dí, Donna, perire, | e perché questo mal vi parea po-
co, | col pianto raddoppiaste il mio languire») e per lo svolgimento com-
plessivo, la canzonetta di Bembo, *Asolani*, I, XVI.   2. *a poco a poco*:
l'iterazione duplica la rima al mezzo.   3. *mi tormenta e piace*: i tradi-
zionali effetti contrari dell'amore.   5. *spetra*: la rima al mezzo è deri-
vata, e l'artificio è ripetuto tra *fiamma* e *infiamma*, ai vv. 11-12; en-
trambe le coppie sono petrarchesche: cfr. *RVF*, XXIII, 82-84 e
CCLXX, 17-18.   *per continuo pianto*: di Amore stesso, che vorrebbe
attenuarne la durezza facendola innamorare.   6. *l'irrigo*: ovviamente
di lacrime. Per l'intero verso, cfr. Della Casa, *Rime*, XLIII, 5-6: «aspra
Colonna, il cui bel sasso indura | l'onda del pianto da questi occhi spar-
so» (e si vedano piú in generale i vv. 1-8).   7-8. *ha presa ... voi*: ha as-

di voi che di bellezza havete il vanto;
per cui con vostra pace
¹⁰ il vostro nome e la beltà si tace. –
– Felice la mia fiamma
la qual m'infiamma   cosí dolcemente;
felice anchor pietra sí cara e bella,
e piú s'ardesse anch'ella;
¹⁵ ma tiene il foco in seno, e sí no 'l sente,
e quivi Amor la face
accende a l'esca d'un piacer tenace. –

☆

Loda un neo ch'era nel volto d'una sorella della sua donna

Caro amoroso Neo,
che sí illustri un bel volto
co 'l negro tuo fra 'l suo candore accolto,
se per te stesso sei
⁵ tu pur macchia e difetto,
con qual arte perfetto
tu rendi quel che piú ne piace in lei?

sunto le fattezze della donna (cui Amore si rivolge ora direttamente, col
pronome di riguardo). «Assomiglia la sua Donna, havendo risguardo a
la bellezza et a la proportione de le membra, ad una statua fatta di bian-
chi marmi» (*Comm. Tasso*).   10. *la beltà si tace*: preterizione.
11. *Felice ... fiamma*: allitteranti (e *Felice* in anafora col v. 13).
15. *tiene ... seno*: cfr. *RVF*, CCXXXVI, 2.   16. *quivi*: «presso di
me».   *Amor*: citato in senso improprio, giacché si tratta dell'interlocu-
tore (a meno di pensare che si tratti di un inciso allocutivo, e che il sogg.
di *accende* sia la pietra).   17. *esca*: il materiale vegetale che favoriva
l'accensione del fuoco tramite la pietra dell'acciarino.

METRO: madrigale a schema abBcddCeecfF.
Tipico madrigale d'occasione galante: vi si celebra la figura femminile
attraverso un minuto particolare, in questo caso un neo (piccola imper-
fezione che accresce la bellezza), su cui il T. opera la sua sottile eserci-
tazione di *amplificatio* retorica.

1. *amoroso*: perché suscita amore.   2. *illustri*: abbellisci, o meglio,
piú specificamente, illumini, in contrasto con la sua oscurità (cfr. anche
vv. 8-9).   3. *negro ... candore*: contrapposizione cromatica, esaltata
dal chiasmo.   6-7. *con qual ... lei?*: la prima di tre interrogative re-
toriche che suggellano il madrigale. *Quel che piú ne piace in lei* è il *volto*

Forse del ciel le stelle
sono macchie sí belle?
¹⁰ Ma se tali ha costei
in sua beltà le mende,
quai sono le bellezze ond'ella splende?

☆

Cagion forse è l'Aurora
di questo bel concento
che fan le fronde e i rami e l'acque e 'l vento?
O con sí dolce modo
⁵ il ciel Tarquinia honora,
e per lei de la terra s'inamora?
Io odo, certo, io odo
la voce: ella è pur dessa;
ecco, Tarquinia viene: Amor s'appressa.

del v. 2.   8-9. *Forse ... belle?*: il paragone celeste gioca ancora sull'opposizione, giacché le stelle brillano sul fondo oscuro del cielo notturno. La rima baciata, in doppio settenario, è già, tra l'altro, in Guidiccioni, madrigale *Vaga e lucente perla*, 7-8.   11. *le mende*: i difetti.
12. *Quai ... splende?*: chiusura allusiva, costruita sulla preterizione.

METRO: madrigale d'occasione, a schema abBcaAcdD, rivolto a Tarquinia Molza, la poetessa nipote di Francesco Maria e dama delle principesse estensi. La suggestione sonora, fondata sul consueto rapporto tra l'elemento naturale e la donna celebrata, percorre tutto il testo, dalle dubbiose interrogative iniziali alla certezza epigrammatica della chiusa.
3. *fan ... vento?*: l'enumerazione è inaugurata dall'allitterazione.   5-6. *il ciel ... s'inamora?*: cfr. *RVF*, CCLV, 8 («ch'anco il ciel de la terra s'innamora», anch'esso in rima con «l'aurora» dell'incipit), già identificato da Di Benedetto, *Tasso, minori e minimi*.   7. *Io odo ... odo*: ripetizione enfatica, intervallata dall'avv. contrapposto al *forse* iniziale.
8-9. *la voce ... s'appressa*: si noti l'andamento asindetico.   *ella è pur dessa*: ricorda «Ell'è ben dessa» di *RVF*, CCCXXXVI, 7.

☆

In lode della Signora Laura Correggiara, giovenetta bellissima e dama di Madama Leonora da Este

La bella pargoletta
che non conosce Amore
né pur noto ha per fama il suo valore
co' begli occhi saetta
⁵ e co 'l soave riso,
né s'accorge che tien l'arme nel viso.
Qual colpa ha del morire
di chi la vede e sente
se non sa di ferire?
¹⁰ O beltà micidiale et innocente,
tempo è ch'Amor dimostri
homai ne le tue piaghe i dolor nostri.

METRO: aggraziato madrigale d'occasione, a schema abBacCdedEfF, in cui con lievi tocchi si celebra l'innocente bellezza di una giovanissima dama, autrice inconsapevole delle ferite d'amore.

1. *pargoletta*: in rima con *saetta* è già in Dante, *Purg.*, XXXI, 59-63. 10. *beltà ... innocente*: il contrasto ricorda l'immagine di *RVF*, CXXXV, 45.   11. *dimostri*: sottinteso, a te.   12. *ne ... nostri*: dimostri, procurando anche a te le ferite d'amore, quanto le nostre ci facciano soffrire (chiusura chiastica). Cfr. Della Casa, *Rime*, XLV, 98-99: «e quel selvaggio core | ne le sue piaghe senta il mio dolore».

Cinquecento

☆

Aprite gli occhi, o miseri mortali,
in questa chiara e bella alma celeste
che di sí pura humanità si veste
che gli angeli a lei sono in vista eguali.
⁵ Vedete come al ciel s'inalza e l'ali
spiega verso le stelle ardite e preste,
e quante fiamme intorno accese e deste
ha ne' suoi voli alteri e triomfali.
Udite il canto suo ch'altro pur suona
¹⁰ che voce di Sirena, e i pensier bassi
sgombra da l'alme pigre e 'l grave sonno.
Udite ch'ella a voi cosí ragiona:

METRO: sonetto (ABBA, ABBA; CDE, CED) di chiusura del canzonie-
re amoroso. Al di là della probabile occasione di composizione (la mor-
te di Leonora d'Este), vale per il tema della donna trasfigurata in im-
magine e canto celesti, eterna guida e fonte di salvezza (nonché d'ispi-
razione poetica); la figura «angelicata» trascende la tentazione edoni-
stica (identificata nella *voce di Sirena*), senza però proporre un approdo
necessariamente e rigorosamente religioso.

1. *Aprite ... mortali*: inaugura la rigorosa scansione strutturale del so-
netto, collegandosi a *Vedete* che apre la seconda quartina e, per il sosti-
tuirsi della suggestione sonora a quella visiva, all'anafora di *Udite* all'i-
nizio delle due terzine (cfr. l'anafora di «Mirate» ai vv. 3 e 5 di Gui-
diccioni, *O voi, che sotto l'amorose insegne*, e la sequenza «Alzate gli oc-
chi», «Vedete», «Mirate» ai vv. 1, 9, 12 di B. Tasso, *Alzate gli occhi a
tanta meraviglia*). *Aprite gli occhi*: «Intende [...] de gli occhi de la men-
te» (*Comm. Tasso*, e cfr. *RVF*, CCCXXXIX, 1). *miseri mortali*: locu-
zione tipicamente petrarchesca; cfr. almeno, per l'annessa allusione alla
cecità, *RVF*, CCCLV, 2. 3. *pura humanità*: la purificazione dell'ele-
mento umano («Quasi oltre il peccato originale non n'habbia alcuno al-
tro», *Comm. Tasso*) non coincide, e significativamente, con la divinizza-
zione, tanto che *Comm. Tasso* specifica, a proposito del v. 4: «In vi-
sta, cioè ne l'apparenza; ma sono cose [che] deono esser o ben corrette
o bene interpretate». Cfr. l'incipit di *RVF*, XXVIII: «O aspettata in
ciel beata e bella | anima che di nostra umanitade | vestita vai, non co-
me l'altre carca» (detto di Giacomo Colonna). 4. *che ... eguali*: cfr.
«a li spirti celesti in vista eguale» di *RVF*, CCCXXXV, 4 (anche per la
ripresa di *celeste* del v. 2), e piú in generale l'intero sonetto. 6. *ardi-
te e preste*: attributi delle *ali* del verso precedente. 9-10. *altro ... Si-
rena*: il tema del canto femminile come elemento di seduzione, tipica-
mente tassiano, trascorre qui in messaggio di salvazione (collettiva,
giacché rivolto a tutti i *miseri mortali*), «perché quella de la Musica è
una de le tre vie per le quali l'anima ritorna al Cielo, per opinione d'al-
cuni Filosofi» (*Comm. Tasso*). 10. *i pensier bassi*: cfr. Guidiccioni, *O
voi, che sotto l'amorose insegne*, 2.

– Seguite me, ché meco errar non ponno,
peregrini del mondo, i vostri passi. –

☆

*Celebra le nozze del Signor Donno Alfonso il giovene e
della Signora Donna Marfisa d'Este*

Già il notturno sereno
di vaga luce indora
la stella che d'amor scintilla e splende,
e rugiadosa il seno,
5   i crin stillanti a l'òra
spiega la notte, e 'l ricco vel distende.
Et Himeneo già scende
trattando l'aria e i venti
con le dorate piume,
10 e mentre sparge il lume
d'aurata face in mille raggi ardenti,
destro il ciel gli si gira
e gli arride la terra e l'aura aspira.
Ardon le piaggie e l'onde

13-14. *Seguite … passi*: le parole della donna sigillano epigraficamente il testo e l'intero canzoniere.

METRO: canzone di nove stanze a schema abC, abC, cdeeDfF, piú congedo aBB.
Epitalamio (forgiato soprattutto sui modelli di Catullo, Claudiano e Bernardo Tasso) per le nozze di Alfonsino con Marfisa d'Este (1578), esempio di canzone d'argomento gioioso e di stile medio, a prevalenza di settenari.

1. *sereno*: sost., come sinonimo di cielo.   3. *la stella … splende*: è Venere, dea d'amore e pianeta che per primo, col nome di Espero (o Vespero), appare al tramonto, annunciando la sera; *stella* è sogg. di *indora* del verso precedente.   4. *rugiadosa il seno*: accusativo di relazione (riferito alla *notte* del v. 6, la cui descrizione ricorda quella di Lucifero in Virgilio, *Aen.*, 589-591).   5. *òra*: brezza, vento.   6. *la notte*: è sogg. di *spiega* e *distende*.   7. *Himeneo*: dio delle nozze e del legittimo amore coniugale.   *già*: recupera l'avv. d'apertura del v. 1.   8-9. *trattando … piume*: cfr. Dante, *Purg.*, II, 35: «trattando l'aere con l'etterne penne».   *trattando*: «agitando».   11. *aurata face*: attributo del dio (le fiaccole accompagnavano anticamente il corteo nuziale); cfr. anche v. 16.   12. *destro*: «propizio».   12-13. *il ciel … la terra*: chiasmo.   *aspira*: spira favorevole (latinismo).   14. *Ardon … onde*: inau-

¹⁵ di legitimo foco
al lampeggiar delle celesti faci,
e s'ode tra le fronde,
qual di colombe, un roco
dolce interrotto mormorar di baci;
²⁰ e con nodi tenaci
l'hedera il tronco abbraccia,
e circondan le viti
gli infecondi mariti,
né 'n tana o 'n nido è chi solingo giaccia;
²⁵ et in spelonca e 'n bosco
lascian l'ira i leoni, i serpi il tosco.
   O Dio, tu pur congiungi
a l'opre della vita
sotto giogo di fé concordi amanti,
³⁰ e poi risani et ungi
di mel ogni ferita
sí che stilla per gl'occhi in dolci pianti.
Tu che d'unir ti vanti
dentro uno istesso petto
³⁵ pensier casti e lascivi,
e lusinghieri e schivi
rendi i vaghi sembianti e 'l vago aspetto,
tu sei che pungi il core
in cui spuntò le sue quadrella Amore.

gura il tema tradizionale, svolto nell'intera stanza, dell'amore che per-
corre tutto il creato.   15. *legitimo*: perché sancito dal matrimonio.
17-19. *s'ode ... baci*: versi intessuti di suggestioni sonore, dall'assonan-
za di *fronde* con *ode* e *colombe* all'onomatopea di *mormorar* (preceduta
dall'accumulo asindetico degli agg.); «roco mormorar» (detto però delle
onde) è in *RVF*, CCLXXIX, 3.   20. *nodi tenaci*: cfr. *infra*, O del
grand'Apennino, 38. Per l'immagine complessiva dei vv. 20-21, cfr. Ca-
tullo, LXI, 34-35.   23. *gli infecondi mariti*: gli olmi (cfr. Catullo,
LXII, 54, «ulmo coniuncta [vitis] marito», ma anche Claudiano, epita-
lamio *De nuptiis Honorii et Mariae*, 65-68).   26. *tosco*: «veleno».
27. *O Dio*: inizia l'allocuzione diretta, cioè la preghiera a Imeneo (cfr.
oltre *Santo Himeneo* al v. 53, ancora in apertura di stanza).   29. *giogo
di fé*: quello del matrimonio (la metafora, già petrarchesca in *Tr. Cup.*,
II, 43, è consueta anche nel T.).   30-31. *risani ... ferita*: medichi le
ferite d'amore da te medesimo procurate (la raffigurazione artificiosa
del contrasto percorre l'intera stanza, cfr. vv. 33-37); *ungi* è in rima in-
terna con *pungi* del v. 38 (come nel petrarchesco «Amor con tal dolcez-
za m'unge e punge» di *RVF*, CCXXI, 12, distanziando però la coppia;
ma si veda anche *RVF*, CLXIV, 11: «una man sola mi risana e punge»).
32. *dolci pianti*: ossimoro.   33. *Tu*: ripreso, con ripetizione intensi-
va, al v. 38.   39. *quadrella*: frecce (cfr., ad es., in *RVF*, CCVI, 10);

40   Questa bella guerriera,
ch'o contra Amor s'accinga
o per lui cinga l'armi, è vincitrice,
da l'amorosa schiera
lunge se 'n va solinga
45 e scompagnata in guisa di fenice,
però che a lui non lice
frenarla, e si contenta
s'ella talhor si degna
di seguir l'alta insegna,
50 sí ch'altrui piaghi e piaga in sé non senta;
ma non s'aguagli teco
fanciul nato di furto, ignudo e cieco.
    Santo Himeneo, deh, guarda
il giovane regale,
55 e de' suo' preghi ascolta homai la voce
che l'ombra lenta e tarda
e chiama te senza ale,
pigro cursor dietro a cursor veloce.
E qual destrier feroce
60 che l'ardente disdegno
in fumo accolto spiri
e 'l fren morda e s'aggiri
e di canora tromba aspetti il segno,

il *core* del verso precedente è quello di Marfisa, e il tema è svolto nella
stanza che segue.   40. *bella guerriera*: tradizionale locuzione indican-
te la donna, schiva d'Amore perché seguace di Diana o alleata del dio
nel far soffrire l'amante (e quindi comunque non disposta a concedersi);
cfr. vv. 41-42.   41. *s'accinga*: si cinga delle armi.   45. *in guisa di
fenice*: il mitico uccello africano che, proprio perché unico della sua spe-
cie, non può riprodursi e si rigenera dalle proprie ceneri.   46. *non li-
ce*: «non è consentito» (latinismo).   49. *l'alta insegna*: d'Amore.
51. *teco*: torna a rivolgersi a Imeneo, nell'esclamazione finale.   52.
nato ... cieco: tradizionali epiteti di Amore; i primi due si riferiscono
probabilmente al mito che lo vuole figlio di Poros (l'Espediente) e Pe-
nia (la Povertà). Petrarchesco (da *RVF*, CCCXLVIII, 11) è *ignudo e cie-
co* in punta di verso.   53-65. *Santo Himeneo ... attenda*: per l'intera
stanza, cfr. Claudiano, epitalamio *De nuptiis Palladii et Celerinae*, 186
sgg.   53. *guarda*: proteggi, asseconda.   54. *il giovane regale*: lo spo-
so, Alfonsino.   56-57. *l'ombra ... ale*: perché la notte e Imeneo tar-
dano a giungere, dilazionando l'unione con la sposa (*chiama* regge anche
il v. 56).   58. *pigro ... veloce*: il primo *cursor* (corridore, cavallo da
corsa) è Imeneo, il secondo lo sposo ardente di desiderio (come specifi-
ca la similitudine ai vv. seguenti); si noti il chiasmo. «Zoppo cursore» è
in Della Casa, *Rime*, XXXII, 22.   59. *qual*: da collegarsi, per il se-
condo termine del paragone, a *tal* del v. 64.   61. *fumo*: quello emes-

tal ei par che s'accenda
65 e 'l dolce invito di battaglia attenda.

Già veggio e sento, o parmi,
sonar lo strale e l'arco
e chiara fiammeggiar l'aurea facella;
ecco, punta è da l'armi
70 quasi cervetta al varco,
e tutta arde d'amor la virginella;
ma talvolta ribella
si mostra nel sembiante,
e vaga e ritrosetta
75 minaccia e 'nsieme alletta,
hor di guerriera in atto et hor d'amante,
e 'n un dubbia e confusa,
fra vergogna e desir, brama e ricusa.

Va fra gli sdegni et osa,
80 pudico amante: al fine
pietosa fia questa beltà crudele.
Si coglie intatta rosa
fra le pungenti spine,
e fra l'aghi de l'ape il dolce mele.
85 E bench'asconde e cele
sue voglie e ti contrasti,
rapisci: piú graditi
sono i baci rapiti,
tanto suavi piú quanto piú casti;
90 non cessar fin che 'l sangue
si versa, e vinta ella sospira e langue.

Sacra un lieto trofeo
del bel cinto disciolto

so dalle narici.   66-68. *veggio ... facella*: disposizione chiastica; le ar-
mi di Imeneo introducono alla metafora della caccia (cfr. anche la simi-
litudine al v. 70), incrociata con quella della battaglia.   70. *quasi ...
varco*: ricorda la «nova cervetta» di Della Casa, *Rime*, XLVI, 2 (e cfr.
anche il madrigale *Voi sete bella, ma fugace e presta*, 2-3), ma in contesto
nuziale un'immagine analoga è già in Claudiano, epitalamio *De nuptiis
Palladii et Celerinae*.   71. *tutta ... virginella*: inaugura, nella figura
della sposa combattuta tra pudore e desiderio, una parentesi di felice
edonismo.   77. *'n un*: al contempo.   78. *vergogna ... ricusa*: chia-
smo.   80. *pudico amante*: si rivolge ora direttamente allo sposo.
81. *pietosa*: in rima interna con *osa* del v. 79.   82-84. *Si coglie ... me-
le*: doppia metafora tratta dalla natura, che suggerisce la difficoltà delle
imprese piú gloriose; *intatta rosa* allude alla verginità della donna.
90-91. *non cessar ... langue*: l'immagine bellica, e in particolare il riferi-
mento al sangue, allude alla deflorazione.   93. *cinto*: l'abito nuziale.

e de l'altre sue spoglie in questa parte,
95 e i giochi d'Himeneo
rinova, in nodi accolto
piú bei di quei ch'unir Ciprigna e Marte.
Perché se Febo in parte
il vero a me discopre,
100 dal bel grembo fecondo
figli verranno al mondo,
i quai rinoveranno i nomi e l'opre
famose in pace e 'n guerra
di que' ch'ornano il cielo, ornar la terra.
105 [Ma ecco in Oriente
appar la stella amica
ch'a noi la nova e chiara luce apporta;
facciasi a questa ardente
lusinghiera fatica
110 tregua ch'a pugna invita e riconforta;
e la fanciulla accorta
gli occhi tremanti abbassi,
e su l'amato fianco
appoggi il capo stanco.
115 Versi fiori Himeneo su' membri lassi,
e temprino gli ardori
con le penne dipinte i vaghi Amori.
Canzone, i chiari ingegni

Cfr. «tibi virgines | Zonula solvunt sinus» in Catullo, LXI, 52-53.
96. *nodi*: gli abbracci.   97. *Ciprigna*: attributo di Venere, dal nome
dell'isola natale.   98. *Febo*: il paragone precedente dei due amanti
con le divinità trascina con sé l'auspicio del rapporto tra il poeta e Fe-
bo, nella doppia veste di nume del vaticinio e, qui però implicitamente,
della poesia.   101. *figli verranno al mondo*: la nuova prole estense, al-
la cui stirpe appartengono entrambi gli sposi: Alfonso il Giovane, o
Alfonsino, è figlio di Alfonso, marchese di Montecchio e poi duca di
Modena, a sua volta figlio naturale del duca di Ferrara Alfonso I; Mar-
fisa è figlia naturale di Francesco, duca di Modena e altro figlio di
Alfonso I.   104. *que' ... terra*: il riferimento, che chiude un passag-
gio scopertamente encomiastico, identifica gli Estensi già trapassati al
momento in cui venne composta la canzone (e quindi, in primo luogo,
Alfonso I, nonno degli sposi).   105-106. *ecco ... amica*: apertasi con
l'immagine del tramonto, la canzone si chiude con quella dell'alba im-
minente, il cui annuncio (che suggerisce la tregua dalle fatiche amorose)
è dato analogamente dal pianeta Venere, questa volta come ultima stel-
la a scomparire al mattino (cfr. l'incipit di *RVF*, XXXIII e *Tr. Fam.*, I,
10). Piú a questa descrizione di Venere che a quella iniziale è inoltre al-
legabile l'esordio di Catullo, LXII.   107. *ch'a noi ... apporta*: defini-
sce indirettamente il diverso appellativo che Venere assume come stella

sveglia in questa famosa antica sponda,
 ché debil voce alta armonia seconda].

120 ché debil voce alta armonia seconda].

☆

Loda la bellezza della Signora Duchessa d'Urbino, la qual non scema perché cresca l'età

Già solevi parer vermiglia rosa,
ch' a' dolci raggi, a lo spirar dell'òra,
rinchiude il grembo e nel suo verde ancora
verginella s'asconde e vergognosa;

5   o mi sembravi pur (ché mortal cosa
non s'assomiglia a te) celeste aurora,
che le campagne imperla e i monti indora
lucida in ciel sereno e rugiadosa.

del mattino: Lucifero, cioè l'astro che _la nova ... luce apporta._ 119.
questa ... sponda: quella del Po, ove sorge Ferrara. 120. _debil ... se-
conda:_ la voce di poeti piú valenti farà seguito a quella, definita con to-
pica modestia, del T. Cfr. «Poca favilla gran fiamma seconda: | forse di
retro a me con miglior voci | si pregherà perché Cirra risponda» (Dan-
te, _Par._, I, 34-36).

METRO: sonetto encomiastico (a schema ABBA, ABBA; CDE, CDE),
rivolto a Lucrezia d'Este duchessa d'Urbino, di cui celebra la bellezza
matura, addirittura accresciuta rispetto a quella giovanile nonostante il
trascorrere del tempo.

1. _Già ... rosa:_ la metafora, estesa all'intera quartina, ripercorre un _to-
pos_ letterario assai frequentato, dal Petrarca (_RVF_, CXXVII, 71-75) al
Poliziano (_Stanze_, I, 78, 1-5), dall'Ariosto (_supra, La bella donna mia_, 9-
12 e _Orl. fur._, I, 42-43) al Della Casa (_supra, Le chiome d'or_, 9-11), tut-
ti luoghi con cui il T. rivela (e in _Lib._, XVI, 14-15) debiti puntuali (il
meno aderente, eccettuata la locuzione «rose [...] vermiglie», è quello
petrarchesco). Cfr. poi, per _vermiglia rosa_ in rima con _vergognosa_ al v. 4,
il madrigale _Arrossir la mia donna_, 3-4. 2. _a lo spirar de l'òra:_ sintag-
ma d'ispirazione petrarchesca (cfr. ad es. _RVF_, CIX, 9-11). 3-4.
verde ... verginella ... vergognosa: si notino i tre termini allitteranti, co-
me in Poliziano, _Stanze_, I, 78, 1-5. 5. _mortal cosa:_ essere terreno; lo-
cuzione petrarchesca (cfr. in particolare, per il contesto, _RVF_, CXLIV
7-8). 6. _s'assomiglia:_ si noti l'uso riflessivo del verbo. 7. _le cam-
pagne ... indora:_ cfr. _supra, Ecco sparir le stelle e spirar l'aura_, 8 (e nota),
allegabile anche per _rugiadosa_ detto dell'_aurora_, qui al v. 8 e là al v. 7.
Affine a entrambi i luoghi è inoltre _Lib._, XVIII, 15. 8. _lucida ... ru-
giadosa:_ gli agg. assumono disposizione chiastica rispetto ai verbi del
verso precedente. Per _ciel sereno_, coniugato all'immagine della luce, cfr.

Ma nulla a te l'età men fresca hor toglie,
¹⁰ né beltà giovinetta in manto adorno
vince la tua negletta o la pareggia;
così piú vaghe l'odorate foglie
il fior dispiega, e 'l sol a mezzo giorno
via piú che nel matin arde e fiammeggia.

☆

[Sovra il sepolcro del Duca Alfonso primo di Ferrara]

Qui giace Alfonso, e pose il sacro alloro
qui la Vittoria e n'adombrò la tomba;
e qui l'ala depose e la sua tromba
la Fama, e giunse il suono a l'Indo, al Moro.
⁵ L'una dimostra al sol le gemme e l'oro
qual varie piume candida colomba,

Della Casa, *Rime*, XXXI, 11.   9. *l'età men fresca*: probabilmente esemplato sull'incipit di Della Casa, *Rime*, XXXII («Arsi; e non pur la verde stagion fresca»).   11. *negletta*: cioè disadorna, trascurata (forse a causa di una malattia); il motivo della bellezza della donna in disordine ricorre spesso nel Tasso: cfr. ad es. la descrizione di Sofronia in *Lib.*, II, 5, 14. Si noti la rima interna con *giovinetta* del verso precedente.   12. *foglie*: nel significato di petali è dantesco (cfr. ad es., in posizione di rima, *Par.*, XXX, 117), ma per l'accordo con l'agg. *odorate* cfr. anche Poliziano, *Stanze*, I, 4, 8.   14. *arde e fiammeggia*: coniuga i vv. 8 e 11 di Della Casa, *Rime*, XXXI, appena citato (la coppia, in contesto meno stringente, figura anche in Poliziano, *Stanze*, II, 13, 4-5).

METRO: sonetto d'occasione (a schema ABBA, ABBA; CDE, ECD), in cui il Tasso celebra le virtú di Alfonso I d'Este descrivendone il monumento funebre; il gusto per l'artificioso e il «sublime», nel contenuto come nello stile, trova materia consona nella scenografia sepolcrale, e in particolare nelle figurazioni simboliche ivi rappresentate.

1. *Qui ... Alfonso*: l'incipit riecheggia l'esordio formulare degli epitaffi (e si noti l'anafora del deittico ai vv. 2 e 3).   2. *la Vittoria*: prima figura simbolica, evocata dalla presenza nel monumento di un serto d'alloro, che rammenta i trionfi militari di Alfonso I ombreggiandone il sepolcro.   3. *ala ... tromba*: tradizionali attributi della Fama, in quanto destinati a divulgarla ovunque (sino ai confini del mondo, *a l'Indo* e *al Moro*, per cui cfr., entro un sonetto anch'esso funebre, «dal mar indo al mauro» di *RVF*, CCLXIX, 4, il cui primo emistichio, variato, è ripreso invece in *d'Austro o di Coro* del v. 8; cfr. inoltre *supra*, Bembo, *Alma cortese*, 212-213).   5-7. *L'una ... l'altra*: cioè l'*ala* e la *tromba*, la prima splendente d'oro e pietre preziose, la seconda azionata dai ven-

ct odi l'altra pur ch'alto ribomba
se spirto move lei d'Austro o di Coro.
   Questa, ch'a destra volta in fredda pietra
10 lagrime stilla, è la Virtú, ch'altera,
piú che Niobe di tanti, era d'un figlio;
   né contra il ciel alzò superba il ciglio:
pur morto il piange; e l'Honor seco impetra,
ma pur dentro quel marmo ei spira e spera.

☆

*Prega Bergamo e Napoli, dalle quali egli hebbe il padre e
la madre, che dimandino grazia al Signor Duca di Ferrara
per lui*

   Nacque tra' cigni e 'n grembo a le sirene
morí Virgilio: in me l'ordin si volga,
e me tra questi in tomba il Po raccolga

ti meridionali e settentrionali (*Austro* e *Coro*).   11. *Niobe*: la statua
della Virtú, piangente sulla destra del sepolcro, suggerisce al T. il para-
gone mitologico con l'eroina tebana, la cui numerosa prole fu stermina-
ta da Apollo e Artemide per ordine della madre Latona, offesa da Nio-
be che si era vantata di esserle superiore proprio in ragione del numero
e dell'eccellenza dei suoi figli; Niobe fu quindi tramutata in roccia da-
gli dèi, ma i suoi occhi non smisero di piangere, formando una sorgente
(cfr. Ovidio, *Met.*, VI, 148 sgg.).   *un figlio*: a differenza di Niobe.
12. *né ... ciglio*: a differenza di Niobe.   13. *impetra*: è rappresentato
come una statua di pietra (ma il verbo suggerisce ambiguamente anche
il significato di supplicare, pregare, esplicitato nell'ultimo verso).
14. *spira e spera*: l'artificioso gioco paronomastico (utilizzato anche in
Strozzi, madrigale *Ne' raggi Amor del mio bel sole assiso*, 6) chiude il so-
netto nel segno di un'alta tensione stilistica (cfr. il «marmo che si mova
e spiri» di *RVF*, CLXXI, 11).

METRO: sonetto di supplica (a schema ABBA, ABBA; CDE, CED) ri-
volto negli anni di Sant'Anna al duca di Ferrara, in cui il Tasso mesco-
la doloroso autobiografismo e intento encomiastico-celebrativo, pren-
dendo le mosse da un paragone (pur parziale) con Virgilio e facendo
quindi appello all'intercessione della terra natale (Napoli) e di quella
d'origine (Bergamo).
1-2. *Nacque ... Morí*: presso Mantova, bagnata dal Mincio, e a Brindi-
si, sul mare; si noti il chiasmo. Per l'esordio, Sainati, *La lirica*, richiama
il *carmen De Virgilio* di Marcantonio Flaminio.   3. *questi*: i cigni del
v. 1.   *in tomba il Po raccolga*: cfr. *RVF*, CLXXX, 1-2: «Po, ben puo'
tu portartene la scorza | di me con tue possenti e rapide onde»; qui il ri-

ehe pianser quelle nato in su l'arene.
5 Nacqui a numero egual d'amare pene,
misero, e 'l nodo mio, deh, non si sciolga
pria che de' cari studi il frutto io colga
e 'l gusto appaghi alcun sapor di bene.
Alta patria ov'io nacqui, almo paese
10 onde l'origin trassi, e quinci e quindi
porgete al mio signor voi preghi, io loda.
Egli doppii le gratie, oblii l'offese,
talché la sua pietà s'ascolti et oda,
non pur la fede mia, tra Sciti et Indi.

☆

Sovra il ritratto del Signor Duca di Ferrara

Ecco il secondo Alfonso, e se tra queste
cose mortali appare a gl'occhi nostri
valor disceso da stellanti chiostri,
non è chi piú lo scopra o piú ci deste.

---

ferimento è a Ferrara, ove si trova il poeta. 4. *che pianser ... arene*: *che* ha funzione di oggetto (sogg. *quelle*, cioè le *sirene* del v. 1), e si riferisce a *me* del v. 3, cui è anche coordinato *nato in su l'arene*; si intenda quindi, seguendo il paragone *e contrario* con Virgilio: il Po accolga tra i cigni me, che fui compianto sin dalla nascita, avvenuta in riva al mare, dalle sirene. La ragione del non immediato *pianser* riferito alla nascita è subito esplicitata al verso seguente (e cfr. *infra*, O del grand'Apennino, 21-28 e quanto segue). 5. *Nacqui*: richiama il *Nacque* del v. 1, introducendo il motivo dell'infelicità personale. 6. *nodo*: quello della vita (come ad es. in *RVF*, CCLVI, 10). 8. *e 'l gusto ... bene*: amplifica la metafora dei *frutti* del verso precedente, ricordando probabilmente il «gusto sol del disusato bene» di *RVF*, CCLVIII, 12. 9. *Alta patria*: Sorrento, ma per estensione Napoli. *almo paese*: Bergamo, città d'origine del padre Bernardo (in punta di verso, la locuzione è in *RVF*, CXXVIII, 9). 12. *l'offese*: quelle che gli costarono la reclusione. 13. *s'ascolti et oda*: dittologia sinonimica. 14. *non ... mia*: «non solo la mia fedeltà». *tra Sciti et Indi*: iperbole indicante i popoli piú remoti.

METRO: sonetto a schema ABBA, ABBA; CDE, CDE.
Celebra Alfonso II lodandone un ritratto, tramite una serie di paragoni mitologici.

1. *Ecco*: il deittico iniziale suggerisce subito l'occasione descrittiva (il ritratto). 2. *cose mortali*: essenze terrene. 3. *stellanti chiostri*: i cieli (cfr. *RVF*, CCCIX, 4). 4. *non è ... deste*: sottinteso, di Alfon-

⁵   Quanto aspetto real, quanto céleste
splendor, quanta virtú par che dimostri!
Né Bacco o Teseo o 'l domator de' mostri,
né 'l fiero Achille o quel ch'ancise Oreste,
né chi già corse e soggiogò la terra
¹⁰ meglio ritratto fu, né 'n carte o 'n marmi
si veggion piú magnanimi sembianti;
    né Marte ancor ne la spietata guerra
mosse con altra fronte il carro e l'armi,
né Giove fulminò sovra i giganti.

☆

A San Giovanni evangelista

Uscisti in guisa d'aquila volante
del chiarissimo tuon ch'alto ribomba,

so.   7. *'l domator de' mostri*: indica in perifrasi il semidio Ercole, no-
to per le dodici fatiche; è citato unitamente a Bacco in Petrarca, *Tr.
Fam.*, I, 93, e con Teseo in *Tr. Fam.*, II, 92-93.   8. *fiero Achille*:
l'agg. è petrarchesco (cfr. *RVF*, CLXXXVII 2).   *quel ... Oreste*: altra
perifrasi, riferita ad Egisto, che in accordo con Clitemestra uccise Aga-
mennone, poi vendicato dal figlio (*Oreste* è sogg.); la figura, meno no-
bile delle altre, pare suggerita soprattutto da necessità rimiche (ma cfr.
«quel ch'ancise Egisto» di *RVF*, CLXXXVI, 8).   9. *chi ... terra*: pro-
babilmente Alessandro Magno (descritto come colui che «da Pella
agl'Indi | correndo vinse paesi diversi» in Petrarca, *Tr. Fam.*, II, 11-12).
10. *'n carte o 'n marmi*: in pittura o in scultura («ritrasse in carte» è in
RVF, LXXVII, 7).   12-14. *Marte ... Giove*: alla terzina finale vengo-
no riservati i due paragoni piú illustri. *Marte* è in rima interna con *carte*
del v. 10.   *con altra fronte*: con cipiglio diverso da quello di Alfonso,
quale appare nel ritratto.   14. *i giganti*: che secondo il mito tentaro-
no invano di ascendere al cielo per spodestarlo.

METRO: sonetto a schema (inconsueto nelle quartine) ABAB, BABA;
CDE, DCE.
Celebra la figura di san Giovanni Evangelista in tono e stile solenne, vi-
rando nella terzina finale all'umanissimo dato affettivo delle parole di
Cristo sulla croce.

1. *aquila volante*: il tradizionale simbolo dell'Evangelista («aguglia di
Cristo» in Dante, *Par.*, XXVI, 53), tratto dalla visione dei quattro che-
rubini del carro divino (cfr. *Ez*, I, riecheggiato in *Ap*, IV, 7-8).
2. *chiarissimo ... ribomba*: è l'effetto prodotto dal carro divino, sempre
secondo la visione di Ezechiele (cfr. *Ez*, I, 4 e 24). Il motivo dei primi
due versi (con altri qui trattati) ricorre nella predica del Panigarola *Nel
giorno di San Giovanni evangelista*, stampata nelle *Prediche fuor da' tem-*

e di giustitia il sol nel suo levante
mirasti e 'n su l'occaso anzi la tomba.
5   E la tua santa man quasi colomba
lo spirto figurò del primo amante,
e quella voce qual sonora tromba
   che venne a preparar le strade inante.
E la gloria sul monte a noi descrisse,
10 e su la croce il suo tormento indegno
e l'aspra sua corona e la colonna,
   ma de la gratia eterna un picciol segno
fu ciascun altro a quel amor che disse:
– Ecco tua madre, ecco il tuo figlio, o donna. –

pi quadragesimali, Venezia 1592 (osservazione di Santarelli, *Studi sulle
rime sacre*).   3. *di giustitia il sol*: perifrasi indicante il Cristo, *sol iusti-
tiae* secondo *Mt*, III, 20. Cfr. *RVF*, CCCLXVI, 44.   3-4. *nel suo le-
vante ... tomba*: in quanto fu testimone diretto della parabola di Cristo,
dall'inizio della predicazione, essendo stato uno dei primi quattro apo-
stoli, alla passione e morte.   *occaso*: «tramonto», contrapposto a *le-
vante*.   5. *la tua santa man*: con la quale scrisse il Vangelo.   5-6.
quasi ... amante: raffigurò, in forma di colomba, lo Spirito Santo (cfr.
Gv, I, 32); *primo amante* (o «primo amore», cfr. Dante, *Inf.*, III, 6) è at-
tributo teologico dello Spirito, indicante l'origine della carità.   7-8.
quella voce ... inante: quella dell'altro san Giovanni, il Battista, precur-
sore di Cristo (cfr. *Gv*, I, 6-8, 15, 19-34).   9. *la gloria sul monte*: si
riferisce alla trasfigurazione sul monte Tabor, che ebbe in Giovanni
(con Pietro e Giacomo) il testimone diretto, ma di cui non si parla nel
suo Vangelo, bensí in quelli di Matteo, Marco e Luca (cfr. *Mt*, XVII, 1-
13, *Mc*, IX, 1-13 e *Lc*, IX, 28-36).   *descrisse*: sogg. è la *santa man* del
v. 5.   11. *l'aspra ... colonna*: simboli della Passione, la corona di spi-
ne (*Gv*, XIX, 2) e la colonna cui Cristo fu legato per la flagellazione
(*Gv*, XIX, 1, ove comunque non la si cita esplicitamente). I due termi-
ni sono allitteranti e assonanti.   12-14. *ma ... donna*: ogni altro segno
della grazia divina concessa a Giovanni è poca cosa a fronte delle paro-
le rivoltegli da Cristo (*quel amor*) sulla croce, affidandogli la custodia
della Vergine (cfr. *Gv*, XIX, 25-27).

☆

A la Croce

    Croce del Figlio, in cui rimase estinta
l'ira del Padre, e 'l nostro fallo immondo;
croce, che sostenesti il degno pondo
di sangue pretioso aspersa e tinta;
5   per te fu l'empia reggia oppressa e vinta
e l'alme tratte da l'horror profondo,
quando egli affisso trionfò del mondo
c'ha la tua nobil forma in sé distinta.
    Trofeo di spoglie gloriose e belle,
10   segno d'alta vittoria, i segni eccelsi
cedanti pur che fanno il cielo adorno,
    ch'il Re del Cielo, il qual creò le stelle,
in te, che seco di portar io scelsi,
vita la morte fa, gloria lo scorno.

METRO: sonetto a schema ABBA, ABBA; CDE, CDE.
Testo esemplare della rimeria sacra tassiana, in cui tendono a fondersi
svolgimento dottrinale e partecipazione personale, affettiva. L'oggetto
di culto (la croce), simbolo della Passione di Cristo e del riscatto dell'u-
manità dal peccato originale, viene celebrato con accenti di devota ade-
sione e di retorica ostensione.

1-2. *Croce ... immondo*: allude all'espiazione del peccato originale.
3. *croce*: ripetizione anaforica. *il degno pondo*: Cristo. 4. *di sangue
... tinta*: può agire il ricordo di *RVF*, XXXVI, 11 («ne l'altrui sangue già
bagnato e tinto»). 5. *per te*: per merito tuo. 5-6. *fu l'empia ...
profondo*: riferimento alla discesa di Gesú al Limbo, per salvare le ani-
me degli antichi patriarchi (ne parla il vangelo apocrifo di Nicodemo,
ma cfr. soprattutto Dante, *Inf.*, IV, 42 sgg.). 7. *egli affisso*: Cristo
inchiodato alla croce. 8. *c'ha ... distinta*: allude alla possibilità di
suddividere la terra in quattro quadranti, secondo le direttrici dei pun-
ti cardinali, assimilandola cosí alla figura della croce (l'immagine è an-
che in *Mondo Creato*, II, 556-559: «E figurò la Croce il Fabro eterno |
ne le quattro del Mondo avverse parti: | talché la forma sua divide e se-
gna | l'Orto e l'Occaso, e l'Aquilone e l'Austro»). 10. *segno d'alta
vittoria*: cfr. *Lib.*, XX, 91, 5-6. 10-11. *i segni ... adorno*: le costella-
zioni celesti. 12. *Re del Cielo*: tradizionale epiteto divino.
13. *che seco ... scelsi*: l'allusione personale sottolinea la libera scelta di
adesione al cristianesimo (nonché la confessione del proprio tormento
terreno, dopo il quale il poeta attende il riscatto nella vita eterna). *se-
co*: con Lui. 14. *lo scorno*: l'oltraggio della crocefissione.

☆

Secco è l'arbor gentile
che mai le fronde e 'l verde
o per gielo o per fulmine non perde.
O mutata è la legge
5   de la natura, e 'l sole
men pò di quel che sole,
o sol le stelle Amore e 'l mondo regge,
e col piombo e con l'oro
    miracoli rinova,
10 e fa vendetta nova
d'antico oltraggio ne l'amato alloro.
Ma se nel lieto aprile
rinverdir al mio crin non dee corona,
secchesi ancor Permesso in Helicona.

METRO: madrigale a schema abBcddCeffEaGG.
La lirica, impreziosita da allusioni mitologiche, adombra, nella metafo-
ra del lauro dissecato, l'esaurirsi dell'amore di (o per) Laura, e al con-
tempo l'inaridirsi della vena poetica.

1. *Secco*: richeggia nel *secchesi* del verso finale.   2-3. *che mai ... per-
de*: l'alloro è pianta sempreverde, e secondo un'antica credenza non po-
teva essere colpito dai fulmini. Cfr. *RVF*, XXIII, 40.   5-6. *'l sole ...
sole*: Apollo, divinità solare (e nume della poesia), ha perso i suoi pote-
ri consueti, non riuscendo a impedire il seccarsi della pianta a lui sacra,
che aveva reso immortale dopo la metamorfosi in essa dell'amata Daf-
ne. Si noti la rima equivoca.   7. *sol*: richiama ancora equivocamente
sole dei vv. 5-6; attributo di *Amore* (assonante tra l'altro con la rima ba-
ciata che precede), che resta unico reggitore del cielo e della terra.
8. *col piombo e con l'oro*: i due metalli con cui Eros forgia i suoi dardi,
destinati gli uni a provocare lo sdegno, gli altri l'amore.   10-11. *fa
vendetta ... alloro*: Eros si vendica ora di Dafne, che l'aveva oltraggiato
rifiutando l'amore (di Apollo), facendone seccare la pianta, amata e re-
sa sempiterna da quest'ultimo.   12. *nel lieto aprile*: al ritorno della
primavera.   13. *rinverdir ... corona*: la corona d'alloro non dovesse
rinvendire intorno al mio capo (alludendo alla donna amata ma soprat-
tutto all'incoronazione poetica).   14. *Permesso in Helicona*: il fiume
della Beozia percorreva il «giogo di Parnaso» sede delle Muse.

☆

Qual rugiada o qual pianto,
quai lacrime eran quelle
che sparger vidi dal notturno manto
e dal candido volto de le stelle?
5 E perché seminò la bianca luna
di christalline stille un puro nembo
a l'herba fresca in grembo?
Perché ne l'aria bruna
s'udian, quasi dolendo, intorno intorno
10 gir l'aure insino al giorno?
Fur segni forse de la tua partita,
vita de la mia vita?

METRO: madrigale a schema abABCDdcEeFf.
La natura si anima in corrispondenza della vicenda amorosa e umana del
poeta: qui è un paesaggio notturno (come spesso nella poesia del T., abi-
lissimo nel ricreare le suggestioni della diafana luminosità stellare e lu-
nare).

1. *Qual … pianto*: immediato trascorrere del dato naturale in quello
umano, emotivo; si noti, qui e al verso seguente, l'iterazione ansiosa dei
pronomi interrogativi (e piú oltre, l'anafora di *perché* ai vv. 5 e 8). 3.
manto: il cielo. 4. *candido volto*: ribadisce l'antropomorfismo del
dato naturale (per cui cfr. anche *grembo* al v. 7), creando inoltre con
l'agg. un contrasto chiaroscurale rispetto al *notturno manto* del verso
precedente (e cfr., a questo proposito, anche la *bianca luna*, v. 5, e l'*a-
ria bruna*, v. 8). 5-6. *E perché … nembo*: il poeta interpreta metafo-
ricamente il fenomeno della rugiada, che si credeva causata dalla luna.
cristalline stille: le gocce terse e trasparenti. 6-7. *nembo … grembo*: la
rima deriverà da *RVF*, CXXVI, 42-45. 9. *intorno intorno*: locuzione
dantesca e petrarchesca; cfr. ad es. *Par.*, XXX, 112 e *RVF*, XXIII, 108.
10. *l'aure*: evoca il consueto *senhal* della donna. 11. *partita*: «par-
tenza» (in rima baciata con *vita* anche in *RVF*, CCCXXV, 104-105).
12. *vita de la mia vita*: l'appellativo appassionato (con ripetizione del
termine che duplica la rima baciata finale) corona la sequenza di inter-
rogative.

CANZONE AL METAURO

[*Canzone non finita*]

O del grand'Apennino
figlio picciolo sí, ma glorioso
e di nome piú chiaro assai che d'onde,
fugace peregrino
⁵ a queste tue cortesi amiche sponde
per sicurezza vengo e per riposo.
L'alta Quercia che tu bagni e feconde
con dolcissimi humori, ond'ella spiega
i rami sí ch'i monti e i mari ingombra,
¹⁰ mi ricopra con l'ombra;

METRO: canzone di tre stanze a schema aBC, aBC, CDEeDFGGFHh-
FII (ma aCB il secondo piede della fronte nella prima stanza, ove non
pare indispensabile, essendo possibile ravvisare una volontà, o una svi-
sta d'autore, l'intervento d'inversione).
Sicuramente la piú celebre tra le canzoni tassiane, la cosiddetta *Canzo-
ne al Metauro*, incompiuta, spicca per la capacità di coniugare la scaltri-
ta artificiosità stilistico-retorica (si noti l'uso frequente della perifrasi,
della dittologia, della *reduplicatio*, dell'*enjambement*, dell'allitterazione)
e la dolorosa intensità degli accenni autobiografici. L'appello a France-
sco Maria II Della Rovere si configura come richiesta di pace e rifugio
dai colpi della sorte avversa, rievocata tramite i lutti e le peregrinazioni
cui il poeta pare predestinato sin dalla nascita; la malinconica rassegna-
zione tassiana, la coscienza pessimistica dei mali propri e del mondo,
hanno però, qui come altrove, qualcosa di «eroico».

1-3. *O ... onde*: il Metauro, fiume marchigiano presso il quale i Roma-
ni sconfissero l'esercito cartaginese di Asdrubale. Ampia perifrasi allo-
cutiva d'esordio, in cui spiccano il contrasto tra gli agg. *grand*[e] e *pic-
ciolo* e l'uso equivoco di *chiaro*. Per il v. 3 cfr. l'analogo «di nome piú
che d'onde chiaro» del sonetto *Questi è Francesco, il qual sanguigno il
Taro*. 4. *fugace peregrino*: allude in particolare alla propria seconda
fuga da Ferrara (1578). Il tema generale, qui ripreso in piú punti, del-
l'esilio infelice può ispirarsi a Della Casa, *Rime*, XLVII (canzone tra
l'altro analizzata dal T. nel dialogo *La Cavaletta*). 7. *L'alta Quercia*:
simbolo dei Della Rovere di Urbino (e in particolare del duca Francesco
Maria, compagno di studi del T. nell'infanzia). Cfr. Bembo, *Rime*, XX-
VI («De la gran quercia, che 'l bel Tebro adombra»), anche per il «ra-
mo» (v. 2) e la rima tra «ingombra» e «ombra» (vv. 4-5). 9. *i mon-
ti ... ingombra*: giacché il dominio dei Della Rovere si estendeva dal-
l'Appennino marchigiano all'Adriatico. 10. *mi ricopra con l'ombra*:
iterando la metafora della quercia, trapassa dal tono encomiastico al
motivo personale (e cfr. *Gierusalemme*, V, 5-6: «sovra me la gran Quer-
cia i rami estenda, | ché questo schermo incontra i fati ho solo»). 13.

l'ombra sacra, hospital, ch'altrui non nega
al suo fresco gentil riposo e sede,
entro al piú denso mi raccoglia e chiuda,
sí ch'io celato sia da quella cruda
¹⁵ e cieca Dea ch'è cieca e pur mi vede
bench'io da lei m'appiatti o in monte o 'n valle
e per solingo calle
notturno io mova e sconosciuto il piede,
e mi saetta sí che ne' miei mali
²⁰ mostra tanti occhi haver quanti ella ha strali.
  Ohimè, dal dí che pria
trassi l'aure vitali e i lumi apersi
in questa luce a me non mai serena,
fui de l'ingiusta e ria
²⁵ trastullo e segno, e di sua man soffersi
piaghe che lunga età rinsalda a pena.
Sassel la gloriosa alma Sirena
appresso il cui sepolcro hebbi la cuna:
cosí havuto n'havessi o tomba o fossa
³⁰ a la prima percossa!
Me dal sen della madre empia fortuna
pargoletto divelse, e da que' baci
ch'ella bagnò di lagrime dolenti,
con sospir mi rimembra, e da gli ardenti
³⁵ preghi che se 'n portar l'aure fugaci:
ch'io non dovea giunger piú volto a volto

entro al piú denso: «nella sua parte piú fitta e nascosta». 14-15. cru-
da ... Dea: la Fortuna, con i suoi tradizionali connotati (e si noti la ri-
petizione di cieca, che riveste una funzione enfatico-affettiva come
quelle ai vv. 10-11 e 55). 18. notturno ... sconosciuto: riferiti a calle,
per ipallage. 20. tanti occhi: l'iperbole è ulteriormente caratterizza-
ta dal contrasto con l'appellativo di cieca. 21-22. Ohimè ... apersi:
alta perifrasi per indicare la nascita; l'esclamazione d'esordio, richiama-
ta da quelle ai vv. 32 e 39, prepara il tono patetico dell'autocommisera-
zione. trassi sta per respirai: cfr. i vv. 1-2 del sonetto Aure de la mia
vita, aer sereno («che prima i' trassi»), riecheggianti questo esordio di
stanza. 23. in questa ... serena: ricorda RVF, CCCLXVI, 82-84 (e
cfr. pure Bembo, Rime, LVI, 17-19). 24. ingiusta e ria: sempre la
Fortuna; la coppia è anche in Lib., V, 72, 2. 25. trastullo e segno:
zimbello e bersaglio. 27. Sassel: «lo sa». 27-28. la gloriosa ... cu-
na: Partenope, presso la cui tomba (Napoli) nacqui (a Sorrento); si noti
l'artificiosa antitesi fra sepolcro e cuna. 29. o tomba o fossa: dittolo-
gia ridondante. Per i vv. 29-30, cfr. Ovidio, Trist., III, 13, 1-10.
32. pargoletto: Torquato si separò dalla madre, per seguire il padre esu-
le, quando non aveva ancora compiuto i dieci anni. 34. con sospir mi
rimembra: tessera petrarchesca, da RVF, CXXVI, 5. 36. volto a vol-

fra quelle braccia accolto
con nodi cosí stretti e sí tenaci,
lasso, e seguii con mal sicure piante,
⁴⁰ quale Ascanio e Camilla, il padre errante.
    In aspro essiglio e 'n dura
povertà crebbi in quei sí mesti errori,
intempestivo senso hebbi a gli affanni,
ch'anzi stagion matura
⁴⁵ l'acerbità de' casi e de' dolori
in me rendé l'acerbità de gli anni.
    L'egra spogliata sua vecchiezza e i danni
narrerò tutti: hor che non son io tanto
ricco de' propri guai che basti solo
⁵⁰ per materia di duolo?
Dunque altri ch'io da me deve esser pianto?
Già scarsi al mio voler sono i sospiri,
e queste due d'humor sí larghe vene
non agguaglian le lagrime a le pene.
⁵⁵ Padre, o buon padre che dal Ciel rimiri,
egro e morto ti piansi, e ben tu il sai,
e gemendo scaldai
la tomba e il letto: hor che ne gli alti giri
tu godi, a te si deve honor, non lutto;
⁶⁰ a me versato il mio dolor sia tutto.

to: il mio con quello della madre.   38. *nodi*: abbracci. Cfr. una locu-
zione analoga in *Già il notturno sereno*, 20 (*supra*).   39. *mal sicure
piante*: i passi incerti del bambino.   40. *quale ... Camilla*: come Asca-
nio aveva seguito Enea e Camilla Métabo (cfr. *Eneide* II e XI); con la
tessera erudita il poeta sigilla l'affettuosa rievocazione, nobilitando la
propria figura di esule precoce.   42. *povertà*: in rima interna con
acerbità dei vv. 45 e 46.   *errori*: vagabondaggi.   43. *intempestivo*:
precoce.   44-46. *ch'anzi ... anni*: gioca sulla bivalenza del termine
acerbità (come crudeltà e come gioventú), contrapposto a *matura*. Per il
concetto, cfr. Ovidio, *Pont.*, I, 4, 19-20.   *de' casi e de' dolori*: la cop-
pia è in Petrarca, *Tr. Pud.*, 6.   47. *L'egra ... danni*: Bernardo era mor-
to nel 1569 a Ostiglia senza essere rientrato in possesso dei propri be-
ni.   48-51 *hor ... pianto?*: doppia interrogativa retorica.   53. *que-
ste ... vene*: ampia perifrasi indicante gli occhi, per cui cfr. *RVF*,
CCXXX, 9-10.   58. *la tomba e il letto*: *hysteron proteron*, in chiasmo
con *egro e morto* del v. 56.   *alti giri*: il paradiso (locuzione dantesca).
59. *a te ... lutto*: cfr. «a te non si conven doglia né pianto» di Bembo,
Rime, CXLIV, 5.   60. *a me ... tutto*: «epifonema di sapore cristolo-
gico» (Daniele, *Capitoli tassiani*).

DALL'*AMINTA*

☆

O bella età de l'oro,
non già perché di latte
sen' corse il fiume e stillò mele il bosco;
non perché i frutti loro
5 dier da l'aratro intatte
le terre, e gli angui errar senz'ira o tosco;
non perché nuvol fosco
non spiegò allor suo velo,
ma in primavera eterna,
10 ch'ora s'accende e verna,
rise di luce e di sereno il cielo;
né portò peregrino
o guerra o merce a gli altrui lidi il pino;
ma sol perché quel vano
15 nome senza soggetto,

METRO: canzone di cinque stanze a schema abC, abC, cdeeDfF piú congedo DfF.
Coro dell'atto I dell'*Aminta*. Celebra il mito dell'età dell'oro, primitiva condizione umana retta unicamente dalla libera legge d'Amore e di Natura, cui si contrappone la civilizzazione, che segna il trionfo dell'Onore e quindi dell'artificiosa costrizione moralistica.

1. *O bella ... oro*: la celebrazione dell'età dell'oro è un *topos* classico ricorrente, a partire da Esiodo; qui il T. ha presenti però soprattutto i latini, in particolare Virgilio, *Buc.*, IV e Ovidio, *Met.*, I (ma cfr. pure Poliziano, *Stanze*, I, 20-21).   2-3. *di latte ... il bosco*: cfr. Ovidio, *Met.*, I, 111-112 («flumina iam lactis, iam nectaris ibant, | flavaque de viridi stillabant ilice mella»).   7-11. *nuvol fosco ... il cielo*: in quel tempo il cielo non era mai coperto da nuvole scure: esso sfavillava luminoso e sereno *in primavera eterna* (cfr. Ovidio, *Met.*, I, 107), mentre ora *s'accende* per il calore estivo e *verna* al sopraggiungere dei freddi invernali.   12-13. *portò ... il pino*: le navi (per la sineddoche, oltre che per il concetto complessivo, cfr. Ovidio, *Met.*, I, 94-95 e Virgilio, *Buc.*, IV, 38-39) non si dirigevano ancora verso terre straniere per combattere o commerciare.   14. *ma sol perché*: riprende e conclude l'argomentazione intrapresa nell'incipit e svolta nella prima stanza (cfr. le anafore ai vv. 2, 4, 7): l'età dell'oro non è bella per i motivi citati, ma per ragioni d'ordine morale che proiettano la topica rievocazione in un'acuta diagnosi del presente.   15. *senza soggetto*: privo di consistenza reale (come in

quell'idolo d'errori, idol d'inganno,
quel che dal volgo insano
onor poscia fu detto,
che di nostra natura 'l feo tiranno,
20 non mischiava il suo affanno
fra le liete dolcezze
de l'amoroso gregge;
né fu sua dura legge
nota a quell'alme in libertate avvezze,
25 ma legge aurea e felice
che natura scolpí: *S'ei piace, ei lice.*
    Allor tra fiori e linfe
traean dolci carole
gli Amoretti senz'archi e senza faci;
30 sedean pastori e ninfe
meschiando a le parole
vezzi e susurri, ed ai susurri i baci
strettamente tenaci;
la verginella ignude
35 scopria sue fresche rose,
ch'or tien nel velo ascose,
e le poma del seno acerbe e crude;
e spesso in fonte o in lago
scherzar si vide con l'amata il vago.
40   Tu prima, Onor, velasti

RVF, CXXVIII, 76-77).   16. *quell'idolo ... d'inganno*: l'onore, visto
come una falsa divinità in quanto artificiosa convenzione umana.
19. *di nostra natura ... tiranno*: giacché la folle umanità (*volgo insano*) lo
fece prevalere sulle inclinazioni naturali.   22. *l'amoroso gregge*: pe-
trarchescamente, la schiera degli innamorati (cfr. *Tr. Cup.*, IV, 9).
23. *dura legge*: quella descritta ai vv. 40 sgg.   24. *in libertate avvezze*:
abituate a esprimere liberamente i propri impulsi e sentimenti.   26.
natura ... lice: il verbo *scolpí* richiama l'uso antico di incidere le leggi
nella pietra, ma qui paradossalmente la legislatrice è la natura istintiva,
e la legge (per cui è lecito tutto ciò che piace) contraddice ogni conven-
zione e costrizione. La massima rielabora il noto verso dantesco riferito
a Semiramide (*Inf.*, V, 56: «che libito fe' licito in sua legge»), e antici-
pa con il riferimento erotico l'effusione sensuale sviluppata nella stanza
seguente.   28. *traean ... carole*: intrecciavano danze (locuzione dan-
tesca: cfr. *Par.*, XXIV, 16-18).   29. *senz'archi e senza faci*: quindi pri-
vi delle tradizionali armi con cui sono soliti colpire i cuori umani, a cau-
sa del naturale insorgere dell'amore.   34-37. *la verginella ... crude*: il
T. indugia su particolari sensuali, preparando il contrasto con l'affer-
marsi dell'artificioso «regno di Onore» (vv. 40 sgg.).   39. *il vago*: l'a-
mante, come in *RVF*, CCXXXVII, 31.

la fonte dei diletti,
negando l'onde a l'amorosa sete;
tu a' begli occhi insegnasti
di starne in sé ristretti,
⁴⁵ e tener lor bellezze altrui secrete;
tu raccogliesti in rete
le chiome a l'aura sparte;
tu i dolci atti lascivi
festi ritrosi e schivi;
⁵⁰ ai detti il fren ponesti, ai passi l'arte:
opra è tua sola, o Onore,
che furto sia quel che fu don d'Amore.
    E son tuoi fatti egregi
le pene e i pianti nostri.
⁵⁵ Ma tu, d'Amore e di Natura donno,
tu domator de' regi,
che fai tra questi chiostri,
che la grandezza tua capir non ponno?
Vattene, e turba il sonno
⁶⁰ agl'illustri e potenti:
noi qui, negletta e bassa
turba, senza te lassa
viver ne l'uso de l'antiche genti.
    Amiam, ché non ha tregua

---

41. *la fonte dei diletti*: la bellezza femminile appena descritta (vv. 34
sgg.); la metafora si estende al verso seguente, con l'accenno alle *onde* e
alla *sete*.   44. *in sé ristretti*: chini e vergognosi.   45. *altrui secrete*:
«nascoste agli altri».   47. *le chiome … sparte*: nota locuzione petrar-
chesca (cfr. ad es. *RVF*, XC, 1).   50. *ai detti … l'arte*: hai regolato in
modo artificioso i discorsi e l'incedere femminili.   52. *furto*: il piace-
re amoroso, che prima si donava liberamente, ora si ruba di nascosto;
l'Onore ha eretto una falsa morale sociale, imponendo un comporta-
mento rispetto al quale l'impulso naturale diviene infrazione condanna-
bile.   53. *fatti egregi*: illustri imprese (detto con ironia).   55. *don-
no*: signore.   56. *domator de' regi*: l'onore s'impone sui potenti, es-
sendo alla base del comportamento cortigiano; l'auspicio è che resti lon-
tano dalla *negletta e bassa | turba* delle ninfe e dei pastori, che vivono un
sogno d'evasione reso però impossibile dalla coscienza della finzione: i
protagonisti dell'*Aminta* vogliono vivere *ne l'uso de l'antiche genti* (v.
63), ma non possono identificarsi con esse. Alla distinzione cronologica
fra passato e presente se ne aggiunge dunque una sociale, altrettanto il-
lusoria, tra potenti e umili.   57. *chiostri*: le radure erbose del *locus
amœnus* che caratterizza la scena boschereccia.   58. *capir non ponno*:
non possono contenere (e *grandezza* pare ironico).   61-62. *noi … tur-
ba*: il gruppo di umili pastori che intona il coro (*turba* in *aequivocatio*
con il verbo del v. 59).   64-65. *Amiam … dilegua*: la consapevolezza

⁶⁵ con gli anni umana vita, e si dilegua.
   Amiam, ché 'l sol si muore e poi rinasce:
   a noi sua breve luce
   s'asconde, e 'l sonno eterna notte adduce.

di un presente dominato da Onore e della fugacità dell'esistenza fa sca-
turire l'ansiosa esortazione finale ad amare, venata di suggestiva malin-
conia.   66-68. *Amiam ... adduce*: il congedo ribadisce, con identico
attacco, il concetto dei vv. 64-65, rielaborando un'immagine catulliana
(*Carm.*, V, 4-6) fondata sulle metafore del giorno come vita e della not-
te come morte: «Soles occidere et redire possunt: | nobis cum semel oc-
cidit brevis lux | nox est perpetua una dormienda».

DAL *TORRISMONDO*

☆

Ahi lacrime, ahi dolore:
passa la vita, e si dilegua, e fugge,
come giel che si strugge.
Ogni altezza s'inchina, e sparge a terra
⁵ ogni fermo sostegno,
ogni possente regno
in pace cadde al fin, se crebbe in guerra,
e, come raggio il verno, imbruna e more
gloria d'altrui splendore.
¹⁰ E come alpestro e rapido torrente,

METRO: ballata di tre stanze a schema xYy, AbbAXx.
Coro conclusivo del *Torrismondo*. Si tratta di una riflessione dolente e
liricamente suggestiva sul topico motivo della vanità della gloria terrena
e della transitorietà della vita umana.

1. *Ahi lacrime, ahi dolore*: l'esclamazione apre il coro e circolarmente lo
conclude, suggellando l'amaro lamento, i cui stimoli di stesura vanno
rintracciati in classici greco-latini, come il lamento del Coro in Sofocle,
Edipo Re, 1186-1196, e l'oraziano «pulvis et umbra sumus» di *Carm*.,
IV, 7, 16, una lirica che fornisce al T. altre suggestioni (soprattutto le
immagini naturali, cfr. vv. 1 e 3-4). Tali suggerimenti sono poi raffor-
zati da sentenze petrarchesche: cfr. *RVF*, CLVI, 4: «ché quant'io miro
par sogni, ombre et fumi», e soprattutto *RVF*, I, 14: «che quanto pia-
ce al mondo è breve sogno» (rielaborata anche da Giraldi, *Orb*., 578-
580 e 962), che può valere come epigrafe ideale di tutto il coro; assai
aderente è anche lo svolgimento piú diffuso del tema in Petrarca, *Tr.
Tem*. (cfr. *passim*, e soprattutto vv. 61-9 e 109-126).   2-3. *passa ...
strugge*: la sentenza si fonda su un reticolo di riferimenti petrarcheschi,
da *RVF*, CCLXXII, 1 («La vita fugge, et non s'arresta una hora») a
RVF, CV, 28-29 («altri, chi 'l prega, si delegua et fugge; | altri al ghiac-
cio si strugge»), senza scordare *RVF*, CLXXXIX, 1 («Passa la nave mia
colma d'oblio»); l'immagine è poi variamente replicata in *RVF* (cfr. ad
es. XXXII, 7-8) e in *Tr. Tem*. (cfr. 129). È anche da menzionare, tra le
fonti classiche, Orazio, *Carm*., I, 11, 7-8: «Dum loquimur, fugerit invi-
da | aetas».   4-5. *Ogni altezza ... sostegno*: chi si trova in condizione
preminente è costretto a piegarsi, facendo crollare i saldi puntelli che lo
sorreggono. «Ogni altezza inchina» è in *RVF*, CCXIII, 8.   8. *im-
bruna*: «tramonta», si spegne. Cfr. *RVF*, CCXXIII, 2 (ove ha accezio-
ne transitiva).   9. *altrui splendore*: genericamente, il fasto umano.
10. *alpestro ... torrente*: proviene da un altro incipit petrarchesco: «Ra-
pido fiume che d'alpestra vena» (*RVF*, CCVIII, 1), o meglio, per la
maggiore aderenza, da *Tr. Et*., 47: «di questo alpestro e rapido torren-

come acceso baleno
in notturno sereno,
come aura, o fumo, o come stral repente
volan le nostre fame, ed ogni onore
¹⁵ sembra languido fiore.
    Che piú si spera, o che s'attende omai?
Dopo trionfo e palma
sol qui restano a l'alma
lutto, e lamenti, e lagrimosi lai.
²⁰ Che piú giova amicizia, o giova amore?
Ahi lagrime, ahi dolore.

te». 12. *sereno*: come spesso nel T., con valore di sost. 13. *re-pente*: avv. o, piú probabilmente, attributo di *stral*. 15. *sembra ... fiore*: da ricordare che gli uomini sono definiti «umani [...] ligustri» in Petrarca, *Tr. Tem.*, 101 (da Virgilio, *Buc.*, II, 171-178). *languido*: «fragile, destinato ad appassire». 16. *Che piú ... omai?*: cfr. Giral-di, *Orb.*, 3123: «E noi che piú sperar, lasse, devemo?». 18-19. *sol qui ... lai*: cfr. Giraldi, *Orb.*, 3125: «Sol n'avanzan sospiri, angoscie e pene». «Lacrimosi lai» anche nel madrigale *Le tre dolenti lettre, o vago fiore*, 9. 20. *amicizia ... amore*: i due sentimenti che hanno impron-tato l'intera tragedia, ormai vani.

NOTE FILOLOGICHE
E BIO-BIBLIOGRAFICHE

Pagina 3.

Jacopo Sannazaro

(Napoli 1457-1530). In seguito alla morte del padre Cola (1465), discendente di una nobile famiglia di origine pavese (cfr. Dante, *Conv.*, IV, XXIX), ed alla confisca di una miniera di allume di proprietà della famiglia (1465), si trasferisce con il fratello Marcantonio e la madre Masella di Santomango nel feudo di San Cipriano (Salerno). Compí poi gli studi a Napoli, guidato dagli umanisti Luca Grasso e Giuniano Maio, nel fervido clima di ricerca instaurato dall'Accademia Pontaniana: a questo primo periodo risale la vicenda amorosa con Carmosina Bonifacio, di cui è testimonianza l'elegia I, 3. Nel 1481 entrò alla corte di Alfonso I d'Aragona duca di Calabria, che seguí nella spedizione contro Innocenzo VIII ed i baroni ribelli nel 1486. Nel 1496 diviene re di Napoli Federico d'Aragona, con cui il S. era in rapporti di stretta amicizia già dal 1488: come segno di riconoscenza egli donò al poeta la villa di Mergellina; questi, d'altra parte, dimostrò la sua lealtà seguendo Federico nell'esilio in Francia, dal 1501, anno dell'occupazione francese del Regno di Napoli, fino al momento della sua morte (1505). Durante la sua permanenza in Francia ricopiò alcuni importanti codici, esercitando pure attorno ad essi un intenso impegno filologico: si tratta di autori significativi soprattutto per la sua produzione latina, come Rutilio Namaziano, Ausonio, Nemesiano, e lo Pseudo-Ovidio dell'*Halieuticon*. Tornato a Napoli ed unitosi a Cassandra Marchese, si dedicò tutto alla sua produzione poetica latina (*De partu Virginis*, *Eclogae piscatoriae*, *Elegiae*, *Epigrammata*), spegnendosi nel 1530.

Per la biografia del S. ancora insostituibile E. Pércopo, *Vita di J. Sannazaro*, Napoli 1931 (ma 1893); le monografie piú significative dedicate al S. sono a mio giudizio F. Torraca, *J. Sannazaro*, Napoli 1879; E. Carrara, *J. Sannazaro (1456-1530)*, Torino 1932 e A. Altamura, *J. Sannazaro*, Napoli 1951.

Pagina 9.

ARCADIA

Per l'*Arcadia* si è seguito il testo dell'*editio princeps* curata da Pietro Summonzio (Napoli 1504 – una ed. parziale e molto scorretta era uscita a Venezia nel 1501) nella sistemazione della recente ed. di F. Erspamer (Milano 1990), che peraltro differisce dall'ed. Mauro, relativamente alla prima ecloga, soltanto per la punteggiatura. Dell'opera sono state individuate tre fasi redazionali (cfr. Corti, *Le tre redazioni della «Pastorale» di P. I. De Jennaro con un excursus sulle tre redazioni dell'Arcadia*, in «GSLI», 131 (1954), pp. 305-51; e G. Villani, *Per l'edizione dell'«Arcadia» del Sannazaro*, Roma 1989). In sintesi, si dà inizialmente un nucleo di testi poetici composti presumibilmente attorno al 1480 e comprendenti le ecloghe I, II e VI; ancora soggetti all'influsso della tradizione plurilinguistica senese e fiorentina costituita da Francesco Arsocchi, Jacopo Fiorino de' Boninsegni, Girolamo Benivieni, essi appartengono ad uno stadio compositivo svincolato dal progetto complessivo dell'*Arcadia*. Tornato a Napoli nel 1482, il S. giunge in capo a due anni ad una struttura di prosimetro scandita in dieci sezioni, cosí com'è testimoniato da una prima stampa summontina del 1503 e dall'importante ms Barb. lat. 3964 della Bibl. Apostolica Vaticana. L'ultima fase redazionale, che va all'incirca dal 1491 al 1495 e sarà accolta dalla stampa summontina, si caratterizza per l'inserzione di due prose e due ecloghe e dell'epilogo *A la sampogna*, oltre che per un generale processo di ripulitura stilistica, informata al canone petrarchesco.

Sul testo dell'*Arcadia*, oltre agli articoli preparatori di A. Mauro per l'allestimento della sua ed. critica delle *Opere volgari*, si veda M. Corti, *Le tre redazioni della «Pastorale»* cit., pp. 305-51; e G. Villani, *Per l'edizione dell'«Arcadia»* cit. Fondamentali per la definizione dei caratteri e della genesi interna dell'opera G. Folena, *La crisi linguistica del Quattrocento e l'Arcadia di J. Sannazaro*, Firenze 1952. Si veda inoltre F. Tateo, *La crisi culturale di J. Sannazaro*, in *Tradizione e realtà nell'Umanesimo italiano*, Bari 1967, pp. 11-109; M. Corti, *Il codice bucolico e l'Arcadia di J. Sannazaro*, in *Metodi e fantasmi*, Milano 1969, pp. 283-304; E. Saccone, *L'Arcadia: storia e delineamento d'una struttura* (1968), in *Il soggetto del Furioso ed altri saggi*, Napoli 1974, pp. 9-64; M. Santagata, *L'alternativa «arcadica» del Sannazaro*, in *La lirica aragonese. Studi sulla poesia napoletana del secondo Quattrocento*, Padova 1979, pp. 342-74; W. J. Kennedy, *J. Sannazaro and the Uses of Pastoral*, Hannover 1983; A. Caracciolo Aricò, *Critica e testo. L'avven-*

tura della prima edizione dell'«Arcadia» di J. Sannazaro, in
AA.VV., *Saggi di linguistica e di letteratura in memoria di Paolo
Zolli*, a cura di G. P. Borghello, M. Cortellazzo e G. Padoan,
Padova 1991; G. Velli, *«Tityrus redivivus»: the rebirth of vergi-
lian pastoral from Dante to Sannazaro (and Tasso)*, in AA.VV.,
Forma e parola. Studi in memoria di Fredi Chiappelli, a cura di
D. Dutschke e altri, Roma 1992, pp. 67-79; C. Kidwell, *San-
nazaro and Arcadia*, London 1993.

Pagina 14.

RIME

Per il testo delle *Rime* si fa riferimento all'ed. critica a cura
di A. Mauro (J. Sannazaro, *Opere volgari*, Bari 1961), integra-
ta però dalle osservazioni dei due articoli di P. V. Mengaldo,
Contributo ai problemi testuali del Sannazaro volgare, in
«GSLI», 139 (1962), pp. 219-45, e *La lirica volgare del Sanna-
zaro e lo sviluppo del linguaggio poetico rinascimentale*, in
«RLI», serie VII, 2, 66 (1962), pp. 436-82. Che la stampa na-
poletana del Sultzbach del 1530 (postuma) non rappresenti af-
fatto il frutto di una ventennale revisione che il S. avrebbe in-
trapreso dopo il suo ritorno a Napoli nel 1504, è ipotesi che il
Dionisotti oppone, con buoni argomenti, al Mauro, nel suo
Appunti sulle Rime del Sannazaro, in «GSLI», 140 (1963), pp.
161-211. Nel commento le sigle FN[4] e MA[1] si riferiscono ri-
spettivamente ai codici Magl. VII, 720 della Bibl. Naz. di Fi-
renze e A 8 *sup.* della Bibl. Ambrosiana di Milano.

Sulle *Rime* cfr. Mengaldo, *La lirica volgare del Sannazaro* cit.
(ma si veda anche, dello stesso autore, il saggio *Contributo ai
problemi testuali del Sannazaro volgare* cit., che discute i criteri
dell'ed. A. Mauro); inoltre C. Dionisotti, *Appunti sulle Rime
del Sannazaro* cit.

Pagina 20.

ELEGIAE

Delle opere latine brevi (*Elegiae*, *Epigrammata*, *Eclogae pi-
scatoriae*) non esiste un'ed. complessiva moderna: bisogna
dunque rifarsi alla raccolta *Opera omnia latine scripta*, Paolo
Manuzio, Venezia 1535, da confrontare con *Opera latine scrip-
ta*, Amsterdam 1728, curata da J. van Broekhuizen e P. Vla-
ming; le *Eclogae piscatoriae* sono state tuttavia edite critica-
mente da W. P. Mustard (Baltimora 1914). Tra le antologiz-
zazioni moderne ricordo l'ed. a cura di F. Arnaldi e L. Gual-
do Rosa in *Poeti latini del Quattrocento*, Milano-Napoli 1964

(ma per l'elegia sulle rovine di Cuma si è tenuto conto di D. Marsh, *Sannazaro's elegy on the ruins of Cumae*, in «BiblHR», 50 (1988), pp. 681-89, che ha fornito il testo nelle due redazioni del codice Vat. lat. 3361).

Per la restante produzione latina cfr. G. Rosalba, *Le «Egloghe pescatorie» del Sannazaro*, Napoli 1908; A. Altamura, *La tradizione manoscritta dei «Carmina» del Sannazaro*, Napoli 1957; F. Tateo, *Per una lettura critica dell'opera latina del Sannazaro*, in «Convivium», 25 (1957), pp. 413-27; A. Sainati, J. *Sannazaro* (1919), in *Studi di letteratura latina medievale e umanistica raccolti in occasione del suo ottantacinquesimo compleanno*, Padova 1972, pp. 177-34; L. Gualdo Rosa, *A proposito degli epigrammi latini del Sannazaro*, in AA.VV., *Acta Conventus neo-latini Amstelodamensi* (12-14 agosto 1973), München 1979, pp. 453-76; L. Monti Sabia, *Storia di un fallimento poetico: il «fragmentum» di una piscatoria di J. Sannazaro*, in «Vichiana», n.s., 12 (1983), pp. 255-81; G. Lieberg, J. *Sannazaro Eleg. II, 1 e Properzio*, in AA.VV., *Filologia e forme letterarie* cit., V, pp. 461-71; D. Marsh, *Sannazaro's elegy* cit.; C. Vecce, *I. Sannazaro in Francia. Scoperte di codici all'inizio del XVI secolo*, Padova 1988 (fondamentale per la ricostruzione degli interessi filologici del S.); Id., *Multiplex hic anguis. Gli epigrammi latini di Sannazaro contro Poliziano*, in «Rinascimento», n.s., 30 (1990), pp. 235-55.

Pagina 23.

DE PARTU VIRGINIS

Per il *De partu Virginis* si è seguita l'ed. a cura di A. Perosa e C. Fantazzi, Firenze 1988; la traduzione italiana è di Stefano Prandi.

Sul *De partu Virginis* cfr. G. Morpurgo, *La poesia religiosa di J. Sannazaro*, Ancona 1900; G. Calisti, *Il «De partu Virginis» di J. Sannazaro. Saggio sul poema sacro nel Rinascimento*, Città di Castello 1926; Id., *Autografi e pseudoautografi del «De partu Virginis»*, in «GSLI», 101 (1933), pp. 48-72; C. D'Alessio, *Sul «De partu Virginis»*, Firenze 1955; A. Michel, *La parole et la beauté chez Sannazaro: rhétorique et poétique dans le «De partu Virginis»*, in «Res Publica Literarum», 7 (1984), pp. 147-53; C. Fantazzi, *The Making of the «De partu Virginis»*, in AA.VV., *Acta Conventus neo-latini Sanctandreani*, a cura di I. McFarlane, Birmingham - New York 1986; A. Perosa, *Un codice parigino del Planctus Virginis del S. (De partu Virginis I, 333-367)*, in AA.VV., *Filologia e forme letterarie. Studi offerti a Francesco Della Corte*, Urbino 1987, V, pp. 473-90; A. Traina, *«Imitatio» virgiliana e clausole anomale nel «De partu Virginis*

del Sannazaro»; in *Poeti latini (e neolatini)*, IV, Bologna 1994,
pp. 225-31; M. Deramaix, *La genèse du «Da partu Virginis» de
J. Sannazaro et trois églogues inédites de Gilles de Viterbe*, in
«Mélanges de l'École Française de Rome, Moyen Age», 102
(1990), 1, pp. 173-276; F. Bausi, *Una testimonianza poco nota
sulla cronologia del «De partu Virginis»*, in «Interpres», 12
(1992), pp. 320-26; infine l'*Introduzione* alla citata ed. critica
a cura di C. Fantazzi e A. Perosa, pp. v-ccxxvi.

Pagina 27.

Ludovico Ariosto

Nato a Reggio Emilia (1474) e morto a Ferrara (1553). Fun-
zionario estense come il padre Niccolò, dal 1503 fu al servi-
zio del cardinale Ippolito, che lo incaricò di importanti amba-
scerie, e dal 1517 del duca Alfonso, per conto del quale fu an-
che governatore della Garfagnana (1522-25). Studi di Legge
presto abbandonati. Ebbe due figli, Giambattista e Virginio,
che divenne anch'egli poeta. Autore in gioventú di liriche la-
tine, continuò a comporre poesie in volgare, ispirate in buona
parte da Alessandra Benucci, che sposò, tardi, segretamente.
Fu amico di numerosi letterati, come Alberto Pio, Ercole
Strozzi, soprattutto Pietro Bembo. L'intensa attività teatrale,
come regista e autore di commedie (*La Cassaria*, in prosa,
1508; *I Suppositi*, in prosa, 1509; l'incompiuta *I studenti*) s'in-
serisce sempre negli impegni di corte. Le *Satire*, molto auto-
biografiche, sono del 1517-25. Del suo capolavoro, l'*Orlando
furioso*, iniziato verso il 1505, curò tre edizioni ogni volta rie-
laborate (1516, 1521, 1532).

La bibliografia completa della critica ariostea è registrata da
G. Fatini, *Bibliografia della critica ariostea (1510-1956)*, Firen-
ze 1958; D. Medici, *La bibliografia della critica ariostesca dal
«Fatini» ad oggi*, in «Bollettino Storico Reggiano», 7 (1974),
n. 27, pp. 63-150; R. J. Rodini e S. Di Maria, *Ludovico Ario-
sto, An Annotated Bibliography of Criticism 1956-1980*, Uni-
versity of Missouri Press, Columbia 1984; R. J. Rodini, *Selec-
ted Bibliography of Ariosto criticism*, in «Modern Languages
Notes», 1986.

Pagina 33.

LIRICA LATINA

Per le liriche latine, è fondamentale il ms della Bibl. Com.
Ariostea di Ferrara, senza segnatura, intitolato *Aliquot carmi-
na autographa L. A. ferrariensis*, sulla cui autografia si è discus-

so, giungendo infine a una conclusione affermativa (G. Pesenti, *Storia del testo dei carmi latini dell'Ariosto*, in «RLI», serie II, 57 (1924), pp. 120-35; M. Catalano, *Autografi e pretesi autografi ariosteschi*, in «Archivum Romanicum», 9 (1925), pp. 49-58; G. Bertoni, *Il codice ferrarese dei «Carmina» di Ludovico Ariosto*, ivi, 17 (1933), pp. 619-58, con riproduzione fotografica e trascrizione diplomatica). Precedentemente, una buona parte dei carmi era stata pubblicata postuma da G. B. Pigna, in appendice a una raccolta delle proprie poesie latine (*Carminum libri quatuor*), presso lo stampatore veneziano Michele Tramezzino (1553). Il primo editore che tenga conto sia della raccolta del Pigna, sia dell'autografo, è G. Barotti, nelle sue edizioni delle *Opere in versi*, e delle *Opere in prosa* dell'A., del 1741 e 1766 (Pitteri, Venezia). Nuovo e decisivo contributo quello del Carducci, in *Delle poesie latine edite ed inedite di Ludovico Ariosto*, Bologna 1875, poi ristampato e arricchito col titolo *La gioventú di Ludovico Ariosto e le sue poesie latine*, Bologna 1881 (Edizione nazionale delle *Opere*, XIII, 1936, pp. 115-374), che teneva conto dell'autografo e del ms lat. 150 (*a.* T. 6.8) della Bibl. Estense di Modena.

La storia della fortuna di queste poesie è tracciata da G. Fatini (*Su la fortuna e l'autenticità delle liriche di Ludovico Ariosto*, Torino 1924 [suppl. al «GSLI», pp. 274-90]); quanto alle edizioni, le due sole criticamente accertate sono quelle dello stesso Fatini (L. Ariosto, *Lirica*, Bari 1924, negli «Scrittori d'Italia») e di A. Bolaffi (L. Ariosto, *Carmina*, Pisauri 1934, Modena 1938²). Traduzioni complete del Bolaffi, che annota pure i testi, con particolare attenzione alle fonti, e mia (L. Ariosto, *Opere minori*, a cura di C. Segre, Milano-Napoli 1954, pp. 3-105); parziale quella di A. Capasso (L. Ariosto, *Poesie latine*, Firenze 1947). La mia edizione, fondata sul Bolaffi, contiene alcune correzioni e indicazioni di fonti; da questa riporto le composizioni scelte, anche naturalmente per la traduzione. Per ulteriori indicazioni bibliografiche cfr. *Opere minori* cit., pp. 1168-71.

Per una valutazione letteraria della lirica latina è ancora fondamentale il volume di Carducci. Inoltre: W. Binni, *Metodo e poesia di Ludovico Ariosto*, Messina-Firenze 1970³; G. Grabher, *La poesia minore dell'Ariosto*, Roma 1947; L. Paoletti, *Cronaca e letteratura nei «Carmina»*, in C. Segre (a cura di) *Ludovico Ariosto: lingua, stile e tradizione*, Feltrinelli, Milano 1976, pp. 265-82.

Pagina 45.

RIME

Le *Rime* dell'A. non furono mai pubblicate dall'autore. A parte alcuni anticipi in raccolte miscellanee ad opera di cerretani, si considera come *princeps* quella di Iacopo Coppa (*Le rime di M. Ludovico Ariosto*, Venezia 1546), che si fondò su manoscritti fornitigli dagli eredi del poeta. Dei numerosi manoscritti, quasi tutti miscellanei, hanno importanza particolare i due, collaterali, della Bibl. Com. Ariostea di Ferrara (Cl. 64 e Cl. 365), probabilmente derivanti da una raccolta organica, a mo' di «canzoniere», ispirata dall'autore stesso. Sino a poco fa lo studio piú esaustivo sulla tradizione delle Rime, comprese le disperse e quelle di dubbia attribuzione, era quello di G. Fatini, *Su la fortuna* cit. messa a punto sino al 1954 nella mia *Nota al testo* in L. Ariosto, *Opere minori* cit. Precisazioni di ordine stemmatico, in quanto ai rapporti tra i due codici ferraresi e la *princeps*, furono apportate da A. Carlini (*Progetto di edizione critica delle liriche di Ludovico Ariosto*, in «GSLI», 135 [1958], n. 409, pp. 1-40. Cfr. pure E. Bigi, *Le liriche volgari dell'Ariosto*, in *Ludovico Ariosto. Convegno internazionale*, Accademia Nazionale dei Lincei, Roma 1975, pp. 49-71). Ora però la situazione è chiarificata dall'apporto del codice Vat. Rossiano 633 e del ms 230 della Bibl. Com. di Piacenza (C. Bozzetti, *Notizie sulle rime dell'Ariosto*, in *Studi di filologia e critica offerti dagli allievi a L. Caretti*, Roma 1985, pp. 83-118). Il codice Vat. Rossiano è stato scritto mentre l'A. era ancora in vita, probabilmente su indicazioni sue (Bozzetti); rappresenta perciò un primo progetto di costituzione delle Rime in «canzoniere», ciò che risulta anche dalla ben organizzata successione dei componimenti. Il Vaticano discende dallo stesso archetipo da cui derivano, su un secondo ramo, la *princeps* (cui il codice piacentino è affine, ma con testo piú attendibile) e i due codici ferraresi, i quali, a differenza della molto casuale *princeps*, costituiscono un secondo progetto di organizzazione (per generi metrici) delle Rime. In una futura edizione critica, a parere del Bozzetti, si dovrebbe seguire l'ordinamento del Vaticano, come unico «canzoniere» messo a punto dall'A., facendo seguire dalle Rime extravaganti.

Per ora l'unica edizione valida delle Rime è quella del Fatini (*Lirica* cit.), che ha raggruppato i componimenti in base ai tipi metrici. Su essa mi baso in questa breve scelta, tenendo conto delle correzioni già attuate nelle citate *Opere minori*. Ho però inserito due nuove correzioni (tra parentesi la lezione scartata) suggerite da C. Bozzetti, *Notizie sulle rime* cit.,: can-

none I, 136; *venii (avenii)*, capitolo V, 39 *rio (mio)*. In II, 11-
12 ho cambiato la punteggiatura, con L. Baldacci, *Lirici del
Cinquecento*, Firenze 1957, p. 251.

La bibliografia sulle *Rime* non è ampia. Citerò soltanto: G.
Fatini, *Le «Rime» di Ludovico Ariosto*, in «GSLI», suppl. 25,
Torino 1934, pp. 1-254; Binni, *Metodo e poesia* cit.; E. Bigi,
Vita e letteratura nella poesia giovanile dell'Ariosto, in «GSLI»,
145 (1968), pp. 1-37; Id., *Le liriche volgari dell'Ariosto* cit.; R.
Fedi, *Petrarchismo prebembesco in alcuni testi critici dell'Ario-
sto* in Segre (a cura di), *Ludovico Ariosto: lingua, stile e tradi-
zione* cit., pp. 283-313.

Pagina 61.

SATIRE

Nessuna traccia degli originali che, di ogni satira, l'A. inviò
verosimilmente ai destinatari. Attualmente, è fondamentale
per le Satire il ms Cl. I, B della Bibl. Com. Ariostea di Ferra-
ra, apografo (trascritto dopo il 1525) con correzioni autografe
attuate in seguito saltuariamente (edizione facsimile, purtrop-
po non perfetta, di G. Wenk, Bologna 1875).

Da esso deriva l'edizione del Giolito, Venezia 1550, curata
da A. F. Doni. Gli altri manoscritti parziali (Ashburnhamiano
564 della Bibl. Laurenziana di Firenze; ms I. VI. 41 della Bi-
bl. Com. di Siena; ms N. A. 1189 della Bibl. Naz. di Firenze),
come pure l'*editio princeps*, clandestina, senza dicitura del luo-
go né del tipografo, ma del giugno 1534, rappresentano fasi
anteriori dell'elaborazione, ricostruita da S. Debenedetti (*In-
torno alle Satire dell'Ariosto*, in «GSLI», 122 [1945], pp. 109-
130, poi in Id., *Studi filologici. Con una nota di C. Segre*, Mila-
no 1986, pp. 223-40) e dal presente curatore (*Nota al testo*, in
L. Ariosto, *Satire. Edizione critica e commentata a cura di C.
Segre*, Torino 1987).

Il testo critico deve dunque basarsi sul ms ferrarese (*F*). Al-
cuni filologi ne hanno ritenuto solo parzialmente autografe le
correzioni, con evidenti conseguenze testuali (si vedano le edi-
zioni di G. Tambara, Livorno 1903 e di L. Capra, Ferrara
1983; le considerazioni esposte da Capra nella sua introduzio-
ne sono state confutate, e perciò il testo da lui proposto di-
mostrato inattendibile, da C. Segre, *Difendo l'Ariosto. Sulle
correzioni autografe delle satire*, in «RiLI», 2 [1984], pp. 145-
162); C. Bertani (*Sul testo e sulla cronologia delle Satire di L.
Ariosto*, in «GSLI», 88 [1926], pp. 256-81 e ivi, 89 [1927],
pp. 1-36); M. Catalano, (*Autografi e pretesi autografi arioste-
schi*, in «Archivum Romanicum», 9 [1925], pp. 33-66) e E.
Debenedetti (*Intorno alle Satire* cit.) hanno dimostrato defini-

tivamente che è invece ariostesco il complesso delle correzioni, delle quali vanno soltanto escluse, come ho potuto precisare su basi linguistiche, quelle dovute al copista stesso (cfr. *Storia testuale e linguistica delle «Satire»*, in Segre (a cura di), *Ludovico Ariosto: lingua, stile e tradizione* cit., pp. 315-30; *Nota al testo* cit., pp. xx-xxv).

Si può dunque considerare definitiva, a meno di nuove scoperte, l'edizione critica del 1987, sopra citata, che distingue in apparato le lezioni autografe e quelle della tradizione. Ciò vale anche per l'ordine delle satire, spesso mutato nelle vecchie edizioni per rispettare una ipotetica cronologia dei componimenti, cui non risulta che l'autore abbia inteso adeguarsi, o per mettere in primo piano le satire più popolari, come la V.

Tra i commenti più ampi vanno citati quello di G. Fatini (Firenze 1933) e quello contenuto nella mia edizione di L. Ariosto, *Opere minori* cit., pp. 499-579, che si fonda in buona parte su materiali debenedettiani, nonché, ulteriormente aggiornato, quello dell'edizione einaudiana (Torino 1987). Sempre utili comunque i riferimenti biografici contenuti in M. Catalano, *Vita di Ludovico Ariosto*, 2 voll., Genève 1930-31. Per la critica, una volta rinviato ai regesti completi di G. Fatini, D. Medici, R. J. Rodini e S. Di Maria, basti ricordare G. Fatini, *Umanità e poesia dell'Ariosto nelle satire*, in «Archivum Romanicum», 17 (1933), pp. 497-564; J. Grimm, *Die Einheit der Ariost'schen Satire*, Frankfurt am Main 1969; W. Binni, *Il tono medio delle Satire*, in Id., *Metodo e poesia* cit., pp. 53-72; Id., *Le lettere e le Satire dell'Ariosto*, in Id., *Due studi critici: Ariosto e Foscolo*, Roma 1978, pp. 11-59; P. Floriani, *Protostoria delle satire ariostesche*, in «RiLI», 1 (1983), pp. 491-526.

Pagina 103.

Teofilo Folengo

Girolamo Folengo (Teofilo è il nome assunto con la monacazione) nacque a Mantova nel 1491; morí a Campese, presso Bassano del Grappa, nel 1544. Proveniente da una famiglia legata agli ambienti umanistici, nel 1508 entrò nel convento benedettino di Sant'Eufemia di Brescia (nello stesso Ordine avevano preso i voti quattro suoi fratelli e una sorella). Fu poi a Padova, nel convento di Santa Giustina, dove probabilmente entrò in contatto con quello Studio che era stato fucina del linguaggio macaronico. Nel 1525, in profondo dissidio con i superiori dell'Ordine, lascia il convento e si trasferisce a Venezia, come precettore del figlio di Camillo Orsini, capitano generale di San Marco. Nel 1534, dopo un periodo di penitenza, il F. fu riammesso nell'Ordine; dal 1538 al 1542 visse in Sicilia, in vari conventi benedettini. Tornato al Nord, trascorse gli ultimi anni come priore del piccolo convento di Santa Croce di Campese, presso Bassano del Grappa.

Il suo capolavoro è il poema macaronico *Baldus*, di cui curò quattro redazioni (edite rispettivamente negli anni 1517, 1521, 1539-40 e 1555 [postuma]). La *Moscheide*, poemetto zooepico ispirato alla *Batracomiomachia*, e gli *Epigrammata* completano, con la *Zanitonella*, il *corpus* macaronico. In volgare il F. compose, oltre all'*Orlandino* e al *Caos*, anche due poemi d'ispirazione religiosa, l'*Umanità del Figliuolo di Dio* e la *Palermitana*, e una sacra rappresentazione, l'*Atto della Pinta*. Copiosa la produzione latina non macaronica, che comprende i 68 epigrammi raccolti nel *Varium Poema*, il poemetto *Ianus* e un vasto martirologio in esametri, l'*Hagiomachia*.

Pagina 107.

ZANITONELLA

Le *Eglogae* della Paganini e le tre successive redazioni della *Zanitonella* sono state pubblicate in edizione critica da M. Zaggia (*Macaronee minori. Zanitonella - Moscheide - Epigrammi*, Torino 1987); per i rapporti tra le stampe si rinvia alla documentatissima analisi fornita dall'editore nella *Nota al testo* (pp. 557-609). In precedenza avevano procurato edizioni della redazione postuma, corredate di traduzione e commento, G. Bernardi Perini (Torino 1961) e C. Cordié (in T. Folengo, *Opere*, Milano-Napoli 1977). Sulla lingua della *Zanitonella* e delle altre *Macaronee* resta ancora fondamentale il contributo di U. E. Paoli, *Il latino maccheronico*, Firenze 1959; si aggiungano gli *Appunti sulla prosodia e la metrica* di Zaggia (in appendice alle *Macaronee minori*, pp. 637-85). La recente bibliografia folenghiana e parafolenghiana (protomacaronici, epigoni, autori limitrofi) è esaurientemente illustrata da M. Zaggia, *Schedario folenghiano dal 1977 al 1993*, Firenze 1994.

Pagina 128.

ORLANDINO

La *princeps* dell'*Orlandino* uscí a Venezia, per i tipi di Gregorio de Gregori, nel luglio del 1526; dello stesso anno è l'edizione dei fratelli da Sabbio, che reca l'aggiunta dell'ottavo capitolo e varianti d'indubbia pertinenza folenghiana. Il poema, già accolto in edizione integrale nell'antologia curata da Cordié (pp. 625-794), si può leggere ora nel testo critico allestito da M. Chiesa: T. Folengo, *Orlandino*, Padova 1991, edi-

zione da cui riprendiamo, con qualche lieve ritocco, il brano
qui proposto (circa i rapporti tra le due prime stampe, Chiesa
ritiene che con la seconda il F., pur accentuando la critica al-
la corruzione monastica – tema, peraltro, meno incandescente
delle questioni teologiche legate alla Riforma –, abbia voluto
«attenuare la polemica e aggiustare il tiro», come dimostre-
rebbero la sostituzione dei «santi» – Cristo e gli apostoli – con
divinità pagane in facezie sospettabili di blasfemia e l'inseri-
mento di un'esplicita professione d'obbedienza al papa nel
credo di Rainero. Ma allusioni «luterane» restano comunque
evidenti).

Pagina 134.

CAOS DEL TRIPERUNO

Manca ancora un'edizione critica del *Caos del Triperuno*, la
cui *editio princeps* uscí a Venezia, con la data del 1° gennaio
1527 (= 1528 se fu adottato lo stile veneto), presso i fratelli da
Sabbio, «Ad instantia de Nicolo Garanta» (la presunta *prince-
ps* del 1526 segnalata da C. Filosa altro non è che un esempla-
re della stampa del 1546, con data grossolanamente falsificata
a penna: cfr. M. Zaggia, *Una contraffazione editoriale folen-
ghiana*, in «SPCT», 45 [1992], pp. 83-89). L'opera è anonima,
ma reca lo stemma dei Folengo mantovani, con le tre folaghe
e le iniziali degli pseudonimi dell'autore: in alto M (Merlinus)
e L (Limernus), in basso F (Fulica/Folengus), al centro T (co-
me Triperunus e Theophilus). Per il testo completo si deve an-
cora ricorrere a T. Folengo, *Opere italiane*, a cura di U. Ren-
da, 3 voll., Bari 1911-14, vol. I, pp. 171-387. Un'ampia scel-
ta, con ottimo commento, è nella già menzionata silloge ric-
ciardiana curata da Cordié, pp. 795-912 (da cui si cita). Tra i
piú recenti contributi critici si segnalano: G. Folena, *Il lin-
guaggio del «Caos»* (1977), ora nel volume *Il linguaggio del
caos. Studi sul plurilinguismo rinascimentale*, Torino 1991, pp.
147-68; A. Daniele, *La forma del «Chaos»*, in *Teofilo Folengo
nel quinto centenario della nascita (1491-1991). Atti del Conve-
gno. Mantova, Brescia-Padova, 26-29 settembre 1991*, Firenze
1993, pp. 329-72; Id., *Sul testo del «Chaos del Triperuno» di
Teofilo Folengo. Primi appunti*, in AA.VV., *Omaggio a Gian-
franco Folena*, 3 voll., Padova 1993, vol. II, pp. 1015-29.
L'«endecasillabo» di Limernus è analizzato nel contesto della
ricerca tematica di S. Carrai, *Ad somnum. L'invocazione al
sonno nella lirica italiana*, Padova 1990, pp. 121-22.

POESIA BURLESCA

Pagina 142.

Francesco Berni

Nato nel 1497 o 1498, a Lamporecchio (Pistoia), trascorse i primi anni a Firenze. Dal 1517 a Roma, presso il cardinale Bernardo Dovizi da Bibbiena, poi al servizio del nipote Angelo Dovizi, protonotario apostolico. Nel 1524 entrò alle dipendenze, come segretario, del datario pontificio Giovan Matteo Giberti; e nel 1528 lo seguí nella sua sede vescovile di Verona. Il rapporto con il severo vescovo riformatore ebbe momenti di intensa adesione, e momenti di insofferenza. Viaggi a Roma (febbraio 1529) e Bologna (inverno 1529-30) col Giberti, e un soggiorno solitario a Padova (alcuni mesi nel 1531). Alla fine del 1532, passò al servizio del giovane e magnifico cardinale Ippolito de' Medici, a Roma, non senza contrasti e pretestuosi distacchi. Passò a Firenze gli ultimi due anni, frequentando almeno occasionalmente la corte del duca Alessandro de' Medici; fino alla morte, forse violenta, avvenuta il 26 maggio 1535. Non prese mai gli ordini sacri, anche se ebbe vari benefici ecclesiastici. Opera giovanile la *Catrina*, un contrasto rusticale in ottave. Le Rime, per la quasi totalità giocose, si distendono sull'arco di tutta la vita. Nel 1526 pubblicò due prose: anonimo, il paradossale e polemico *Dialogo contra i poeti*; sotto pseudonimo, l'elusivo *Commento al capitolo della primiera*. Negli anni veronesi, entro il 1531, lavorò al rifacimento dell'*Orlando innamorato* (riscrittura toscana, con inserti nuovi, del poema boiardesco, divenuto linguisticamente inaccettabile), che non riuscí però a pubblicare (apparve postumo, con interpolazioni, nel 1541-42, poi in un'edizione piú affidabile nel 1545). Gli spettano anche alcuni pregevoli carmi latini, e un bellissimo epistolario.

Il Berni amava recitare i suoi componimenti giocosi, e diffonderne copie manoscritte tra gli amici, ma non li pubblicò mai. Delle sue Rime si ebbero, dopo la sua morte, edizioni distinte di capitoli e di sonetti, in sillogi antologiche veneziane; fino alla grande raccolta fiorentina in due libri delle *Opere burlesche* di vari autori (Giunti, 1548 e 1555, il primo curato dal Lasca). Nella presente scelta si riproduce il testo della nuova edizione integrale delle Rime del Berni curata per il volume *Poeti del Cinquecento*, LIR (ora in bozze), alla cui Nota al testo si rimanda per ogni notizia e giustificazione: Silvia Longhi ringrazia la casa editrice Ricciardi per aver consentito questo anticipo. I quattro capitoli qui presentati sono i numeri XXIV, XXV, XXVII e XXVIII del nuovo ordinamento (in successione: ventotto capitoli, trentanove sonetti, sei testi in altri metri).

Tutte le opere del Berni (tranne il Rifacimento dell'*Orlando innamorato*) si leggono nell'edizione a cura di E. Chiòrboli, *Poesie e prose*, Genève-Firenze 1934, che per le Rime ha costituito fino ad oggi la vulgata (di qui sono tratte le citazioni di lettere, *Dialogo*, e *Commento al capitolo della primiera*). Per il Rifacimento si può ricorrere alla scelta con commento di S. Ferrari, Firenze 1911 (in ristampa anastatica nel 1971, con presentazione di Giovanni Nencioni). Sempre importanti lo studio di A. Virgili, *Francesco Berni*, Firenze 1881; e la sua edizione commentata delle opere *Rime, poesie latine e lettere edite e inedite* [...], ivi 1885. Biografia a cura di C. Mutini nel *DBI*, IX, 1967, pp. 343-57 (con esauriente rassegna dei contributi critici precedenti). Due i commenti moderni alle Rime: quello ormai classico di G. Bàrberi Squarotti, Torino 1969 (riproposto, con ampliamenti, nel 1991); e quello di D. Romei, Milano 1985. Studi d'insieme sulla poesia burlesca: S. Longhi, *Lusus. Il capitolo burlesco nel Cinquecento*, Padova 1983; D. Romei, *Berni e berneschi del Cinquecento*, Firenze 1984.

Pagina 161.

Giovanni Mauro

Nato nel 1490 (ma la data non è certa), ad Arcano (Udine), di nobile famiglia friulana; morto a Roma il 1° agosto 1536. Visse quasi sempre a Roma, al servizio di vari signori: il duca d'Amalfi Alfonso Piccolomini, il cardinale Domenico Grimani, il datario Giovan Matteo Giberti, il cardinale Alessandro Cesarini.

Di lui ci restano ventuno capitoli burleschi (nessun altro metro; e nessuna prova lirica); quelli piú sicuramente databili si iscrivono nel decennio 1525-35. Apparvero a stampa, in parte, nelle raccolte veneziane di terze rime di vari autori del 1537 e 1538; per intero nel *Primo libro dell'Opere burlesche*, Giunti, Firenze 1548, su cui è esemplata la nostra scelta. Anche i testi del Mauro sono qui anticipati dai *Poeti del Cinquecento* Ricciardi.

Fonte principale il repertorio di Gian Giuseppe Liruti, *Notizie delle vite ed opere scritte da' letterati del Friuli*, Venezia 1762, tomo II, pp. 76-89 (ristampa anastatica Bologna 1971). Danno ampio spazio al M. gli studi già citati di S. Longhi, *Lusus*, e di D. Romei, *Berni e berneschi*.

Pagina 169.

Pietro Bembo

Pietro Bembo nasce il 20 maggio 1470 a Venezia, da Bernardo e Elena Morosini. Tra il '78 e il '91 segue il padre nei suoi impegni di ambasciatore (a Firenze e a Roma) e di podestà (a Bergamo). Tra il '92 e il '94 è a Messina per apprendere il greco con Costantino Lascaris. È del '96 la pubblicazione della sua prima opera, il poemetto *De Aetna*. Nel 1500 l'amore per Maria Savorgnan segna una svolta decisiva nella sua maturazione di scrittore. Tra il 1501 e il 1502 appronta due fondamentali edizioni del Canzoniere petrarchesco e della *Commedia* dantesca. Nel 1505 pubblica gli *Asolani*. Dopo diverse peregrinazioni col padre, si stabilisce nel 1506 a Urbino, dove rimarrà fino al '12. Nel 1508 sceglie di perseguire la carriera ecclesiastica, con una prima adesione all'ordine gerosolimitano (che non gli impedirà di avere tre figli da una convivente). Nel '13 è nominato segretario pontificio da Leone X. Nel 1522 si stabilisce a Padova per dedicarsi totalmente alla letteratura. Tra il '25 e il '30 pubblica le *Prose della volgar lingua* e le *Rime*. Nel 1539 è eletto cardinale e, nello stesso anno, è fatto sacerdote. Nel '41 è vescovo di Gubbio, nel '44 di Bergamo. Muore a Roma il 18 gennaio 1547.

Della elaborazione delle *Rime* sono testimoni importanti, oltre al ms It. 1543 della Bibl. Naz. di Parigi (databile a fine Quattrocento e contenente sedici rime del Bembo: cfr. C. Dionisotti, *Fortuna del Petrarca nel Quattrocento*, in «IMU», 17 [1974], p. 108), il ms Marciano It. IX. 143 (= 6993), che rappresenta «il primo conosciuto tentativo dell'autore di organizzare ... un progetto di canzoniere» (C. Vela, *Il primo Canzoniere del Bembo* (ms Marc. It. IX. 143), in «SFI», 46 [1988], pp. 163-251, a p. 163; qui, a pp. 189-94, importanti tavole sinottiche su ordinamento e presenze delle rime nei mss e nell'*editio princeps*), allestito tra il 1510 e l'11 (C. Dionisotti, recensione a M. Pecoraro, *Per la storia dei Carmi del Bembo*, Venezia-Roma 1959, in «GSLI», 138 [1961], pp. 577-78), e il Viennese 10245, che testimonia uno stato avanzato della costituzione del libro-canzoniere in vista dell'edizione definitiva del 1548. Ma il Bembo ha sempre curato la pubblicazione delle Rime come l'esito di un preciso disegno testuale, che deve rimanere di fondamentale riferimento nelle edizioni moderne: l'*editio princeps* (con 114 componimenti) è quella stampata dai fratelli da Sabbio a Venezia nel 1530 («preceduta da notevole diffusione manoscritta e da qualche stampa di singoli componimenti»: C. Dionisotti, s.v. in *DBI*, VIII, 1966, p. 149); dello stesso stampatore è la seconda del 1535, che presenta 24 componimenti in piú e correzioni d'autore (sul lavoro variantistico del B. cfr. P. Trovato, *Per la storia delle «Rime» del Bembo*, in «RLI», 9 [1991], pp. 465-508). La terza edizione, postuma, fu pubblicata, sempre a Venezia, nel 1548 per i tipi del Giolito, sulla base di un ms autorevole, anche se il testo di riferimento è la stampa romana, presso Valerio e Luigi Dorico, dello stesso anno (è la raccolta piú comprensiva, con altri 41 componimenti, molte varianti e un'appendice di «rime rifiutate»), curata, come tutte le altre opere bembiane, da Carlo Gualteruzzi (cfr. P. Sabbatino, *Sulla tradizione a stampa delle Rime del Bembo*, in «SPCT», 28 [1984], pp. 57-98). Ne dipendono (con l'esclusione delle rime contenute negli *Asolani*, che la Dorico riporta mescolate alle altre) le edizioni approntate da M. Marti (in P. B., *Opere in volgare*, Firenze 1961) e da C. Dionisotti (in P. B., *Prose e Rime*, Torino 1966): da quest'ultima sono tratti i testi della presente scelta.

Per la biografia cfr. V. Cian, *Un decennio della vita di M. Pietro Bembo (1521-1531)*, Torino 1885 (rist. Bologna 1982); C. Dionisotti, s.v., in *DBI*, VIII. Sulle *Rime* cfr. G. C. Ferrero, *Il petrarchismo del Bembo e le rime di Michelangelo*, Torino 1935; C. Dionisotti, *Gli umanisti e il volgare tra Quattro e Cinquecento*, Firenze 1968; L. Baldacci, *Il Bembo poeta*, in *Il petrarchismo italiano nel Cinquecento*, Padova 1973³; P. Floriani, *Bembo e Castiglione*, Roma 1976; D. Della Terza, *Imitatio: teoria e pratica. L'esempio del Bembo poeta*, in *Forma e memoria*, Roma 1979; G. Mazzacurati, *P. Bembo e il primato della scrittura*, in *Il Rinascimento dei moderni. La crisi culturale del XVI secolo e la negazione delle origini*, Bologna 1985; D. Perocco, *Rassegna di studi bembiani (1964-1985)*, in «LI», 38 (1985); C. Vela, *Il primo canzoniere del Bembo*, in «SFI», 46 (1989); G. Belloni, *Laura tra il Petrarca e il Bembo*, Padova 1992; C. Berra, *La scrittura degli «Asolani» di P. Bembo*, Firenze 1995.

Pagina 190.

Baldassarre Castiglione

(Casatico di Marcaria, Mantova, 6 dicembre 1478 - Toledo, 8 febbraio 1529) da Cristoforo ed Aloisa Gonzaga. Nella prima giovinezza soggiorna a Milano, assistendo alle lezioni di Filippo Beroaldo seniore, Giorgio Merula e Demetrio Calcondila, e stringendo amicizia con Alfonso Ariosto (a cui dedicherà *Il libro del cortegiano*). Dopo la morte del padre, caduto nella battaglia di Fornovo del 1499, è costretto a tornare a Mantova, e Francesco Gonzaga gli affida l'incarico di commissario marchionale, ma nel 1504 entra al servizio di Guidubaldo da Montefeltro duca d'Urbino, che da tempo conosceva; la corte urbinate farà da sfondo alle celebri pagine de *Il libro del cortegiano*, nonché all'egloga *Tirsi* (1506) ed all'*Epistola de vita et gestis Guidubaldi Urbini ducis*. Nel 1516 sposa Ippolita Torelli, che gli darà tre figli, Camillo, Anna e Ippolita. Nel 1519 intanto Federico Gonzaga succede al padre Francesco, e il C. ha l'occasione di riavvicinarsi al duca mantovano, di cui diviene ambasciatore a Roma. Dopo la morte della moglie (1520) prende i voti, e nel 1524 viene inviato come nunzio papale in Spagna, in un momento delicatissimo dell'equilibrio politico italiano, di lí a poco sconvolto dal sacco di Roma (1527). Tale episodio segna lo scacco della politica di mediazione a lungo perseguita dal C.: prima di morire riesce comunque a vedere stampato il suo *Cortegiano*, uscito nel 1528, grazie anche all'interessamento del Bembo e del Ramusio.

A tutt'oggi manca un'edizione critica delle poesie volgari e latine di C., ed i moderni editori fanno riferimento alle raccolte curate da Giovanantonio e Gaetano Volpi (*Opere volgari e latine*, Padova 1733) e Pierantonio Serassi (*Poesie volgari e latine*, Roma 1760, e *Lettere del conte B. Castiglione [...] con annotazioni storiche*, 2 voll., Padova 1769-71). In alcuni casi, nella presente edizione, sono state indicate in nota le varianti giudicate piú significative in rapporto alle stampe cinquecentesche, e cioè, in particolare: per la canzone *Manca il fior giovenil de' miei prim'anni* il *Libro terzo de le rime di diversi nobilissimi ed eccellentissimi autori nuovamente raccolte*, Al segno del pozzo [B Cesano], Venezia 1550 e le *Rime di diversi ed eccellenti autori*, G. Giolito, Venezia 1556; per l'egloga *Tirsi* le *Stanze pastorali del conte B. Castiglione e del signor Cesare Gonzaga con le rime di messer Antongiacomo Corso*, Figli di Aldo, Venezia 1552; infine per l'elegia latina l'ed. contenuta in J. Sannazaro, *De partu Virginis libri III. Eiusdem De morte Christi lamentatio; et quae in sequenti pagina continentur*, Aldo, Venezia 1533.

Le varianti del ms della Bibl. Estense di Modena del sonetto *Superbi colli e voi sacre ruine* sono state tratte da V. Cian, *Un illustre nunzio pontificio del Rinascimento: B. Castiglione*, Città del Vaticano 1951, p. 206. Il sonetto fu edito la prima volta, senza indicazione d'autore, nella raccolta *Rime di diversi nobili uomini ed eccellentissimi poeti nella lingua toscana*, G. Giolito, Venezia 1547 (vol. II, p. 137).

Ricordo infine che l'elegia latina ad Ippolita è stata modernamente pubblicata da A. Perosa e J. Sparrow nella raccolta *Renaissance Latin Verse. An Anthology*, London 1979, pp. 196-99.

Sulla vita del Castiglione, dopo C. Martinati, *Notizie storico-biografiche intorno al conte B. Castiglione, con documenti ine-*

diti, Firenze 1890, ed A. Vicinelli, *B. Castiglione, il cortigiano, il letterato, il politico*, Torino 1931, si veda V. Cian, *Nel mondo di B. Castiglione*, in «Archivio Storico Lombardo», n.s., 7 (1942), pp. 3-97 (con pubblicazione di due sonetti inediti); Id., *Un illustre nunzio* cit. (nella recensione di C. Dionisotti al volume, in «GSLI», 129 (1952), pp. 31-57, sono segnalati altri cinque sonetti inediti); J. R. Hale, *Castiglione's military career*, in «Italian Studies», 36 (1981), pp. 41-57; sull'ambiente di corte del C. ancora insostituito è A. Luzio e R. Renier, *Mantova e Urbino: Isabella d'Este ed Elisabetta Gonzaga nelle relazioni familiari e nelle vicende politiche*, Torino-Roma 1893; cfr. inoltre la voce di B. Maier in AA.VV., *Letteratura italiana. I minori*, Milano 1961, II, pp. 891-925.

L'attenzione degli studiosi è stata quasi completamente assorbita da *Il libro del cortegiano*; fanno eccezione, J. Guidi, *«Thyrsis» ou la cour transfigurée*, in AA.VV., *Ville et campagne dans la littérature italienne de la Renaissance. II: Le courtisan travesti*, Paris 1977, pp. 141-86; J. D. Falvo, *Urbino and the Apotheosis of Power*, in «Modern Language Notes», 101 (1986), 1, pp. 114-46 (in particolare le pp. 133-46, ancora dedicate all'ecloga *Tirsi*); A. Morel-Fazio, *A propos du sonnet «superbi colli»*, in «Bulletin italien», 3 (1903), pp. 37-38; R. Mortier, *La poétique des ruines en France. Ses origines, ses variations de la Renaissance à Victor Hugo*, Genève 1974, pp. 56-59 (riguardo alla fortuna del cit. sonetto; ma vedi ora il suggestivo volume di F. Orlando, *Gli oggetti desueti nelle immagini della letteratura. Rovine, reliquie, rarità, robaccia, luoghi inabitati e tesori nascosti*, Torino 1993, in particolare le pp. 106-7 e l'intervento di A. Mandelbaum, *Immota labascunt*, in AA.VV., *Letteratura e industria*, Atti del XV congresso AISLLI, Torino 15-19 maggio 1994, Firenze 1997, I, pp. 79-90); A. Balduino, *Due sonetti inediti di B. Castiglione*, in AA.VV., *Ventitré aneddoti raccolti nell'Istituto di Filologia e Letteratura italiana dell'Università di Padova*, a cura di G. Auzzas e M. Pastore Stocchi, Vicenza 1980, pp. 33-39; dello stesso autore si vedano anche le precisazioni sul testo della canzone *Sdegnasi il tristo cor*, in *Manuale di filologia italiana*, Firenze 1979, pp. 321-22. L. Stefani ha pubblicato un altro inedito dell'esiguo manipolo dell'opera in versi in *Le «Ottave d'Italia» del Castiglione e le feste urbinati del 1513*, in «Paragone», 332 (1977), pp. 67-83. Sull'elegia a Ippolita infine, cfr. W. Ludwig, *Castiglione, la moglie e Ovidio*, in AA.VV., *Medioevo e Rinascimento. Annuario del Dipartimento di Studi sul Medioevo e il Rinascimento dell'Università di Firenze*, Spoleto 1991, pp. 81-98.

PETRARCHISTI E MANIERISTI

Bibliografia generale:
In generale sul petrarchismo e il manierismo cfr. L. Baldacci, *Il petrarchismo italiano nel Cinquecento*, Milano-Napoli 1957 (rist. Padova 1974); R. Scrivano, *Il manierismo nella letteratura del Cinquecento*, Padova 1959; D. Alonso, *La poesia del Petrarca e il Petrarchismo*, in *Saggio di metodi e limiti stilistici*, Bologna 1965, pp. 305-58; V. Schulz-Buschhaus, *Das Madrigal*, Bad Homburg - Berlin - Zürich 1969; L. Forster, *The Icy Fire*, Cambridge 1969; C. Mutini, *Un capitolo di storia della cultura: il petrarchismo*, in *L'autore e l'opera*, Roma 1973; E. Raimondi, *Il Petrarchismo nell'Italia meridionale*, in AA.VV., *Premarinismo e pregongorismo*, Accademia Nazionale dei Lincei, Roma 1973, pp. 95-123; E. Taddeo, *Il manierismo letterario e i lirici veneziani del tardo Cinquecento*, Roma 1974; G. Izzi, *Petrarchismo*, in *DCLI*, Torino 1974, vol. III, pp. 34-41; A. Quondam, *La parola nel labirinto*, Bari 1975; A. Balduino, *Petrarchismo veneto e tradizione manoscritta*, in AA.VV., *Petrarca, Venezia e il Veneto*, Firenze 1976, pp. 243-70; F. Erspamer, *Petrarchismo e manierismo nella lirica del secondo Cinquecento*, in AA.VV., *Storia della cultura veneta*, Vicenza 1984, vol. IV, parte I, pp. 189-222; S. Albonico, *Il ruginoso stile*, Milano 1990; A. Quondam, *Il naso di Laura*, Modena 1991; A. Daniele, *Teoria e prassi del madrigale libero*, in *Linguaggi e metri del Cinquecento*, Rovito 1994, pp. 159-245; G. Masi, *La lirica e i trattati d'amore*, in MALATO, IV, 1996, pp. 595-679.
Ampie raccolte di testi commentati sono: *Lirici del Cinquecento*, a cura di L. Baldacci, Firenze 1957 (rist. Milano 1975); *Lirici del Cinquecento*, a cura di D. Ponchiroli, Torino 1968²; G. Ferroni e A. Quondam, *La «locuzione artificiosa». Teoria ed esperienza della lirica a Napoli nell'età del manierismo*, Roma 1978.

Pagina 213.

Bernardo Cappello

Bernardo Cappello nacque a Venezia, di nobile famiglia, nel 1498. A Padova per studi, conobbe Pietro Bembo, al quale si legherà di profonda amicizia e sodalizio intellettuale. Esiliato da Venezia nel 1540, si pose al servizio dei Farnese, divenendo governatore di Orvieto e Tivoli. Morí a Roma l'8 marzo 1565.
Bernardo Cappello curò personalmente la prima edizione delle sue *Rime*, Guerra, Venezia 1560. Ne possediamo una copia manoscritta che testimonia un processo elaborativo suc-

cessivo alla stampa: il ms H 669 della Bibl. Trivulziana di Milano, con correzioni autografe, rappresenta un lavoro di revisione databile tra il 1561 e il '63 o il '65 e dunque la «volontà ultima dell'autore» (E. Albini, *La tradizione delle rime di Bernardo Cappello*, in *Studi di filologia e di letteratura italiana offerti a Carlo Dionisotti*, Milano-Napoli 1973, pp. 222-23). Importante è il ms 277 della Bibl. Casanatense di Roma, una raccolta costituita sotto il controllo dell'autore, con numerose correzioni, alcune probabilmente autografe, spostamenti, rime mancanti alla stampa. I testi sono tratti da B. C., *Rime*, a cura di P. Serassi, Lancellotti, Bergamo 1753, scrupolosamente esemplata sull'ed. Guerra.

Per la vita cfr. L. Dalla Man, *La vita e le rime di Bernardo Cappello*, in «Ateneo Veneto», 32 (1909). Sulla poesia: P. A. Paravia, *Discorso sui codici delle rime e sulla vera causa dell'esilio di Bernardo Cappello*, in *Memorie veneziane di letteratura e di storia*, Torino 1850; A. Lanza, *La lirica amorosa veneziana del secolo XVI*, Verona 1933; E. Albini, *La tradizione delle rime di B. Cappello*, in *Studi di Filologia e di letteratura* cit., pp. 219-39.

Pagina 215.

Bernardo Tasso

Bernardo Tasso nasce a Venezia l'11 novembre 1493, da una famiglia originaria di Bergamo. Comincia presto una carriera di cortigiano-segretario abbastanza tormentata: dapprima con Guido Rangoni, poi con Renata d'Este e infine, dal 1532, con Ferrante Sanseverino, principe di Salerno, che segue in diverse imprese guerresche (le Fiandre, Tunisi) e nell'abbandono degli spagnoli per i francesi, che gli costerà la confisca dei beni. Nel 1536 aveva sposato la gentildonna napoletana Porzia de' Rossi, che gli darà due figli, Cornelia e Torquato. Dopo la rottura col Sanseverino, prende a peregrinare per le città e le corti italiane (Venezia, Ferrara, Roma, Urbino, Mantova), alla ricerca di un posto stabile. Muore nel 1569, poco dopo la nomina, da parte di Guglielmo Gonzaga, a podestà di Ostiglia. Le sue poesie, sotto il titolo di *Amori*, furono edite in quattro libri dal 1531 al 1555 e poi tutte assieme: *Rime*, Giolito, Venezia 1560 (dello stesso anno e presso lo stesso editore anche le *Ode*).

I testi sono tratti da: B. Tasso, *Rime (Amori, Egloghe, Elegie, Poemetti, Salmi, Odi)*, a cura di P. Serassi, Lancellotti, Bergamo 1749: è ancora oggi l'edizione di riferimento, per l'accuratezza del lavoro fatto sulle edizioni cinquecentesche. Riproduce le prime edizioni B. Tasso, *Rime*, a cura di D.

Chiodo, Torino 1995 (cfr. le due *Note al testo*, vol. I, pp. 413-30; vol. II, pp. 417-30). Per la biografia cfr. E. Williamson, *Bernardo Tasso*, Roma 1951. Sulle poesie: F. Pintor, *Delle liriche di Bernardo Tasso*, Pisa 1899; D. Tordi, *Il codice autografo di rime e prose di Bernardo Tasso*, Firenze 1902; R. Battaglia, *La canzone alla notte di Bernardo Tasso*, in «CN», 2 (1942); G. Cerboni Baiardi, *La lirica di Bernardo Tasso*, Urbino 1966; AA.VV., *Nel quarto centenario della morte di B. Tasso*, in «Studi tassiani», 19 (1971); la voce *Bernardo Tasso* curata da B. T. Sozzi, in AA.VV., *Letteratura italiana. I minori*, Milano 1974, II, 1067-83; Albonico, *Il ruginoso stile* cit.; B. Spaggiari, *L'«enjambement» di B. Tasso*, in «SFI», 52 (1994).

Pagina 222.

Domenico Venier

Domenico Venier nasce a Venezia il 25 dicembre 1517, da una famiglia di antica nobiltà patrizia. Studia greco e latino con Batista Egnazio. Frequenta il Bembo e con T. Gabriele, B. Cappello e i maggiori letterati veneziani, fa del suo palazzo in Santa Maria Formosa un luogo di incontri intellettuali: vi si discute soprattutto di Petrarca e di poesia, di imitazione e sperimentazione. Nel 1549, ammalatosi gravemente, deve lasciare le cariche pubbliche: costretto all'immobilità, si dedica allo studio e alla poesia, onorato e cercato da letterati e poeti (tra i quali T. Tasso). È tra i fondatori dell'Accademia Veneziana (1558). Muore a Venezia il 16 febbraio 1582.

In vita non riunì mai le sue rime, accolte per altro nelle antologie cinquecentesche e largamente diffuse manoscritte. Fu Pierantonio Serassi a raccoglierle (D. Veniero, *Rime*, Lancellotti, Bergamo 1751) in un'edizione molto accurata e ancora di riferimento, dalla quale sono tratti i nostri testi.

Sulla poesia cfr. D. Alonso, *Pluralità e correlazione in poesia*, Bari 1971; B. L. O. Richter, *Petrarchism and anti-Petrarchism among the Veniers*, in «Forum Italicum», 3 (1969); Taddeo, *Il manierismo letterario* cit., pp. 39 sgg. (ma *passim*); Erspamer, *Petrarchismo e manierismo* cit., pp. 192 sgg.; M. Feldmann, *The Academy of D. Venier. Music's literary music in Middle Renaissance*, Venice-Chicago 1990.

Pagina 224.

Gaspara Stampa

Gaspara Stampa nasce a Padova, attorno al 1523, da una nobile famiglia di origine milanese. Trasferitasi nel 1531 a Venezia con la madre e i fratelli, prima come cantatrice e poi come cortigiana di lusso, ebbe modo di frequentare il circolo di Domenico Venier e Trifon Gabriele. Il suo grande amore per il conte Collaltino di Collalto, tra il 1548 e il '51, segna la sua produzione poetica (pubblicata postuma: *Rime*, Pietrasanta, Venezia 1554) con una tormentata vicenda di lontananze e abbandoni. Muore a Venezia il 23 aprile 1554.

I testi sono tratti da G. Stampa e V. Franco, *Rime*, a cura di A. Salza, Bari 1913, edizione non ancora sostituita da un testo critico. Per la vita cfr. A. Salza, *Madonna Gaspara Stampa secondo nuove indagini*, in «GSLI», 62 (1913); Id., *Madonna Gaspara Stampa e la società veneziana del suo tempo (Nuove discussioni)*, ivi, 69-70 (1917); E. Donadoni, *Gaspara Stampa. Vita e opere*, Messina 1919. Sulle poesie cfr. W. Binni, *Gaspara Stampa*, in *Critici e poeti dal Cinquecento al Novecento*, Firenze 1951, pp. 3-16; L. Russo, *Gaspara Stampa e il petrarchismo del '500*, in «Belfagor», 13 (1958); F. A. Bassanese, *Gaspara Stampa*, Boston 1982; L. Borsetto, *Narciso ed Eco. Figura e scrittura nella lirica femminile del Cinquecento*, in AA.VV., *Nel cerchio della luna*, Venezia 1983, pp. 212 sgg.; M. Zancan, *Gaspara Stampa. La differenza: questioni di scrittura e di lettura*, in AA.VV., *Studi in onore di V. Zaccaria*, Milano 1987.

Pagina 227.

Luigi Groto

Luigi Groto nacque nel 1541 a Adria, di nobile famiglia. Cieco fin dalla nascita (e universalmente noto, per questo, come il Cieco d'Adria), di prodigiosa memoria e precoce intelligenza, tenne adolescente pubbliche orazioni (anche per la regina Bona di Polonia e per il doge Lorenzo Priuli), compose tragedie, commedie, pastorali, recitò la parte di Tiresia nella rappresentazione dell'*Edipo* di Sofocle all'Olimpico di Vicenza nel 1584. Morí nel 1585. Curò lui stesso la pubblicazione delle sue poesie: *Rime*, Zoppini, Venezia 1577, anche se molti inediti furono aggiunti all'edizione delle *Rime*, Venezia 1610.

I testi sono tratti da L. Groto, *Rime*, Zoppini, Venezia 1584. Per la biografia cfr. L. Grotto, *La vita di Luigi Groto*, Rovigo 1777; F. Bocchi, *Luigi Groto (il Cieco d'Adria): il suo tempo, la sua vita e le sue opere*, Adria 1886. Sulle poesie cfr. Taddeo, *Il manierismo letterario* cit., pp. 65 sgg., 119 sgg., 173 sgg.; M. Ariani, *G. B. Strozzi, il Manierismo e il madrigale del '500*, in G. B. Strozzi il Vecchio, *Madrigali inediti*, Urbino

1975, pp. XCI-XCVI; A. Duranti, *Sulle «Rime» di L. Groto*, in «FC», 2 (1977); Erspamer, *Petrarchismo e manierismo* cit., pp. 197 sgg.; AA.VV., *L. Groto e il suo tempo*, Rovigo 1987.

Pagina 231.

Celio Magno

Celio Magno nasce a Venezia il 12 maggio 1536. Rimasto ben presto orfano, deve farsi carico della famiglia: avvocato per un certo tempo, si dà poi alla diplomazia, con missioni in Siria, Dalmazia, Spagna, come segretario di ambasciatori (Mocenigo, Grimani, Badoer). Arriva alle piú alte cariche della Repubblica come Segretario del Consiglio dei Dieci e del Senato. Frequenta il circolo Venier e fu tra i fondatori dell'Accademia della Fama. Morí a Venezia nel 1602.

Celio Magno curò personalmente la pubblicazione di parte delle sue poesie (C. Magno e O. Giustinian, *Rime*, Muschio, Venezia 1600): il canzoniere è «un traguardo toccato dopo un esercizio lirico durato vari decenni e raggiunto a seguito di un lavoro lungo e rigoroso di revisione e potatura» (A. Balduino, *Petrarchismo veneto e tradizione manoscritta*, in *Petrarca, Venezia e il Veneto*, a cura di G. Padoan, Firenze 1976, p. 245). Di questo lungo lavoro preparatorio è rimasta cospicua testimonianza in quattro «scartafacci», tutti «belle copie» o autografe o approntate «sotto il suo diretto controllo» (F. Erspamer, *Per un'edizione critica delle rime di Celio Magno*, in «SFI», 41 [1983], p. 46): i mss Cicogna 1857 del Museo Correr di Venezia, con varianti autografe, e It. IX 158, 160 e 161 della Bibl. Marciana di Venezia, anche questi con varianti autografe (il ms 160 contiene componimenti scritti dopo l'edizione a stampa), oltre a molto materiale, anche autografo, raccolto in tre testimoni messi insieme dagli eredi (mss It. IX 159, 166 e 171 ancora della Marciana). Due di questi mss, il codice Cicogna e It. IX 166, sono già organizzati in forma di canzoniere, anche se l'edizione Muschio, ammettendo solo 161 rime (su oltre 360), supera questi ordinamenti provvisori (la prima parte, autografa, del ms It. IX 166 è databile almeno al 1575, mentre il codice Cicogna è degli ultimissimi anni del '500). In attesa dell'edizione critica promessa da F. Erspamer, i testi della presente scelta sono tratti dall'ed. Muschio.

Per la biografia cfr. G. Zanella, *Della vita e degli scritti di C. Magno*, in «Atti dell'Istituto Veneto», 1880-81; A. Pilot, *Notizie biografiche di C. Magno*, in «Cultura e Lavoro», 48 (1907). Sulla poesia cfr. Taddeo, *Il Manierismo letterario* cit., pp. 125 sgg.; C. Galimberti, *Disegno petrarchesco e tradizione sapienziale in C. Magno*, in AA.VV., *Petrarca, Venezia e il Veneto*, Firenze 1980, pp. 315-32; P. Pagan, *Una prefazione di C. Magno al Petrarca*, in «SP», 8 (1976); Erspamer, *Per un'edizione delle rime di C. Magno* cit.; Id., *Petrarchismo e manierismo* cit., pp. 219 sgg.

Pagina 238.

Giovanni Della Casa

Di nobile e agiata famiglia, Giovanni Della Casa nasce nel 1503 in una non precisata località del Mugello. Avviato a studi giuridici a Firenze e a Bologna, coltiva in seguito filosofia e lettere greche a Padova, per poi stabilirsi nel 1534 a Roma, dove, con la protezione dei Farnese, intraprende una brillante carriera ecclesiastica (chierico alla Camera Apostolica nel 1537, commissario alle decime a Firenze nel 1541, arcivescovo di Benevento nel 1544, Nunzio a Venezia fino al 1549 e, dopo un periodo di ritiro in Veneto, trascorso soprattutto alla Badia di Nervesa, Segretario di Stato nel 1555 sotto Paolo IV), senza tuttavia conseguire il cardinalato, insoddisfatto rovello della sua vita. Muore a Roma il 14 novembre 1556.

L'*editio princeps* è quella curata da Erasmo Gemini «su materiale dellacasiano rimasto in suo possesso alla morte dell'autor» (R. Fedi, *Nota ai testi*, in G. Della Casa, *Le Rime*, Roma 1978, II, p. 15): Giovanni Della Casa, *Rime, et prose*, Bevilacqua, Venezia 1558. Di rilievo sono anche le stampe successive, o perché integrano il *corpus* poetico (come le edizioni Scotto, Napoli 1560 e Giunti, Firenze 1564) o perché testimoniano varianti di rilievo (Farri, Venezia 1563). Delle *Rime* dellacasiane non è rimasto un testimone autografo: rivestono perciò grande importanza alcuni manoscritti apografi sui quali si può ricostruire, almeno in parte, il processo elaborativo. Il piú importante è il ms Magl. VII 794 della Bibl. Naz. di Firenze, che riporta molte varianti e postille autografe, anche se l'ordine dei componimenti è diverso e il loro numero è inferiore a quello della vulgata costituita dall'edizione Gemini. Anche il ms Chigi O VI 80 della Bibl. Apostolica Vaticana contiene varianti apografe ma fededegne come quelle, meno numerose, del ms Chigi LIV 133 della medesima biblioteca, mentre il Ricc. 2477 della Bibl. Riccardiana di Firenze testimonia materiale di diretta provenienza dellacasiana. Dal confronto tra l'*editio princeps* e il ms Magl. VII 794 (databile al 1555), sui cui è basata sostanzialmente l'edizione critica approntata da R. Fedi, si trae «l'impressione che la stampa costituisca, al margine estremo della tradizione manoscritta, una sistemazione in qualche modo «critica» del materiale dellacasiano, alla luce della sua tendenza ad interpretare la fonte manoscritta e soprattutto per l'assenza quasi totale di interventi palesemente arbitrari» (Fedi, *Nota ai testi* cit., p. 22). La tradizione a stampa testimonia inoltre un manipolo di rime extravaganti, di cui almeno quattordici autentiche, mentre altre nove, in parte attestate sui manoscritti, sono, per diverse ragioni, da ritenersi «dubbie». Per una diversa ricostruzione del processo costitutivo del libro delle *Rime* cfr. ora S. Carrai, *Il canzoniere di G. Della Casa dal progetto dell'autore al rimaneggiamento dell'edizione postuma*, in *Per Cesare Bozzetti. Studi di letteratura e filologia italiana*, Milano 1996, pp. 471-98; Id., *Ancora sull'edizione postuma delle Rime di G. Della Casa*, in «SPCT», 56 (1998). La nostra scelta è basata sulla citata edizione Fedi (a cura dello stesso cfr. anche l'*editio minor*, con commento, Milano 1993).

Si dispone di un ottimo strumento di lavoro con A. Santosuosso, *The Bibliography of G. Della Casa. Books, readers and critics (1532-1975)*, Firenze 1979; dello stesso una *Vita di G. Della Casa*, Roma 1979. Tra le voci critiche piú importanti: Binni, *Critici e poeti dal Cinquecento al Novecento* cit., pp. 17-31; R. Cremante, *Nota sull'enjambement*, in «Lingua e stile», 2 (1967); A. Seroni, *Da Dante a Verga*, Roma 1972, pp. 98-132; Baldacci, *Il petrarchismo italiano nel Cinquecento* cit., pp. 181-268; L. Caretti, *Antichi e moderni*, Torino 1976, pp. 135-150; G. Stella Galbiati, *L'esperienza lirica di G. Della Casa*, Urbino 1978; A. Cristiani, *Dalla teoria alla prassi. La «gravitas» nell'esperienza lirica di G. Della Casa*, in «Lingua e stile», 14 (1979); S. Longhi, *Il tutto e le parti nel sistema di un canzoniere (G. Della Casa)*, in «Strumenti critici», 39-40 (1979); A. Sole, *Cognizione del reale e letteratura in G. Della Casa*, Roma 1981; R. Fedi, *La memoria della poesia*, Roma 1990, pp. 201-249; G. Tanturli, *Le ragioni del libro: le «Rime» di G. Della Casa*, in «SFI», 48 (1990); S. Carrai, *Le Rime di G. Della Casa*, in *LIE*, *Le Opere*, II, *Dal Cinquecento al Settecento*, Torino 1993, pp. 433-52.

Pagina 246.

Michelangelo Buonarroti

Michelangelo Buonarroti nacque a Caprese nel Casentino il 6 marzo 1475 e morí a Roma il 18 febbraio 1564. Dall'apprendistato presso la bottega del Ghirlandaio, iniziato nel 1488, e dalla frequentazione dei circoli intellettuali della Firenze medicea (Lorenzo, Poliziano, Ficino, Pico) inizia la sua immensa fama di scultore e pittore, che arriverà ai vertici di una vera e propria divinizzazione in vita. Artista sommo della Roma dei Papi (Giulio II, Leone X, Clemente VII), vive direttamente il dramma della caduta della Repubblica fiorentina (1530). Nel '32 conosce Tommaso de' Cavalieri, nel '36 Vittoria Colonna: per loro scrive poesie d'amore, ma le sue prime composizioni risalgono ad almeno i primissimi anni del secolo. Tra il 1545 e il '46 Michelangelo, con l'aiuto di Donato Giannotti e Luigi del Riccio, progettò una raccolta delle sue rime organizzata in vista di una pubblicazione che, per ragioni diverse, non vide mai la luce: del notevole lavoro di preparazione (comprovato dalla gran quantità di abbozzi, frammenti, correzioni, oltre alle belle copie) sono testimoni il ms Vat. lat. 3211, parzialmente autografo, con 89 componimenti (scritti prevalentemente a Roma tra il 1534 e il 1563), e il codice XIII dell'Archivio Buonarroti, anch'esso in parte autografo, che integra il precedente con le poesie composte tra il 1507 ca e il 1546. Anche il miscellaneo codice XIV dell'Archivio Buonarroti riporta testi, non di mano di Michelangelo ma con correzioni autografe, in parte mancanti al Vat. Di notevole importanza, in quanto belle copie del materiale autografo o comunque dipendente direttamente dall'autore, sono i codici XV e XVI dello stesso Archivio, approntati da Michelangelo Buonarroti il Giovane per l'*editio princeps* stampata a Firenze dal Giunti nel 1623, che è però «uno dei piú gravi misfatti che mai editore abbia commesso ai danni di un poeta» a causa di una «radicale e sistematica manipolazione del materiale conservato nei mss. buonarrotiani» (E. N. Girardi, *Nota filologica* a M. Buonarroti, *Rime*, Bari 1960, p. 508). Un primo tentativo di restauro, operato direttamente sugli autografi, è rappresentato dall'edizione curata da Cesare Guasti (M. B., *Rime*, Firenze 1863), poi radicalmente rifatta, con criteri filologici rigorosi, da Karl Frey (M. B., *Die Dichtungen*, Berlin 1897), il cui testo però,«oltre a non risolvere tutte le difficoltà [...] si presenta generalmente in un aspetto grafico troppo aderente all'uso dei codici e in gran parte irriproducibile» (L. Baldacci, *Lirici del Cinquecento*, Firenze 1957, p. 361). Una nuova edizione critica, anche se non ancora soddisfacente per i criteri filologici adottati (cfr. R. Fedi, *Il Canzoniere (1546) di Michelangelo*, in *La memoria della poesia*, Roma 1990, pp. 246-305), è quella approntata da E. N. Girardi sopra citata (cfr. anche, curata dallo stesso, l'*editio minor*, senza apparati critici ma con miglioramenti testuali, Bari 1967), a cui si fa riferimento per la presente scelta.

Per un'edizione commentata cfr. M. B., *Rime e lettere*, a cura di P. Mastrocola, Torino 1992. Per la biografia cfr. G. Vasari, *La vita di Michelangelo*, a cura di P. Barocchi, Milano-Napoli 1962. Sulla poesia cfr. G. Contini, *Esercizi di lettura*, Torino 1982; Baldacci, *Il petrarchismo* cit., pp. 249-67; R. J. Clements, *The Poetry of Michelangelo*, New York 1966; W. Binni, *Michelangelo scrittore*, Roma 1965 (poi Torino 1975); Mutini, *L'autore e l'opera* cit., pp. 57-86; E. N. Girardi, *Studi su Michelangiolo poeta*, Firenze 1974; E. Montale, *Michelangelo poeta*, Bologna 1976; J. Wilde, *Michelangelo. Six lectures*, Oxford 1978; A. Prete, *Sulle poesie di Michelangelo*, in «Il piccolo Hans», 36 (1982); M. Baratto, *La poesia di Michelangelo*, in «RLI», 3 (1984); G. Cambon, *La poesia di Michelangelo*, Torino 1991; G. Gorni, *Obscurité et trasparence dans les poèmes de Michelangelo*, in «Cahiers de la faculté de Lettres», Genève, IV/1 (1991).

Pagina 251.

Francesco Maria Molza

Francesco Maria Molza nasce a Modena, di nobile famiglia, il 18 giugno 1489. Per studiare greco ed ebraico, si trasferisce a Roma nel 1506, dove rimarrà fino al 1543, prima al servizio del cardinale Ippolito de' Medici e poi del cardinale Alessandro Farnese. Numerose e importanti le sue frequentazioni intellettuali (Bembo, Sadoleto, Beroaldo, Colocci, Berni, Aretino, M. A. Flaminio), numerosi e tormentati i suoi amori (Beatrice Paregia, Camilla Gonzaga, Faustina Mancini, per la quale scrisse il poemetto *La ninfa tiberina*), dopo avere abbandonato moglie e figli a Modena nel 1516. E a Modena morrà, di sifilide, il 28 febbraio 1544.

Le sue poesie furono sparsamente edite nelle raccolte cinquecentesche e riunite solo per le cure di Pierantonio Serassi, *Delle poesie volgari e latine*, Lancellotti, Bergamo 1747 (a cui è premessa un'ancora indispensabile biografia: I, pp. i-xc), dalla quale traiamo i nostri testi. Cfr. M. Danzi, *Il Raffaello del Molza e un nuovo codice di rime cinquecentesche*, in «RiLI», 4 (1986); A. Bullock, *Vittoria Colonna e F. M. Molza: conflict in communication*, in «Italian Studies», 1977; S. Bianchi, *Un manoscritto autografo di rime di F. M. Molza ed una piccola raccolta a stampa del 1538*, in «FC», 17 (1992).

Pagina 253.

Giovan Battista Strozzi

Giovan Battista Strozzi nasce a Firenze, di famiglia facoltosa, nel 1505. Dopo gli studi a Padova, alla caduta della Repubblica fiorentina nel 1530 rientra a Firenze e si lega ai Medici, nonostante la sua famiglia sia della parte avversa. Console dell'Accademia Fiorentina nel 1540, sposa due anni dopo

Maria Altoviti, dalla quale ha due figli, Lorenzo e Filippo. Gli ultimi anni furono tormentati da diverse malattie, la cecità soprattutto. Muore nel 1571.

L'edizione postuma di G. B. Strozzi, *Madrigali*, Sermartelli, Firenze 1593, curata dai due figli Lorenzo e Filippo, contiene solo una parte della sua produzione poetica (298 madrigali), come dimostrano le due ampie sillogi costituite dai mss Magl. VII 327 e 328 della Bibl. Naz. di Firenze, che hanno l'apparenza di raccolte esemplari del *corpus* strozziano costituite, almeno in parte, sotto il controllo o per disposizione dell'autore. Il ms Magl. VII 327 riporta infatti, come recita il frontespizio (c. IIr),«alcune postille a molte di esse, fatte per la notitia havuta dall'Autore perché da lui furon composti». Altri componimenti sono attestati in diverse sillogi minori (le piú ampie: ms Antinori 255 della Bibl. Laurenziana di Firenze, ms II IX 36 e II X 84 della Bibl. Naz. di Firenze), tra le quali non è facile reperire materiale autografo: forse è uno scartafaccio appartenuto allo Strozzi il ms II VII 128 della medesima biblioteca, con alcune postille indirizzate al copista sulla disposizione dei singoli madrigali, gli spazi bianchi, alcune minuzie calligrafiche. L'intero *corpus* strozziano (costituito da circa un migliaio di madrigali) è dunque tutt'ora disperso tra numerosi testimoni, alcuni «a rischio» perché riportano anche molti madrigali del nipote Giovan Battista Strozzi il Giovane con caratteristiche formali molto simili, ai limiti del plagio, a quelli del Vecchio. La nostra scelta si fonda sull'edizione Sermartelli (riprodotta a cura di L. Sorrento, Strasburgo 1909) e, per gli inediti, su G. B. Strozzi, *Madrigali inediti*, a cura di M. Ariani, Urbino 1975.

Cfr. Ariani, *G. B. Strozzi, il Manierismo e il madrigale del '500* cit., pp. VII-CXLVIII; A. Martini, *Ritratto del madrigale poetico fra Cinque e Seicento*, in «LI», 33 (1981); Daniele, *Linguaggi e metri del Cinquecento* cit., pp. 220 sgg.

Pagina 256.

Chiara Matraini

Chiara Matraini nacque a Lucca nel 1514. Si sposò sedicenne con Vincenzo Cantarini, che la lasciò vedova dopo venticinque anni. Probabilmente non lasciò mai la sua città, ma le sue poesie sembrano ispirate da amori diversi da quello per il marito. Morí dopo il 1597.

Il canzoniere di Chiara Matraini è attestato in tre edizioni a stampa curate dall'autrice e con profonde differenze l'una dall'altra: l'*editio princeps* (*Rime e prose*, Busdraghi, Lucca

1555, con 99 componimenti) risulta profondamente rielaborata nella seconda edizione (*Lettere ... con la prima e la seconda parte delle sue rime*, ivi 1595, con 77 rime) fino a costituire «un altro libro, mutato nelle dimensioni e costruito con diverso materiale lirico» (G. Rabitti, *La metafora e l'esistenza nella poesia di C. Matraini*, in «SPCT», 27 [1983], p. 111). La terza edizione (stesso titolo della seconda, Moretti, Venezia 1597) rappresenta, al termine di un laborioso processo di revisione e riscrittura, l'ultima volontà della Matraini che, pur mantenendo la struttura della seconda edizione, ne accresce le dimensioni (87 componimenti) e ne muta il materiale poetico stesso. Questa straordinaria vicenda editoriale, unica nel Cinquecento, è ora ricostruita nell'edizione critica del *corpus:* C. Matraini, *Rime e lettere*, a cura di G. Rabitti, Bologna 1989, da cui traiamo i nostri testi.

Cfr. L. Baldacci, *Chiara Matraini, poetessa lucchese del* XVI *secolo*, in «Paragone», 42 (1953); G. Rabitti, *Linee per il ritratto di C. Matraini* in «SPCT», 22 (1981); 27 (1983); Borsetto, *Narciso ed Eco* cit., pp. 199 sgg.

Pagina 258.

Francesco Beccuti detto Il Coppetta

Francesco Beccuti, detto il Coppetta, nacque a Perugia nel 1509. Fu cortigiano, ebbe cariche pubbliche (ambasciatore a Urbino, governatore di Sassoferrato e altre città), si trattenne presso la corte papale a Roma per un certo periodo. Conobbe il Della Casa, il Guidiccioni, il Molza. Morí nel 1553.

L'edizione «critica» (ma senza apparato) delle poesie del Coppetta è in G. Guidiccioni e F. Coppetta Beccuti, *Rime*, a cura di E. Chiòrboli, Bari 1912, con 212 componimenti: è fondata sulle edizioni a stampa (la scorrettissima e incompleta *editio princeps*: Guerra, Venezia 1580, e quella, esemplata sui manoscritti e con rime inedite, a cura di Vincenzo Cavallucci, Pitteri, Venezia 1751) messe a confronto con il codice F 75 della Bibl. Com. di Perugia (il piú vicino all'autografo, non pervenuto) e il 2758 della Bibl. Universitaria di Bologna, che conferma in gran parte le lezioni del primo, pur derivando da un altro archetipo. Comunque, piú recenti acquisizioni rimettono in discussione l'ed. Chiòrboli: il codice 665 della Bibl. del Seminario di Padova (con 114 componimenti) è una autorevolissima «copia dell'apografo che conteneva le rime scelte e rivedute dall'autore» (A. Balduino, *Appunti sulle rime del Coppetta*, in «GSLI», 146 [1969], p. 55; integra le acquisizioni del Balduino con un altro ms P. Cherchi, *Nuovi appunti sul-*

le rime del Coppetta, ivi, 147 [1970], pp. 534-40) con notevoli
varianti rispetto alla vulgata rappresentata essenzialmente dai
mss F 75 e 2758. Il Balduino segnala inoltre rime inedite an-
che nel codice 2391 della Bibl. Angelica di Roma (con un te-
sto corrispondente a quello del ms padovano). In attesa di una
nuova edizione critica, traiamo i nostri testi dall'ed. Chiòrbo-
li.

Cfr. A. Salza, *Francesco Coppetta de' Beccuti, poeta perugino
del sec. XVI*, in «GSLI», suppl. 3 (1900); E. Chiòrboli, *Di al-
cune questioni intorno alle rime del Coppetta*, ivi, 75 (1920).

Pagina 260.

Luigi Tansillo

Luigi Tansillo nasce nel 1510 a Venosa, di famiglia nobile
ma non agiata. Nel 1535 si mette al servizio del viceré di Na-
poli, don Pedro de Toledo, e di suo figlio, don García, che ac-
compagnerà in diverse imprese militari (nell'Epiro, nell'Egeo,
in Dalmazia, nell'Africa settentrionale contro i Turchi). Alla
morte del viceré, nel 1553, deve lasciare la corte per un uffi-
cio alla dogana di Napoli. Dal 1561 governatore di Gaeta,
muore a Teano nel 1568. Autore di diversi poemetti (*Il ven-
demmiatore* del 1532, *La Clorida* del '47, *La Balia* del '52, *Il
Podere* del '60), non raccolse mai le sue rime, sparse nelle an-
tologie cinquecentesche: la loro prima edizione è settecentesca
(*Sonetti e Canzoni*, Pisarri, Bologna 1711).

I testi sono tratti da L. Tansillo, *Il Canzoniere edito e inedi-
to*, a cura di E. Pèrcopo, Napoli 1926, vol. I (il solo uscito).
Per la biografia cfr. S. Volpicella, *Vita*, in L. Tansillo, *Capito-
li giocosi e satirici*, Napoli 1870. Per la critica cfr. F. Flamini,
Sulle poesie del Tansillo, Pisa 1888; B. Croce, *Poesia popolare e
poesia d'arte*, Bari 1933, pp. 354-65; G. Petrocchi, *Tansillo e
il petrarchismo napoletano*, in *I fantasmi di Tancredi*, Caltanis-
setta-Roma 1982, pp. 367-98; M. Scotti, *L. Tansillo tra Rina-
scimento e Barocco*, in AA.VV., *Premarinismo e pregongorismo*
cit., pp. 125-50.

Pagina 263.

Angelo Di Costanzo

Angelo Di Costanzo nasce a Napoli, di nobile famiglia, nel
1507. Tutto dedito alla letteratura, allo studio e alla vita mon-
dana, scrisse una *Istoria del regno di Napoli* (edita nel 1581).
Bandito due volte da Napoli dal viceré don Pedro di Toledo,
fece parte della magistratura cittadina nel 1589. Morí a Na-
poli nel 1591.

Il Costanzo «non si preoccupò mai di raccogliere le sue liriche in un «canzoniere», né di affidarlo alle stampe» (S. Longhi, *Primo bilancio sulle rime del Costanzo*, in *Studi di filologia e di letteratura italiana offerti a Carlo Dionisotti*, Milano-Napoli 1973, p. 209): l'*editio princeps* è dunque quella di Barbiroli, Bologna 1709, successivamente accresciuta nell'edizione Comino, Padova 1723, che costituisce a tutt'oggi il canzoniere piú ampio disponibile (119 componimenti): anche il ms 180 del Fondo S. Martino della Bibl. Naz. di Napoli, autografo, testimonia un numero di rime inferiore. Un lavoro abbastanza accurato, anche se non privo di mende, di raccolta del materiale disperso, oltre la vulgata cominiana, è A. D. C., *Poesie italiane e latine e prose*, a cura di A. Gallo, Palermo 1843, da cui traiamo i nostri testi.

Per la biografia cfr. S. Volpicella, *Della poesia e della vita di A. di Costanzo*, in *Studi di letteratura ed arte*, Napoli 1876. Sulla poesia cfr. B. Croce, *Uomini e cose della vecchia Italia*, Bari 1927, pp. 87-106; L. Caretti, *Studi e ricerche di letteratura italiana*, Firenze 1951, pp. 111-39; L. Baldacci, *A. di Costanzo e P. J. Martello*, in «Inventario», 1953; S. Longhi, *Primo bilancio sulle rime del Costanzo*, in AA.VV., *Studi di filologia* cit., pp. 209-18; Id., *Una raccolta di rime di A. di Costanzo*, in «Rinascimento», 25 (1975); R. Cremante, *Per il testo delle Rime di A. di Costanzo*, in «SPCT», 16 (1978).

Pagina 265.

Berardino Rota

Berardino Rota nacque a Napoli nel 1508, da una nobile famiglia di origine astigiana. Studiò con Marc'Antonio Epicuro e si dedicò esclusivamente all'attività letteraria: fu celebrato come inventore del genere dell'egloga piscatoria. Morí a Napoli il 26 dicembre 1575. Curò personalmente la pubblicazione delle sue poesie (*Rime*, Cacchi, Napoli 1572), preceduta da due importanti edizioni: *Rime*, Cancer, Napoli 1560 (con un commento di S. Ammirato); *Sonetti e canzoni*, Giolito, Venezia 1567.

I testi sono tratti da B. Rota, *Poesie*, Muzio, Napoli 1723, che riproduce le edizioni cinquecentesche. Per la biografia cfr. C. M. Tallarico, *Berardino Rota*, Napoli 1883; C. Fenizia, *B. Rota poeta napoletano*, Napoli 1933. Per la poesia cfr. A. Scarpa, *Avvio alla lettura del Rota*, in «Misure critiche», 8 (1983); 9 (1984).

Pagina 267.

Galeazzo di Tarsia

Galeazzo di Tarsia nacque a Napoli, di nobile famiglia cala-
brese, attorno al 1520. Alla morte del padre, appena decenne,
si trova barone di Belmonte; ventiquattrenne, sposa Camilla
Carafa, morta poco dopo le nozze; nel 1547, per il malgover-
no del feudo, viene temporaneamente esautorato dal governo
spagnolo e mandato al confino a Lipari. Muore assassinato nel
1553 durante l'assedio di Siena.

Non possediamo alcun manoscritto che testimoni una tradi-
zione del *corpus* poetico tarsiano dipendente, direttamente o
indirettamente, dall'autore: l'edizione critica approntata da
Cesare Bozzetti (G. di T., *Rime*, Milano 1980) è fondata su
stampe e su materiale manoscritto tardocinquecentesco estra-
neo agli antigrafi che sono serviti per costituire le prime, par-
ziali raccolte. Una parte del canzoniere (34 sonetti, una canzo-
ne e un madrigale) è testimoniata dalla *editio princeps*, curata
da G. B. Basile, delle *Rime*, Roncagliolo, Napoli 1617 (riedita,
con correzioni congetturali, da A. F. Seghezzi, Comino, Pado-
va 1738; non è mai esistita un'*editio princeps* delle *Rime* tarsia-
ne edita a Napoli da Costantino Vitali nello stesso 1617: sulla
storia di questo equivoco cfr. C. Bozzetti, *Introduzione* a G. D.
T., *Rime* cit., pp. XIII sg.), mentre altre quattordici rime sono
nell'edizione curata da Salvatore Spiriti (Simoniana, Napoli
1758) che aveva potuto usare un manoscritto, oggi perduto,
contenente anche i 36 componimenti editi dal Basile: messe a
confronto, le due stampe testimoniano tradizioni del testo as-
sai diverse. La scorrettezza e la lacunosità della *princeps* hanno
comunque sempre indotto gli editori (a cominciare dal primo
editore critico, F. Bartelli: G. D. T., *Il canzoniere*, Cosenza
1888) ad affidarsi, come esemplari, al testo e all' ordinamento
dell' ed. Spiriti. Tre manoscritti (il 165 della Bibl. Universita-
ria di Bologna, il Case 6A 11 della Newberry Library di Chi-
cago e il Reginense Latino 1603 della Bibl. Apostolica Vatica-
na), pur estranei alla tradizione a stampa, testimoniano co-
munque di una certa circolazione del *corpus* tarsiano e permet-
tono anche di dimostrare, per la presenza di varianti non atte-
state dalle stampe, che «Galeazzo sottopose probabilmente le
sue rime a numerosi rifacimenti» (Bozzetti, *Rime* cit., p. XXI).
Il nostro testo è esemplato sull'ed. Bozzetti.

Per la biografia cfr. C. De Frede, *G. di Tarsia. Poesia e vio-
lenza nella Calabria del Cinquecento*, Napoli 1991. Sulla poesia
cfr. G. Contini, *Introduzione* a G. Di Tarsia, *Rime*, Paris
1951; L. Baldacci, *Sul testo di G. di Tarsia*, in «Convivium», 6

(1952); Id., *La fortuna critica del Tarsia*, in «Inventario», 1953; Petrocchi, *I fantasmi di Tancredi* cit., pp. 353-65; Raimondi, *Il Petrarchismo* cit., pp. 114-22; M. Ariani, *La scrittura e l'immaginario. Saggio su G. di Tarsia*, Padova 1981; G. Di Fonzo, *Il manierismo petroso di G. di Tarsia* in «Esperienze letterarie», 9 (1984).

Pagina 270.

Ludovico Paterno

Ludovico Paterno nacque a Piedimonte d'Alife, presso Caserta, il 12 febbraio 1533 di nobile famiglia. Dopo gli studi all'Università di Napoli, fu al servizio di grandi feudatari del Regno. Ignota la data di morte, certo successiva al 1575. Di lui si hanno molte raccolte poetiche: *Nuovo Petrarca*, Valvassori, Venezia 1560 (da cui sono tratti i nostri testi); *Rime*, ivi, stesso anno, poi Scotto, Napoli 1564 col titolo *Mirzia; Le nuove fiamme*, Valvassori, Venezia 1561.

Cfr. D. Marrocco, *Il canzoniere di L. Paterno*, Piedimonte d'Alife 1951; Quondam, *La parola nel labirinto* cit., pp. 65 sgg.

Pagina 272.

Ferrante Carafa

Ferrante Carafa nacque a Napoli, dai marchesi di San Lucido, nel 1509. Intraprese la carriera militare, fu generale dell'esercito di Carlo V. Nel 1547 fonda a Napoli l'Accademia degli Ardenti, sciolta in seguito dal viceré don Pedro de Toledo e rifondata nel 1583. Grande protagonista della vita intellettuale napoletana, morí nel 1587. Raccolte in parte nelle antologie cinquecentesche, le sue poesie furono edite, lui vivente: *Rime spirituali*, Belloni, Genova 1559; *L'Austria*, Cacchi, Napoli 1573; *I sei libri della Carafé*, Cacchi, L'Aquila 1580.

I testi sono tratti da *Rime di diversi illustri signori napoletani*, a cura di L. Dolce, Giolito, Venezia 1552; F. Carafa, *L'Austria*, Cacchi, Napoli 1573. Cfr. Quondam, *La parola nel labirinto* cit., pp. 75 sgg.

Pagina 274.

Ascanio Pignatelli

Nato a Napoli verso il 1533, Ascanio Pignatelli studiò diritto a Padova, dove si legò di profonda amicizia con Celio Magno e dove conobbe Torquato Tasso, che incontrò ancora

piú volte a Napoli tra il 1588 e il '94. Ebbe modo di parteci-
pare a spedizioni contro i Turchi e fu uno dei protagonisti del-
la vita intellettuale napoletana di fine secolo. Morí il 23 mar-
zo 1601. Le poesie furono raccolte in *Rime*, Stigliola, Napoli
1593, da cui sono tratti i testi.

Cfr. L. Ammirati, *A. Pignatelli poeta del secolo XVI*, Mari-
gliano 1966; Quondam, *La parola nel labirinto* cit., pp. 91 sgg.

RIME SPIRITUALI

Il gruppo di rimatori che in questa sede viene presentato ap-
pare comprensivo di realtà storico-geografiche e ideologiche
assai diversificate. In area centrale-meridionale operarono
Vittoria Colonna e, per un periodo limitato, Bernardo Tasso
(1493-1569) e Luca Contile (1505-74), il primo al servizio di
Ferrante Sanseverino principe di Salerno, il secondo di Alfon-
so d'Ávalos e degli Aragonesi. Vittoria Colonna nasce di no-
bilissima famiglia a Marino, sui Colli Albani, nel 1490. Nel
1509 sposa Francesco Ferrante d'Ávalos, marchese di Pesca-
ra, capitano generale dell'esercito spagnolo in Italia. Nel 1525
il d'Ávalos muore a Milano: da questo momento Vittoria Co-
lonna vive in stretta vedovanza, dedita esclusivamente alla poe-
sia e all'impegno per una riforma cattolica (frequenta Valdés,
Ochino, Carnesecchi). Conduce vita quasi claustrale, nei mona-
steri di San Silvestro e Sant'Anna (dove muore nel 1547) a Ro-
ma, di San Paolo a Orvieto, di Santa Caterina a Viterbo. Edite
per la prima volta a Parma nel 1538, le sue *Rime* conobbero un
notevole successo di stampa durante il Cinquecento. Affine nei
percorsi spirituali a Vittoria Colonna è la vicenda di Marcanto-
nio Flaminio, originario di Vittorio Veneto (1498-1550). L'area
toscana è rappresentata, oltre che da Michelangelo (per la sua
scheda biografica, cfr. *supra*) da Benedetto Varchi (1503-65), il
quale partecipò pure all'Accademia padovana degli Infiammati
assieme allo Speroni, al Tomitano e ad Alessandro Piccolomini.
V'è poi il gruppo veneziano, costituito da Girolamo Malipiero
(fine 1400 - 1547 ca), Gabriele Fiamma (1532-85) e Celio Ma-
gno (1536-1602). Unico esponente dell'area lombarda, il bre-
sciano Bartolomeo Arnigio (1523-77).

La collocazione ideologica ed istituzionale di questi perso-
naggi è poi rappresentativa dell'intero arco della vita sociale:
si va da figure di umili origini che cercano nella professione
letteraria un momento di prestigio, come l'Arnigio, figlio di
un fabbro e medico mancato; a uomini politici come il Magno;
a «chierici» a tutti gli effetti come il Malipiero, minore osser-

vante, e il predicatore, poi vescovo di Chioggia, Gabriel Fiamma; a letterati-cortigiani sempre in movimento (Flaminio, B. Tasso, Contile); a professionisti della penna quali il Varchi.

È soprattutto la forma-accademia che, almeno fino alla metà del secolo inoltrata, costituisce un ambiente fluido, disponibile alle discussioni anche di carattere religioso-dottrinario: il circolo napoletano del Valdés (Colonna); quello viterbese del Pole (Michelangelo, Colonna, Flaminio); l'Accademia Fiorentina (Varchi); gli Affidati di Pavia (Contile); gli Occulti di Brescia (Arnigio).

Stante la patente diversità di temperie culturale, ciò che accomuna i rimatori qui introdotti è, in sintesi, la disponibilità ad intersecare esperienza religiosa e sperimentazione poetica; atteggiamento reso insostenibile dopo la ferrea applicazione delle direttive del Concilio di Trento, espressa in particolare dall'*Indice* parmense del 1580, che bandirà lo stesso Gabriele Fiamma.

A parte le raccolte di Michelangelo (ed. Enzo Noè Girardi, Bari 1960) e Vittoria Colonna (ed. Alan Bullock, Bari 1982), i testi qui presentati non sono mai stati curati criticamente, ed anzi la maggior parte di essi non conosce alcuna moderna edizione. Si è dunque preferito far ricorso alle stampe cinquecentesche, tranne, parzialmente, per il Contile, la cui produzione spirituale è stata recentemente pubblicata da A. Quondam in «Atti e mem. dell'Arcadia», 1974, pp. 171-316; per il Flaminio, di cui si è fatto ricorso all'ed. a cura di M. Scorsone, San Mauro Torinese 1993 (che segue il testo della cominiana del 1743); infine per un sonetto inedito (il IV) di Celio Magno, trascritto dal ms Ital. IX 166 (6228) della Bibl. Marciana di Venezia. Le stampe a cui si è ricorso sono: Girolamo Malipiero, *Il Petrarca spirituale*, F. Marcolini, Venezia 1536; Luca Contile (*Qual occhio che nel sol perde la vista*): *Rime*, F. Sansovino, Venezia 1560; Bartolomeo Arnigio: *I sette salmi della penitenza del gran profeta David spiegati in canzoni secondo i sensi da B. Arnigio accademico bresciano. Et appresso la prima parte delle sue spirituali e sacre rime*, Francesco e Pietro Maria Marchetti, Brescia 1568; Benedetto Varchi: *Sonetti spirituali*, Giunti, Firenze 1573; Gabriel Fiamma: *Rime spirituali*, Francesco de' Franceschi, Venezia 1575; Celio Magno: *Rime di C. Magno e Orsatto Giustinian*, Andrea Muschio, Venezia 1600.

È noto che soltanto alcune rime di Michelangelo furono stampate quand'egli era in vita (nessuna tra quelle qui presentate), mentre la raccolta curata dal nipote Michelangelo Buonarroti il Giovane ed uscita a Firenze presso i Giunti nel 1623, comprensiva di 173 componimenti, è frutto di sistematiche manomissioni del testo sulla base di criteri di gusto e di decoro lontanissimi dalla poetica michelangiolesca. Il testo critico del Girardi si costituisce allora principalmente a partire dal codice Vat. lat. 3211 e dai codici XIII-XV dell'Archivio Buonarroti in Firenze.

Per V. Colonna il testimone fondamentale è costituito da *Le rime spirituali*, V. Valgrisi, Venezia 1546 – indicato nell'edizione critica del Bullock dalla sigla S1, mentre la S2 segnala le disperse –, integrato in particolare dai codici Ashburnhamiano 1153 della Bibl. Medicea Laurenziana e Vat. lat. 11539 della Bibl. Apostolica Vaticana. L'edizione è fondata, essenzialmente, sulla distinzione di due tradizioni, una di rime amorose, l'altra di rime spirituali (una terza, di rime epistolari, ha un peso quantitativo ridotto). Secondo il Bullock la svolta «spirituale» del 1538, con il ripudio della produzione giovanile, è di tale portata da rendere filologicamente inevitabile una simile distinzione, comunque non del tutto affidabile (cfr. le recensioni all'ed. Bullock di G. Rabitti in «SPCT», 28 [1984], pp. 230-39 e D. Romei in «Paragone», 34 [1983], pp. 81-84) per la considerevole ampiezza del materiale manoscritto (ben 37 i testimoni cinquecenteschi) e a stampa (alla morte della Colonna, nel 1547, si contano già tredici edizioni) che tende invece a unificare il *corpus* poetico. Sulla base di un simile strumento ecdotico, in mancanza di un qualsiasi autografo, il ms II. IX. 30 della Bibl. Naz. di Firenze (trascritto per cura del segretario della poetessa, Carlo Gualteruzzi), con cento poesie tutte edite nella *editio princeps* (Parma 1538, che già contiene, comunque, alcune poesie religiose), risulta il «testo definitivo delle rime giovanili» (Bullock, *Nota sul testo*, in V. C., *Rime* cit., p. 325) della Colonna (previo un notevole lavoro di rifacimento e riordinamento), mentre, come si è detto, per le «rime spirituali» un simile status di compiutezza testuale è testimoniato dall'edizione edita a Venezia dal Valgrisi nel 1546 (che riporta 145 poesie inedite su 180), da «considerarsi la riproduzione a stampa del manoscritto personale della Colonna, e quindi l'equivalente in sede religiosa della raccolta amorosa» (Id., ivi, p. 359) esemplata dal ms fiorentino. L'indicazione «Sonetti spirituali» appare già nel sottotitolo dell'ed. delle *Rime*, Zoppino, Firenze 1539; le due «parti» del *corpus* risultano infine riunite, ma con qualche assenza, nell'edizione delle *Rime*, Giolito, Venezia 1552, con 127 «amorose» e 93 «spirituali», già edite, ma con ordine diverso, nelle edizioni 1538 e 1546. La nostra scelta dipende dall'ed. Bullock.

Sul Malipiero si veda A. Quondam, *Riscrittura, citazione e parodia. Il «Petrarca spirituale» di Girolamo Malipiero*, in *Il naso di Laura. Lingua e poesia lirica nella tradizione del classicismo*, Modena 1991, pp. 203-62.

Bibliografia generale:

Per la bibliografia relativa a Michelangelo si rimanda alla specifica sezione a lui dedicata.

Le piú accurate notizie biografiche su V. Colonna si trovano nel vecchio ma sempre utile A. Reumont, *V. Colonna marchesa di Pescara. Vita, fede e poesia nel sec. XVI*, Torino 1883 (1ª ed. orig. 1881); ma si veda ora il profilo curato da G. Patrizi sul *DBI*. Il *Carteggio* è stato pubblicato per cura di E. Ferrero e G. Muller, Torino 1982. Sui rapporti tra la poetessa e Michelangelo, cfr. R. Bainton, *V. Colonna e Michelangelo*, in «Forum», 9 (1971), pp. 34-41; R. Nobbio Mollaretti, *V. Colonna e Michelangelo. Nel quinto centenario della sua nascita (1490-1990)*, Firenze 1990; R. Fedi, *«L'imagine vera». V. Colonna, Michelangelo e un'idea di canzoniere*, in «Modern Language Notes», 107 (1992), pp. 46-73; C. Vecce, *Petrarca, Vittoria, Michelangelo. Note di commento ai testi e varianti di V. Colonna e Michelangelo*, in «SPCT», 1992, pp. 101-25; E. Campi, *Michelangelo e V. Colonna: un dialogo artistico-teologico ispirato da B. Ochino*, Torino 1994; per il circolo valdesiano che fa da sfondo alla sua attività, S. Thérault, *Un cénacle humaniste de la Renaissance autour de V. Colonna, châtelaine d'Ischia*, Firenze-Parigi 1968; M. Firpo, *V. Colonna, Giovanni Morone e gli «Spirituali»*, «Rivista di storia e letteratura religiosa», 1988, 2, pp. 211-61; S. M. Pagano e C. Ranieri, *Nuovi documenti su V. Colonna e R. Pole*, Città del Vaticano 1989; G. Fragnito, *V. Colonna e l'Inquisizione*, in «Benedectina», 1 (1990), pp. 157-72; C. Ranieri, *V. Colonna e la Riforma: alcune osservazioni critiche*, in «Studi latini e italiani», 1992, pp. 87-96; C. Dionisotti, *Appunti sul Bembo e su V. Colonna*, in AA.VV., *Miscellanea Augusto Campana*, Padova 1981, I, pp. 257-86; D. McAuliffe, *Neoplatonism in V. Colonna's poetry: from the secular to Divine*, in AA.VV., *Ficino and Renaissance Neoplatonism*, a cura di K. Eisenbichler e O. Pugliese Zorzi, Ottawa 1986, pp. 101-12; G. Rabitti, *V. Colonna, Bembo e Firenze: un caso di ricezione e qualche postilla*, in «SPCT», 1992, pp. 127-55; J. Guidi, *V. Colonna: les poésies funéraires en l'honneur du Marquis de la Pescara*, in AA.VV., *Les femmes écrivains en Italie au moyen âge et à la Renaissance* (Atti del colloquio internazionale di Aix-en-Provence, 12-14 novembre 1992), Aix-en-Provence 1994, pp. 235-46.

Sul Flaminio: E. Cuccoli, *M. Flaminio*, Bologna 1897; C. Maddison, *M. Flaminio. Poet, Humanist and Reformer*, Chapel Hill 1965; A. Pastore, *M. Flaminio. Fortune e sfortune di un chierico nell'Italia del Cinquecento*, Milano 1982.

Per il Contile cfr. A. Salza, *L. Contile, uomo di lettere e di negozi del sec. XVI*, Firenze 1903 e la voce di C. Mutini nel *DBI*; inoltre A. Quondam, *Le Rime cristiane di L. Contile*, in *Il naso di Laura* cit., pp. 263-89.

Sul Varchi, G. Manacorda, *B. Varchi: l'uomo il poeta, il critico*, Pisa 1903 e U. Pirotti, *B. Varchi e la cultura del suo tempo*, Firenze 1971.

Sull'Arnigio non v'è molto di piú del profilo di S. Carando nel *DBI*.

Del Fiamma si veda il ritratto tracciato da C. Ossola, *Il «queto travaglio» di G. Fiamma*, in AA.VV., *Letteratura e critica. Studi in onore di N. Sapegno*, Roma 1974, III, pp. 239-86; inoltre E. Taddeo, *Il manierismo letterario e i lirici veneziani del tardo Cinquecento*, Roma 1974, pp. 141-69.

Notizie biografiche sul Magno sono ricavabili da G. Zanella, *Della vita e degli scritti di C. Magno, poeta veneziano del sec. XVI* (1880-1881), ora in *Saggi critici*, a cura di A. Balduino, Vicenza 1990, II, pp. 269-82. Per i problemi filologici posti dalla raccolta del Magno, cfr. F. Erspamer, *Per un'edizione delle rime di C. Magno*, in «SFI», 41 (1983), pp. 45-73. Sul M. come poeta religioso si veda A. Pilot, *Del protestantesimo a Venezia e delle poesie religiose di C. Magno (1536-1602)*, in «Ateneo veneto», 1 (1909), pp. 199-233; R. Scrivano, *Il Manierismo nella letteratura del Cinquecento*, Padova 1959, pp. 99-108; Taddeo, *Il manierismo letterario* cit., pp. 141-69; C. Galimberti, *Disegno petrarchesco e tradizione sapienziale in C. M.*, in AA.VV., *Petrarca, Venezia e il Veneto*, a cura di G. Padoan, Firenze 1976, pp. 315-32.

Pagina 310.

Torquato Tasso

Torquato Tasso nasce l'11 marzo 1544 a Sorrento. Per seguire gli spostamenti del padre Bernardo, poeta e cortigiano, si trasferisce a Salerno, quindi a Napoli e nel 1554 a Roma. Nel 1557 è a Urbino, ove matura la propria vocazione letteraria. A Venezia nel 1559 stende un abbozzo di poema epico sulla prima crociata, *Il Gierusalemme*. Di seguito compone un poema cavalleresco, il *Rinaldo* (Venezia 1562). Nei primi anni '60 studia a Padova e Bologna, elaborando frattanto la prima stesura dei *Discorsi dell'arte poetica* (1562 ca, ma editi solamente nel 1587) e alcune liriche, poi in parte raccolte nelle *Rime degli Academici Eterei* (Padova 1567). Dal 1565 è a Ferrara, al servizio del cardinale Luigi d'Este e poi di Alfonso II: compone prose critiche e d'occasione, nonché rime amorose ed encomiastiche. Nel 1573 scrive e fa rappresentare l'*Aminta*; all'inizio del 1575 porta a termine il capolavoro, la *Gerusalemme Liberata* (sottoposta per via epistolare alla revisione di Scipione Gonzaga). Nel 1577 accoltella un servo, e viene rinchiuso nel convento di San Francesco. Fugge a Sorrento, rientra brevemente a Ferrara nel 1578, ma subito si rimette in viaggio: è a Mantova, Padova e Venezia, quindi a Urbino e infine per qualche tempo, tra il '78 e il '79, a Torino. Tornato a Ferrara in occasione delle nozze del duca, si abbandona a invettive contro Alfonso, che lo fa rinchiudere nell'ospedale di Sant'Anna, ove rimane sino al luglio 1586; risalgono a questi anni la composizione della maggior parte dei *Dialoghi*, di molte liriche e lettere, mentre si avviano numerose edizioni (*Rime, Prose, Liberata*), spesso scorrette e non autorizzate, e divampano le polemiche sul poema (cui Torquato partecipa con l'*Apologia*, stesa nel 1585). Liberato nell'estate 1586, si stabilisce a Mantova, ove tra l'altro compie il *Torrismondo* e attende al rifacimento dei giovanili *Discorsi*. A partire dal 1587 inaugura un nuovo ciclo di peregrinazioni (prevalentemente tra Roma e Napoli); negli ultimi anni rivede il poema (*Gerusalemme Conquistata*, Roma 1593), stampa le prime due parti delle *Rime* (Mantova 1591 e Brescia 1593) e i *Discorsi del poema eroico* (Napoli 1594), scrive il *Mondo Creato*. Muore a Roma il 25 aprile 1595.

La presente scelta assume come esemplare di riferimento il canzoniere Chigiano C (secondo la recente edizione critica a cura di F. Gavazzeni, M. Leva e V. Martignone, Modena 1993), già edito criticamente per le nostre cure e sicuramente rappresentativo della poesia amorosa tassiana (d'altronde, con esso la piú tarda stampa Osanna (Mantova 1591) condivide gran parte delle liriche). Alla necessità di dare testimonianza della produzione encomiastica e sacra si è quindi provveduto allegando ai testi del Chigiano alcune liriche tratte dal codice Estense E1, che consentiva un'adeguata copertura delle citate tipologie tematiche entro un progetto di raccolta indubitabilmente d'autore e cronologicamente omogeneo a quello di C; l'accertamento testuale in questo caso si è fondato sull'edizione critica allestita da L. Milite nella sua Tesi di Laurea (Pavia, a. a. 1987-88, relatore C. Bozzetti) e sulla revisione dello stesso Milite, che qui ringrazio. L'unico testo particolarmente significativo, per valore intrinseco e fortuna storica, che sarebbe sfuggito alla presente antologizzazione fondata sui codici C e E1 è la cosiddetta *Canzone al Metauro*, che è stata quindi recuperata ed edita secondo la lezione (sottoposta a controllo) che la tramanda nella stampa 11 (Baldini, Ferrara 1582) correggendo l'ed. Solerti, salvo minimi restauri grafici, nei seguenti luoghi: 29 *v'avessi*; 32 *divelse. Ah, di*; 34 *de gli*; 40 *o Camilla*; 48 *tutti?*

Per quanto concerne poi l'ordinamento dei testi, occorre avvertire che viene qui rispettata la seriazione in cui essi compaiono nelle raccolte tassiane (nell'ordine, si riportano prima i quindici desunti da C, quindi i nove tratti da E1 e infine la *Canzone al Metauro*). Nel caso di liriche compresenti in C e in

E1, si privilegia la prima attestazione, fornendo cioè il testo secondo il canzoniere Chigiano.

La scelta sopra delineata è parsa la piú persuasiva, giacché consente di presentare testi già criticamente accertati e largamente rappresentativi: le liriche permettono infatti di percorrere, nella piú ampia varietà tematica e metrica, l'intero arco cronologico della produzione tassiana (uno di essi risulta già presente nella raccolta degli Eterei del 1567, molti figurano ancora nelle piú tarde stampe d'autore, *in primis* l'Osanna); d'altronde, in considerazione della particolare e complessa situazione ecdotica che caratterizza la lirica del Tasso, dovendosi fornire una selezione antologica non risultava dirimente il criterio del rispetto dell'ultima volontà d'autore, né poteva essere documentata la ricchissima variantistica che accompagna la maggioranza dei componimenti.

In aggiunta alla produzione strettamente lirica, vengono infine proposti, in quanto sicuramente ad essa assimilabili per metro, stile e contenuti, i due intermezzi corali piú felici della produzione drammatica del Tasso, vale a dire il primo coro dell'*Aminta* e l'ultimo del *Torrismondo*. I testi sono desunti rispettivamente dall'edizione della favola pastorale curata da M. Guglielminetti, in T. Tasso, *Teatro*, Milano 1983, che ripropone il testo critico stabilito da B. T. Sozzi (Padova 1957) e da quella della tragedia curata da V. Martignone, Parma 1993; ad esse si rinvia anche per le indicazioni bibliografiche in merito.

Si avverte da ultimo che la stanza finale e il congedo della canzone *Già il notturno sereno*, assenti in E1 per lacuna del manoscritto, sono stati integrati a testo tra parentesi quadre secondo la lezione, per il resto quasi perfettamente allineata a quella del codice, della stampa 87 (Marchetti, Brescia 1593); che ai testi sono stati premessi gli argomenti tassiani (ove presenti) desunti dai rispettivi esemplari di riferimento (nel caso della ballata *Donde togliesti il foco*, il cui argomento figura in un primo abbozzo cassato di C, in quello del sonetto *Qui giace Alfonso, e pose il sacro alloro*, il cui argomento, *Nel medesimo soggetto*, è stato sostituito con quello che contraddistingue in E1 il sonetto precedente, e in quello della canzone *O del grand'Apennino*, il cui l'argomento, ascrivibile all'autore solo dubitativamente, figura nella tavola finale dei componimenti di 11, essi sono stati posti tra parentesi quadre); e che nel commento ci si è valsi, sia pure in modo non sistematico, dell'*esposizione* d'autore alle liriche contenuta nella stampa Osanna, con citazioni e rinvii contrassegnati dalla sigla *Comm. Tasso*.

Bibliografia essenziale:
Per un orientamento bibliografico generale sul Tasso, si veda A. Solerti, *Vita di Torquato Tasso*, Torino 1895, vol. III,

pp. 149-81, quindi A. Tortoreto e J. G. Fucilla, *Bibliografia analitica tassiana (1896-1930)*, Milano 1935, A. Tortoreto, *Nuovi studi su Torquato Tasso - Bibliografia analitica (1931-1945)*, in «Aevum», 20 (1946), pp. 14-72, Id., *Gli studi sul Tasso dal 1946 al 1951*, in «Studi tassiani», 2 (1952), pp. 63-106, nonché L. Caretti, *Ariosto e Tasso*, Torino 1970², pp. 172-82; il repertorio bibliografico piú esauriente e aggiornato è, a partire dal 1953, la *Rassegna bibliografica degli studi tassiani* che compare annualmente sulla rivista «Studi tassiani» (ora curata da L. Carpané, in passato da A. Tortoreto e quindi da V. Guercio), strutturata in modo da poter essere immediatamente usufruibile anche settorialmente, per quanto riguarda le *Rime*.

Tra le edizioni moderne delle *Rime*, sono da citare: T. Tasso, *Le rime. Edizione critica sui manoscritti e le antiche stampe*, 4 voll., a cura di A. Solerti, Bologna 1898-1902 (il primo tentativo globale di edizione critica fornita di apparato, punto di partenza imprescindibile, pur nella sua discutibile scelta di ordinamento e nelle sue lacune e imprecisioni, di tutti gli studi testuali sull'argomento; cfr. in particolare il vol. I, *Bibliografia*, per la siglatura e la descrizione dei testimoni). T. Tasso, *Opere*, a cura di B. Maier, I (*Aminta, Amor fuggitivo, Intermedi, Rime*) e II (*Rime, Rinaldo, Il re Torrismondo*), Milano 1963-64 (ristampa ordinatamente, e commenta sporadicamente, tutti i testi dell'ed. Solerti, privi però di apparato, allegando un utile incipitario; nel secondo vol. fornisce le rime, prevalentemente sacre, tratte dalle carte solertiane e rimaste inedite per la morte dello studioso). T. Tasso, *Rime d'amore (secondo il cod. Chigiano L VIII 302)*, a cura di F. Gavazzeni, M. Leva e V. Martignone, introduzione di V. Martignone, Modena 1993 (primo esemplare della moderna edizione critica delle *Rime*). T. Tasso, *Le Rime*, a cura di B. Basile, Roma 1994 (ristampa commentata dell'ed. Solerti).

Per quanto riguarda i contributi a carattere eminentemente filologico, utili anche per la ricostruzione della vicenda storico-documentaria delle *Rime*, nonché spesso per le notazioni di carattere linguistico, stilistico e variantistico, si segnalano: L. Caretti, *Studi sulle rime del Tasso*, Roma 1973 [seconda ed. riveduta] (fondamentale, nel ricco panorama dei contributi, non esclusivamente ecdotici, è soprattutto il vasto saggio *Per una nuova edizione delle rime di Torquato Tasso*, globale messa a punto della vicenda compositiva ed editoriale e prima moderna proposta di superamento dell'ed. Solerti, di cui sono mostrate le carenze). F. Gavazzeni e D. Isella, *Proposte per un'edizione delle «Rime amorose» del Tasso*, in AA.VV., *Studi di filologia e di letteratura italiana offerti a Carlo Dionisotti*, Milano-Napoli 1973, pp. 241-343 (essenziale contributo alla fissazione dei criteri della moderna edizione critica, con particolare riferimento alle rime amorose, che allegando ricchi apparati documentari focalizza e corregge le proposte carettiane). L. Poma, *La «parte terza» delle Rime tassiane*, in «Studi tassiani», 27 (1979), pp. 5-47. V. De Maldé, *Il manoscritto Ariosto (Ar) delle Rime tassiane*, in «Studi tassiani», 27 (1979), pp. 49-89. Id., *Per la datazione dei postillati autografi Ber e Mi di Torquato Tasso*, ivi, 27 (1979), pp. 119-25. L. Capra, *Osservazioni su un manoscritto di rime del Tasso*, ivi, 28 (1980), pp. 25-49 (sui codici Fι e Pt). V. De Maldé, *Il postillato Bernardi delle «Rime» tassiane*, ivi, 29-31 (1981-83), pp. 19-62. A. Barco, *E2, un autografo delle Rime tassiane*, ivi, 29-31 (1981-83), pp. 63-80. V. De Maldé, *Il postillato Manuzio delle «rime». Contributo alla storia dell'editoria e della tradizione tassiana*, in AA.VV., *Studi di letteratura italiana offerti a Dante Isella*, Napoli 1983, pp. 113-43. V. Martignone, *Un segmento delle rime tassiane: gli inediti del codice Chigiano nelle stampe 27, 28 e 48*, in «SFI», 48 (1990), pp. 81-105. L. Milite, *I manoscritti E1 ed F2 delle Rime del Tasso*, in «Studi tassiani», 38 (1990), pp. 41-70. V. Martignone, *Preliminari all'edizione critica delle «Rime stravaganti» di Torquato Tasso*, in corso di stampa negli atti del convegno *Torquato Tasso e la cultura estense*, Ferrara 10-13 dicembre 1995. F. Gavazzeni e V. Martignone, *Sull'edizione critica delle «Rime» di Torquato Tasso*, in corso di stampa in «SFI», 55 (1997).

Aggiornati panorami riassuntivi della tradizione delle *Rime* sono i seguenti: V. De Maldé, *La tradizione delle Rime tassiane tra storia e leggenda*, in «FC», 9 (1984), 2, pp. 230-53. C. Bologna, *Rime d'amore, epos cristiano, censura, follia: il «caso» Tasso*, in *Tradizione e fortuna dei classici italiani*, I, *Dalle origini al Tasso*, Torino 1994, pp. 420-78. V. De Maldé, *Le «Rime» tassiane tra filologia e critica: per un bilancio dell'ultimo decennio di studi*, in corso di stampa negli atti del convegno *Torquato Tasso e la cultura estense*, Ferrara 10-13 dicembre 1995.

Sulla strutturazione tematico-narrativa delle *Rime* (in riferimento specifico alle raccolte di liriche amorose), si vedano: A. Martini, *Amore esce dal caos. L'organizzazione tematico-narrativa delle rime amorose del Tasso*, in «FC», 9 (1984), 1, pp. 78-121. V. Martignone, *La struttura narrativa del codice Chigiano delle Rime tassiane*, in «Studi tassiani», 38 (1990), pp. 71-128.

Sul commento tassiano alle proprie rime nella stampa Osanna del 1591: B. Basile, *L'ultimo autoritratto*, *in Poeta melancholicus*, Pisa 1984, pp. 103-74. V. Martignone, *Il commento tassiano alle «Rime amorose» (1591)*, in «Schifanoia», 15/16 (1995), pp. 133-40.

Infine, dall'ampio panorama dei contributi di lettura tematica, stilistica, linguistico-grammaticale, metrica, variantistica, di critica delle fonti, ecc., si trascelgono alcuni rilevanti studi, per lo piú recenti, specificamente dedicati alle *Rime*: A.

Sorrentino, *Della lirica encomiastica di Torquato Tasso (dalla fanciullezza alla liberazione dal carcere di S. Anna)*, Salerno 1910 (assai parziale e datato, ma latore di alcune interessanti segnalazioni di fonti classiche). A. Sainati, *La lirica di Torquato Tasso*, 2 voll., Pisa 1912-15 (studio ancora assai utile, benché invecchiato, soprattutto per l'ampia esegesi delle fonti). A. Di Benedetto, *Tasso, minori e minimi a Ferrara*, Pisa 1970. G. Santarelli, *Studi sulle rime sacre del Tasso*, Bergamo 1974. A. Duranti, *Sulle rime del Tasso (1561-1579)*, Ferrara 1974 (vol. monografico degli «Atti e memorie della Deputazione provinciale ferrarese di storia patria», s. III, vol. XVII). A. Daniele, *Capitoli tassiani*, Padova 1983. C. Montagnani, *«Ne gli anni acerbi tuoi purpurea rosa»: occasioni variantistiche*, in «Studi tassiani», 33 (1985), pp. 89-106. B. Basile, *Restauri e verifiche per l'officina tassiana delle «Rime»*, in AA. VV., *Letteratura e storia meridionale. Studi offerti ad A. Vallone*, Firenze 1989, I, pp. 125-42. G. Rabitti, *Note sulla canzone 'al Metauro' con un'appendice leopardiana*, in «LI», 45 (1993), pp. 76-105. A. Daniele, *La metrica del Tasso lirico* e *La lingua poetica del Tasso*, in *Linguaggi e metri del Cinquecento*, Cosenza 1994, pp. 247-331. V. Martignone, *Varianti d'autore tassiane: un sondaggio sulle «Rime amorose»*, in «Italianistica», 24 (1995), n. 2-3, pp. 427-35. A. Daniele, *Le «Rime» del Tasso. Fra grammatica e retorica*, in corso di stampa negli atti del convegno *Torquato Tasso e la cultura estense*, Ferrara 10-13 dicembre 1995. G. Rabitti, *Le «Rime della crisi» tra caso e progettualità*, in corso di stampa negli atti del convegno *Torquato Tasso e la cultura estense*, Ferrara 10-13 dicembre 1995.

INDICI

INDICE ALFABETICO DEGLI AUTORI

INDICE ALFABETICO DEGLI INCIPIT

INDICE GENERALE

Antologia della poesia italiana

CINQUECENTO

JACOPO SANNAZARO

LUDOVICO ARIOSTO

TEOFILO FOLENGO

POESIA BURLESCA

PIETRO BEMBO

RIME SPIRITUALI

TORQUATO TASSO

NOTE FILOLOGICHE E BIO-BIBLIOGRAFICHE